典藏風華，品悅智識

典藏閣

智慧，

不是死的默念，而是生的沉思。

——巴魯赫・斯賓諾莎（Baruch de Spinoza）

智慧，

不是死的默念，而是生的沉思。

——巴魯赫·斯賓諾莎（Baruch de Spinoza）

史記好好讀
嚴選古文閱讀力大躍進35篇
史學專家
古木◆編著
國學大師
遲嘯川◆審定

編者序

讓司馬遷當你的國文老師！

影響全世界教育走向的 PISA 評比，是 OECD（經濟合作暨發展組織）大規模舉行的一項測驗，其評比涵蓋閱讀、數學和科學素養。世界各國在制訂、調整教育政策時，都會以 PISA 為重要的參考依據。說明閱讀力在全球已是重要的軟實力指標。

但近年來，我們依舊不見政府對閱讀的重視，學校裡沒有閱讀專門的課程。且大家多半有所迷思，認為只有文學需要閱讀能力，實際上各個領域都需要閱讀能力的輔助和培養。因此提升閱讀力，迫在眉睫。那我們究竟該閱讀什麼？又該如何閱讀呢？

現代文學家魯迅曾評論《史記》是「史家之絕唱，無韻之離騷。」是中國歷史上第一本正史，更是第一本跨越多個朝代書寫的龐大歷史。在國、高中課本中也選用多篇《史記》作為青少年必讀的經典之一，可謂其重要性。近代思想家梁啟超曾說：「(史記)凡屬學人，必須一讀。」不論是年輕學子，抑或是社會人士，《史記》實屬培養閱讀能力的最佳寶典。

本書擷取大考歷屆試題，整理每年必中篇目，包含選擇必考精讀篇章和閱讀加深加廣。另外收錄近代思想家梁啟超所推薦的篇目，並且旁徵博引相關人物篇章，共精選三十五篇。每篇再搭配意旨解析、白話翻譯的要點提示，以利讀者更快速地進入《史記》的浩瀚世界。另外提供篇目所衍生的常用成語，讓《史記》不再是硬梆梆的書本，而是能夠運用在日常溝通上的重要利器。最後也為莘莘學子提供寫作手法，讓青少年能夠輕鬆克服作文難關，且在大考現場無往不利。

希望藉由本書，讓讀者運用《史記》培養閱讀力，而後產生閱讀經典的興趣，進而愛上閱讀並且暢遊於書海中，體會書中自有黃金屋的趣味。

編者　謹識

梁啟超——論《史記》讀法一二

一 讀《史記》法之一

讀《史記》有二法。一，常識的讀法。二，專究的讀法。兩種讀法，有共同之入門準備。

一、先讀〈太史公自序〉及《漢書．司馬遷傳》，求明了作者年代、性行、經歷及全書大概。

二、讀《漢書．敘傳》論《史記》之部，劉知幾《史通》之〈六家篇〉、〈二體篇〉、〈正史篇〉，鄭樵〈通志總序〉論《史記》之部，《隋書．經籍志》及《四庫提要》之史部正史類關於記述《史記》之部分，求略識本書在史學界之位置及價值。

今先論常識的讀法。《史記》為正史之祖，為有組織有宗旨之第一部古史書，文章又極優美。二千年來學者家弦戶誦，形成國民常識之一部，其地位與六經諸子相並。故凡屬學人，必須一讀，無可疑者。惟全篇卷帙頗繁，卒業不易。今為節嗇日力計，先剔出以下各部分：

十〈表〉但閱序文，表中內容不必詳究。但瀏覽其體例，略比較各表編次方法之異同便得。

八〈書〉本為極重要之部分，惟今所傳似非原本。與其讀此，不如讀《漢書》各志，故可全部從省。

〈世家〉中吳、齊、魯、管蔡、陳杞、衛、宋、晉、楚、越、鄭各篇，原料十九採自《左傳》。既讀《左傳》，則此可省。但戰國一部分之〈世家〉仍須讀，因《戰國策》太無系統故。〈武帝紀〉、〈日者傳〉、〈龜策傳〉等，已證明為偽書，且蕪雜淺俚，自可不讀。〈扁鵲倉公傳〉等，似是長編，非定本，一涉獵便足。

以上所甄別，約當全書三分之一，所省精力已不少。其餘各部分之讀法略舉如下。

第一，以研究著述體例及宗旨為目的而讀之。《史記》以極複雜之體裁混合組織，而配置極完善，前既言之矣。專就〈列傳〉一部分論，其對於社會文化確能面面顧及。政治方面代表之人物無論矣，學問、藝術方面，亦盛水不漏。試以劉向《七略》比附之：如〈仲尼弟子〉、〈老莊申韓〉等傳，於先秦學派綱羅略具，〈儒林傳〉於秦、漢間學派淵源敘述特詳，則〈六藝略〉、〈諸子略〉之屬也；如〈司馬穰苴〉〈孫子吳起〉等傳，則〈兵書略〉之屬也；如〈屈原賈生〉、〈司馬相如〉等傳，則〈詩賦略〉之屬也；如〈扁鵲倉公傳〉，則〈方技略〉之屬也；如〈龜策〉、〈日者〉兩傳，則〈術數略〉之屬也。又如〈貨殖傳〉之注重社會經濟，〈外戚〉、〈佞幸〉兩傳暗示漢代政治禍機所伏，處處皆具特識。又其篇目排列，亦似有微意。如〈本紀〉首唐、虞，〈世家〉首吳泰伯，〈列傳〉首伯夷，皆含有表章讓德之意味。此等事前人多已論列，不盡穿鑿附會也。

若以此項目的讀《史記》，宜提高眼光，鳥瞰全書，不可徒拘拘於尋行數墨，庶幾所謂「一家之言」者，可以看出。

第二，以研究古代史跡為目的而讀之。《史記》既為最古之通史，欲知古代史跡，總應以之為研究基礎。

為此項目的而讀，宜先用「觀大略」的讀法，將全篇一氣呵成瀏覽一過。再用自己眼光尋出每個時代之關鍵要點所在，便專向幾個要點有關係之事項，注意精讀。如此方能鉤元提要，不至氾濫無歸。

第三，以研究文章技術為目的而讀之。《史記》文章之價值，無論何人當不能否認。且二千年來相承誦習，其語調字法，早已形成文學常識之一部。故專為學文計，亦不能不以此書為基礎。學者如以此項目的讀《史記》，則宜擇其尤為傑作之十數篇精讀之。孰為傑作，此憑各人賞會，本難有確定標準。吾生平所最愛讀者則以下各篇：

〈項羽本紀〉、〈信陵君列傳〉、〈廉頗藺相如列傳〉、〈魯仲連鄒陽列傳〉、〈淮陰侯列傳〉、〈魏其武安侯列傳〉、〈李將軍列傳〉、〈匈奴列傳〉、〈貨殖列傳〉、〈太史公自序〉。

右諸篇皆肅括宏深，實敘事文永遠之模範。班叔皮稱史公：「善序述事理，辯而不華，質而不俚，文質相稱，良史之才。」如諸篇者，洵足當之矣。學者宜精讀多次，或務成誦，自能契其神味，辭遠鄙倍。至如明、清選家最樂道之〈伯夷列傳〉、〈管晏列傳〉、〈屈原賈生列傳〉等，以吾論之，反是篇中第二等文字耳。

二 讀《史記》法之二

今當繼論專究的讀法。《史記》為千古不朽之名著，本宜人人共讀。徒以去今太遠，文義或佶屈難曉；郡國名物等事，世嫿稱易，或不審所指；加以傳寫訛舛，竄亂紛紜，時或使人因疑生蔑。後輩誦習漸希，蓋此之由。謂宜悉心整理一番，俾此書盡人樂讀。吾夙有志，未能逮也。謹述所懷條理以質當世，有好學者或獨力或合作以成之，亦不朽之盛事也。

一、《史記》確有後人續補竄亂之部分，既如前述。宜略以前文所論列為標準，嚴密考證。凡可疑者，以朱線圍之，俾勿與原本相混，庶幾漸還史公之真面目。學者欲從事此種研究，可以崔適《史記探源》為主要參考書，而以自己忠實研究的結果下最後之判斷。

二、吾輩之重視《史記》，實在其所紀先秦古事。因秦、漢以後事，有完備之《漢書》可讀。唐虞三代春秋戰國之事，有組織的著述，未或能過《史記》也。而不幸《史記》關於此點，殊不足以饜吾輩所期。後人竄亂之部分無論矣，即其確出史公手者，其所述古史可信之程度，亦遠在所述漢事下。此事原不能專怪史公。因遠古之史，皆含有半神話的性質，極難辨別，此各國所同，不獨我國為然矣。近古——如春秋、戰國，資料本尚不少，而秦焚一役，「諸侯史記」蕩盡，憑藉缺如，此亦無可如何者。顧吾輩所致憾於史公，不在其搜採之不備，而在其別擇之不精。善夫班叔皮之言也：「遷之著作，採獲古今，貫穿經傳，至廣博也。一人之精，文重思煩，故其書刊落不盡，尚有盈辭，多不齊一。」（《後漢書．班彪傳》）試將《史記》古史之部分與現存先秦古籍相較，其中蕪累誣誕之辭，蓋實不少。即本書各篇互相矛盾者，亦所在而有，此非「文重思煩，刊落不盡」之明效耶？然居今日而治古史，則終不能不以《史記》為考證之聚光點。學者如誠忠於史公，謂宜將漢以前之本紀、世家、年表全部磨勘一度。從本書及他書蒐集旁證反證，是正其訛謬而汰存其精粹，略用裴注《三國志》之義例，分注於各篇各段之下，庶幾乎其有信史矣。學者欲從事此種研究，則梁玉繩《史記志疑》、崔述《考信錄》實最重要之參考書；錢大昕《廿二史考異》、王鳴盛《十七史商榷》、趙翼《廿二史札記》三書中《史記》之部，次之；其餘清儒札記、文集中，亦所在多有。然茲事既極繁重，且平決聚訟，殊大非易。成功與否，要視其人之學力及判斷何如耳。然有志之青年，固不妨取書中一二篇為研究之嘗試。縱令不能得滿意之結果，其於治學之方法及德性，所裨已多矣。

三、《史記》之訓詁名物，有非今之人所能驟解者，故注釋不可少。然舊注非失之太簡，即失之太繁，宜或刪或補。最好以現今中學學生所難了解者為標準，別作簡明之注，再加以章節句讀之符號，庶使盡人能讀。

四、地理為史跡筋絡，而古今地名殊稱，直讀或不知所在。故宜編一地名檢目，古今對照。

五、我國以帝王紀年，極難記憶。戰國間，各國各自紀年，益複雜不易理。宜於十表之外補一大事年表，貫通全書，以西曆紀，而附註該事件所屬之朝代或國邑，紀年於其下。其時代則從《十二諸侯年表》以共和元年起，蓋前乎此者無徵也。其事件則以載於本書者為限。

以上五項，為整理《史記》方法之綱要。學者如能循此致力，則可以《史記》之學名其家，而裨益於後進者且不貲矣。至如就《史記》內容分類研究，或比較政治組織，或觀察社會狀態，則問題甚多，取材各異，在學者自擇也。

名家說史記

漢代**班固**：「自劉向、揚雄博極群書，皆稱遷有良史之材，服其善序事理，辯而不華，質而不俚，其文直、其事核，不虛美、不隱惡，故謂之實錄。」

唐代**韓愈**：「漢朝人莫不能文，獨司馬相如、太史公、劉向、揚雄之為最。」

唐代**柳宗元**：「《史記》文章寫得樸素凝練、簡潔利落，無枝蔓之疾；渾然天成、滴水不漏，增一字不容；遣詞造句，煞費苦心，減一字不能。」

清代**章學誠**：「夫史遷絕學，《春秋》之後一人而已。」

民國**魯迅**：「史家之絕唱，無韻之《離騷》。」

民國**郭沫若**：「司馬遷這位史學大師實在值得我們誇耀，他的一部《史記》不啻是我們中國的一部古代的史詩，或者說它是一部歷史小說集也可以。」

目錄

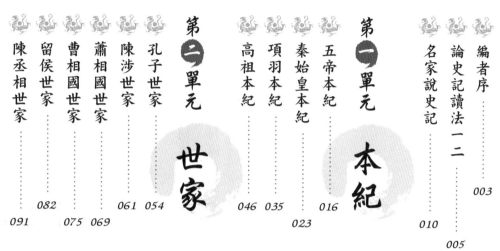

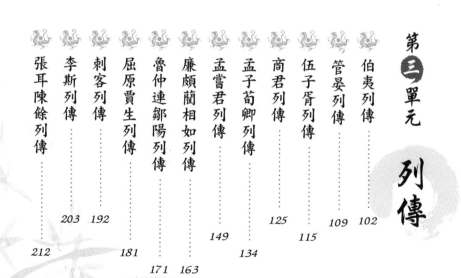

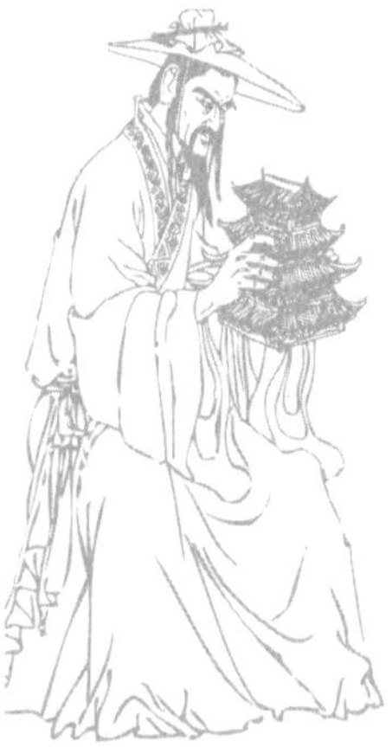

附錄

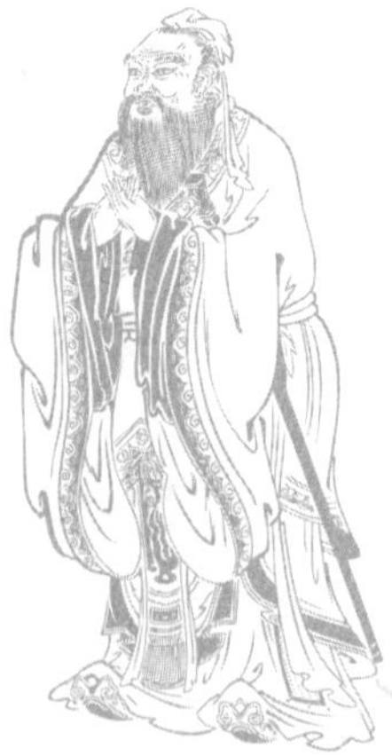

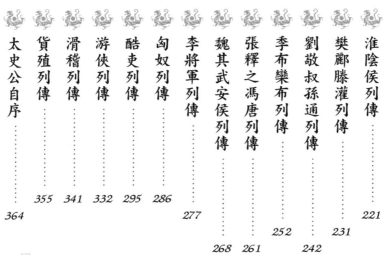

傳說時代

春秋戰國

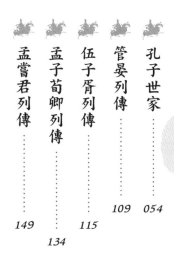

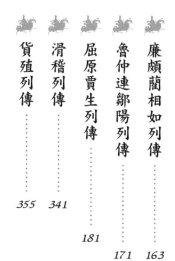

秦

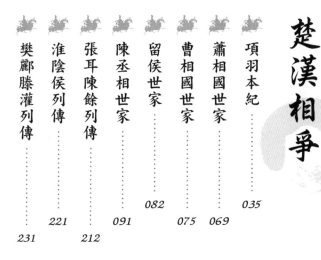

楚漢相爭

漢

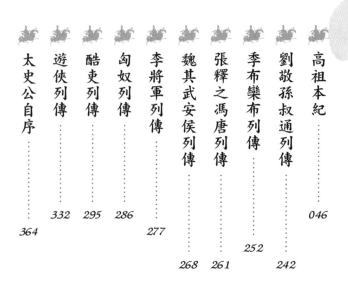

第一單元

本紀

五帝本紀
秦始皇本紀
項羽本紀
高祖本紀

五帝本紀

古文鑑賞

出題率 ★★★

傳說時代 — 春秋戰國 — 秦 — 楚漢相爭 — 漢

虞舜者，名曰重華。重華父曰瞽叟，瞽叟父曰橋牛，橋牛父曰句望，句望父曰敬康，敬康父曰窮蟬，窮蟬父曰帝顓頊，顓頊父曰昌意：以至舜七世矣。自從窮蟬以至帝舜，皆微為庶人❶。

舜父瞽叟盲，而舜母死，瞽叟更娶妻而生象，象傲。瞽叟愛後妻子，常欲殺舜，舜避逃；及❷有小過，則受罪。順事❸父及後母與弟，日以篤謹，匪有懈❹。

舜，冀州之人也。舜耕歷山，漁雷澤，陶❺河濱，作什器❻於壽丘，就時❼於負夏。舜父瞽叟頑，母嚚，弟象傲，皆欲殺舜。舜順適，不失子道，兄弟孝慈❽。欲殺，不可得；即求，嘗❾在側。

舜年二十以孝聞。三十而帝堯問可用者，四嶽咸薦虞舜，曰可。於是堯乃以二女妻舜以觀其內❿，使九男與處以觀其外

【注釋解析】

❶微：卑微，指地位低賤。庶人：平民。
❷及：趕上。
❸事：侍奉。
❹匪：沒有，不。懈：怠慢。
❺陶：製作陶器。
❻什器：指家用器物。什，雜、多種。
❼就時：指乘時逐利，即經商做買賣。
❽兄弟：對待弟弟有像當哥哥的樣子。孝慈：孝敬父母。慈，指雙親。
❾嘗：通「常」。
❿內：指在家中。
⓫外：與「內」相對，指在外。
⓬畔：田界。
⓭居：住處，這裡指捕魚時方便站立的地方。
⓮苦窳：粗劣。
⓯倉廩：儲藏糧食的倉庫。
⓰塗：用泥塗抹。
⓱扞：保護。
⓲宮：房子。秦以前的宮指一般房屋，與「室」同義。
⓳鄂：通「愕」，吃驚。
⓴鬱陶：鬱悶不快的樣子。
㉑庶：差不多。
㉒八愷：據《左傳．文公十八年》記載，八人是

⑪。舜居嬀汭，內行彌謹。堯二女不敢以貴驕事舜親戚，甚有婦道。堯九男皆益篤。舜耕歷山，歷山之人皆讓畔⑫；漁雷澤，雷澤上人皆讓居⑬；陶河濱，河濱器皆不苦窳⑭。一年而所居成聚，二年成邑，三年成都。堯乃賜舜絺衣，與琴，為築倉廩⑮，予牛羊。瞽叟尚復欲殺之，使舜上塗⑯廩，瞽叟從下縱火焚廩。舜乃以兩笠自扞⑰而下，去，得不死。後瞽叟又使舜穿井，舜穿井為匿空旁出。舜既入深，瞽叟與象共下土實井，舜從匿空出，去。瞽叟、象喜，以舜為已死。象曰：「本謀者象。」象與其父母分，於是曰：「舜妻堯二女，與琴，象取之。牛羊倉廩予父母。」象乃止舜宮⑱居，鼓其琴。舜往見之。象鄂⑲不懌，曰：「我思舜正鬱陶⑳！」舜曰：「然，爾其庶㉑矣！」舜復事瞽叟愛弟彌謹。於是堯乃試舜五典百官，皆治。

昔高陽氏有才子八人，世得其利，謂之八愷㉒。高辛氏有才子八人，世謂之八元㉓。此十六族者，世濟㉔其美，不隕㉕其名。至於堯，堯未能舉。舜舉八愷，使主后土㉖，以揆㉗百事，莫不時序㉘。舉八元，使布五教于四方，父義，母慈，兄

蒼舒、隤敳、檮戭、大臨、尨降、庭堅、仲容、叔達。愷：和悅，和善。

㉓八元：據《左傳．文公十八年》記載，八人是伯奮、仲堪、叔獻、季仲、伯虎、仲熊、叔豹、季貍。元，善、善良。

㉔濟：成就，保全。

㉕隕：落，衰落。

㉖后土：掌管土地的官職。

㉗揆：主持，掌管。

㉘時序：按時安排妥當。序，有秩序。

㉙慝：邪惡。

㉚渾沌：《神異經》：「崑崙西有獸焉，其狀如犬，長毛四足，似羆而無爪，有目而不見，行不開。有兩耳而不聞，有人知往。有腹無五臟，有腸直而不旋，食物徑過。人有德行而往牴觸之。有凶德則往依憑之。天使其然，名爲渾沌。」

㉛崇飾：粉飾。崇與飾同義。

㉜窮奇：《神異經》：「西北有獸焉，狀似虎，有翼能飛，便劋食人，知人言語，聞人鬥輒食直者，聞人忠信輒食其鼻，聞人惡逆不善輒殺獸往饋之，名曰窮奇。」

㉝檮杌：《神異經》：「西方荒中有獸焉，其狀如虎而大，毛長二尺，人面，虎足，豬口牙，尾長一丈八尺，攪亂荒中，名檮杌。一名傲很（同「狠」），一名難訓。」

友，弟恭，子孝，內平外成。

昔帝鴻氏有不才子，掩義隱賊，好行凶慝㉙，天下謂之渾沌㉚。少皞氏有不才子，毀信惡忠，崇飾㉛惡言，天下謂之窮奇㉜。顓頊氏有不才子，不可教訓，不知話言，天下謂之檮杌㉝。此三族世憂之。至於堯，堯未能去。縉雲氏有不才子，貪于飲食，冒㉞于貨賄，天下謂之饕餮㉟。天下惡之，比之三凶。舜賓於四門，乃流四凶族，遷於四裔㊱，以御螭魅㊲，於是四門辟，言毋㊳凶人也。

㉞冒：貪。貨賄：財貨。
㉟饕餮：《神異經》：「西南有人焉，身多毛，頭上戴豕，性很（同「狠」）惡，好息，積財而不用，善奪人穀物。強者奪老弱者，畏群而擊單，名饕餮。」
㊱裔：衣邊，引申爲邊遠之地。
㊲螭魅：傳說中山林裡的妖怪。《集解》：「螭魅，人面獸身，四足，好惑人，山林異氣所生，以爲人害。」
㊳毋：同「無」。

白話解讀

虞舜，名叫重華。重華的父親叫瞽叟，瞽叟的父親叫橋牛，橋牛的父親叫句望，句望的父親叫敬康，敬康的父親叫窮蟬，窮蟬的父親叫顓頊帝，顓頊帝的父親叫昌意，從昌意至舜是七代了。自從顓頊為帝之後一直到舜帝，中間幾代地位低微，都是平民。

舜的父親瞽叟是瞎子，舜的生母死後，瞽叟又續娶了一個妻子，並生下象，象桀驁不馴。因為瞽叟喜歡繼室的兒子，所以常常想把舜殺掉，但是舜都躲過了。舜只要犯一點小錯，就會遭到重罰。即使如此，舜還是很恭順地侍奉父親、後母和弟弟，一天比一天地忠誠謹慎，絲毫不懈怠。

舜，冀州人。舜在歷山上耕田，在雷澤捕魚，在河岸邊做陶器，在壽丘做各種家用器物，在負夏做買賣。舜的父親瞽叟愚昧頑固，母親囂張跋扈，弟弟象桀驁不馴，他們都想殺掉舜，但是舜卻恭順地行事，從不違背為子之道，仍友愛兄弟，孝順父母。當他們想殺舜的時候，就找不到他；而有事要找他的時候，舜又總是在身旁侍候著。

舜二十歲時，就因為孝順出名。三十歲時，堯帝問誰可以治理天下，四嶽都推薦虞舜，說這個人可以治理天下。於是堯便把兩個女兒嫁給舜，以觀察他在家裡的德行，讓九個兒子和他相處，以觀察他在外的為人。舜居住在媯水岸邊，因此他在家裡做事也更加謹慎。堯的兩個女兒不敢因為自己出身高貴就傲慢地對待舜的親屬，謹守為婦之道。堯的九個兒子也更加篤誠忠厚。舜在歷山上耕作，因為這樣歷山人都能相互禮讓地界；舜在雷澤捕魚，因為這樣雷澤的人都能相互禮讓有利於捕魚的位置；舜在河岸邊製做陶器，因為這樣那裡的陶器連一個次品都沒有。一年後，他住的地方就成為一個村落，二年就成為一個小城鎮，三年就變成大都市。看到這些，堯就賞賜給舜一套細葛布衣服，和一張琴，並為他建造倉庫，還賜給他牛和羊。瞽叟依舊想殺死舜，有一天，便讓舜登梯子去用泥土修補穀倉的屋頂，而他則在下面放火焚燒。最後舜用兩個斗笠保護自己，像長了翅膀一樣跳下來，才得以逃離。後來瞽叟又讓舜挖井，舜在挖井的同時，也在側壁鑿出一條暗道通向外面。舜挖到深處時，瞽叟和象便開始往井裡倒土，填埋水井，於是舜馬上從旁邊挖的暗道出去，又逃離了。瞽叟和象以為舜已經死了，都很高興。象說：「當初想出這個主意的是我。」象便跟他的父母一起瓜分舜的財產，說：「舜娶來堯的兩個女兒，還有堯賜給他的琴，我都要了。牛羊和穀倉就歸你們吧！」於是象就住在舜的屋裡，彈著舜的琴。舜從通道逃脫回到家後，象非常驚訝，繼而又裝模作樣、悶悶不樂地說：「我正在痛苦地想念你呢！」舜說：「是啊，你真是我的好兄弟啊！」然而，舜還是像以前一樣侍奉父母，友愛兄弟，而且更加恭謹。之後，堯便試著讓舜去做宣揚五種倫理道德和參與百官的事，都得到非常好的成績。

從前高陽氏有富有才德的後代子孫八人，世人從他們的作為中得到許多好處，因此稱之為「八愷」，意思就是八個和善的人。高辛氏有富有才德的後代子孫八人，世人稱之為「八元」，意思就是八個善良的人。這十六個家族的人，世世代代保持他們祖先的美德，沒有敗壞自己祖先的名聲。堯在位的時候，沒有舉用他們。舜舉用了「八愷」的後代，讓他們擔任掌管土地的官職，以處理各種事務，他們也都辦理得有條有理。舜又舉用了「八元」的後代，讓他們向四方傳佈五種倫理道德，使得做父親的有道義、做母親的慈愛、做兄長的友善、做弟弟的恭謹、做兒子的孝順、國家內部平穩、與外邦親善。

從前帝鴻氏有個不成材的後代，泯滅仁義、包庇賊黨、好行凶作惡，天下人稱他為「渾沌」，意思是野蠻不開化。少皞氏有個不成材的後代，毀棄信義、厭惡忠直、喜歡邪惡的言語，天下人稱他為「窮奇」，意思是怪異無比。顓頊氏有個不成材的後代，不可調教、不懂得言語善惡，天下人稱他為「檮杌」，意思是凶頑絕倫。這三族，世人都很害怕。堯在位的時候，沒有將他們除掉。縉雲氏也有個不成材的後代，貪於飲食、圖於財貨，天下人稱之為「饕餮」，意思是貪得無厭。天下人都憎恨這四個家族，將他們並列在一起稱為「四凶」。舜在四門接待四方賓客時，便流放了這四個兇惡的家族，將他們趕到偏遠地區抵禦害人的妖魔，從此開放四門，大家都說惡人消失了。

核心要旨

〈五帝本紀〉記載的是遠古傳說中相繼為帝的五個部落首領——黃帝、顓頊、帝嚳、堯、舜的事蹟，同時也記錄當時部落之間頻繁的戰爭，部落聯盟首領實行的禪讓，遠古人民戰猛獸、治洪水、開良田、種嘉穀、觀測天文、推算曆法、譜制音樂舞蹈等多方面的情況。

節選的段落中，特別突出由黃帝開創，再由堯、舜繼承並發揚光大的帝王事業，使得歷史事件與全篇的結構極其和諧。凸顯舜知人善任、從諫如流的政治家風貌，也烘托出為歷代儒家所日夜思慕的自由、民主以及君臣和睦的祥和政治氣氛。

成語精粹

1. **堯天舜日**：比喻太平盛世。亦作「舜日堯天」、「舜日堯年」。
2. **禹行舜趨**：走路的姿態似禹舜。比喻只學習先賢聖人的外表儀態，而不注重其內在涵養，亦言跟隨前人而無創見。

寫作寶典

1. **轉品**：字詞在文句中改變原來詞性的修辭。不同的詞類有不同的語言特性和用法，將某一種詞類轉化為另一種詞類，這種修辭技巧為「轉品」。

例1：舜**耕**歷山，**漁**雷澤，**陶**河濱，作什器於壽丘，就時於負夏。

Tips：名詞當作動詞使用。

例2：巫、醫、樂師、百工之人，君子不**齒**，今其智乃反不能及，其可怪也歟！（韓愈《師說》）

Tips：名詞當作動詞使用。

2. **排比**：利用三句或三句以上結構和長度均類似，意義相關或相同的詞、短語或句子排列起來，達到一種加強語勢的效果。

例1：**重華父曰瞽叟，瞽叟父曰橋牛，橋牛父曰句望，句望父曰敬康，敬康父曰窮蟬，窮蟬父曰帝顓頊，顓頊父曰昌意。**

例2：**坐山看虎鬥，借刀殺人，引火吹風，做乾岸兒，推倒油瓶不扶，**都是全掛子的武藝。（曹雪芹《紅樓夢》）

高手過招（*為多選題）

*1.（　）下列各組文句，「　」內文字詞性相同的選項是：
A. 父義，母慈，「兄」友，弟恭／君為我呼入，吾得「兄」事之
B. 沛公「軍」霸上，未得與項羽相見／晉「軍」函陵，秦軍氾南
C. 謂獄中語，乃「親」得之於史公云／每得降卒，必「親」引問委曲
D. 一妓有殊色，執紅拂，立於前，獨「目」靖／臣以神遇而不以「目」視
E. 一「觴」一詠，亦足以暢敘幽情／引「觴」滿酌，頹然就醉，不知日之入

【解答】

1. BC

秦始皇本紀

古文鑑賞

傳說時代	出題率
春秋戰國	★★★★
秦	
楚漢相爭	
漢	

秦孝公據殽函之固，擁雍州之地，君臣固守而窺周室❶，有席卷❷天下，包舉❸宇內，囊括❹四海之意，并吞八荒❺之心。當是時，商君❻佐之，內立法度，務耕織，修守戰之備，外連衡而鬥諸侯❼，於是秦人拱手而取❽西河之外。

孝公既沒，惠王、武王蒙❾故業，因遺冊❿，南兼漢中，西舉巴、蜀，東割膏腴⓫之地，收要害之郡。諸侯恐懼，會盟而謀弱秦⓬，不愛⓭珍器重寶肥美之地，以致天下之士，合從締交，相與⓮為一。當是時，齊有孟嘗，趙有平原，楚有春申，魏有信陵。此四君者，皆明知而忠信，寬厚而愛人，尊賢重士，約從離衡⓯，並韓、魏、燕、楚、齊、趙、宋、衛、中山之眾。於是六國之士有寧越、徐尚、蘇秦、杜赫之屬為之謀，齊明、周最、陳軫、昭滑、樓緩、翟景、蘇厲、樂毅之徒通其意，吳起、孫臏、帶佗、倪良、王廖、田忌、廉頗、趙奢

【注釋解析】

❶窺：窺伺，窺探。周室：周王室，這裡指周王朝政權。
❷席捲：像用席子卷東西一樣捲走。
❸包舉：像用包裹包東西一樣拿走。
❹囊括：像用口袋裝東西一樣裝走。
❺八荒：八方荒遠的地方，這裡指天下。
❻商君：即商鞅。
❼連衡：即「連橫」。鬥諸侯：使諸侯爭鬥，即挑起諸侯之間的戰爭。
❽拱手而取：一拱手就取得了。形容毫不費力。
❾蒙：承受，繼承。
❿冊：同「策」，策略。
⓫膏腴：肥沃。
⓬弱秦：使秦弱，即削弱秦國。
⓭愛：吝惜。
⓮相與：互相聯合。
⓯約從：相約合縱。離衡：使連橫離散。
⓰叩關：指攻打函谷關。叩，敲。
⓱九國：指韓、魏、燕、楚、齊、趙、宋、衛、中山。
⓲逡巡：徘徊不前，欲進又止。
⓳鏃：箭頭。

之朋制其兵。常以十倍之地，百萬之眾，叩關⑯而攻秦。秦人開關延敵，九國⑰之師逡巡遁⑱逃而不敢進。秦無亡矢遺鏃⑲之費，而天下諸侯已困矣。於是從散約解，爭割地而奉秦。秦有餘力而制其敝，追亡逐北，伏尸百萬，流血漂鹵⑳。因利乘便，宰割天下，分裂河山，強國請服，弱國入朝。延及孝文王、莊襄王，享國㉑日淺，國家無事。

及至秦王，續六世㉒之餘烈，振長策而御宇內㉓，吞二周而亡諸侯，履至尊㉔而制六合，執棰拊以鞭笞天下㉕，威振四海。南取百越之地，以為桂林、象郡，百越之君俛㉖首係頸，委命㉗下吏。乃使蒙恬北築長城而守藩籬，卻匈奴七百餘里，胡人不敢南下而牧馬，士㉘不敢彎弓而報怨。於是廢先王之道，焚百家之言㉙，以愚黔首。墮㉚名城，殺豪俊，收天下之兵聚之咸陽，銷鋒鑄鐻㉛，以為金人十二，以弱黔首之民。然後斬華㉜為城，因河為津㉝，據億丈之城，臨不測之谿以為固。良將勁弩守要害之處，信臣精卒陳利兵而誰何㉞，天下以定。秦王之心，自以為關中之固，金城㉟千里，子孫帝王萬世之業也。

---

⑳鹵：通「櫓」，大盾。
㉑享國：帝王在位的年數。
㉒六世：指孝公、惠文王、武王、昭襄王、孝文王、莊襄王。
㉓振：舉起。長策：長鞭。禦：駕馭，統治。
㉔履：登上。至尊：指極尊之位，即帝位。
㉕棰拊：指刑具。棰，棍棒。拊，刀柄。鞭笞：用鞭子抽打，這裡是統治的意思。
㉖俛：同「俯」。
㉗委命：把性命託付於人。
㉘士：指六國之士。
㉙百家之言：各學派的著作。言，這裡指百家的書籍。
㉚墮：毀壞。
㉛鋒：指兵刃。鐻：鐘類樂器。
㉜斬華：意思是登上華山，即據守華山。
㉝因：憑藉。津：這裡指護城河，壕溝。
㉞誰何：誰能奈何。
㉟金城：金屬鑄的城牆，形容非常堅固。
㊱殊俗：不同的風俗，這裡指偏遠的地方。
㊲甕牖繩樞：用破甕做窗戶，用繩子做門樞。這是形容門窗非常的簡陋。牖，窗戶。樞，門戶的轉軸。

秦王既沒，餘威振於殊俗㊱。陳涉，甕牖繩樞㊲之子，甿隸㊳之人，而遷徙之徒㊴，才能不及中人㊵，非有仲尼、墨翟之賢，陶朱、猗頓之富，躡足㊶行伍之間，而倔起什伯㊷之中，率罷散之卒，將數百之眾，而轉攻秦。斬木為兵，揭㊸竿為旗，天下雲集響應㊹，贏糧而景從㊺，山東豪俊遂並起而亡秦族矣。

且夫天下非小弱也，雍州之地，殽函之固自若㊻也。陳涉之位，非尊於齊、楚、燕、趙、韓、魏、宋、衛、中山之君；鉏櫌棘矜㊼，非錟於句戟長鎩㊽也；適戍㊾之眾，非抗於九國之師；深謀遠慮，行軍用兵之道，非及鄉時㊿之士也。然而成敗異變，功業相反也。試使山東之國與陳涉度長絜(51)大，比權量力，則不可同年而語矣。然秦以區區之地，千乘之權，招八州(52)而朝同列(53)，百有餘年矣。然後以六合為家，殽函為宮，一夫(54)作難而七廟墮，身死人手(55)，為天下笑者，何也？仁義不施而攻守(56)之勢異也。

秦并海內，兼諸侯，南面(57)稱帝，以養四海，天下之士斐然鄉風(58)，若是者何也？曰：近古之無王者久矣。周室卑

㊳ 甿隸：雇農。甿，種田的人。
㊴ 遷徙之徒：被徵去服兵役的人。
㊵ 中人：中等才能的人，即一般人。
㊶ 躡足：踏腳，插足。這裡有出身於……的意思。
㊷ 什伯：古代軍隊編制，十人爲什，百人爲伯。
㊸ 揭：舉起。
㊹ 雲集：像雲一樣地聚集。響應：像迴聲一樣地響應。響，同聲。
㊺ 贏：擔負。景從：像影子一樣地隨從。景，同「影」。
㊻ 自若：依然如故。
㊼ 棘矜：戟桿，等於說木棍。棘，通「戟」。矜，矛柄。
㊽ 錟：同「銛」，鋒利。句戟：有鉤的戟。長鎩：大矛。
㊾ 適戍：因有罪而被貶去戍邊。適，同「謫」。
㊿ 鄉時：先前。
(51) 絜：衡量，比較。
(52) 招：舉，攻取。八州：古時全國劃分爲九州，除秦國本土雍州外，還有八州。
(53) 朝同列：使同列朝拜，意思是使六國諸侯臣服。同列，地位等級等同的，指六國諸侯。

微，五霸既歿，令不行於天下，是以諸侯力政[59]，強侵弱，眾暴寡，兵革不休，士民罷敝。今秦南面而王天下，是上有天子也。既元元之民[60]冀得安其性命，莫不虛心而仰上，當此之時，守威定功，安危之本在於此矣。

秦王懷貪鄙之心，行自奮之智，不信功臣，不親士民，廢王道，立私權，禁文書而酷刑法[61]，先詐力而後仁義，以暴虐為天下始。夫并兼者高[62]詐力，安定者貴[63]順權，此言取與守不同術也。秦離[64]戰國而王天下，其道不易，其政不改，是其所以取之守之者無異也。孤獨而有之，故其亡可立而待。借使[65]秦王計上世之事，並殷周之跡，以制御其政，後雖有淫驕之主而未有傾危之患也。故三王之建天下，名號顯美，功業長久。

今秦二世立，天下莫不引領[66]而觀其政。夫寒者利裋褐[67]而饑者甘糟糠[68]，天下之嗷嗷[69]，新主之資[70]也。此言勞民之易為仁也。鄉使[71]二世有庸主之行，而任忠賢，臣主一心而憂海內之患，縞素[72]而正先帝之過，裂地分民以封功臣之後，建國立君以禮天下，虛囹圄[73]而免刑戮，除去收帑[74]汙

---

[54] 一夫：指陳勝。
[55] 身死人手：指秦王子嬰被項羽所殺。
[56] 攻：指秦歷代之君兼併諸侯，處於進攻地位。守：指秦取得天下後要保持其統治地位，處於守護地位。
[57] 南面：古代以坐北面南爲尊位，帝王的座位面向南，所以稱居帝位爲「南面」。
[58] 斐然：順服的樣子。斐，通「靡」。鄉風：歸順。
[59] 力政：以武力征伐。政，通「徵」。
[60] 既：「則」之意。元元之民：善良的百姓們。
[61] 酷刑法：使刑法嚴酷。
[62] 高：以爲高，重視。
[63] 貴：以爲貴，重視。
[64] 離：經歷。
[65] 借使：假使。
[66] 引領：伸長脖子，形容殷切盼望。
[67] 短褐：粗布短衣，僮僕所穿。
[68] 糟糠：酒渣、糠皮，窮人用以充飢的粗劣食物。
[69] 嗷嗷：哀苦的叫聲。
[70] 資：憑藉。
[71] 鄉使：假使。
[72] 縞素：白色的衣服，喪服。

穢之罪，使各反其鄉里，發倉廩，散財幣，以振[75]孤獨窮困之士，輕賦少事，以佐百姓之急，約[76]法省刑以持其後，使天下之人皆得自新，更節修行，各慎其身，塞[77]萬民之望，而以威德與天下，天下集矣。即四海之內，皆讙然各自安樂其處，唯恐有變，雖有狡猾之民，無離上之心，則不軌之臣無以飾其智[78]，而暴亂之奸止矣。二世不行此術，而重之以無道，壞宗廟與民，更始作阿房宮，繁刑嚴誅，吏治刻深，賞罰不當，賦斂無度，天下多事，吏弗能紀[79]，百姓困窮而主弗收恤。然後奸偽並起，而上下相遁[80]，蒙罪者眾，刑戮相望於道，而天下苦之。自君卿以下至於眾庶，人懷自危之心，親處窮苦之實，咸不安其位，故易動也。是以陳涉不用[81]湯武之賢，不藉公侯之尊，奮臂於大澤而天下響應者，其民危也。故先王見始終之變，知存亡之機，是以牧民[82]之道，務在安之而已。天下雖有逆行之臣，必無響應之助矣。故曰「安民可與行義，而危民易與為非」，此之謂也。貴為天子，富有天下，身不免於戮殺者，正傾[83]非也。是二世之過也。

---

[73] 囹圉：同「囹圄」，監獄。
[74] 收帑：同「收孥」，古代連坐之法，一人犯罪，則收其妻子兒女爲官家奴婢。
[75] 振：同「賑」。
[76] 約，簡約，簡要。
[77] 塞：充塞，滿足。
[78] 智：智謀，這裡指奸智。
[79] 紀：治理，管理。
[80] 遁：欺騙，欺矇。
[81] 用：具備。
[82] 牧民：治民。古代統治者視民爲牛馬，而自稱牧民者爲人牧。
[83] 正傾：挽救已經傾覆的局勢。

白話解讀

秦孝公占據了殽山和函谷關的險固地勢，擁有雍州的土地，君臣牢固地防守，窺伺著周朝王室以圖奪取政權，心懷席捲天下、包舉宇內的意圖，有著囊括四海、併吞八方的雄心。那時候，商君輔佐他，對內建立法令制度，致力於農耕和紡織，修治防守和攻戰的器械設備；對外實行連衡，挑起諸侯之間的爭鬥。於是秦國人就輕鬆地取得了西河以外的土地。

孝公死後，惠王、武王繼承原有的基業，遵循孝公留下來的策略，向南兼併漢中，向西奪得巴、蜀，向東割取肥沃的土地，占據險要的郡縣。諸侯們都很害怕，於是便舉行盟會來商議如何削弱秦國，他們不吝惜地用珍奇的器物、貴重的財寶和肥美的土地招請天下賢士，實行合縱、締約結交、相互聯合、結成一體。這個時候，齊國有孟嘗君，趙國有平原君，楚國有春申君，魏國有信陵君。這四位君子，個個明智忠信、寬仁愛人、尊重賢士、重用能人，他們結約合縱、拆散連橫，聚集韓、魏、燕、楚、齊、趙、宋、衛、中山等國的眾多軍隊。這時候六國的謀士有寧越、徐尚、蘇秦、杜赫這些人幫他們謀劃，有齊明、周最、陳軫、昭滑、樓緩、翟景、蘇厲、樂毅這些人替他們溝通各國的意見，有吳起、孫臏、帶佗、倪良、王廖、田忌、廉頗、趙奢這些人為他們統率軍隊。他們曾經憑著超過秦國十倍的土地，用上百萬的軍隊攻打函谷關進攻秦國。秦國還敞開關門將敵人放進來，但九國的軍隊卻退縮奔逃、不敢前進。秦國沒有損失一枝箭、浪費一個箭頭，各國諸侯就已經疲困不堪。因此合縱離散、盟約解除，各國還都爭著割讓地盤以侍奉秦國。這便使得秦國有充足的力量利用各國疲困的時機去制衡他們，並且追逐敗逃之敵。秦國殺了上百萬的人，屍橫遍野，鮮血流成的河甚至可以漂起盾牌。秦國乘著有利的形勢，控制天下，分割諸侯土地，使得強國請求歸服，弱國入秦朝拜。王位後來傳到孝文王、莊襄王，但他們在位的時間很短，國家在這段時間並沒有發生什麼大事。

到了秦始皇在位的時候，他繼承六代先人留下來的功業，舉起長鞭駕馭各國，吞併東周、西周，滅亡諸侯，最後登臨皇帝之位，統一整個天下，並且用刑罰殘酷地統治全國，聲威震動四海。他又向南奪取百越的土地，改設成桂林、象郡。百越的君王甚至低著頭，將自己的脖子綑上繩子，把性命交給秦國官吏。秦始皇又派蒙恬在北方修築長城戍守邊防，驅趕匈奴使他們後退了七百多里，讓匈奴人不敢南下牧馬，六國之士不敢張弓報仇。秦始皇也廢棄了先王的治國之道，焚毀百家的書籍著作，對百姓實行愚民政策。他拆毀名城、殺戮豪傑，收繳天下兵器聚集到咸陽；銷毀兵刃、熔化樂器，用它們做成十二尊銅人，以削弱百姓的反抗力量。然後據守華山作為城牆，憑藉黃河作為壕溝，上據萬丈高城，下臨無底深溝，以此作為堅固的屏障。秦朝有優秀的將領、強勁的弓弩把守險關要塞，有忠信的大臣，又有精銳的部隊擺開銳利武器，誰能奈何得了他呢？天下如今已經安定。在秦始皇的心中，認為關中如此堅固，有如千里長的銅鑄城牆，是子子孫孫作為帝王的萬世基業。

秦始皇死後，他的餘威仍然震懾著風俗各異的偏遠地區。陳涉只不過是個只能用破甕做為窗戶、用繩子捆住門樞的貧寒人家子弟，是個為人耕田的雇農，被徵服役的戍卒，才能甚至不及普通人。他沒有仲尼、墨翟的賢能，也沒有陶朱、猗頓的富有，他出身於士卒行伍，起事於田間村野，帶著一群疲勞的士兵，領著幾百人的徒眾，前去攻打秦朝。途中砍下樹枝做武器，舉起竹竿當旗幟，天下的人竟然就像雲彩一樣地聚集成群，像迴聲一樣地響應起義，民眾個個背負乾糧，像影不離身一樣地跟隨著他。山東地區的豪傑俊士們，也和他一起揭竿起義，希望可以誅滅秦朝王族。

此時秦朝的天下並沒有變小或削弱，雍州的土地、殽山和函谷關的堅固，仍然像以前一樣。陳涉的地位，比不上齊、楚、燕、趙、韓、魏、宋、衛、中山各國的國君那樣尊貴；鋤具和木棍，也比不上鉤戟和長矛那樣鋒利；被流放守邊的徒眾，比不上九國的軍隊；深謀遠慮、行軍用兵的方略，也比不上先前六國的謀士。然而兩方的成功失敗卻大不相同，功業成就最後卻是完全相反。如果讓山東各國跟陳涉互相比較，度量權勢實力，就不能同日而語了。然而秦國憑著雍州那塊小小的地盤，卻足以抵抗擁有千輛兵車諸侯的權力，並且攻取了八州兼有天下，使地位等級相同的六國諸侯都朝拜臣服於秦，時間長達一百多年。然而在秦統一天下後，以天下為家，以殽山和函谷關為宮殿，誰能想到一個普通人帶頭發難，就使得秦之宗廟被毀，國家滅亡，皇子皇孫死在他人手中，受天下人恥笑，這是什麼原因呢？這是因為不施行仁義。奪取天下跟守住天下的方法本來就不同啊！

秦統一天下，吞併諸侯，臨朝稱帝，供養四海，天下的士人都順服地慕名嚮往，為什麼會這樣呢？答案是：自古以來已經很久沒有能夠統一天下的帝王了。周王室力量微弱，五霸相繼死去以後，導致天子的命令不能通行天下，因此諸侯們憑著武力互相征伐，強大的國家侵略弱小的，人多的國家欺凌人少的，戰事不止，軍民疲憊。現在秦皇南面稱帝統治天下，這就是在上有了天子啊！因此，那些可憐的百姓就希望可以依靠他安身立命，大家都誠心地景仰皇上，在這個時候，就應該保住威權，穩定功業，是安定或是敗亡，關鍵就在於此了。

但是秦王卻懷著貪婪卑鄙之心，只想著展現他個人的智慧，不信任功臣，不親近士民，拋棄仁政王道，樹立個人權威，禁止詩書古籍，實行嚴刑酷法，把詭詐權勢放在第一位，把仁德信義拋在腦後，把殘暴苛虐當作治理天下的前提。實行兼併時，要重視詭詐和實力；但是安定國家時，要重視的卻是順時權變。也就是說奪天下和保天下不能用同樣的方法。秦經歷了戰國到統一天下，但它的策略沒有改，它的政令也沒有變，也就是說它奪天下和保天下所用的方法沒有不同。秦王孤身無輔卻擁有天下，所以他的滅亡也很快就到來。如果秦王能夠參考古代的情況，順著商、周的道路，制定、實行自己的政策，那麼後代即使出現驕奢淫逸的君主，也不會有傾覆危亡的禍患。所以夏禹、商湯、周文王和周武王所建立的國家，才會如此名號卓著，功業長久。

當今秦二世登上王位，普天之下沒有人不伸長脖子期盼著他的政策。就像是受凍的人如果能穿上粗布短襖就覺得很暖和，挨餓的人如果能吃到糟糠也覺得香甜。天下苦不堪言的百姓，正是新皇帝執政的憑藉，也就是說勞苦的人民更容易接受仁政。如果二世有一般君主的德行：任用忠貞賢能的人，君臣一心，為天下的苦難而憂心；服喪期間就改正先帝的過失，割地分民，封賞功臣的後代，封國立君，對天下的賢士以禮相待；將牢獄裡的犯人放出來，免去刑戮，廢除沒收犯罪者妻子兒女為官家奴婢之類的雜亂刑罰，讓遭判刑的人各自返回家鄉；打開倉庫，散發錢財，以賑濟孤苦窮困的士人；減輕賦稅，減少勞役，幫助百姓解除急困；簡化法律，減少刑罰，讓犯罪的人能夠重新開始，使天下的人都能改過自新，改變節操，修養品行，謹慎地操持自身；滿足萬民的願望，以威信仁德對待天下人，那麼天下人就自然歸附了。如果天下都歡喜的安居樂業，那麼即使發生變亂時，有奸詐不軌的人，民眾也不會有背叛主上之心，圖謀不軌的臣子就無法掩飾他的奸詐，暴亂的陰謀也就能夠被阻止了。但是二世不但不實行這種辦法，還比始皇更加暴虐無道，他重新修建阿房宮，使刑罰更加繁多，殺戮更加嚴酷，官吏辦事苛刻狠毒，賞罰不得當，沒有上限地搜括賦稅，國家的事務繁雜，讓官吏們都無法治理，百姓非常窮困，但君主卻不多加收容救濟。於是奸險欺詐之事紛起，上下互相欺騙，蒙受罪罰的人越來越多，遭到刑戮的人多到走在道路上都能夠隨便看見，天下的人都陷入苦難。從君卿以下直到平民百姓，人人心中自危，百姓身處窮苦之境，到處都不得安靜，所以容易動亂。因此陳涉雖然沒有商湯、周武王那樣的賢能，更沒有公侯那樣的尊貴，但在大澤鄉振臂一呼卻天下響應，其原因就在於人民正處於危難之中。所以古代聖王能洞察開端與結局的變化，知道生存與滅亡的關鍵，因此統治人民的方法，就是要專心致力於使他們安定。這樣，天下即使出現叛逆的臣子，也必然沒有人響應，無法得到幫助力量。所謂「處於安定狀態的人民可以與他們共同行仁義，處於危難之中的人民便容易一起做壞事」，說的就是這種情況。秦二世尊貴到能夠坐上天子之位，富足到能夠擁有天下，而自身卻無法免於遭到殺戮，就是因為他挽救傾覆局勢的方法錯了。這就是二世的錯誤。

核心要旨

節選自〈秦始皇本紀〉的此段落被稱為〈過秦論〉，共分上中下三篇，但《史記》中僅節選上中兩段。在〈陳涉世家〉中司馬遷也引用了第一大段。全文從各個方面分析秦王朝的過失。此文旨在總結秦速亡的歷史教訓，以作為漢王朝建立制度、鞏固統治的借鏡，是一篇見解深刻而又極富藝術感染力的文章。

〈過秦論〉上篇先講述秦自孝公以迄始皇逐漸強大的原因：具有地理的優勢、實行變法圖強的主張、正確的戰爭策略、幾世秦王的苦心經營等。行文中採用排比式的句子和鋪陳式的描寫方法，富有氣勢；之後則寫陳涉雖然本身力量微小，卻能使強大的秦國覆滅，在對比中得出秦朝滅亡在於「仁義不施」的結論。中篇剖析秦統一天下後沒有正確的政策，秦二世無法改正秦始皇的錯誤政策，主要指責秦二世的過失。下篇寫秦在危迫的情況下，秦王子嬰沒有救亡扶傾的才力，主要指責秦王子嬰的過失。

成語精粹

1. 追亡逐北：追擊戰敗而逃走的敵軍。亦作「追奔逐北」。

原典：秦有餘力而制其敝，追亡逐北，伏尸百萬，流血漂鹵。

2. 不可同年而語：差別很大，不能相提並論。亦作「不可同日而語」、「未可同日而語」。

原典：試使山東之國與陳涉度長絜大，比權量力，則不可同年而語矣。

寫作寶典

1. 錯綜：將文句中形式整齊的行句故意抽換詞面、交蹉語次（或作交錯語次）、伸縮文句、變化句式，使文句的形式參差，詞彙別異。

例1：有**席卷天下，包舉宇內，囊括四海**之意，**併吞八荒**之心。

Tips：抽換詞面：「席卷、包舉、囊括、併吞」同義，「天下、宇內、四海、八荒」同義。

例2：**句讀之不知，惑之不解，或師焉，或不焉。**（韓愈《師說》）

Tips：交蹉語次，可作「句讀之不知，或師焉，惑之不解，或不焉。」

2. 誇飾：將客觀之人、事或物的特點，透過主觀情意，故意用誇大鋪張地渲染與鋪飾描述的手法，使它與真正的事實相差很遠，以加深讀者的印象。

例1：秦無**亡矢遺鏃之費**，而天下諸侯已困矣。於是從散約解，爭割地而奉秦。秦有餘力而制其敝，追亡逐北，**伏尸百萬，流血漂鹵**。

例2：**白髮三千丈**，離愁似箇長。不知明鏡裡，何處得秋霜。（李白《秋浦歌》）

高手過招（*為多選題）

*1.（　）下列各組文句「　」內的字，前後意義相同的選項是：

A.「弱」國入朝／天下非小「弱」也

B. 罰加乎「姦」令／「姦」臣猶有所譎其辭
C. 「食」以草具／「食」之，比門下之魚客
D. 天下皆知美之「為」美／生而不有，「為」而不恃
E. 百姓樂用，諸侯親「服」／「服」太阿之劍，乘纖離之馬

＊2.（　）**下列各組文句，「　」內字詞意義相同的選項是：**
A. 以「區區」之宋，猶有不欺人之臣／然秦以「區區」之地，致萬乘之權
B. 傴僂「提攜」往來不絕者，滁人遊也／長者與之「提攜」，則兩手奉長者之手
C. 一鼓作氣，「再」而衰，三而竭／季文子三思而後行。子聞之，曰：「再」，斯可矣
D. 至於「斟酌」損益，進盡忠言，則攸之、禕、允之任也／過門更相呼，有酒「斟酌」之
E. 日夜望將軍至，豈敢反乎？願伯具言臣之不敢「倍」德也／故事半古之人，功必「倍」之

3.（　）**下列各文句「　」中的句意，解釋正確的選項是：**
A. 秦有餘力而制其敝，「追亡逐北」：是說秦軍大勝，追趕敗逃的敵軍將之驅逐至北方（賈誼《過秦論》）
B. 「而君慮周行果」，非久於布衣者也：是稱讚對方思慮周密，故行事皆能有好的結果（方孝孺《指喻》）
C. 於水見黃河之大且深，於人見歐陽公，「而猶以為未見太尉也」：是指見到歐陽脩後，歐陽脩還以為蘇轍尚未見過韓琦之面（蘇轍《上樞密韓太尉書》）
D. 武陵人誤入桃源，余曩者嘗疑其誕，「以水沙連觀之，信彭澤之非欺我也」：意謂從水沙連的風土人情來看，陶淵明筆下的世外桃源的確不是虛構騙人的（藍鼎元《紀水沙連》）

【解答】
1. A C　2. A C　3. D

項羽本紀

古文鑑賞

傳說時代	出題率 ★★★★★
春秋戰國	
秦	
楚漢相爭	
漢	

沛公旦日從百餘騎❶來見項王，至鴻門，謝曰：「臣與將軍戮力而攻秦，將軍戰河北，臣戰河南，然不自意❷能先入關破秦，得復見將軍於此。今者有小人之言，令將軍與臣有郤。」項王曰：「此沛公左司馬曹無傷❸言之；不然，籍何以至此。」項王即日❹因留沛公與飲。項王、項伯東向坐❺。亞父南向坐。亞父者，范增❻也。沛公北向坐，張良❼西向侍。范增數目❽項王，舉所佩玉玦以示之者三❾，項王默然不應。范增起，出召項莊❿，謂曰：「君王為人不忍⓫，若⓬入前為壽，壽畢，請以劍舞，因擊沛公於坐，殺之。不者⓭，若屬皆且⓮為所虜。」莊則入為壽，壽畢，曰：「君王與沛公飲，軍中無以為樂，請以劍舞。」項王曰：「諾。」項莊拔劍起舞，項伯亦拔劍起舞，常以身翼蔽⓯沛公，莊不得擊。於是張良至軍門，見樊噲⓰。樊噲曰：「今日之事何如？」良曰：「甚急。

【注釋解析】

❶騎：騎兵。

❷不自意：自己也想不到。

❸曹無傷：是漢高祖劉邦手下的一名將領，官至左司馬。也是導致鴻門宴事件發生的人物之一，亦因此被劉邦處死。

❹即日：當天。

❺項伯：名纏，字伯。出生於下相，是戰國末年的楚國貴族，曾在鴻門宴之中解救過劉邦，楚漢戰爭後投降漢朝，成爲漢朝將領。東向坐：面朝東坐。表示尊貴之意。

❻范增：項羽的首席謀臣幕僚。項梁反秦起義時，范增曾勸項梁立楚懷王後裔爲王，他一直在項羽身邊擔任參謀，被其尊稱爲「亞父」，極受尊崇。但最終因陳平的離間計而失去項羽的信任，離開楚軍。

❼張良：字子房，封爲留侯，謚號文成。因暗殺秦始皇失敗，爲躲避追查而改其他名字。張良是漢高祖劉邦的謀臣，是漢朝的開國元勳之一，與蕭何、韓信同爲漢初三傑。

❽目：用眼色示意。

❾玦：環形而有缺口的佩玉。三：複數，表示好幾次。

❿項莊：楚國貴族，是項羽的堂弟及項伯之子劉猷的堂兄，項梁、項羽起義抗秦時，也加入其

今者項莊拔劍舞，其意常在沛公也。」噲曰：「此迫矣，臣請入，與之同命⑰。」噲即帶劍擁⑱盾入軍門。交戟⑲之衛士欲止不內，樊噲側其盾以撞，衛士僕⑳地，噲遂入，披㉑帷西向立，瞋目㉒視項王，頭髮上指，目眥㉓盡裂。項王按劍而跽㉔曰：「客何為者？」張良曰：「沛公之參乘㉕樊噲者也。」項王曰：「壯士，賜之卮酒。」則與斗㉖卮酒。噲拜謝，起，立而飲之。項王曰：「賜之彘肩。」則與一生彘肩㉗。樊噲覆其盾於地，加彘肩上，拔劍切而啗㉘之。項王曰：「壯士，能復飲乎？」樊噲曰：「臣死且不避，卮酒安足辭！夫秦王有虎狼之心，殺人如不能舉㉙，刑人如恐不勝㉚，天下皆叛之。懷王與諸將約曰『先破秦入咸陽者王之』。今沛公先破秦入咸陽，豪毛不敢有所近，封閉宮室，還軍霸上，以待大王來。故遣將守關者，備他盜出入與非常也。勞苦而功高如此，未有封侯之賞，而聽細說㉛，欲誅有功之人。此亡秦之續耳，竊為大王不取也。」項王未有以應，曰：「坐。」樊噲從良坐。坐須臾，沛公起如廁㉜，因招樊噲出。

沛公已出，項王使都尉陳平召沛公。沛公曰：「今者出，

陣營。

⑪忍：狠心。

⑫若：汝，你。

⑬不者：不然的話。不，同「否」。

⑭若屬：你們這些人。且：將。

⑮翼蔽：遮蔽，掩護。翼，用翼遮蓋、保護。

⑯樊噲：漢初將領、開國功臣，被封武陽侯，劉邦麾下最勇猛的戰將之一。其早年以屠宰狗爲業。

⑰與之同命：跟沛公共生死。另一說，同命，拼命。

⑱擁：抱，持。

⑲交戟：把戟交叉起來。

⑳僕：倒下。

㉑披：分開。

㉒瞋目：睜大眼睛。

㉓眥：眼眶。

㉔跽：長跪，挺直上身跪起來。古人席地而坐，坐時臀部壓在小腿上，挺直上身就顯得身子長，叫長跪，就是跽。

㉕參乘，古代主將戰車上居於右側擔任護衛的武士，又叫車右。

㉖斗：古代盛酒器。

㉗彘肩：豬腿。生：一說爲「全」之意，一說爲「尚未經過調味」之意。

㉘啗：吃。

未辭也，為之奈何？」樊噲曰：「大行不顧細謹㉝，大禮不辭小讓㉞。如今人方為刀俎㉟，我為魚肉，何辭為。」於是遂去。乃令張良留謝。良問曰：「大王來何操㊱？」曰：「我持白璧一雙，欲獻項王，玉斗一雙，欲與亞父，會㊲其怒，不敢獻。公為我獻之」張良曰：「謹諾。」當是時，項王軍在鴻門下，沛公軍在霸上，相去四十里。沛公則置㊳車騎，脫身獨騎，與樊噲、夏侯嬰、靳彊、紀信等四人持劍盾步走㊴，從酈山下，道芷陽間行㊵。沛公謂張良曰：「從此道至吾軍，不過二十里耳。度㊶我至軍中，公乃入。」沛公已去，間至軍中，張良入謝，曰：「沛公不勝桮杓㊷，不能辭。謹使臣良奉白璧一雙，再拜㊸獻大王足下；玉斗一雙，再拜奉大將軍足下。」項王曰：「沛公安在？」良曰：「聞大王有意督過㊹之，脫身獨去，已至軍矣。」項王則受璧，置之坐上。亞父受玉斗，置之地，拔劍撞而破之，曰：「唉！豎子㊺不足與謀。奪項王天下者，必沛公也，吾屬今為之虜矣。」沛公至軍，立誅殺曹無傷。

居數日，項羽引兵西屠咸陽，殺秦降王子嬰，燒秦宮室，

㉙舉：盡。
㉚刑人：給人用刑。勝：盡，極。
㉛細說：指小人的讒言。
㉜如廁：上廁所。如，往。
㉝大行：指做大事。細謹：小的禮節。謹，儀節、禮節。
㉞大禮：指把握大節。辭：推辭，這裡有避開，迴避的意思。小讓：小的責備。
㉟俎：切肉的砧板。
㊱何操：帶了什麼。操，持、拿。
㊲會：正趕上，恰巧。
㊳置：放下，丟下。
㊴步走，徒步跑，指不騎馬乘車。
㊵道：取道，經過。間行：抄小道走。
㊶度：估計。
㊷不勝桮杓：意思是不能再喝。不勝，禁不起。桮杓，兩種酒器，借指酒。
㊸再拜：表示恭敬的禮節。
㊹督過：責備。
㊺豎子：小子，奴才。表面上是責備項莊，實則是暗譏項羽。
㊻阻：倚仗。四塞：四面要塞。
㊼都：建都。以：而。

火三月不滅；收其貨寶婦女而東。人或說項王曰：「關中阻山河四塞㊻，地肥饒，可都以㊼霸。」項王見秦宮皆以燒殘破，又心懷思欲東歸，曰：「富貴不歸故鄉，如衣繡㊽夜行，誰知之者！」說者曰：「人言楚人沐猴而冠㊾耳，果然。」項王聞之，烹㊿說者。

㊽衣繡：穿錦繡衣服。
㊾沐猴而冠：獼猴卻戴上人的帽子。譏諷項羽虛有表象，卻不脫粗鄙的本質。
㊿烹：放在鍋裡煮死，古代的一種酷刑。

白話解讀

第二天清早，沛公帶著一百多名侍從人馬來見項王，到達鴻門向項王賠罪：「我跟將軍合力攻秦，將軍在河北作戰，我在河南。卻沒想到我能先入關攻破秦軍，且能夠在這裡見到您。現在是因為有小人對您說了我的壞話，才使得將軍和我之間產生嫌隙。」項王說：「是你的左司馬曹無傷說的，不然，我怎麼會如此對待你呢？」項王當日就邀請沛公留下一起喝酒。項王、項伯面朝東坐，亞父面朝南坐，亞父也就是范增，沛公面朝北坐，張良面朝西陪侍。范增好幾次向項王使眼色，又好幾次舉起身上佩戴的玉玦向他示意，但是項王卻只是沉默，沒有反應。范增起身出去，並叫來項莊，對他說：「君王為人心腸太軟，你上前去獻酒祝壽，然後請求舞劍，趁機刺擊沛公將他殺死在座位上。不然的話，你們這班人都將成為他的俘虜了。」於是項莊上前獻酒祝壽，祝酒完畢後對項王說：「大王和沛公飲酒，但是軍營中沒有什麼可以作樂的，就讓我來舞劍吧！」項王說：「好。」項莊馬上拔劍起舞，此時項伯也拔劍合舞並且用身體掩護沛公，讓項莊沒有辦法刺殺沛公。

見此情景，張良走到軍門前找來樊噲。樊噲問道：「今天的事情怎麼樣？」張良說：「現在情況危急！項莊正在舞劍，他一直在打殺死沛公的主意呀！」樊噲說：「太危險了！讓我進去，我要跟沛公同生共死。」樊噲帶著寶劍拿著盾牌就往軍門裡闖。交叉持戟的衛士想阻止不讓他進去，樊噲側過盾牌往前一撞，衛士們撲倒在地，於是樊噲成功闖進軍門，挑開帷帳面朝西站定，睜圓眼睛怒視項王，頭髮一根根豎起，眼角兩邊都要睜裂了。項王伸手握住寶劍，警惕地挺直身子問：「這位客人是誰？」張良說：「是沛公的護衛樊噲。」項王說：「真是位壯士啊！賜他一杯酒。」手下的人遞上來一大杯酒，樊噲拜謝，起身站著喝了。項王說：「賜他一隻豬肘。」手下的人遞上來一整隻豬肘。樊噲把盾牌反扣在地上，把豬肘放在上面，拔出劍來邊切邊吃。項王說：「好一位壯士！還能再喝嗎？」樊噲說：「我連死都不在乎，一杯酒又有什麼好推辭的！那秦王有像虎狼一樣凶狠的心，殺人無數，好像唯恐殺不完；給人加刑，好像唯恐用不盡，導致天下人都叛離他。楚懷王曾經和諸將約定『先擊敗秦軍進入咸陽者，就讓他在關中為王。』如今沛公率先擊敗秦軍進入咸陽，他秋毫不犯並且封閉秦王宮室，把軍隊撤回霸上，就是為了等待大王您的到來。還特地派遣將士把守函谷關，為的是防備其他盜賊竄入和意外的變故。沛公如此勞苦功高，不但沒有得到封侯的賞賜，您反而聽信小人的讒言，要殺害有功之人，這就像是暴秦的翻版。我認為大王您是不會這樣做的。」這一番話讓項王無話可說，只是說：「坐！坐！」樊噲便挨著張良坐下來。過了一會兒，沛公起身上廁所時順便也把樊噲叫出來。

沛公出來一陣子後，項王派都尉陳平來叫沛公。沛公對樊噲說：「現在我逃出來，但是剛才沒有來得及告辭，怎麼辦？」樊噲說：「成大事者無須顧及小的禮節；講大節者無須逃避小的責備。如今項王好比是刀子和砧板，而我們好比是魚和肉，因此無法顧及那麼多了！」於是一行人便離開那裡，讓張良留下來向項王致歉。張良問：「大王來的時候帶了什麼禮物？」沛公說：「我帶來白璧一雙，準備獻給項王；玉斗一對，準備獻給亞父。但是正巧他們心情不好，所以不敢獻上。先生替我獻上吧。」張良說：「是。」這個時候，項王部隊駐紮在鴻門一帶，而沛公的部隊則駐紮在霸上，中間相距四十里。沛公拋下車馬、侍從脫身而走，他獨自一人騎馬，而樊噲、夏侯嬰、靳強、紀信等四人手持劍盾在後面徒步奔跑，從酈山而下，順著芷陽抄小路而行。沛公臨行前對張良說：「從這條路到我們軍營，不超過二十里。您等我們到了軍營之後再進去。」

沛公等一行離開鴻門，抄小路回到軍營，張良才進去致歉，說道：「沛公酒量不好，喝得多了點，不能跟大王告辭了。讓臣下張良捧上白璧一雙，恭敬地獻給大王足下；玉斗一對，恭敬地獻給大將軍足下。」項王問道：「沛公現在在什麼地方？」張良答道：「聽說大王有意責怪他，他就一個人先走，現在已經回到軍營了。」項王接過白璧，放在座位上；亞父接過玉斗，扔在地上，拔出劍來撞碎了，說：「唉！就是沒辦法和項莊這些小子共謀大事，奪取項王天下的，一定是沛公。我們這些人就要成為俘虜了！」沛公回到軍中，立即下令殺了曹無傷。

過了幾天，項羽率兵西進，屠戮咸陽城，殺了秦降王子嬰，燒了秦朝的宮室，大火連綿三個月都沒有熄滅，又劫掠秦朝的財寶、婦女，便往東離開。有人勸項王說：「關中這塊地方，有山河為屏障，四方都有要塞，土地肥沃，適合建都成就霸業。」但項王看到秦朝宮室都被火燒得殘破不堪，又思念家鄉，就說：「如果富貴卻不回故鄉，就像穿了錦繡衣裳而在黑夜中行走，怎麼會有人知道呢？」勸諫項王的那個人說：「有人說，楚國人像是獼猴戴了人的帽子一樣虛有表象，果真是如此。」項王聽到之後十分生氣，便把那個人扔進鍋裡煮死了。

核心要旨

〈項羽本紀〉以描繪項羽此人物的形象、刻劃這一人物的性格為主，同時也生動地敘寫了戰爭。披卷讀之，既可以聞見戰場上的血腥，聽到戰馬的嘶鳴和勇士們的猛吼，又可以看見項羽披甲持戟，瞋目而叱，大呼馳下，斬將刈旗的神態與身影。他既是一個力拔山、氣蓋世的英雄，又是一個性情暴戾、優柔寡斷、只知用武不諳智謀的匹夫。司馬遷巧妙地把項羽性格中矛盾的各個側面，融合於這一鴻篇巨制之中，雖然不乏深刻的撻伐，但更多的卻是由衷的惋惜和同情。

〈項羽本紀〉正是在廣闊的歷史背景下寫人，在寫人的過程中寫戰爭，二者相得益彰。戰爭因人物而生動、壯觀，人物因戰爭而更顯活潑、奇偉。它猶如一幅逼真傳神的英雄肖像畫，色彩鮮明；又像一張秦漢之際的政治軍事形勢圖，錯綜有序。通篇文章氣勢磅礴，場面壯闊，成為文學史上的一篇不朽佳作。

成語精粹

1. 鴻門宴：指不懷好意、居心不良的邀宴。

原典：楚漢相爭時，劉邦先入咸陽，項羽嫉之，遂用范增之計，設宴於鴻門，欲加害之。後來劉邦赴宴，范增使項莊舞劍，伺機行刺劉邦，幸得羽叔父項伯及張良等協助，始免於難。

2. 人為刀俎，我為魚肉：比喻他人掌握著生殺大權，自己處於被宰割的境地。

原典：沛公曰：「今者出，未辭也，為之奈何？」樊噲曰：「大行不顧細謹，大禮不辭小讓。如今人方為刀俎，我為魚肉，何辭為。」於是遂去。

3. 沐猴而冠：比喻人虛有表象，卻不脫粗鄙的本質。後亦比喻性情暴躁。

原典：人或說項王曰：「關中阻山河四塞，地肥饒，可都以霸。」項王見秦宮室皆以燒殘破，又心懷思欲東歸，曰：「富貴不歸故鄉，如衣繡夜行，誰知之者！」說者曰：「人言楚人沐猴而冠耳，果然。」項王聞之，烹說者。

寫作實典

1. 雙關：一語同時兼顧兩種事物或兼含兩種意義的修辭，包括字音的諧聲、字義的兼指、語意的暗示，都是「雙關」。

例1：亞父受玉斗，置之地，拔劍撞而破之，曰：「**唉！豎子不足與謀**。奪項王天下者，必沛公也，吾屬今為之虜矣。」

Tips：明處似責項莊不足以成事，實則一語雙關，暗罵項羽因婦人之仁而敗事。

例2：楊柳青青江水平，聞郎江上唱歌聲。東邊日出西邊雨，**道是無晴卻有晴**。（劉禹錫《竹枝詞》）

Tips：「晴」雙關「情」，一面指晴雨的晴，一面又說情感的情。

2. 轉品：字詞在文句中改變原來詞性的修辭。不同的詞類有不同的語言特性和用法，將某一種詞類轉化為另一種詞類，這種修辭技巧為「轉品」。

例1：范增數**目**項王，舉所佩玉玦以示之者三，項王默然不應。

Tips：名詞當作動詞使用。

例2：**親**賢臣，**遠**小人，此先漢所以興隆也；**親**小人，**遠**賢臣，此後漢所以傾頹也。（諸葛亮《出師表》）

Tips：形容詞當作動詞使用。

高手過招（＊為多選題）

1.（　）**下列文句，完全沒有錯別字的選項是：**
A. 這件事情牽涉的層面很廣，我們最好不要插手，暫且作壁上觀
B. 你們彼此惡性競爭，最後可能讓他作收漁利，豈不是太不聰明
C. 他完成攀登聖母峰的壯舉，一時聲名大躁，不少節目競相邀約
D. 這件藝品材質不佳，雕工也很粗躁，絕沒有店家所聲稱的價值

＊2.（　）**下列各組文句「　」內的字，前後意義相同的選項是：**
A. 之推不得已而仕「於」亂世／以其無禮「於」晉，且貳於楚
B. 於是飲酒樂甚，「扣」舷而歌之／娘以指「扣」門扉曰：兒寒乎
C. 則漢「室」之隆，可計日而待也／或取諸懷抱，晤言一「室」之內
D. 大行不「顧」細謹，大禮不辭小讓／乘驢而去，其行若飛，回「顧」已遠
E. 惑之不解，「或」師焉，或不焉／「或」勸以少休，公曰：吾上恐負朝廷，下恐愧吾師也

3.（　）**下列「　」中的字詞，符合前者作動詞用、後者作名詞用的選項是：**
A. 民之所好好之，民之所「惡」「惡」之
B. 聖人不病，以其「病」「病」，是以不病
C.（九江王）布稱疾不往，使「將」「將」數千人行
D. 大學之道，在「明」「明」德，在親民，在止於至善

＊4.（　）**下列各組文句「　」內的字，前後意義相同的選項是：**

A. 春和「景」明，波瀾不驚／我先王先民之「景」命，實式憑之
B. 「衣」取蔽寒，食取充腹／七十者「衣」帛食肉，黎民不飢不寒
C. 其「數」則始乎誦經，終乎讀禮／率罷散之卒，將「數」百之眾
D. 常人貴遠「賤」近，向聲背實／左右以君「賤」之也，食以草具
E. 公閱「畢」，即解貂覆生，為掩戶／若入前為壽，壽「畢」，請以劍舞

5.（　）**下列各組「　」內的字音，前後不同的選項是：**
A. 若「垤」若穴／「喋」血山河
B. 交「戟」之衛士／王俱與「稽」首
C. 西方有木焉，名曰「射」干／每公卿入言，賓客上「謁」
D. 不知軍之不可以退而謂之退，是謂「縻」軍／侶魚蝦而友「麋」鹿

＊6.（　）**「反問」雖採問句形式，卻屬無疑而問、明知故問，意在強調預設的觀點。下列屬於反問句的選項是：**
A. 壯士，能復飲乎
B. 誰習計會，能為文收責於薛者乎
C. 吾師道也，夫庸知其年之先後生於吾乎
D. 風俗頹敝如是，居位者雖不能禁，忍助之乎
E. 況為大臣而無所不取，無所不為，則天下其有不亂，國家其有不亡者乎

＊7.（　）**在言談書寫中讚美對方，除了能讓受話的對方有好印象，也有助於達成交際目的。下列敘述，敘說者選用「讚美對方」的技巧的選項是：**
A. 紅拂投奔李靖時對李靖說：「妾侍楊司空久，閱天下之人多矣，未有如公者。絲蘿非獨生，願託喬木，故來奔耳。」

B. 張良對項羽說：「沛公不勝桮杓，不能辭。謹使臣良奉白璧一雙，再拜獻大王足下；玉斗一雙，再拜奉大將軍足下。」

C. 劉姥姥遇見賈惜春時說：「我的姑娘！你這麼大年紀兒，又這麼個好模樣兒，還有這個能幹，別是個神仙托生的罷。」

D. 孟嘗君對馮諼說：「文倦於事，憒於憂，而性懧愚，沉於國家之事，開罪於先生。先生不羞，乃有意欲為收責於薛乎？」

E. 蘇轍在給韓琦的信中說：「轍之來也，於山見終南、嵩、華之高，於水見黃河之大且深，於人見歐陽公，而猶以為未見太尉也！」

8. **「擴寫」是以原有的材料為基礎，掌握該材料的主旨、精神，運用想像力加以渲染。請仔細閱讀下列《史記·項羽本紀》的文字後加以擴寫。文長約三百—四百字。提示：本題非翻譯題，請勿將原文譯成白話。**

《史記·項羽本紀》：范增起，出召項莊，謂曰：「君王為人不忍，若入前為壽，壽畢，請以劍舞，因擊沛公於坐，殺之。不者，若屬皆且為所虜！」莊則入為壽，壽畢，曰：「君王與沛公飲，軍中無以為樂，請以劍舞。」項王曰：「諾。」項莊拔劍起舞，項伯亦拔劍起舞，常以身翼蔽沛公，莊不得擊。

【解答】

1. A
2. BE
3. B
4. DE
5. B
6. CDE
7. ACE

高祖本紀

古文鑑賞

傳說時代　春秋戰國　秦　楚漢相爭　漢
出題率 ★★★

高祖還歸，過沛，留。置酒沛宮，悉召故人父老子弟縱酒，發沛中兒得百二十人，教之歌。酒酣❶，高祖擊筑❷，自為歌詩曰：「大風起兮雲飛揚，威加海內兮歸故鄉，安得猛士兮守四方！」令兒皆和習❸之。高祖乃起舞，慷慨傷懷，泣數行下。謂沛父兄曰：「遊子悲❹故鄉。吾雖都關中，萬歲後❺吾魂魄猶樂思沛。且朕自沛公以誅暴逆，遂有天下，其以沛為朕湯沐邑❻，復❼其民，世世無有所與❽。」沛父兄諸母故人日樂飲極驩，道舊故❾為笑樂。十餘日，高祖欲去，沛父兄固請留高祖。高祖曰：「吾人眾多，父兄不能給❿。」乃去。沛中空縣⓫皆之邑西獻。高祖復留止，張⓬飲三日。沛父兄皆頓首⓭曰：「沛幸得復，豐未復，唯⓮陛下哀憐之。」高祖曰：「豐吾所生長，極不忘耳，吾特⓯為其以雍齒故反我為魏。」沛父兄固請，乃並復豐，比⓰沛。於是拜沛侯劉濞為吳王。

【注釋解析】

❶酣：酒喝得很暢快。
❷筑：古代樂器名，形狀象琴琴。
❸和習：跟著唱，學習。
❹悲：思念，眷戀。
❺萬歲後：是死後的避諱的說法。
❻湯沐邑：周制，諸侯朝見天子，天子賜以王畿以內供應住宿和齋戒沐浴的封邑。後來皇帝、皇后、公主等收取賦稅的私邑也稱「湯沐邑」。
❼復：免除賦稅徭役。
❽無有所與：不必交納賦稅服徭役。與，參與。
❾道舊故：談起以往的舊事。
❿給：供給，供應。
⓫空縣：意思是縣城內空無一人。
⓬張：指張設帷帳。
⓭頓首：叩頭。
⓮唯：希望，哀憐，憐憫。
⓯特：只是。
⓰比：並列，跟……一樣。
⓱絕無後：斷絕子孫，沒有後代繼承人。
⓲守冢：守護墳墓的人。
⓳陰謀：暗中謀劃。
⓴端：頭緒。
㉑流矢：飛箭。
㉒嫚罵：辱罵。嫚，輕慢、侮辱。

漢將別擊布軍洮水南北，皆大破之，追得斬布鄱陽。

樊噲別將兵定代，斬陳豨當城。

十一月，高祖自布軍至長安。十二月，高祖曰：「秦始皇帝、楚隱王陳涉、魏安釐王、齊緡王、趙悼襄王皆絕無後⑰，予守冢⑱各十家，秦皇帝二十家，魏公子無忌五家。」赦代地吏民為陳豨、趙利所劫掠者，皆赦之。陳豨降將言豨反時，燕王盧綰使人之豨所，與陰謀⑲。上使辟陽侯迎綰，綰稱病。辟陽侯歸，具言綰反有端⑳矣。二月，使樊噲、周勃將兵擊燕王綰，赦燕吏民與反者。立皇子建為燕王。

高祖擊布時，為流矢㉑所中，行道病。病甚，呂后迎良醫，醫入見，高祖問醫，醫曰：「病可治。」於是高祖嫚罵㉒之曰：「吾以布衣㉓提三尺劍取天下，此非天命乎？命乃在天，雖㉔扁鵲何益！」遂不使治病，賜金五十斤罷之。已而㉕呂后問：「陛下百歲後㉖，蕭相國即㉗死，令誰代之？」上曰：「曹參可。」問其次，上曰：「王陵可。然陵少戇㉘，陳平可以助之。陳平智有餘，然難以獨任。周勃重厚少文，然安劉氏者必勃也，可令為太尉。」呂后復問其次，上曰：「此後

㉓布衣：平民。因平民穿布製的衣服，故以布衣借指平民。

㉔雖：即使，縱然。

㉕已而：不久。

㉖百歲後：死的避諱說法，意思是百年之後。

㉗即：如果，一旦。

㉘少：稍微。戇：愚而剛直。

㉙而：你。

㉚候伺：窺伺，等待機會。

㉛幸：希望。

㉜長樂宮：漢高祖劉邦根據秦朝的興樂宮改建而成。漢高祖七年，劉邦從原本居住的櫟陽城，入主已改建完工的興樂宮，並更名爲「長樂宮」，配合同年修建的另一座宮殿「未央宮」，稱長樂未央，寓意「永遠快樂，無窮無盡」。劉邦死後，其子漢惠帝繼位，改居未央宮，往後的西漢皇帝都住在未央宮，長樂宮便改爲皇太后的宮室。

㉝審食其：沛縣人，是劉邦的同鄉。以舍人身份照顧劉邦的妻子兒女，爲呂雉所親信。後被封爲辟陽侯。因得幸與呂后，被漢惠帝發現，想要誅殺之，但其朋友幫助他躲過一劫。呂后死後，諸呂被殺，淮南王劉長伺機殺了他，謚號幽侯。

㉞編户民：有登記在户口名簿上的平民百姓。

㉟怏怏：不滿意、不服氣的樣子。

亦非而㉙所知也。」

盧綰與數千騎居塞下候伺㉚，幸㉛上病愈自入謝。

四月甲辰，高祖崩長樂宮㉜。四日不發喪。呂后與審食其㉝謀曰：「諸將與帝為編戶民㉞，今北面為臣，此常怏怏㉟，今乃事少主，非盡族是㊱，天下不安。」人或聞之，語㊲酈將軍㊳。酈將軍往見審食其，曰：「吾聞帝已崩，四日不發喪，欲誅諸將。誠如此，天下危矣。陳平、灌嬰將十萬守滎陽，樊噲、周勃將二十萬定燕、代，此聞帝崩，諸將皆誅，必連兵還鄉以攻關中。大臣內叛，諸侯外反，亡可翹足而待㊴也。」審食其入言之，乃以丁未發喪，大赦天下。

㊱是：這些人。
㊲語：告訴。
㊳酈將軍：酈商，西漢初年將領。陳涉起兵反秦時，酈商招兵買馬，聚集數千人。劉邦攻城奪地到陳留時，酈商帶領將士四千多人投歸劉邦。後以梁國相國的職位隨劉邦與項羽作戰達兩年三個月。諡號景侯。
㊴翹足而待：一舉足的功夫就可等待到，形容很快、很容易。翹，舉。

白話解讀

高祖回京途中，路過沛縣時停留了一下。在沛宮置備酒席，把老朋友和父老兄弟都請來一起縱情暢飲。挑選沛縣中的兒童一百二十人，教他們唱歌。酒喝得正痛快時，高祖自己彈擊筑琴，唱起自己編的歌：「天下風起雲湧，雲彩飛揚啊！聲威震動海內，可以衣錦還鄉了啊！如何才能得到勇士，並派他們鎮守四方呢？」並且讓兒童們跟著學唱。後來高祖還起舞，情緒激動心中感傷，最後灑下行行熱淚。高祖對沛縣父老兄弟說：「遠遊的遊子總是思念著故鄉。

我雖然建都關中，但是將來死後我的魂魄還是會喜歡和想念家鄉。而且我一開始是以沛公的身份起兵討伐暴逆，終於取得天下，現在我把沛縣作為我的湯沐邑，免除沛縣百姓的賦稅徭役，世世代代都不必納稅服役。」聽到之後，沛縣的父老兄弟及同宗的親戚朋友天天快樂地飲酒，盡情歡宴，敘談往事，取笑作樂。過了十多天，高祖要走了，沛縣的父老堅持要高祖多留幾日。高祖說：「我的隨從人數太多，父兄們供應不起。」於是便離開沛縣。離開的這天沛縣城裡全都沒有人，百姓都趕到城西敬獻牛、酒等禮物。高祖又停了下來，搭起帳篷，痛飲三天。沛縣父兄都叩頭請求說：「沛縣有幸得以免除賦稅徭役，豐邑卻沒有免除，希望陛下憐憫他們。」高祖說：「豐邑是我生長的地方，是我最不能忘記的，我只是因為當初豐邑人跟著雍齒反叛我而幫助魏王才這樣做的。」沛縣父老仍然堅決請求，高祖最後才答應把豐邑的賦稅徭役也免除掉，跟沛縣一樣，也封沛侯劉濞為吳王。

漢軍在洮水南北分別進擊黥布，將叛軍全部都打敗了，並追到鄱陽抓獲黥布，將他斬首。

樊噲另外帶兵平定代地，並在當地殺了陳豨。

十一月，高祖從討伐黥布的軍中返回長安。十二月，高祖說：「因為秦始皇、楚隱王陳涉、魏安釐王、齊緡王、趙悼襄王等都沒有後代，所以分別給予他們守墓人十戶，給秦始皇二十戶，給魏公子無忌五戶。」代地的官吏、百姓，凡是被陳豨、趙利所劫持的，全部赦免。陳豨的降將說：「陳豨造反時，燕王盧綰曾經派人到陳豨那裡與他密謀反叛。」高祖於是派辟陽侯審食其召盧綰進京，盧綰推說有病沒有辦法前往。辟陽侯回來後，詳細報告盧綰謀反，事有蹊蹺。於是到了二月，高祖派樊噲、周勃帶兵討伐燕王盧綰。赦免了燕地參與造反的官吏與百姓。立皇子劉建為燕王。

高祖討伐黥布時，被飛箭射中，在回京的路上生病。病得很嚴重，呂后為他請來一位好醫生。醫生進宮拜見，高祖問他自己的病情如何。醫生說：「可以治好，沒有問題。」於是高祖罵他說：「就憑我一個平民，手提三尺之劍，最終取得天下，這不是由於天命嗎？人的命運決定於上天，縱然你是扁鵲，又有什麼用處呢？」說完便不讓他治病，只賞給他五十斤黃金就將醫生打發走了。不久，呂后問高祖：「陛下百年之後，如果蕭相國也死了，該讓誰來接替他做相國呢？」高祖說：「曹參可以。」呂后又問曹參之後呢？高祖說：「王陵可以。不過他略顯迂愚剛直，陳平可以幫助他。陳平智慧有餘，然而難以獨自擔當重任。周勃深沉厚道，缺少文才，但是安定劉氏天下的一定是周勃，可以讓他擔任太尉。」呂后再問以後的事，高祖說：「再以後的事，就不是你所能知道的了。」

盧綰帶著幾千騎兵在邊境上等待時機，希望在高祖病癒以後，可以親自到長安去請罪。

四月甲辰日，高祖在長樂宮逝世。過了四天卻都沒有發佈喪事的消息。呂后和審食其商量說：「先前和皇帝同樣是平民百姓的將領們，在向北面稱臣後，就常常流露出不滿意、不服氣的樣子，現在又要他們侍奉年輕的新皇帝，如果不全部消滅他們，天下就安定不了。」有人聽到這些話，便告訴將軍酈商。酈將軍去見審食其，說：「我聽說皇帝已駕崩四天了，卻還沒有發佈喪事的消息，而且還要殺掉所有的將領。如果真的這樣做，天下可就危險了。陳平、灌嬰正率領十萬大軍鎮守滎陽，樊噲、周勃也正率領二十萬大軍平定燕地和代地，如果他們聽說皇帝駕崩，且諸將都將遭殺戮，必定會把軍隊聯合在一起，來進攻關中。那時候大臣們在朝廷叛亂，諸侯們在外面造反，覆亡的日子就翹足而待了。」審食其進宮把這些話告訴呂后，於是呂后便馬上在丁未日發佈高祖逝世的消息，並且大赦天下。

核心要旨

〈太史公自序〉說：「子羽暴虐，漢行功德，憤發蜀漢，還定三秦；誅籍業帝，天下惟寧，改制易俗，作〈高祖本紀〉」這是司馬遷創作本篇的基本宗旨。的確，在《高祖本紀》中，側重敘寫的是劉邦如何戰勝項羽，最後建立漢帝國的過程，同時也充分肯定這位開國之君在統一天下過程中的重要作用。

「不虛美」、「不隱惡」、尊重歷史的「實錄」精神，是貫穿《史記》全書的基本原則。但本篇重在寫劉邦的成功，因此，那些表現劉邦人品其它方面的內容，諸如狡詐、虛偽、損人利已等等，則通過「互見」在其它篇章之中著力表現了，在本篇並沒有著力敘寫。

成語精粹

1. 翹足而待：翹起腳等待，比喻很快就能實現。

原典：吾聞帝已崩，四日不發喪，欲誅諸將。誠如此，天下危矣。陳平、灌嬰將十萬守滎陽，樊噲、周勃將二十萬定燕、代，此聞帝崩，諸將皆誅，必連兵還鄉以攻關中。大臣內叛，諸侯外反，亡可翹足而待也。

寫作寶典

1. 借代：不直接說出常用的本名或詞語，而借用與其關係密切的名稱或詞語來代替。

例1：遊子悲故鄉。吾雖都關中，**萬歲後**吾魂魄猶樂思沛。且朕自沛公以誅暴逆，遂有天下，其以沛為朕湯沐邑，復其民，世世無有所與。

Tips：「萬歲後」借代「死亡」。

例2：呂后問：「陛下**百歲後**，蕭相國即死，令誰代之？」

Tips：「百歲後」借代「死亡」。

例3：於是高祖嫚罵之曰：「吾以**布衣**提三尺劍取天下，此非天命乎？命乃在天，雖扁鵲何益！」

Tips：「布衣」借代「平民」。

例4：人有悲歡離合，月有陰晴圓缺，此事古難全。但願人長久，千里共**嬋娟**。（蘇軾《水調歌頭》）

Tips：「嬋娟」借代「月亮」。

高手過招

1.（　）**以下引文都是歷史人物自述情懷的歌辭，其中最可能是漢高祖劉邦之辭的選項是：**

A. 太（泰）山壞乎！梁柱摧乎！哲人萎乎！

B. 大風起兮雲飛揚，威加海內兮歸故鄉，安得猛士兮守四方！

C. 力拔山兮氣蓋世，時不利兮騅不逝。騅不逝兮可奈何，虞兮虞兮奈若何！

D. 登彼西山兮，采其薇矣。以暴易暴兮，不知其非矣。神農、虞、夏忽焉沒兮，我安適歸矣？于嗟徂兮，命之衰矣！

【解答】

1. B

第二單元

世家

孔子世家
陳涉世家
蕭相國世家
曹相國世家
留侯世家
陳丞相世家

孔子世家

古文鑑賞

傳說時代
春秋戰國
秦
楚漢相爭
漢

出題率 ★★

孔子遷於蔡三歲，吳伐陳。楚救陳，軍❶於城父。聞孔子在陳蔡之間，楚使人聘孔子。孔子將往拜禮，陳蔡大夫謀曰：「孔子賢者，所刺譏皆中諸侯之疾❷。今者久留陳蔡之間，諸大夫所設行❸皆非仲尼之意。今楚，大國也，來聘孔子。孔子用於楚，則陳蔡用事❹大夫危矣。」於是乃相與發徒役❺圍孔子於野。不得行，絕糧。從者病，莫能興❻。孔子講誦弦歌不衰。子路慍見曰：「君子亦有窮❼乎？」孔子曰：「君子固窮，小人窮斯濫矣。」

子貢色作❽。孔子曰：「賜，爾以予為多學而識❾之者與？」曰：「然。非與？」孔子曰：「非也。予一以貫之。」

孔子知弟子有慍心，乃召子路而問曰：「《詩》❿云『匪兕⓫匪虎，率⓬彼曠野』。吾道非邪？吾何為於此？」子路曰：「意者⓭吾未仁邪？人之不我信也。意者吾未知邪？人之

【注釋解析】

❶軍：軍隊臨時駐紮。
❷刺：指責。譏：諷刺。疾：弊病。
❸設行：施政。
❹用事：當權。
❺徒役：服勞役的人。
❻興：站起。
❼窮：走頭無路，困厄困窘。
❽色作：臉色轉變。
❾識：強記。
❿《詩》：中國最早的詩歌總集。共有詩歌三百零五首，除此之外還有六篇有題目無內容，即有目無辭，稱爲笙詩六篇，因此又稱《詩三百》。從漢朝起儒家便將其奉爲經典，遂也稱之謂《詩經》，而正式使用《詩經》一詞，應該起於南宋初年。早期《詩經》版本眾多，其中最爲著名也是流傳至今的，是漢朝毛亨、毛萇注釋的《詩經》，該版本又稱爲《毛詩》。
⓫兕：酷似牛的野獸。
⓬率：行走。
⓭意者：想來大概是。
⓮譬使：假使。
⓯王子比干：比干，殷商宗室，商紂時丞相，紂王身邊的三大忠臣之一，《論語》中稱微子、箕子、國神比干爲「殷三仁」。周朝則尊其爲

不我行也。」孔子曰：「有是乎！由，譬使⓮仁者而必信，安有伯夷、叔齊？使知者而必行，安有王子比干⓯？」

子路出，子貢入見。孔子曰：「賜，《詩》云『匪兕匪虎，率彼曠野』。吾道非邪？吾何為於此？」子貢曰：「夫子之道⓰至大也，故天下莫能容夫子。夫子蓋少貶⓱焉？」孔子曰：「賜，良農能稼而不能為穡⓲，良工能巧而不能為順⓳。君子能脩其道，綱而紀之，統而理之，而不能為容。今爾不脩爾道而求為容。賜，而志不遠矣！」

子貢出，顏回入見。孔子曰：「回，《詩》云『匪兕匪虎，率彼曠野』。吾道非邪？吾何為於此？」顏回曰：「夫子之道至大，故天下莫能容。雖然，夫子推而行之⓴，不容何病㉑，不容然後見君子！夫道之不脩也，是吾醜㉒也。夫道既已大脩而不用，是有國者㉓之醜也。不容何病，不容然後見君子！」孔子欣然而笑曰：「有是哉顏氏之子！使㉔爾多財，吾為爾宰。」

於是使子貢至楚。楚昭王㉕興師㉖迎孔子，然後得免。

「國神」。

⓰道：這裡指學說、主張。

⓱少貶：稍微降低一下。

⓲稼：耕種。穡：收穫。

⓳順：合。

⓴推而行之：指推廣實行孔子的學說和主張。

㉑病：憂，患。

㉒醜：恥辱。

㉓有國者：享有國家的人，即國君。

㉔使：假使。

㉕楚昭王：出土文獻又寫作卲王，原名熊軫，楚平王與秦公主孟嬴之子。楚平王爲其太子建求妻於秦國，但孟嬴甚美，於是楚平王受到費無忌的挑動，自納爲妃，生子軫，即後來的楚昭王。

㉖興師：調動軍隊。

白話解讀

孔子遷居到蔡國三年時，吳國正在攻打陳國，而楚國前來救援陳國，軍隊正駐紮在城父。楚國聽說孔子正住在陳國和蔡國的邊境上，便派人去聘請孔子。就在孔子正要前往拜見接受聘禮時，陳國、蔡國的大夫便商議說：「孔子是位有才德的賢人，他所指責諷刺的地方都切中諸侯的弊病。如今他已經停留在我們陳國和蔡國這裡，很長一段時間了。但是大夫們的施政、所做所為都不合仲尼的意思。如今的楚國是個大國，都來聘請孔子。如果孔子在楚國受到重用，那麼我們陳蔡兩國掌權的大夫們就危險了。」於是他們雙方就派遣一些服勞役的人將孔子圍困在野外。孔子和他的弟子們無法行動，糧食也斷絕了。這個時候跟從孔子的弟子們都餓得生病，站都站不起來。但是孔子卻還是不停地替大家講學、朗誦詩歌、歌唱、彈琴。子路很生氣地來見孔子說：「君子也會有困窘的時候嗎？」孔子說：「君子在困窘面前依然能保持操守不動搖，但是小人遇到困窘時就會不加節制，什麼過份的事情都做得出來。」

這時子貢的臉色也變了。孔子說：「賜啊，你認為我是博學強記的人嗎？」子貢回答說：「是的。難道不對嗎？」孔子說：「不是的。我只是用一種基本原則將全部的知識融貫通在腦海之中而已。」

孔子知道弟子們心中不高興。便叫來子路問道：「《詩經》上說『它不是野獸也不是老虎，然而卻總是徘徊在曠野上』，難道是我們的學說有什麼不對嗎？我們為什麼會落到這種地步呢？」子路說：「大概是我們的德還不夠吧？所以別人不信任我們；想必是我們的智謀還不夠吧？所以別人不讓我們通行。」孔子說：「有這樣的說法嗎？仲由啊，如果有仁德的人必定都能使人信任，哪裡還會有伯夷、叔齊餓死在首陽山呢？如果有智謀的人必定都能暢行無阻，哪裡還會有王子比干被剖心呢？」

子路退出之後，子貢進來見孔子。孔子對子貢說：「賜啊，《詩經》上說『它不是野獸也不是老虎，然而卻總是徘徊在曠野上』，難道是我們的學說有什麼不對嗎？我們為什麼會落到這種地步呢？」子貢說：「老師的學說太博大了，所以天下沒有一個國家能容納老師。老師為什麼不稍微降低一些您的要求呢？」孔子說：「賜啊，好的農夫雖然善於耕種，但他卻不一定有豐收的收穫；好的工匠雖然有精巧的手藝，但他的作品卻未必能使人們都稱心如意。有修養的人能修築自己的學說，就像網一樣，先建構出基本的大方向，然後再依序構築理論，但也不一定能被世人所接受。現在你不去研究自己的學說，反而想降低自己來迎合別人。賜啊，你的志向太不遠大了。」

子貢出去之後，顏回進來見孔子。孔子說：「回啊，《詩經》上說『它不是野獸也不是老虎，然而卻總是徘徊在曠野上』，難道是我們的學說有什麼不對嗎？我們為什麼會落到這種地步呢？」顏回說：「老師的學說太博大了，所以天下沒有一個國家能容納老師。雖然這樣，但老師還是要推行自己的學說。不被天下接受又有什麼關係呢？不被接受，這樣才能看出誰是真正的君子！一個人不修築自己的學說，那才是恥辱。至於已經花費許多力氣所研究的學說卻不被人所用，那是當權者的恥辱。不被天下接受又有什麼關係呢？不被接受，這樣才能看出誰是真正的君子！」孔子聽了欣慰地笑著說：「是這樣的啊，姓顏的小伙子！如果你有很多錢財的話，我甚至願意替你管理金錢。」

於是孔子便派子貢到楚國。楚昭王調動軍隊來迎接孔子，才解除了這場災禍。

核心要旨

陳蔡絕糧，是孔子周遊列國十四年過程中，處境最危險的一次，幾乎性命不保。但通過此文，看到的是他並沒有因被困和斷糧而有絲毫煩惱，反而更加精神抖擻地講學，弦歌不衰。並且還利用這次逆境，對弟子們因材施教，循循善誘，使人大受啟發。

文章也寫孔子淵博的知識和高度的修養，以及他在整理和傳播古代文化典籍方面的功績。他整理和編纂過《詩》、《易》、《禮》、《樂》、《春秋》等古代文化典籍，並且將其作為教學內容的重點，從而對這些古文獻的傳播和保存做出傑出貢獻。

成語精粹

1. 君子固窮，小人窮斯濫矣：君子雖然困頓，但還是能安於貧困、守住節操；小人困窘就會敗節、胡作非為。

原典：於是乃相與發徒役圍孔子於野。不得行，絕糧。從者病，莫能興。孔子講誦弦歌不衰。子路慍見曰：「君子亦有窮乎？」孔子曰：「君子固窮，小人窮斯濫矣。」

寫作實典

1. 引用：援用名人的話，或名人的事、物、詩文、典故、寓言、成語、俗語、格言、諺語等，來支持作者的立場，以達到證明和加強自己所說的理論，讓文章的內容更為充實。分為明引（明白的指出引用的話是某人所說）、暗引（引用時沒有明白的指出引用內容的來源及出處，直接將引文編織在自己的文章當中）。

例1：孔子曰：「回，**《詩》云**『匪兕匪虎，率彼曠野』。吾道非邪？吾何為於此？」

Tips：明引。

例2：**古人說：**『人在畫圖中』，實在不錯。（吳敬梓《儒林外史．王冕的少年時代》）

Tips：明引。

2. 設問：不直述，而以提問帶出重點的筆法，旨在引起讀者注意，不一定需要答案。分為懸問（作者並沒有答案，而是讓讀者思考）、激問（又稱「詰問」、「反詰」、「反問」。有問無答，答案一定在問題的反面）、提問（又叫「問答法」。答案在問題之後，用問提示下文，以突出語意重點，吸引注意）。

例1：孔子曰：「有是乎！由，譬使仁者而必信，**安有伯夷、叔齊？**使知者而必行，**安有王子比干？**」

Tips：激問。

例2：**何以解憂？唯有杜康。**（曹操《短歌行》）

Tips：提問。

典故　孔子的弟子們

據《史記・仲尼弟子列傳》記載，孔子有弟子三千，其中精通六藝者有七十二人，被稱為「七十二賢人」。而孔子又有十位傑出弟子，因此號稱「孔門四科十哲」。十哲是根據《論語》「先進篇」一章中十大弟子而得名：「從我於陳、蔡者，皆不及門也。德行：顏回、閔子騫、冉伯牛、仲弓。言語：宰我、子貢。政事：冉有、季路。文學：子游、子夏。」開元八年（西元七二〇年），塑孔門四科十人坐像於孔廟，配享先聖。曾參以孝聞名，特塑曾子像坐於十哲之次。

一、德行科：顏回（顏淵）、閔損（閔子騫）、冉耕（伯牛）、冉雍（仲弓）。

二、言語科：宰予（宰我）、端木賜（子貢）。

三、文學科：言偃（子游）、卜商（子夏）。

四、政事科：冉求（冉有）、仲由（子路）。

孔門第一得意弟子：顏回（西元前五二一年—西元前四八一年），字子淵，又稱顏子、顏淵。春秋魯國人。孔子七十二門徒之首，孔門十哲中德行科之一。有一次顏淵、子路侍候孔子，孔子要他們各自說說自己的志向。子路說：「願車馬、衣輕裘，與朋友共，敝之而無憾。」可見其輕視財物、好交朋友的個性。顏淵曰：「願無伐善，無施勞。」意即不張揚自己的優點、不強調自己的功勞，可見其謙虛與仁愛的本性。

孔門第二得意弟子：仲由（西元前五四二年—西元前四八〇年），字子路，或稱季路。魯國卞人，孔門十哲中政事科之一，也是弟子中侍奉孔子最久者。西元前四八〇年，衛出公之父蒯聵，脅迫孔悝將自己迎回衛國擔任國君，是為衛莊公。仲由為了救孔悝而與蒯聵的家臣奮戰，在戰鬥中被敵方用武器將繫「冠」的帶子割斷了，子路因此停止戰鬥，彎下身撿起冠，並繫上帶子，結果被趁虛打敗並殺害，年六十三，死後受醢刑（即剁成肉醬）。孔子聞其死，極為傷心，從此不吃肉醬。

孔門第三得意弟子：端木賜（西元前五二〇年—西元前四四六年），字子貢。春秋衛國人，孔門十哲言語科之一，孔子曾稱其為「瑚璉之器」。曾任魯、衛兩國之相，並且善於經商之道，曾經商於曹國、魯國兩國之間，為孔子弟子中的首富。孔子去世後，子貢為其守喪六年。司馬遷在《史記·貨殖列傳》中曾對子貢經商事蹟有所記載，與陶朱公范蠡齊名，為儒商初祖。

孔子死後，「七十子之徒散游諸侯，大者為師傅卿相，小者友教士大夫。」在政治上打破貴族壟斷的世卿世祿制，為專制君主得以自由任用布衣卿相的官僚體制，創造了絕佳條件。

陳涉世家

古文鑑賞

時代	
傳說時代	
春秋戰國	
秦	出題率★
楚漢相爭	
漢	

陳勝者，陽城人也，字涉。吳廣者，陽夏人也，字叔。陳涉少時，嘗與人傭耕❶，輟耕之壟上❷，悵恨久之，曰：「苟❸富貴，無❹相忘。」傭者笑而應曰：「若❺為傭耕，何富貴也？」陳涉太息❻曰：「嗟乎❼，燕雀安知鴻鵠之志❽哉！」

二世元年七月，發閭左適❾戍漁陽，九百人屯❿大澤鄉。陳勝、吳廣皆次當行⓫，為屯長。會⓬天大雨，道不通，度⓭已失期。失期，法皆斬。陳勝、吳廣乃謀曰：「今亡⓮亦死，舉大計⓯亦死，等死，死國⓰可乎？」陳勝曰：「天下苦秦久矣。吾聞二世少子⓱也，不當立⓲，當立者乃公子扶蘇。扶蘇以數諫故，上使外將兵⓳。今或聞無罪，二世殺之⓴。百姓多聞其賢，未知其死也。項燕為楚將，數有功，愛士卒，楚人憐之㉑。或以為死，或以為亡。今誠以吾眾詐㉒自稱公子扶蘇、項燕，為天下唱㉓，宜㉔多應者。」吳廣以為然。乃行卜。卜

【注釋解析】

❶嘗：曾經。傭耕：被雇用去替人耕田。傭，受人僱傭的人。
❷輟：停止。之：往。壟：田埂。
❸苟：如果。
❹無：通「毋」，不要。
❺若：你。
❻太息：長嘆。
❼嗟乎：感嘆的聲音，相當於今語「唉」。
❽燕雀：泛指小鳥，這裡比喻見識短淺的人。鴻：大雁。鵠：天鵝，這裡用來比喻志向遠大的人。
❾發閭左：徵調貧民百姓。閭左，秦時貴右賤左，富者居住在閭右，貧者居住在閭左。閭，里巷的大門。適：同「謫」，因有罪被發遣。
❿屯：駐紮。
⓫皆次當行：按照徵發的編排次序，都應當前往。次，編次。
⓬會：正巧趕上。
⓭度：估計。
⓮亡：逃亡。
⓯舉：發動。大計：做大事，指起義。
⓰死國：為國家大事而死。
⓱少子：小兒子。秦二世胡亥是秦始皇的第十八子。

者知其指意㉕，曰：「足下事皆成，有功。然足下卜之鬼乎？」陳勝、吳廣喜，念鬼㉖，曰：「此教我先威眾耳。」乃丹書帛㉗曰「陳勝王」，置人所罾㉘魚腹中。卒買魚烹食，得魚腹中書，固以怪之矣。又間令吳廣之次所旁叢祠㉙中，夜篝火㉚，狐鳴呼曰「大楚興，陳勝王」。卒皆夜驚恐。旦日，卒中往往語㉛，皆指目㉜陳勝。

吳廣素愛人，士卒多為用㉝者。將尉醉，廣故數言欲亡，忿恚尉㉞，令辱之，以激怒其眾。尉果笞㉟廣。尉劍挺㊱，廣起，奪而殺尉。陳勝佐之，並殺兩尉。召令徒屬曰：「公等遇雨，皆已失期，失期當斬。藉弟令毋斬㊲，而戍死者固十六七㊳。且壯士不死即已，死即舉大名耳，王侯將相寧有種㊴乎？」徒屬皆曰：「敬受命。」乃詐稱公子扶蘇、項燕，從民欲也。袒右㊵，稱大楚。為壇而盟，祭以尉首。陳勝自立為將軍，吳廣為都尉。攻大澤鄉，收而攻蘄。蘄下，乃令符離人葛嬰將兵徇㊶蘄以東。攻銍、酇、苦、柘、譙皆下之。行收兵。比至陳，車六七百乘，騎千餘，卒數萬人。攻陳，陳守令皆不在，獨守丞與戰譙門中。弗勝，守丞死，乃入據陳。數日，號

---

⑱ 立：立爲皇帝。

⑲ 上：指秦始皇。將兵：統率軍隊。指扶蘇奉秦始皇之命和蒙恬領兵北防匈奴。

⑳ 西元前二一〇年秦始皇東巡病死於沙丘，秦二世胡亥勾結宦官趙高、丞相李斯僞造遺詔，逼扶蘇自殺。

㉑ 憐之：愛戴他。憐，愛。

㉒ 誠：假如。詐：假託。

㉓ 唱：同「倡」，倡導，號召。

㉔ 宜：應該。

㉕ 指意：意圖。指，同「旨」。

㉖ 念鬼：思索「卜之鬼」的意思。

㉗ 丹書帛：即「以丹書於帛」。書，寫。

㉘ 罾：魚網。這裡是用魚網捕到的意思。

㉙ 間：暗中。次所：行軍時臨時駐紮的地方。叢祠：樹木隱蔽的廟。

㉚ 篝火：在竹籠裡點著火。篝，竹籠，這裡作動詞用。

㉛ 往往：常常，到處。語：議論。

㉜ 指目：指著看。目，注視，這裡作動詞用。

㉝ 爲用：即「爲其所用」的省略。

㉞ 忿恚：惱怒。

㉟ 笞：鞭打。

㊱ 挺：拔。

㊲ 藉：假使。弟：但。毋：不。

㊳ 固：本來。十六七：十分之六七。

令召三老、豪傑與皆來會計事㊷。三老、豪傑皆曰：「將軍身被堅執銳，伐無道，誅暴秦，復立楚國之社稷，功宜為王。」陳涉乃立為王，號為張楚。

㊴寧：難道。種：這裡指「祖傳」之意。
㊵袒右：解衣露出右臂，做爲起義的標誌。
㊶徇：巡行。這裡特指率軍隊巡行各地，使之降服。
㊷三老：秦代掌管教化的鄉官。秦朝，十里一亭，亭有亭長，十亭一鄉，鄉有三老。豪傑：指有聲望勢力的地主紳士。會：集會。計事：議事。

白話解讀

陳勝，是陽城人，字涉。吳廣，是陽夏人，字叔。陳涉年輕的時侯，曾經和別人一起受傭於人，替人耕田，有一次當他走到田埂上休息時，感慨懊惱了一會兒，說：「假如將來有人富貴了，大家不要忘記彼此啊！」和他一起受傭的夥伴們笑著回答說：「你是受傭替人家耕田的，怎麼可能富貴呢？」陳涉嘆息著說：「唉！燕子、麻雀這類的小鳥怎麼有辦法理解大雁、天鵝這類巨鳥的遠大志向呢？」

秦二世元年（西元前二〇九年）七月，朝廷徵調居住在里巷左方貧民區的百姓前往漁陽防守，一共有九百人駐紮在大澤鄉。陳勝、吳廣也都被編入這次徵調的行列之中，並且擔任屯長。恰巧遇到下大雨，道路不通，估計已經耽誤了到達漁陽的期限。如果超過規定的日期，按照法律規定是都該殺頭的。陳勝、吳廣於是商量說：「如今逃走也是死，起義做一番大事業也是死，同樣都是死，我們為國事而死好不好？」陳勝說：「天下受秦王朝的統治之苦已經很久了。我聽說秦二世是始皇帝的小兒子，理應不該由他來繼位，應該繼承大統的是公子扶蘇。扶蘇因為屢次規勸皇上，導致皇上對他心生不滿，便派他領兵在外地駐守。有人聽說他雖然並沒有犯下什麼大罪，但卻被秦二世殺害。老百姓都聽說他很賢德，都還不知道他已經死了。項燕原是楚國的將軍，多次立功，愛護士兵，楚國人都很愛戴他。

有的人以為他已經死了，有的人以為他還逃亡在外。如果我們冒用公子扶蘇和項燕的名義，向天下人民發出起義的號召，應該會有很多人因為他們而響應。」吳廣認為他說得很好。之後他們便去占卜吉凶，占卜的人知道他們內心的意圖，說道：「你們的事都能非常成功，也都能夠建功立業。但是你們向鬼神問過吉凶了嗎？」陳勝、吳廣聽了很高興，開始揣摩占卜人所說的向鬼神問吉凶是什麼意思，說：「他是教我們必須先在眾人中樹立威望。」於是用硃砂在一塊白綢上寫「陳勝王」三個字，塞進他人用網捕來的魚肚子裡。戍卒買魚回來吃的時候，發現魚肚中的帛書，認為這件事情很奇怪。陳勝又暗中派吳廣到駐地附近一間草木叢生的古廟裡，在夜裡於竹籠裡點火，並模仿狐狸的聲音叫喊道：「大楚興，陳勝王。」戍卒們在三更半夜聽到這種鳴叫聲，都非常恐懼。第二天早晨，戍卒們議論紛紛，都指指點點地看著陳勝。

吳廣一向關心他人，因此戍卒中很多人都願意為他效勞出力。這一天，押送隊伍的縣尉喝醉後，吳廣便故意多次揚言要逃跑，以惹怒縣尉，使他當眾侮辱自己，藉此激怒眾人。縣尉果然開始鞭打吳廣，然後又拔出佩劍，此時吳廣奮起奪劍殺死了縣尉。陳勝也幫助他，合力殺死兩個縣尉。兩人隨即召集屬下說：「我們在這裡遇上大雨，大家都耽誤了期限，誤期按規定要殺頭。即使不被殺頭，將來在戍邊死去的機率也有十分之六七。再說大丈夫不死就罷了，要死就要名揚後世，那些王侯將相難道都是祖傳而來的嗎？」屬下的人聽了都異口同聲地說：「我們心甘情願任憑差遣。」於是他們便假冒公子扶蘇和楚將項燕的名義起義，以順應百姓的願望。大家都以露出右臂作為標誌，號稱大楚。又築起高臺宣誓，用縣尉的頭作為祭品。陳勝任命自己作為將軍，吳廣作為都尉。他們首先進攻大澤鄉，攻克後又攻打蘄縣。蘄縣攻克後，就派符離人葛嬰率兵攻取蘄縣以東的地方。一連進攻銍、酇、苦、柘、譙多個地點，並且都成功拿下。他們一面進軍，一面不斷補充兵員擴大隊伍。行進到陳縣的時候，已經擁有兵車達六、七百輛，騎兵共有一千多人，步卒好幾萬人了。攻打陳縣時，那裡的郡守和縣令剛好都不在，只有留守的郡丞領兵與起義軍在城門下作戰。結果郡丞兵敗身死，於是起義軍就進入城中，占領陳縣。過了幾天，陳勝下令召集掌管教化的三老和地方豪傑來開會議事。與會的人都說：「將軍您身披鎧甲，手持銳利武器，討伐無道昏君，誅滅暴虐的秦王朝，重新建立楚國政權，論功勞應該稱王。」陳涉於是便自立為王，國號為張楚。

核心要旨

〈陳涉世家〉是記揭竿而起的領袖陳涉、吳廣的傳記。文中真實、具體地記述爆發這次農民大起義的原因、經過和結局，從中反映農民階級的智慧、勇敢和大無畏的鬥爭精神。也生動的描寫陳涉和吳廣的形象。陳涉雖然出身雇農，但卻胸懷大志，有政治遠見，希望人民從「苦秦」中脫離。他聰明果斷，具有組織群眾、制定策略、指揮戰爭的卓越才幹，是農民階級中的傑出領袖。吳廣雖然刻劃得較為簡略，但從他與謀起義、誘殺將尉等事蹟中，也表現了其非凡的機智勇敢和反抗精神。

成語精粹

1. 鴻鵠之志：鴻鵠，即大型鳥類的泛稱。秋天南飛避寒，一飛千里。引申為像鴻鵠一舉千里般的壯志，比喻志向遠大。

原典：陳涉太息曰：「嗟乎，燕雀安知鴻鵠之志哉！」

2. 篝火狐鳴：比喻謀劃起事或謠言惑眾。

原典：又間令吳廣之次所旁叢祠中，夜篝火，狐鳴呼曰「大楚興，陳勝王」。卒皆夜驚恐。

3. **王侯將相**：王爺、侯爵、將軍、宰相。泛指顯要的高官。

原典：召令徒屬曰：「公等遇雨，皆已失期，失期當斬。藉弟令毋斬，而戍死者固十六七。且壯士不死即已，死即舉大名耳，王侯將相寧有種乎！」

寫作實典

1. **設問**：不直述，而以提問帶出重點的筆法，旨在引起讀者注意，不一定需要答案。分為懸問（作者並沒有答案，而是讓讀者思考）、激問（又稱「詰問」、「反詰」、「反問」。有問無答，答案一定在問題的反面）、提問（又叫「問答法」。答案在問題之後，用問提示下文，以突出語意重點，吸引注意）。

例1：陳涉太息曰：「嗟乎，**燕雀安知鴻鵠之志哉！**」

Tips：激問。

例2：乃行卜。卜者知其指意，曰：「足下事皆成，有功。**然足下卜之鬼乎？**」

Tips：懸問。

2. **轉品**：字詞在文句中改變原來詞性的修辭。不同的詞類有不同的語言特性和用法，將某一種詞類轉化為另一種詞類，這種修辭技巧為「轉品」。

例1：陳勝、吳廣喜，念鬼，曰：「此教我先威眾耳。」乃丹**書**帛曰「陳勝王」，置人所罾魚腹中。

Tips：名詞當作動詞使用。

例2：又間令吳廣之次所旁叢祠中，夜篝火，狐鳴呼曰「大楚興，陳勝王」。卒皆夜驚恐。

Tips：名詞當作動詞使用。

典故　陳涉、吳廣過早稱王，導致失敗

起義軍占領陳縣後，陳勝召集陳縣的父老豪傑商量，眾父老豪傑都說：「功宜為王」。此時在社會上頗有名望的遊士張耳、陳餘來到陳縣，陳勝也徵求他們的意見。

張耳、陳餘說：「希望將軍不要稱王。應該趕快率兵向西挺進，派人去擁立六國的後代，作為自己的黨羽，使秦國增加敵對勢力。幫它樹立越多敵人，它的力量就越分散，我們的黨羽越多，兵力也就越強大。如果這樣，就不需要在曠野荒原上互相廝殺，也不需要堅守縣城。如果剷除暴虐的秦國，就可以占據咸陽向諸侯發號施令。各諸侯國在滅亡後又得以復立，將軍再施以恩德感召他們，如果這樣，那麼帝王大業就成功了。如今您只在陳地稱王，恐怕天下的諸侯就會懈怠而不相從了。」但陳勝急於稱王，不聽張耳、陳餘的意見，自立為「張楚王」，兵分三路伐秦。西擊滎陽，一路由被封為「假王」的吳廣率領；北進趙地，一路由武臣、張耳、陳餘率領；攻打魏地，一路由周市率領。

結果吳廣軍在滎陽遭阻，李斯之子李由堅守滎陽，吳廣久攻不下，陳勝於是又加派周文率軍西擊秦。周文軍很快地直逼秦都咸陽。秦二世非常慌張，於是命章邯率兵應戰，大破周文數十萬大軍，最後周文自殺。

武臣很快就占領了邯鄲，張耳、陳餘因為埋怨陳勝不採納他們的意見，又不封他們為將軍，只封他們為校

尉，於是勸武臣自立為趙王。陳勝大怒，欲誅武臣等人的家族，這時上柱國房君勸說道：「秦未亡而誅趙王將相家屬，此生一秦也，不如因而立之。」陳勝只好勉強予以承認，並命武臣率兵支援周文。但武臣卻抗命不救周文，導致周文孤立無援，被秦軍打敗。武臣又派韓廣掠取燕地，韓廣在燕地貴族的慫恿下，也自立為燕王。周市在魏地立魏貴族魏咎為魏王，自為魏丞相。由於武臣等人稱王後各打各的如意算盤，起義軍內部不和，形成分裂局面。

章邯見起義軍力量分散，便趁機各個擊破，在打敗周文後，又東擊滎陽。秦軍還未到，攻打滎陽的起義軍就已發生內亂，因吳廣驕傲自滿，又不懂軍事，被部將田臧殺死。隨後，田臧率領精兵迎擊章邯，結果戰敗而死。章邯進攻陳縣，起義軍屢戰屢敗。陳勝最後被其車夫莊賈殺害。陳勝死後，埋在碭縣，被後人謚為隱王。

陳勝乃亡秦第一人，賈誼《過秦論》曾說：「一夫作難而七廟隳，身死人手，為天下笑者，何也？」一夫即是指陳勝。漢高祖時為陳涉置守冢三十家，按時祭祀，直到王莽戰敗後才斷絕。司馬遷在《史記》中也將其歸入世家類，與孔子齊平，評價之高可見一斑。

蕭相國世家

古文鑑賞

出題率 ★★

傳說時代
春秋戰國
秦
楚漢相爭
漢

漢十二年秋，黥布❶反，上自將擊之，數使使問相國何為。相國為上在軍，乃拊循勉力❷百姓，悉以所有佐軍，如陳豨❸時。客有說相國曰：「君滅族不久矣。夫君位為相國，功第一，可復加哉？然君初入關中，得百姓心，十餘年矣，皆附君，常復孳孳❹得民和。上所為數問君者，畏君傾動關中。今君胡不多買田地，賤貰貸❺以自汙？上心乃安。」於是相國從其計，上乃大說。

上罷布軍歸，民道遮❻行上書，言相國賤強買民田宅數千萬。上至，相國謁。上笑曰：「夫相國乃利民❼！」民所上書皆以與相國，曰：「君自謝❽民。」相國因為民請曰：「長安地狹，上林❾中多空地，棄，願令民得入田，毋收稿❿為禽獸食。」上大怒曰：「相國多受賈人財物，乃為請吾苑！」乃下相國廷尉，械系⓫之。數日，王衛尉侍，前問曰：「相國何大

【注釋解析】

❶黥布：英布，因壯年時犯法被判處黥刑，又稱爲黥布，秦末漢初名將，項羽封其爲九江王，漢朝建立後受封淮南王，由於朝廷消滅異姓王的政策，再加上被仇家賁赫告發意圖謀反，英布不安，終於在西元前一九六年起兵反漢，被劉邦擊敗，英布逃亡時，遭其妻舅吳臣設局，死於農民之手。

❷拊循勉力：安撫勉勵。

❸陳豨：漢朝大臣，好賓客。平城之戰後，漢高祖七年（西元前二〇一年），陳豨受封陽夏侯。後來，在消滅異姓王風潮中遭到斬殺。

❹孳孳：勤勉，努力不懈的樣子。

❺貰貸：賒借。

❻遮：阻攔。

❼相國乃利民：身爲相國竟然如此「利民」，這是高祖說的反語。乃，竟然。

❽謝：謝罪。

❾上林：上林苑是中國秦漢時期的皇家園林，秦朝始建，漢武帝建元三年（西元前一三八年）加以擴建。上林苑地跨五個縣境的大小，縱橫三百里。司馬相如的《上林賦》寫道：「終始灞滻、出入涇渭。灃鎬潦潏，紆餘委蛇，經營乎其內。蕩蕩乎八川，分流相背而異態。東西南北，馳騖往來。」是根據水系爲上林苑劃定

罪，陛下系之暴也？」上曰：「吾聞李斯⑫相⑬秦皇帝，有善歸主，有惡自與。今相國多受賈豎⑭金而為民請吾苑，以自媚於民，故系治之。」王衛尉曰：「夫職事苟有便於民而請之，真宰相事，陛下奈何乃疑相國受賈人錢乎！且陛下距楚數歲，陳豨、黥布反，陛下自將而往，當是時，相國守關中，搖足則關以西非陛下有也。相國不以此時為利，今乃利賈人之金乎？且秦以不聞其過亡天下，李斯之分過，又何足法哉。陛下何疑宰相之淺也。」高帝不懌⑮。是日，使使持節⑯赦出相國。相國年老，素恭謹，入，徒跣⑰謝。高帝曰：「相國休矣！相國為民請苑，吾不許，我不過為桀紂主，而相國為賢相。吾故系相國，欲令百姓聞吾過也。」

何素不與曹參相能⑱，及何病，孝惠自臨視相國病，因問曰：「君即百歲後，誰可代君者？」對曰：「知臣莫如主。」孝惠曰：「曹參何如？」何頓首曰：「帝得之矣！臣死不恨⑲矣！」

何置田宅必居窮處，為家不治垣屋。曰：「後世賢，師吾儉；不賢，毋為勢家所奪。」

孝惠二年，相國何卒，謚為文終侯。

範圍。灞、滻二水自始至終不出上林苑；涇、渭二水從苑外流入又從苑內流出；灃、鎬、潦、潏四水紆迴曲折，周旋於苑中。

⑩稿：禾稈。

⑪械系：用鐐銬等刑具拘禁。

⑫李斯：字通古。是秦朝著名的政治家、文學家和書法家，曾任秦朝左丞相。秦王政十年（西元前二三七年）由於韓國水工鄭國以修築渠道為名來到秦國做間諜，因此讓秦王下令驅逐六國客卿。李斯上《諫逐客書》阻止，被秦王所採納，不久官至廷尉。

⑬相：輔佐。

⑭賈豎：對商人的鄙稱。

⑮懌：喜悅。

⑯節：使者所持的一種憑證。

⑰徒跣：赤腳步行，一種請罪的表示。

⑱能：和睦。

⑲恨：遺憾。

白話解讀

漢十二年（西元前一九五年）的秋天，黥布反叛，高祖親自率軍征討，期間多次派人來詢問蕭相國在做什麼。蕭相國則因為皇上在軍中，於是就在後方安撫勉勵百姓，還把自己的家財全部捐助軍隊，就和討伐陳豨時一樣。有一個門客勸告蕭相國說：「您滅族的日子不遠了。您位居相國，功勞當數第一，還能夠再增加功勞嗎？您當初進入關中時就已經深得民心了，至今十多年，民眾都很親近您，您卻還是那麼勤勉地做事，與百姓關係和諧、受到愛戴。皇上之所以屢次詢問您的情況，是害怕您威震關中。如今您為什麼不多買田地，採取低價、賒借等手段來敗壞自己的聲譽呢？如此一來，皇上的心才會安定。」於是蕭相國聽從了他的計謀，高祖聽說之後非常高興。

高祖征討黥布回來時，民眾攔路上書：相國用低價強買了很多百姓的田地和房屋。高祖回到京城，相國晉見。高祖笑著說：「你這個相國竟是這樣『利民』！」便把民眾的上書都交給相國，說：「你自己向百姓們謝罪吧！」相國趁這個機會為民眾請求說：「長安一帶土地狹窄，上林苑中有很多空地，已經廢棄荒蕪，希望陛下讓百姓們進去耕種打糧，也可以留下禾稈作為禽獸們的飼料。」高祖大怒說：「你接受商人的賄賂之後，就是為了要替他們請求佔用我的上林苑嗎？」於是就下令將相國交給廷尉，用鐐銬拘禁他。幾天以後，一個姓王的衛尉侍奉高祖時，上前問道：「相國犯下了什麼彌天大罪，陛下要將他如此嚴酷地拘禁他呢？」高祖說：「我聽說李斯輔佐秦始皇時，有了成績都歸於主上，出了差錯也自己承擔。如今相國卻大量收受奸商錢財而為他們請求佔用我的苑林，以此討好民眾，所以我才把他銬起來治罪。」王衛尉說：「如果是在自己的職責範圍內，有利於百姓而為他們請求，這的確是宰相分內之事，陛下怎麼會懷疑相國收受商人賄賂呢？況且陛下抵抗楚軍數年，陳豨、黥布反叛時，陛下又親自帶兵前往平叛，當時相國留守關中，他只要動一動腳，那麼函谷關以西的地盤就會全部歸相國所有。如果相國並沒有趁著那個時機為己謀利，那現在也不會貪圖商人的錢財吧？再說秦始皇正是因為聽不到自己的過錯而失去天下，李斯替他分擔過錯，又哪裡值得效法呢？陛下竟然會覺得宰相是那麼膚淺的人！」高祖聽了之後不太高興。當天，高祖派人持節釋放相國。相國上了年紀，但依舊謙恭謹慎，入見高祖時，赤腳步行謝罪。高祖說：「相國，算了吧！相國為民眾請求苑林，我如果不答應，那我不過就只是桀、紂那樣的昏庸君主，而你則是個賢相。我之所以把你用鐐銬拘禁起來，只是想讓百姓們知道我的過錯罷了。」

蕭何一向與曹參不和睦，在蕭何病重時，孝惠帝親自去探視相國的病情，順便問道：「您如果過世了，那誰可以接替您呢？」蕭何回答說：「最了解臣下的莫過於是君主您。」孝惠帝說：「曹參怎麼樣？」蕭何叩頭說：「陛下如果能得到合適的人選，我死也不會遺憾了！」

蕭何購置田地住宅時，必定選擇在貧苦偏僻的地方，建造家園從不修築有矮牆的房舍。他說：「如此一來，我的後代如果賢能的話，就會學習我的儉樸；就算後代不賢能，家財也不會被有權勢的人家所奪取。」

孝惠二年（西元前一九三年），相國蕭何去世，謚號為文終侯。

核心要旨

蕭何作為劉邦的重要謀臣，為西漢王朝的建立和政權的鞏固，做出了重大的貢獻。本篇緊緊圍繞這一方面，塑造了蕭何這一歷史人物，描述他的卓越功勳。對劉邦和蕭何之間微妙的君臣關係，司馬遷也做了較充分的描寫。劉邦認為蕭何的功勞卓著，卻又時刻提防蕭何反叛。漢十二年，那個不知名的說客為蕭何敲響了警鐘，並提出具體的防範措施。蕭何為了保全自己，採納他人的建議，博得劉邦的歡心；但因為民請命，又遭牢獄之災；最後「素恭謹」的蕭何依舊得到劉邦的赦免。司馬遷這些一波三折的描寫，也生動地刻劃出蕭何的性格特點。

成語精粹

1. 成也蕭何，敗也蕭何：比喻事情的好壞或成敗都由同一人造成的。亦比喻為做事出爾反爾，反覆無常。

原典：漢初蕭何薦韓信為大將軍，後又幫助呂后設計殺害他。

寫作寶典

1. 反諷：以與陳述事實相反的言語來突顯事實的重要，通常是表貶義。

例1：上罷布軍歸，民道遮行上書，言相國賤強買民田宅數千萬。上至，相國謁。上笑曰：「**夫相國乃利民！**」

例2：我那時真是**聰明過分**，總覺得他說話不大漂亮，非自己插嘴不可。（朱自清《背影》）

例3：大家都說他一生不肯認真，不肯算帳，不肯計較，**真是一位有德性的人**。（胡適《差不多先生傳》）

故典 成也蕭何，敗也蕭何

西元前一九七年，陽夏侯陳豨舉兵謀反，自立為王。劉邦親率大軍前去征討。當時韓信推說自己生病，沒有隨行前往。但是韓信手下的人竟上書告發：陳豨造反是韓信的主意，韓信與陳豨秘密約定，裡應外合，由韓信做內應，準備在一天夜裡假傳聖旨，釋放囚牢裡所有的奴隸和犯人，並殺掉呂后和皇太子劉盈，然後共取天下。呂后一聽事關重大，便急忙秘密地召見丞相蕭何，商量對策。二人商定對策後，由蕭何去執行。

蕭何回到家後，心中百感交集。依計派出一名心腹，打扮成軍人模樣，偷偷繞到北邊轉了一圈，回來時故意聲稱是皇上派來報信的，皇上說陳豨已全軍覆沒，就要凱旋回朝。眾臣聽到捷報，都來宮中賀喜，只有韓信稱病不出。第二天，蕭何就派人請韓信到相府赴宴，但韓信依然自稱生病，婉言謝絕。於是，蕭何便親自到韓信府上，以探病為由，直接進入韓信的內室。韓信見蕭何已經來了，也無法再推託，只得與蕭何寒暄一番。蕭何說：「我和你向來是好朋友，請你去赴宴，是有話對你說。」韓信急忙問有什麼話。蕭何說：「這幾天皇上從趙地發來捷報，說征討大軍大獲全勝，陳豨已經逃至匈奴。你在此時稱有病不上朝，已經引起人們的懷疑了。所以我來勸你和我一起進宮，向呂后道賀，消除人們的懷疑。」蕭何說的很有道理，韓信於是便相信他說的話。更何況蕭何本就與他交情不淺，對於他的話深信不疑。韓信便跟著蕭何來到長樂殿向呂后道賀，豈知宮裡早已埋伏著刀斧手，呂后一見韓信中計，隨即喝令刀斧手將韓信綑綁在地。韓信見事情不妙，急忙呼救：「蕭丞相快來救我！」但蕭何早已避開，哪裡還聽得到他的呼救。呂后坐在長樂殿上，盡數韓信如何與陳豨暗約謀反，如何欲害她和太子等罪，也由不得韓信申辯，便令刀斧手把他拖到殿旁殺死。隨後，呂后又下令將韓信的父、母、妻三族全部誅殺。

曹相國世家

古文鑑賞

孝惠帝❶元年，除諸侯相國❷法，更以參為齊丞相。參之相齊，齊七十城。天下初定，悼惠王富於春秋❸，參盡召長老諸生，問所以安集百姓，如❹齊故諸儒以百數，言人人殊❺，參未知所定。聞膠西有蓋公，善治黃老言❻，使人厚幣請之。既見蓋公，蓋公為言治道貴清靜而民自定，推此類具言之。參於是避正堂，舍❼蓋公焉。其治要用黃老術，故相齊九年，齊國安集，大稱賢相。

惠帝二年，蕭何卒。參聞之，告舍人趣❽治行，「吾將入相」。居無何，使者果召參。參去，屬❾其後相曰：「以齊獄市❿為寄，慎勿擾也。」後相曰：「治無大於此者乎？」參曰：「不然。夫獄市者，所以並容也，今君擾之，姦人安所容也？吾是以先之。」

參始微時，與蕭何善；及為將相，有卻⓫。至何且死，所

傳說時代
春秋戰國
秦
楚漢相爭
漢

出題率 ★

【注釋解析】

❶孝惠帝：劉盈，字滿，漢高祖劉邦和皇后呂雉之子，是西漢第二位皇帝，也是中國歷史上第一位皇太子。在位期間，以溫柔敦厚的個性，積極推行黃老學說，注重國家的休養生息和無爲而治，爲鞏固西漢政權、安定社會作出一定的貢獻。但朝政深受母親干預，他的母親於其在位時具有壓制性的影響力，形成「兩主」相抗的局面，也因此司馬遷《史記》中未設其本紀而設〈呂后本紀〉。

❷相國：漢朝廷臣最高職務。戰國時代稱爲「相邦」，如秦國呂不韋。漢高祖劉邦即位時，爲避諱改爲相國。漢朝相國最初由蕭何擔任，蕭何死後，曹參繼任。曹參之後，不設相國。因此相國名稱就成爲蕭曹二人代名詞。

❸富於春秋：指年紀輕。

❹如：而。

❺殊：不同。

❻黃老言：道家學說，「黃」指黃帝，「老」指老子。

❼舍：住宿。

❽趣：通「促」，趕快。

❾屬：同「囑」，囑託。

推賢唯參。參代何為漢相國，舉事無所變更，一遵蕭何約束⑫。擇郡國吏木詘⑬於文辭，重厚長者，即召除⑭為丞相史。吏之言文刻深⑮，欲務聲名者，輒斥去之。日夜飲醇酒。卿大夫已下吏及賓客見參不事事，來者皆欲有言。至者，參輒飲以醇酒，閒之，欲有所言，復飲之，醉而後去，終莫得開說，以為常。

相舍後園近吏舍⑯，吏舍日飲歌呼。從吏惡之，無如之何，乃請參游園中，聞吏醉歌呼，從吏幸相國召按⑰之。乃反取酒張坐⑱飲，亦歌呼與相應和。

參見人之有細過⑲，專掩匿覆蓋之，府中無事。

參子窋為中大夫⑳。惠帝怪相國不治事，以為「豈少朕與？」乃謂窋曰：「若歸，試私從容問而父曰：『高帝新棄群臣，帝富於春秋，君為相，日飲，無所請事，何以憂天下乎？』然無言吾告若也。」窋既洗沐㉑歸，閒侍，自從其所諫參。參怒，而笞窋二百，曰：「趣入侍，天下事非若所當言也。」至朝時，惠帝讓參曰：「與㉒窋胡治乎？乃者㉓我使諫君也。」參免冠㉔謝曰：「陛下自察聖武孰與高帝？」上曰：

---

⑩ 獄市：指包攬訴訟、交易買賣等行爲。
⑪ 郤：感情上的裂痕。
⑫ 約束：規章，法度。
⑬ 木詘：質樸而不善於言辭。
⑭ 除：任命。
⑮ 言文刻深：言語文字苛求細微末節。
⑯ 吏舍：官吏居住或辦公的房子。
⑰ 幸：希望。按：制止。
⑱ 張坐：陳設座席。坐，同「座」。
⑲ 細過：微不足道的過錯。
⑳ 中大夫：春秋戰國時期即有大夫之名，爲君主之顧問，無固定員數，亦無固定職務，依詔命行事。秦統一六國後，大夫爲皇帝近臣。漢代初分爲中大夫、太中大夫、諫大夫。
㉑ 洗沐：沐浴，借指假日，又稱作「休沐」、「休澣」、「休浴」。漢時規定，官員每五日一休息，用於沐浴等事。北魏楊衒之《洛陽伽藍記·卷四·寶光寺》：「京邑士子，至於良辰美日，休沐告歸，徵友命朋，來遊此寺。」
㉒ 與：對於。
㉓ 乃者：往日。

「朕乃安敢望先帝乎！」曰：「陛下觀臣能孰與蕭何賢？」上曰：「君似不及也。」參曰：「陛下言之是也。且高帝與蕭何定天下，法令既明，今陛下垂拱㉕，參等守職，遵而勿失，不亦可乎？」惠帝曰：「善。君休矣！」

參為漢相國，出入三年。卒，謚懿侯。子窋代侯。百姓歌之曰：「蕭何為法，顜㉖若畫一；曹參代之，守而勿失。載㉗其清淨，民以寧一。」

㉔免冠：脱帽，古人謝罪的一種方式。《三國演義》：「龐德聞之，免冠頓首，流血滿面而告。」《初刻拍案驚奇》：「除非陛下免冠跣足救臣，臣方得活。」

㉕垂拱：垂衣拱手，形容無所事事，不費力氣，常用來稱頌帝王無爲而治。

㉖顜：明確。

㉗載：乘，行。

白話解讀

孝惠帝元年（西元前一九四年），廢除了諸侯國設置相國的法令，改命曹參為齊國丞相。曹參做齊國丞相時，齊國有七十座城邑。當時天下剛剛平定，悼惠王年紀很小，曹參便把老年人、讀書人都召集而來，詢問他們安撫百姓的辦法。但齊國原有的讀書人數以百計，眾說紛紜，曹參不知道該如何決定。他聽說膠西有位蓋公，精通黃老學說，就派人帶著厚禮將他請來。見到蓋公後，蓋公對曹參說：「治理國家的辦法貴在清淨無為，讓百姓們自行安定。」以此類推，把這方面的道理都與曹參講了。曹參聽了之後，讓出自己辦公的正廳，讓蓋公住在裡面。此後，曹參治理國家的要領就是採用黃老的學說，所以在他當齊國丞相的九年裡，齊國安定，人們都稱讚他是位賢明的丞相。

惠帝二年（西元前一九三年），蕭何去世。曹參聽到這個消息，就告訴他的門客趕快整理行李，說：「我將要入朝當相國了。」不久之後，朝廷果然派人來通知曹參入朝。曹參離開時，囑咐後任齊國丞相說：「要將齊國的獄市行為作為為政重要的依據，並且慎重對待，不要輕易干涉。」後任丞相說：「難道治理國家中，沒有比這件事更值得您特別囑託給我的嗎？」曹參說：「不是這樣的。獄市裡的這些行為，是善惡並容的，如果您嚴加干涉，那壞人要在哪裡容身呢？因此，我認為這件事情非常重要。」

曹參起初卑賤時，跟蕭何關係要好，但等到各自做將軍、相國時，便有了隔閡。蕭何臨終時，蕭何向孝惠帝劉盈推薦的賢臣卻只有曹參一位。曹參接替蕭何擔任漢朝的相國時，做事情並沒有任何變動，一概遵循蕭何制定的法度。曹參從各郡和諸侯國中挑選一些質樸而不善文辭的老實人，將他們立即召來任命為丞相的屬官。而官吏中那些言語文字苛求細微末節，一味想沽名釣譽的人，就將他們攆走。曹參則整天痛飲美酒，上門來的卿大夫以下的官吏和賓客們見到曹參不務政事，都想勸他。可是這些人一來，曹參就立即拿美酒給他們喝，過了一會兒，有的人又想說些什麼，曹參就再讓他們喝酒，直到喝醉後才離去，最後也沒能開口勸諫，後來，大家便習以為常了。

相國住宅的後園靠近官吏的房舍，官吏的房舍裡整日飲酒歌唱、大呼小叫。曹參的隨從官員們很討厭他們，但也無可奈何，於是就請曹參到後園中游玩，希望他聽到那些官吏們醉酒高歌、狂呼亂叫的聲音時，相國會把他們召來加以制止。但是曹參反而叫人取酒，陳設座席開始痛飲，並且也高歌呼叫，與那些官吏們相應和。

曹參見到別人有細微的過失，都幫忙隱瞞遮蓋，因此相府中總是平安無事。

曹參的兒子曹窋做了中大夫。漢惠帝對他埋怨曹相國不務政事，認為相國是不是看不起自己，於是對曹窋說：「你回家後，試著私下隨便問問你父親：『高帝剛剛逝世，皇上又很年輕。您身為相國，整天喝酒，有事情時，也沒有向皇上請示報告，您到底是根據什麼考慮國家大事呢？』但是不要跟他說這些話是我告訴你的。」曹窋假日回家時，閒暇陪著父親，便把惠帝的意思轉變為自己的話規勸曹參。曹參聽了之後大怒，打了曹窋二百板子，說：「快點進宮去侍奉皇上，國家大事不是你應該隨便談論的。」上朝的時候，惠帝責備曹參說：「為什麼要懲治曹窋呢？上次是我讓他規勸您的。」曹參脫帽謝罪說：「請陛下仔細考慮一下，在聖明英武上，您和高帝誰比較厲害呢？」惠帝說：「我怎麼敢跟先帝相比！」曹參說：「那陛下認為我和蕭何誰更賢能呢？」惠帝說：「您好像不如蕭何。」曹參說：「陛下這番話說得很對。高帝與蕭何平定天下，法令已經非常明確，如今陛下垂衣拱手，我等謹守各自的職責，遵循原有的法度而不隨意更改，不就行了嗎？」惠帝說：「好。那就這麼做吧！」

曹參擔任漢朝相國，前後有三年的時間。他死了以後，被諡為懿侯。曹參之子曹窋接替他父親的侯位。百姓們歌頌曹參的事蹟說：「蕭何制定法令，明確劃一；曹參接替蕭何為相，遵守蕭何制定的法度而不改變。曹參施行清淨無為的做法，百姓因此能夠安寧不亂。」

核心要旨

〈曹相國世家〉中主要記述了曹參攻城野戰之功和他「清淨無為」的治國思想及舉動。司馬遷對他的英勇善戰和治國方略基本上是肯定的，作者認為曹參施行的政策，使得人民可以休養生息，也使他受到天下人的稱頌。

曹參任相國後，主張一切順應自然，採取「無為而治」的做法。他「日夜飲醇酒」，甚至對於周圍官員房舍中醉酒呼叫的吵鬧聲，不感到厭煩，反而「取酒張坐飲，亦歌呼與相應和」。司馬遷寫他受黃老學說影響的一面，更寫他積極的一面。他的「醉」不同於貪官污吏的醉生夢死，他的「無為」也不是真的什麼事也不做，他只是堅定地按照劉邦、蕭何制定的方針政策做事。他重視官員的素質，提拔那些質樸忠厚之人，摒棄那些華而不實、沽名釣譽之徒。生活上的醉酒並沒有掩蓋他政治上的清醒，也讓蕭何制定的法令對西漢初年政權的鞏固和發展起了重要作用。

成語精粹

1. 蕭規曹隨：比喻後人依循前人所訂的規章辦事。

原典：參始微時，與蕭何善；及為將相，有郤。至何且死，所推賢唯參。參代何為漢相國，舉事無所變更，一遵蕭何約束。……百姓歌之曰：「蕭何為法，顜若畫一；曹參代之，守而勿失。載其清淨，民以寧一。」

寫作實典

1. 設問：不直述，而以提問帶出重點的筆法，旨在引起讀者注意，不一定需要答案。分為懸問（作者並沒有答案，而是讓讀者思考）、激問（又稱「詰問」、「反詰」、「反問」。有問無答，答案一定在問題的反面）、提問（又叫「問答法」。答案在問題之後，用問提示下文，以突出語意重點，吸引注意）。

例1：參免冠謝曰：「**陛下自察聖武孰與高帝？**」上曰：「朕乃安敢望先帝乎！」曰：「**陛下觀臣能孰與蕭何賢？**」上曰：「君似不及也。」

Tips：提問。

例2：**人之為學有難易乎？**學之，則難者亦易矣；不學，則易者亦難矣！（彭端淑《為學一首示子姪》）

Tips：提問。

典故 黃老治術

在先秦著作中並沒有「黃老」這個名稱，黃老並稱是漢代人的說法。黃老指的是什麼呢？黃就是黃帝，老就是老子。《史記・樂毅列傳》說：「樂臣公善修黃帝、老子之言」，《史記・陳丞相世家》說陳平少時「本好黃帝、老子之書」，《史記・外戚世家》說竇太后「好黃帝、老子之言」，王充說得很清楚：「黃者，黃帝也；老者，老子也」（《論衡・自然篇》）。黃老之稱雖指的是黃帝、老子，但黃老治術卻與黃帝、老子沒有關係。那黃老治術到底是什麼呢？

黃老治術是早期道家思想的一種，後來變為道教的開端。主張清靜、無為、不擾民、天下安寧而治。因為秦始皇以來，濫耗民力、大興土木，並使用酷刑威逼百姓，一統天下不久後，山東六國紛起反叛，秦朝迅速滅亡。故漢高祖即位之後，就奉行黃老的道家思想，與民休息。而著名的宰相蕭何、曹參也都力行黃老之術以治國家，當時丞相蕭何為了讓流失的人口快速回到原有工作崗位上，以及減少多餘的政策支出和浪費，制定出「與民休息」、「輕徭薄賦」、「清靜儉約」三大政策方針，作為西漢帝國建制初年的政府政策大綱。後來當政的漢惠帝、呂太后、漢文帝、漢景帝、竇太后這些天子、太后，基本上都是以黃老之術執政的奉行者。

留侯世家

古文鑑賞

傳說時代
春秋戰國
秦
楚漢相爭
漢

出題率 ★★

漢三年，項羽急圍漢王滎陽，漢王恐憂，與酈食其❶謀橈❷楚權。食其曰：「昔湯伐桀，封其後於杞。武王伐紂，封其後於宋。今秦失德棄義，侵伐諸侯社稷，滅六國之後，使無立錐之地。陛下誠能復立六國後世，畢已受印，此其君臣百姓必皆戴陛下之德，莫不鄉風❸慕義，願為臣妾❹。德義已行，陛下南鄉稱霸❺，楚必斂袵❻而朝。」漢王曰：「善。趣❼刻印，先生因行佩之矣。」

食其未行，張良從外來謁。漢王方食，曰：「子房❽前！客有為我計橈楚權者。」其以酈生❾語告，曰：「於子房何如？」良曰：「誰為陛下畫此計者？陛下事去矣。」漢王曰：「何哉？」張良對曰：「臣請藉前箸❿為大王籌之。」曰：「昔者湯伐桀而封其後於杞者⓫，度能制桀之死命也。今陛下能制項籍之死命乎？」曰：「未能也。」「其不可一也。武王伐紂封

【注釋解析】

❶酈食其：劉邦的謀臣。家境貧寒，但嗜酒如命，常混跡於酒肆中。喜讀書，性豁達，有心計。對殘暴的秦朝非常痛恨，對奮起抗秦的陳勝、項梁寄予很大希望，但他發現這些人心胸狹窄，不足爲友，因此一直隱居未出。當劉邦攻打陳留時，酈食其得知劉邦抱負大，胸襟廣闊，喜結交，就前去投奔。後因劉邦命其與齊國和平談判，本已成功，但正在攻齊的韓信在蒯通唆使之下起了妒忌之心，以未收到劉邦停戰命令爲由揮軍攻齊，連破多座城池，齊王田廣聞信大怒，將酈食其烹殺。他自知必死，面無懼色地說：「舉大事不細謹，盛德不辭讓。」

❷橈：削弱。

❸鄉風：歸順，服從。鄉，通「向」。

❹臣妾：奴隸，男奴爲「臣」，女奴爲「妾」。這裡指臣民。

❺南鄉稱霸：古代認爲坐北朝南爲尊。「五行八卦」學說中提到，東方爲木、南方屬火、西方爲金、北方屬水。而皇帝是龍的化身，便要坐在水上壓火。因此古代君王登基之後便向南而坐，位置是坐北朝南，便稱「南面稱王」或「南面稱帝」。而君見臣及尊長見卑幼，臣僚或卑幼都是站在南面，就是面朝北。故以「北面」指向人稱臣，稱爲「北面稱臣」。

其後於宋者⑫，度能得紂之頭也。今陛下能得項籍之頭乎？」曰：「未能也。」「其不可二也。武王入殷，表商容之閭⑬，釋箕子之拘，封比干之墓⑭。今陛下能封聖人之墓，表賢者之閭，式⑮智者之門乎？」曰：「未能也。」「其不可三也。發鉅橋之粟，散鹿臺之錢⑯，以賜貧窮。今陛下能散府庫以賜貧窮乎？」曰：「未能也。」「其不可四矣。殷事已畢，偃革為軒⑰，倒置干戈，覆以虎皮，以示天下不復用兵。今陛下能偃武行文，不復用兵乎？」曰：「未能也。」「其不可五矣。休馬華山之陽，示以無所為。今陛下能休馬無所用乎？」曰：「未能也。」「其不可六矣。放牛桃林之陰，以示不復輸積⑱。今陛下能放牛不復輸積乎？」曰：「未能也。」「其不可七矣。且天下游士離其親戚，棄墳墓，去故舊，從陛下游者，徒欲日夜望咫尺之地⑲。今復六國，立韓、魏、燕、趙、齊、楚之後，天下游士各歸事其主，從其親戚，反其故舊墳墓，陛下與誰取天下乎？其不可八矣。且夫楚唯無彊⑳，六國立者復橈㉑而從之，陛下焉得而臣之？誠用客之謀，陛下事去矣。」漢王輟食吐哺㉒，罵曰：「豎儒㉓，幾敗而公事！」令趣㉔銷印。

---

⑥ 斂衽：提起衣襟夾在帶間，以示敬意。《戰國策》：「一國之眾，見君莫不斂衽而拜，撫委而服。」《文選．潘岳．秋興賦》：「且斂衽以歸來兮，忽投紱以高厲。」

⑦ 趣：通「促」，趕快。

⑧ 子房：張良的字。東漢末年，曹操曾盛讚其謀臣荀彧：「吾之子房。」

⑨ 酈生：酈先生之意，指前述的酈食其。

⑩ 藉：同「借」。箸：筷子。

⑪ 此處所云與《史記．夏本紀》所記略有不同，《夏本紀》中：「湯封夏之後，至周封於杞也。」

⑫ 《史記．周本紀》：「成王少，周初定天下，周公恐諸侯畔周，公乃攝行政當國。管叔、蔡叔群弟疑周公，與武庚作亂，畔周。周公奉成王命，伐誅武庚、管叔，放蔡叔。以微子開代殷後，國於宋。頗收殷餘民，以封武王少弟封爲衛康叔。」

⑬ 閭：里巷的大門。

⑭ 《史記．周本紀》：「封商紂子祿父殷之餘民。武王爲殷初定未集，乃使其弟管叔鮮、蔡叔度相祿父治殷。已而命召公釋箕子之囚。命畢公釋百姓之囚，表商容之閭……命閎夭封比干之墓。命宗祝享祠於軍。乃罷兵西歸。」

⑮ 式：通「軾」。古代車廂前用作扶手的橫木。這裡指乘車時扶著軾敬禮。

漢四年，韓信破齊而欲自立為齊王，漢王怒。張良說漢王，漢王使良授齊王信印，語在淮陰㉕事中。

其秋，漢王追楚至陽夏南，戰不利而壁㉖固陵，諸侯期㉗不至。良說漢王，漢王用其計，諸侯皆至。語在項籍㉘事中。

漢六年正月，封功臣。良未嘗有戰鬥功，高帝曰：「運籌策帷帳中，決勝千里外，子房功也。自擇齊三萬戶。」良曰：「始臣起下邳，與上會留，此天以臣授陛下。陛下用臣計，幸而時中，臣願封留足矣，不敢當三萬戶。」乃封張良為留侯，與蕭何等俱封。

上已封大功臣二十餘人，其餘日夜爭功不決，未得行封。上在雒陽南宮，從復道㉙望見諸將往往相與坐沙中語。上曰：「此何語？」留侯曰：「陛下不知乎？此謀反耳。」上曰：「天下屬㉚安定，何故反乎？」留侯曰：「陛下起布衣㉛，以此屬㉜取天下，今陛下為天子，而所封皆蕭、曹故人所親愛，而所誅者皆生平所仇怨。今軍吏計功，以天下不足遍封，此屬畏陛下不能盡封，恐又見疑平生過失及誅，故即相聚謀反耳。」上乃憂曰：「為之奈何？」留侯曰：「上平生所憎，群臣所共

---

⑯《史記．周本紀》：「命南宮括散鹿臺之財，發鉅橋之粟，以振貧弱萌隸。」鉅橋，紂的糧倉所在地。鹿臺：爲紂所築。

⑰偃：停止，廢止。革：革車，即兵車。軒：大夫以上的貴族乘坐的車子。

⑱輸積：運輸與囤積。

⑲咫尺之地：形容很小的地方。

⑳彊：同「強」。強大、強盛。

㉑橈：屈服。

㉒輟：中止。哺：咀嚼著的食物。

㉓豎儒：對讀書人的鄙稱。

㉔趣：通「促」，趕快。

㉕淮陰：指《史記．淮陰侯列傳》。

㉖壁：營壘，這裡指堅守營壘。

㉗期：約定會面。

㉘項籍：指《史記．項羽本紀》。

㉙復道：樓閣間上下兩層架空的通道，即「天橋」。

㉚屬：即將。

㉛布衣：指平民百姓最普通的廉價衣服，借代指平民。

㉜屬：類，輩。

㉝雍齒：秦末漢初泗水郡沛縣人。原爲沛縣世族。秦二世元年（西元前二〇九年），劉邦反秦，雍齒隨從，但雍齒素來輕視劉邦。隔年，在劉邦最困難的時候，雍齒獻出豐邑投靠魏國

知，誰最甚者？」上曰：「雍齒㉝與我故㉞，數嘗窘辱我。我欲殺之，為其功多，故不忍。」留侯曰：「今急先封雍齒以示群臣，群臣見雍齒封，則人人自堅矣。」於是上乃置酒，封雍齒為什方侯，而急趣㉟丞相、御史定功行封。群臣罷酒，皆喜曰：「雍齒尚為侯，我屬無患矣。」

周市，劉邦大怒，數攻豐邑而不下，只好到薛投奔項梁，劉邦因此非常痛恨雍齒。漢惠帝三年（西元前一九二年），雍齒去世，諡號肅侯。

㉞故：故怨。

㉟趣：通「促」，趕快。

白話解讀

漢三年（西元前二〇四年），項羽把漢王圍困在滎陽，漢王非常驚恐且擔憂的不知道如何是好，於是與酈食其商議如何削弱楚國的勢力。酈食其說：「昔日商湯討伐夏桀，封夏朝後人於杞國。周武王討伐商紂，封商朝後人於宋國。如今秦朝喪失道德、拋棄道義，侵伐諸侯各國，消滅六國的後代，使他們沒有絲毫可以立足的地方。陛下如果真的能夠重新封立六國的後裔，使他們接受陛下的印信，如此一來，六國的君臣百姓一定都會感念陛下的恩德，無不歸順服從；仰慕陛下的道義，甘願做陛下的臣民。隨著施行恩德道義後，陛下就可以面南稱霸，楚王一定會整好衣冠、恭恭敬敬地前來朝拜您了。」漢王說：「好。趕快去刻製印信，先生就可以馬上帶著這些印信出發了。」

酈食其還沒有動身，張良就從外面回來謁見漢王。漢王正在吃飯，說：「子房過來！有一位客人為我設計了一個削弱楚國勢力的計畫。」接著就把酈食其的話都告訴張良，然後問道：「你覺得這個計畫怎麼樣？」張良說：「是誰替陛下謀劃這個主意的呢？陛下的帝國現在就要滅亡了。」漢王說：「為什麼呢？」張良回答說：「我請求您允許我借用您面前的筷子為大王籌劃一下形勢。」接著說：「昔日商湯討伐夏桀而封夏朝的後代於杞國，那是預料到能治桀於死地。當前陛下能治項籍於死地嗎？」漢王說：「不能。」張良說：「這是不能那樣做的第一個原因。周武王討伐商紂而封商朝的後代於宋國，那是預料到能得到紂王的腦袋。現在陛下能得到項籍的腦袋嗎？」漢王說：「不能。」張良說：「這是不能那樣做的第二個原因。武王攻入殷商的都城後，在商容所居住的里巷大門表彰他、釋放被囚禁的箕子、重新修築比干的墳墓。如今陛下能重新修築聖人的墳墓、在賢人居住的里巷大門表彰他、在有才智的人們前向他致敬嗎？」漢王說：「不能。」張良說：「這是不能那樣做的第三個原因。周武王曾發放鉅橋糧倉的存糧，發放鹿臺府庫的錢財，以此賞賜貧苦的民眾。如今陛下能散發倉庫的財物來賞賜窮人嗎？」漢王說：「不能。」張良說：「這是不能那樣做的第四個原因。周武王滅亡商朝以後，廢止兵車改為乘車，把兵器倒置存放，蓋上虎皮，向天下表明不再動用武力。現在陛下能停止戰事，推行文治，不再打仗了嗎？」漢王說：「不能。」張良說：「這是不能那樣做的第五個原因。周武王將戰馬放牧在華山的南面，以此表明沒有需要用它們的地方了。現在陛下能讓戰馬休息不再使用它們嗎？」漢王說：「不能。」張良說：「這是不能那樣做的第六個原因。周武王把牛放牧在桃林的北面，以此表明不再運輸和囤積作戰用的糧草。而今陛下能放牧牛群不再運輸、積聚糧草了嗎？」漢王說：「不能。」張良說：「這是不能那樣做的第七個原因。再說天下從事遊說活動的人是離開他們的親人，捨棄祖墳，告別老友，跟隨陛下各處奔走，最終只是日夜盼望著能得到一塊小小的封地而已。假如恢復六國，擁立韓、魏、燕、趙、齊、楚的後代，天下從事遊說活動的人都各自回去侍奉他們的主上，伴隨他們的親人，返回他們的舊友和祖墳所在之地，那陛下要和誰一起奪取天下呢？這是不能那樣做的第八個原因。當前只有讓楚國不再強大這個辦法，否則六國被封立的後代假使重新屈服並跟隨楚國，陛下又怎麼能夠使他們臣服呢？如果真的要採用這位客人的計策，那陛下的大業也就結束了。」漢王飯也吃不下了，馬上吐出口中的食物，罵道：「這個笨書呆子，差點就破壞我的大事了！」於是趕快下令銷毀那些印信。

漢四年（西元前二〇三年），韓信攻下齊國想自立為齊王，漢王大怒。張良勸告漢王，漢王才派張良授予韓信「齊王信」的印信，此事記載在〈淮陰侯列傳〉中。

這年秋天，漢王追擊楚軍到陽夏南面，因為戰事失利只好堅守固陵營壘，諸侯原已約好前來相救，但卻沒有依約而到。張良向漢王進計，漢王採用他的計策之後，諸侯才都如約而來。此事記載在〈項羽本紀〉中。

漢六年（西元前二〇一年）正月，高帝正在封賞功臣，但張良不曾有戰功，高帝於是說：「出謀劃策於營帳之中，決定勝負在千里之外，這就是子房的功勞。就讓張良自己從齊國選擇三萬戶作為封邑吧！」張良說：「當初我在下邳起事，與主上會合在留縣，這是上天讓我遇見陛下的地方。陛下採用我的計謀，幸運的是計策通常都是成功的。但我不敢居功，我只願受封留縣就足夠了，不敢承受三萬戶。」於是封張良為留侯，和蕭何等人一起受封。

皇上已經封賞大功臣二十多人，其餘的人日夜爭功，無法決定高下，以至於未能進行封賞。皇上在洛陽南宮，從橋上望見一些將領常常坐在沙地上彼此議論。皇上問：「這些人在說什麼呢？」留侯說：「陛下不知道嗎？這是在商議反叛呀！」皇上說：「天下已經安定下來了，為什麼還要謀反呢？」留侯說：「陛下以平民身分起事，靠著這些人取得天下。現在陛下做了天子，所封賞的卻都是蕭何、曹參這些陛下以前所親近寵幸的老友，所誅殺的都是一生中所仇恨的人。如今軍官們計算功勞，認為天下的土地不夠一一封賞，因此這些人害怕陛下不能全部分封，沒被分封到後又害怕被懷疑平生的過失而遭受誅殺，所以就聚在一起圖謀造反了。」皇上於是憂心忡忡地說：「那這件事該怎麼辦呢？」留侯說：「皇上平生非常憎恨的人，且又是群臣都知道的是誰呢？」皇上說：「雍齒與我有宿怨，曾經多次使我陷入困境。我原本想殺掉他，但是因為他的功勞太多，所以才不忍心。」留侯說：「那現在陛下就先封賞雍齒讓群臣安心，群臣見雍齒都被封賞了，那麼每個人對自己能受封也就堅信不疑了。」於是皇上便擺設酒宴，封雍齒為什方侯，並急忙地催促丞相、御史評定功勞，施行封賞。群臣吃過飯後，都高興地說：「雍齒都被封為侯了，那我們這些人就不用擔憂了。」

核心要旨

文中圍繞張良一生的經歷，描述他在復雜的政治鬥爭和尖銳的軍事鬥爭中的超群才幹，以及他在功成名就之後不爭權求利的出世思想和行為，生動地刻劃了張良的為人及其性格特徵，使這一歷史人物活生生地展現在我們面前。

明哲保身是張良後半生性格的重要組成部分。張良深知「狡兔死，走狗烹；飛鳥盡，良弓藏；敵國破，謀臣亡」的道理，在群臣爭功的情況下，他「不敢當三萬戶」；劉邦對他的封賞，他極為知足；他稱病杜門不出，行「道引」、「辟穀」之術；他揚言「願棄人間事，欲從赤松子遊耳」，處處表現得急流勇退。因此，在漢初三傑中，韓信被殺，蕭何被囚，張良卻始終未傷毫毛。司馬遷通過上述情節，將張良刻劃成一個城府極深、明哲保身的典型。我們如果把張良和〈淮陰侯列傳〉中那位工於謀天下、拙於謀自身的韓信相比，就可看出司馬遷筆下劉邦的兩位大功臣形成了多麼巨大的反差。

成語精粹

1. 立錐之地：插錐尖的一點地方，形容非常小的一塊地方。也比喻極小的安身之處。

原典：昔湯伐桀，封其後於杞。武王伐紂，封其後於宋。今秦失德棄義，侵伐諸侯社稷，滅六國之後，使無立錐之地。陛下誠能復立六國後世，畢已受印，此其君臣百姓必皆戴陛下之德，莫不鄉風慕義，願為臣妾。德義已行，陛下南鄉稱霸，楚必斂衽而朝。

2. 借箸代籌：比喻從旁為人出主意，計畫事情。

原典：其以酈生語告，曰：「於子房何如？」良曰：「誰為陛下畫此計者？陛下事去矣。」漢王曰：「何哉？」張良對曰：「臣請藉前箸為大王籌之。」

3. 偃武行文：停止武事，振興文教。同「偃武修文」。

原典：其不可四矣。殷事已畢，偃革為軒，倒置干戈，覆以虎皮，以示天下不復用兵。今陛下能偃武行文，不復用兵乎？

寫作實典

1. 借代：不直接說出常用的本名或詞語，而借用與其關係密切的名稱或詞語來代替。

例1：其不可四矣。殷事已畢，偃革為軒，倒置**干戈**，覆以虎皮，以示天下不復用兵。今陛下能偃武行文，不復用兵乎？

Tips：「干戈」借代「戰爭」。

例2：**朱門**酒肉臭，路有凍死骨。（杜甫《自京赴奉先詠懷五百字》）

Tips：「朱門」借代「有錢的官宦人家」。

例3：談笑有鴻儒，往來無**白丁**。（劉禹錫《陋室銘》）

Tips：「白丁」借代「沒有知識水準的人、平民」。

典故 張良與黃石老人

張良年少時，有一天下著大雪，他獨自漫步來到下邳的沂水橋，那裡坐著一個奇怪的老人。這老人看見張良，便故意把鞋子扔到橋下，對張良說：「小伙子，快去把我的鞋撿回來！」雖然老人相當無禮，但張良二話不說，很順從地走到橋下把鞋子撿上來給老人。老人連看都不看張良一眼，只伸出腳來讓張良替他穿上，張良也不嫌棄，恭恭敬敬地幫老人把鞋穿上。鞋穿好後，老人才笑呵呵地說：「孺子可教。你這孩子不錯，將來一定會有大出息的。這樣吧，明天你早點來這裡，我有好東西要給你。記住，一定要早點來喔。」

第二天，天未亮，張良就急忙趕到橋上，卻見老人已坐在那裡。老人說：「你比我來得晚，今天這好東西不能給你了。你回去吧，明天再早點來。」隔天，三更時分，張良摸黑來到橋上，卻發現老人早就到了，老人便叫張良隔天早上再來。第三天，張良不敢睡覺，半夜就到橋頭等候，沒多久，果然見到老人走來。老人從懷中取出一本書交給張良說：「回去好好讀通此書，你將來就能擔任皇帝的軍師了。我們倆十三年後還會再見的，到時候你就到穀城山下的黃石來找我吧。」老人說罷，便飄然仙去。

張良回去後，勤奮地讀通此書，據說不但能精通兵法、料事如神，更使其力大無窮、身輕如羽，且還能夠翱翔天際。後來他便靠此書輔佐漢高祖劉邦平定天下。張良得書後十三年，特意前往黃石老人所說的濟北穀城山，果然找到那塊神奇通靈的黃石，他很虔誠地把黃石帶回家，並建祠堂供奉。

陳丞相世家

古文鑑賞

時代：
- 傳說
- 春秋戰國
- 秦
- 楚漢相爭
- 漢

出題率 ★

漢王謂陳平曰：「天下紛紛，何時定乎？」陳平曰：「項王為人，恭敬愛人，士之廉節好禮者多歸之。至於行功爵邑，重❶之，士亦以此不附。今大王慢而少禮，士廉節者不來；然大王能饒❷人以爵邑，士之頑鈍嗜利無恥者亦多歸漢。誠各去其兩短，襲其兩長，天下指麾❸則定矣。然大王恣侮人，不能得廉節之士。顧楚有可亂者，彼項王骨鯁❹之臣亞父、鍾離眛、龍且、周殷之屬，不過數人耳。大王誠能出捐數萬斤金，行反間，間其君臣，以疑其心，項王為人意忌❺信讒，必內相誅。漢因舉兵而攻之，破楚必矣。」漢王以為然，乃出黃金四萬斤，與陳平，恣所為，不問其出入。

陳平既多以金縱反間於楚軍，宣言❻諸將鍾離眛❼等為項王將，功多矣，然而終不得裂地❽而王，欲與漢為一，以滅項氏而分王其地。項羽果意不信鍾離眛等。項王既疑之，使使至

【注釋解析】

❶重：看重，愛惜。這裡指吝嗇。
❷饒：另外增添。這裡指捨得。
❸指麾：揮手，形容事情容易辦到。麾，通「揮」，招手。
❹骨鯁：比喻剛直。鯁：直爽。
❺意忌：猜忌。意，懷疑。
❻宣言：宣揚，揚言。
❼鍾離眛：秦朝末年項羽部將。項羽死後，鍾離眛投靠韓信。劉邦稱帝後，封韓信爲楚王，其得知鍾離眛逃到楚國後，要求韓信追捕，韓信則派兵保護鍾離眛的安全。後來，有人告發楚王謀反，漢高祖劉邦會諸侯於陳，有意捉拿韓信。韓信發兵抵抗、自陳無罪。有謀士跟韓信獻策，殺鍾離眛「以謁上，上必喜，無患。」韓信又與鍾離眛商量對策，鍾離眛告訴韓信，皇帝之所以不敢攻打您，是因爲我們在一起，「如公若欲捕我自媚漢，吾今死，公隨手亡矣。」韓信不聽，鍾離眛遂自刎而死。
❽裂地：劃割土地。
❾太牢具：指規格很高的豐盛酒宴。太牢，古代帝王、諸侯祭祀社稷時，牛、羊、豬三牲全部備齊爲「太牢」。具，飲食，酒餚。
❿草具：粗劣的飲食。
⓫疽：毒瘡。

漢。漢王為太牢具⑨，舉進。見楚使，即詳驚曰：「吾以為亞父使，乃項王使！」復持去，更以惡草具⑩進楚使。楚使歸，具以報項王。項王果大疑亞父。亞父欲急攻下滎陽城，項王不信，不肯聽。亞父聞項王疑之，乃怒曰：「天下事大定矣，君王自為之！願請骸骨歸！」歸未至彭城，疽⑪發背而死。陳平乃夜出女子二千人滎陽城東門，楚因擊之，陳平乃與漢王從城西門夜出去。遂入關，收散兵復東。

其明年，淮陰侯破齊，自立為齊王⑫，使使言之漢王。漢王大怒而罵，陳平躡⑬漢王。漢王亦悟，乃厚遇齊使，使張子房⑭卒立信為齊王。封平以戶牖鄉。用其奇計策，卒滅楚。常以護軍中尉從定燕王臧荼⑮。

漢六年，人有上書告楚王⑯韓信反。高帝問諸將，諸將曰：「亟發兵阬⑰豎子⑱耳。」高帝默然。問陳平，平固辭謝，曰：「諸將云何？」上具告之。陳平曰：「人之上書言信反，有知之者乎？」曰：「未有。」曰：「信知之乎？」曰：「不知。」陳平曰：「陛下精兵孰與楚？」上曰：「不能過。」平曰：「陛下將用兵有能過韓信者乎？」上曰：「莫及也。」

---

⑫齊王：西元前二〇三年，韓信以齊地未穩爲由，自請爲假齊王（假：有代理之意），以便治理。當時劉邦在漢軍完全平定齊國後，反而奪回鞏縣至成皋的大片地區，但韓信還是按原計劃執行，堅持請劉邦封他爲齊王，劉邦也暫時聽從張良和陳平的建議封韓信爲齊王。

⑬躡：踩。

⑭張子房：張良，字子房。

⑮臧荼：是反秦戰爭中的將領，一度爲項羽十八諸侯之一，受封燕王。後來歸附漢朝，在消滅異姓王風潮中，被劉邦所殺。

⑯楚王：漢滅楚，項羽死後，劉邦悲酈食其之死。因此奪取韓信兵權，並改封韓信爲楚王以便就近控制。

⑰阬：同「坑」。將人活埋。

⑱豎子：原義爲兒童、童僕，後引申爲愚弱無能的人。而「豎」字又多有矮小之意，也顯示古人鄙視身材矮小者的價值觀。

⑲趣：通「促」，催促，促使。

⑳巡狩：帝王離開國都巡察各地。

㉑雲夢：又稱雲夢大澤，爲中國歷史上最大的淡水湖之一。今多已成爲陸地，僅留零星水體。據《左傳》、《國語》、司馬相如的《子虛賦》記載，先秦時期楚國有一名爲「雲夢」的楚王狩獵區。「雲夢」地域相當廣闊，其中恰巧也有一名爲「雲夢澤」的湖泊。「雲夢澤」因「雲

平曰：「今兵不如楚精，而將不能及，而舉兵攻之，是趣⑲之戰也，竊為陛下危之。」上曰：「為之奈何？」平曰：「古者天子巡狩⑳，會諸侯。南方有雲夢㉑，陛下弟㉒出偽游雲夢，會諸侯於陳。陳，楚之西界，信聞天子以好出游，其勢必無事而郊迎謁。謁，而陛下因禽㉓之，此特一力士之事耳。」高帝以為然，乃發使告諸侯會陳，「吾將南游雲夢」。上因隨以行。行未至陳，楚王信果郊迎道中。高帝豫㉔具武士，見信至，即執縛之，載後車㉕。信呼曰：「天下已定，我固當烹！」高帝顧謂信曰：「若毋聲！而㉖反，明矣！」武士反接之。遂會諸侯於陳，盡定楚地。還至雒陽，赦信以為淮陰侯，而與功臣剖符㉗定封。於是與平剖符，世世勿絕，為戶牖侯。平辭曰：「此非臣之功也。」上曰：「吾用先生謀計，戰勝剋敵，非功而何？」平曰：「非魏無知㉘臣安得進？」上曰：「若子可謂不背本㉙矣。」乃復賞魏無知。其明年，以護軍中尉從攻反者韓王信㉚於代。卒㉛至平城，為匈奴所圍，七日不得食。高帝用陳平奇計，使單于㉜閼氏㉝，圍以得開。高帝既出，其計祕，世莫得聞。

夢」而得名，二者並非指同一概念。

㉒弟：通「第」，只。

㉓禽：同「擒」。

㉔豫：通「預」。

㉕後車：副車，侍從之車。

㉖而：同「爾」，代詞，你。

㉗剖符：帝王分封諸侯或功臣時，把一種竹製的憑證剖成兩半，帝王與諸侯各執一半，以示信用。

㉘魏無知：陳平因其求見劉邦，遂得重用。後來周勃、灌嬰等進讒言，陳平與嫂子通姦，又收受賄賂。劉邦責其薦人不當，魏無知說：「今楚漢相距，臣進奇謀之士，顧其計誠足以利國家耳，盜嫂受金又安足疑乎？」劉邦於是拜陳平為護軍中尉，諸將不敢復言。

㉙背本：背棄根本，忘本。

㉚韓王信：韓氏，名信，為免與同時期的另一名將領——淮陰侯韓信混淆，故通稱韓王信。西漢初年被劉邦封為韓王，後投降匈奴，西元前一九六年與漢軍作戰時被柴武所殺。

㉛卒：通「猝」，倉促。

㉜單于：匈奴人對他們部落聯盟首領的專稱，意為廣大之貌。單于始創於匈奴著名的冒頓單于的父親頭曼單于，之後這個稱號就一直繼承下去，直到匈奴滅亡為止。至中世紀時，這個稱號被可汗取代。

高帝南過曲逆，上其城，望見其屋室甚大，曰：「壯哉縣！吾行天下，獨見洛陽與是耳。」顧❸❹問御史曰：「曲逆戶口幾何？」對曰：「始秦時三萬餘戶，閒者兵數起，多亡匿，今見❸❺五千戶。」於是乃詔❸❻御史，更以陳平為曲逆侯，盡食之，除前所食戶牖。

其後常以護軍中尉從攻陳豨及黥布。凡六出奇計，輒益邑，凡六益封。奇計或頗祕，世莫能聞也。

❸❸閼氏：匈奴王后的稱號。
❸❹顧：回頭。
❸❺見：同「現」。
❸❻詔：皇帝下命令。

白話解讀

漢王對陳平說：「天下如此紛亂，什麼時候才能安定呢？」陳平說：「項王為人謙恭有禮，愛護他人，具有清廉節操、喜歡禮儀的士人多歸附他。但等到論功行賞、授爵封邑時，他卻又吝嗇這些爵邑，因此士人又不願歸附他。如今大王傲慢又缺乏禮儀，具有清廉節操的士人不願意歸附。但是大王能夠授封他人爵位、食邑，那些圓滑沒有骨氣、好利無恥之徒多歸附漢王。如果你們各方能修正雙方的短處，採取你們的長處，那麼只要招一招手，天下就能安定了。因為大王總是隨意侮辱人，所以不能網羅清廉節操的士人。但是楚軍方面也有他們的弱點，項王那裡剛直的臣子，像亞父范增、鍾離眛、龍且、周殷之輩，不過只有幾個人罷了。大王如果願意拿出幾萬斤黃金，施行反間的計謀，離間楚國的君臣，讓他們互生懷疑之心。再加上項王為人猜忌多疑，聽信讒言，他們內部定會互相殘殺。漢軍就可以趁機發兵攻打他們，這樣就一定能夠擊敗楚軍。」漢王認為陳平說得很有道理，於是拿出黃金四萬斤給陳平，任憑他使用，不去過問黃金的使用情況。

陳平用了很多黃金在楚軍中進行離間活動，在眾將中揚言鍾離眛等人作為項王的將領，雖然功勞很多，但始終不能劃地封王，因此他們打算跟漢王聯合起來，消滅項王，瓜分楚國的土地，各自為王。項羽聽到之後，果然開始猜疑並且不再信任鍾離眛等人。項王懷疑鍾離眛等人時，便派遣使者到漢軍那裡打探。漢王備下豐盛的酒宴，命人端進。但見到是楚王的使者，漢王就假裝吃驚地說：「我還以為是亞父的使者，原來竟是楚王的使者！」於是又讓人把酒餚端走，並換上粗劣的飯菜端給楚王的使者。楚王使者回去以後，把這些情況報告給項王。項王果然開始懷疑亞父。當時，范增想急速攻下滎陽城，項王因為不信任他，便不肯聽從。范增知道項王在懷疑自己，就生氣地說：「天下的大事已經成定局了，大王就自己好自為之吧！我請求告老還鄉。」范增在返鄉的路上，甚至都還沒有到達彭城，就因背上毒瘡發作而死。陳平於是在夜裡讓兩千名婦女出滎陽城東門，楚軍便對她們發動攻擊，陳平與漢王就趁此時從滎陽西門出城逃離。漢王隨即進入關中，集結敗逃的士兵再次東進。

第二年，淮陰侯韓信打敗齊國，自立為齊王，派使者將這件事稟報漢王。漢王大怒，斥罵韓信。陳平暗暗地踩了一下漢王的腳示意，漢王也馬上領悟，於是優厚地款待齊王使者，並派張子房立即封韓信為齊王。漢王於是把戶牖鄉封給陳平。後來漢王採用陳平的奇計妙策，最終滅掉楚國。陳平也曾經以護軍中尉的身份跟隨漢王平定燕王臧荼。

漢六年（西元前二〇一年），有人上書告發楚王韓信謀反。高帝詢問將領們，將領們說：「趕緊發兵活埋了這小子。」高帝默默不語。於是又問陳平，陳平一再推辭，反問道：「各位將領說了些什麼？」皇上把將領們的話告訴陳平。陳平問：「有人上書韓信謀反，那有知道這件事的外人嗎？」皇上說：「沒有。」陳平問：「韓信本人知道嗎？」皇上說：「不知道。」陳平說：「陛下的精銳部隊跟楚國相比哪個比較強？」皇上說：「我沒辦法超過它們。」陳平問：「陛下的將領中有誰用兵能勝過韓信的嗎？」皇上說：「沒有人可以及的上他。」陳平說：「如今陛下的軍隊不如楚國精銳，將領的才幹又不及韓信，卻要發兵攻打他，這是讓他和我們敵對，這讓我為陛下的安危而擔憂。」皇上說：「那該怎麼辦呢？」陳平說：「古時天子會巡察各地，面見諸侯。南方有個雲夢澤，陛下只要假裝出遊雲夢，在陳縣會見諸侯。陳縣在楚國的西部邊界，韓信聽到天子懷著善意出遊，會認為情勢相安無事，因而就會到郊外迎接陛下。拜見時，陛下便趁機將他拿下，那這就只需要一個力士就能辦到了。」高帝覺得他的主意不錯，於是派出使者告知各諸侯到陳縣會面，說「我即將南游雲夢」。皇上隨即出發。此行尚未到達陳縣，楚王韓信果然就在郊外的路上迎接皇上。高帝事先預備了一位力士，見韓信上前，立即將他拿下捆綁起來，裝在副車中。韓信喊道：「天下如今已經平定，我便沒有用處，就會被陛下烹殺！」高帝回過頭對韓信說：「你不用喊了！你已經謀反，很明顯了！」力士把韓信兩手反綁在後。於是高帝便在陳縣面見諸侯，並將楚地平定。高帝回到洛陽，赦免韓信，只是降封他為淮陰侯，又與有功之臣剖符，確定封賞。

當時與陳平剖符，封為戶牖侯，世代相傳而不中斷。陳平辭謝說：「這不是我的功勞。」皇上說：「我採用了先生的計謀，克敵制勝，這哪裡不是先生的功勞呢？」陳平說：「如果不是魏無知，我又怎麼能入朝為官呢？」皇上說：「像先生您這樣可以說是不忘本了。」於是又賞賜魏無知。第二年，陳平以護軍中尉的身份跟從高帝在代地攻打謀反的韓王信。路途中，匆忙行軍到了平城，卻被匈奴圍困，七天都沒有糧食可以吃。高帝於是採用陳平的妙計，派人到單于的閼氏那裡疏通，才得以解圍。高帝脫身以後，陳平的計策始終秘而不宣，沒有人知道內情。

高帝南歸經過曲逆時，登上城樓，望見縣城的房屋很大，說道：「這個縣好壯觀！我行遍天下，只見到洛陽和這個縣是這樣。」回頭問御史說：「曲逆的戶口有多少？」御史回答說：「當初秦朝時有三萬多，但後來連年戰亂，很多人逃亡藏匿，如今現存五千。」高帝便馬上命令御史，改封陳平為曲逆侯，盡享全縣各戶的賦稅收入，取消以前所封的戶牖鄉。

此後陳平曾以護軍中尉的身份跟從高帝征討陳豨和黥布。他一共出過六次奇策，每次都為此增加封邑，一共增封六次。有些奇計頗為隱秘，世間無人得知。

核心要旨

本文寫陳平的一生，但司馬遷突出刻劃的是謀略。在楚漢對峙時期，他根據項羽為人猜忌的弱點，施用反間計，離間項王君臣，削弱楚軍的力量，解了滎陽之圍；韓信自立為齊王後，劉邦怒不可遏，但陳平從劉邦的根本利益出發，暗示劉邦封立韓信；有人上告韓信謀反時，陳平為劉邦設偽遊雲夢之計，使韓信束手就擒；劉邦被匈奴圍困於平城的危急時刻，陳平設計使劉邦安然脫險；在平定陳豨和黥布叛亂的過程中，陳平六出奇計，每次都因此增加封邑。

當然，在陳平的「謀」中是不乏陰謀詭計的，司馬遷屢寫劉邦「用其奇計策」、「用陳平奇計」，陳平「計秘，世莫得聞」，「奇計或頗秘，世莫能聞」。正是由於陳平的謀，才使得他在複雜多變的政治環境中自免於禍，善始善終。司馬遷肯定了陳平的智謀能夠「救紛糾之難，振國家之患」，也同時對陳平使用陰謀詭計坑害他人、保全自身持一貫的批判態度。

成語精粹

1. 六出奇計：泛指出奇制勝的謀略。

原典：其後常以護軍中尉從攻陳豨及黥布。凡六出奇計，輒益邑，凡六益封。奇計或頗祕，世莫能聞也。

2. 骨鯁之臣：比喻剛直。剛正忠直的官員。

原典：顧楚有可亂者，彼項王骨鯁之臣亞父、鍾離眛、龍且、周殷之屬，不過數人耳。大王誠能出捐數萬斤金，行反間，間其君臣，以疑其心，項王為人意忌信讒，必內相誅。

寫作寶典

1. 感嘆：抒發強烈感情為目的，通常後面會接驚嘆號。當一個人碰到喜怒哀樂之事物時，常常會藉助某種感嘆方式，來強調內心的情感，也藉此引起讀者的共鳴，增強語言的影響力

例1：高帝南過曲逆，上其城，望見其屋室甚大，曰：「**壯哉縣！**吾行天下，獨見洛陽與是耳。」顧問御史曰：「曲逆戶口幾何？」對曰：「始秦時三萬餘戶，間者兵數起，多亡匿，今見五千戶。」

例2：**嗟夫！**予嘗求古仁人之心，或異二者之為，何哉？不以物喜，不以己悲，居廟堂之高，則憂其民；處江湖之遠，則憂其君。是進亦憂，退亦憂，然則何時而樂耶？其必曰：「先天下之憂而憂，後天下之樂而樂」**乎！噫！**微斯人，吾誰與歸！（范仲淹《岳陽樓記》）

例3：子曰：「飽食終日，無所用心，**難矣哉！**不有博弈者乎？為之猶賢乎已。」（《論語．陽貨篇》）

典故 陳平娶妻

陳平是幫助劉邦建立漢朝的重要人物，雖然他不像頭號軍師張良那般光芒四射，反而總是躲在隱蔽處貢獻計謀，但卻能讓劉邦跨越一個又一個的障礙，度過一次又一次的危機。靠著陳平「六出奇計」，劉邦坐穩西漢帝國的皇位，也靠著陳平的智慧，穩固劉氏江山。

陳平小時候家境清貧，卻很喜歡讀書。家裡有田地三十畝，和哥哥陳伯住在一起。陳伯總是自己下田耕種，讓陳平可以無牽無掛的跟隨老師讀書。陳平長得很魁偉，相貌俊美。有人諷刺陳平說：「你家裡窮，不知道是吃什麼東西把你養的這樣胖？」他的嫂嫂因為忌恨陳平不事生產，就告訴別人說：「他也不過是吃米糠而已。有這樣一位只吃而不做事的小叔，倒不如沒有的好。」陳伯聽見了，便生氣的把他的妻子趕出去。

陳平到了可以娶妻的時候，有錢人都不肯把女兒嫁給他，但娶窮人為妻也讓陳平感到羞恥。鄉裡有一個富人名叫張負，他的孫女嫁過五次，但每次丈夫都死了，因此沒有人敢再娶她，而陳平卻暗中想要娶到她。有一次鄉裡辦喪事，陳平因為家裡窮，所以到喪家去幫忙做事，他因為想要多得到一些酬勞，所以，雖然是最先到的卻是最後才離開。張負在喪家見到前來幫忙的陳平，因陳平俊美的外表而驚訝的一直看著他。

陳平離開後，張負尾隨陳平到他家，看到陳平家是在靠城牆附近的一條窮巷裡，用破爛席子當門，可是門前卻有很多貴人停車的車軌痕跡。張負回家後對他的兒子張仲說：「我想把孫女嫁給陳平。」張仲回答說：「陳平家貧，且不從事生計，全縣裡的人都笑他遊手好閒，為什麼您偏要把孫女嫁給他呢？」張負說：「哪有人會像陳平有這樣的面相，卻永遠貧賤的呢？」

張負最終還是把孫女嫁給陳平。因為陳平家窮，於是張負借錢給他送聘，又給他購買酒肉的費用，讓他得以迎娶。張負告誡他的孫女說：「你不要因為他家裡窮，而待他隨便、馬虎。侍奉兄長陳伯要像侍奉父親那樣，侍奉嫂嫂要像侍奉母親那樣。」

陳平自從娶了張家的孫女之後，金錢方面也比較寬裕，交遊的範圍也越來越廣。後來，陳平當上鄉里社廟中的社宰，每次分配祭肉都非常公正均勻。地方上的父老都說：「好極了！陳小子當社宰真不錯！」陳平感慨的說：「唉，假使讓我陳平有機會治理天下，我也能像宰割分配這些祭肉一樣恰當稱職呢！」

其實，陳平的聰明從娶張負的孫女就可看出端倪。他先設定好目標，然後想辦法讓張負注意到他，並略施手段，在門前採用製造車轍痕跡的手法，就讓張負掉入計謀中。爾後他在戰場上面對各式各樣的敵人，更是計謀頻出，轉危為安，成為劉邦重要的智囊。

第三單元

列傳

伯夷列傳
管晏列傳
伍子胥列傳
商君列傳
孟子荀卿列傳
孟嘗君列傳
廉頗藺相如列傳
魯仲連鄒陽列傳
屈原賈生列傳
刺客列傳
李斯列傳
張耳陳餘列傳
淮陰侯列傳
樊酈滕灌列傳
劉敬叔孫通列傳
季布欒布列傳
張釋之馮唐列傳
魏其武安侯列傳
李將軍列傳
匈奴列傳
酷吏列傳
游俠列傳
滑稽列傳
貨殖列傳
太史公自序

伯夷列傳

古文鑑賞

孔子曰：「伯夷、叔齊，不念舊惡，怨是用希❶。」「求仁得仁，又何怨乎？」余悲❷伯夷之意，睹軼詩可異焉。其傳曰：

伯夷、叔齊，孤竹君之二子也。父欲立叔齊，及父卒，叔齊讓伯夷。伯夷曰：「父命也。」遂逃去。叔齊亦不肯立而逃之。國人❸立其中子。於是伯夷、叔齊聞西伯昌善養老，盍❹往歸焉。及至，西伯卒，武王載木主❺，號❻為文王，東伐紂。伯夷、叔齊叩馬❼而諫曰：「父死不葬，爰❽及干戈，可謂孝乎？以臣弒❾君，可謂仁乎？」左右欲兵之❿。太公曰：「此義人也。」扶而去之。武王已平殷亂，天下宗周⓫，而伯夷、叔齊恥之⓬，義⓭不食周粟，隱於首陽山，采薇⓮而食之。及餓且死，作歌。其辭曰：「登彼西山兮，采其薇矣。以暴易暴⓯兮，不知其非矣。神農、虞、夏忽焉沒兮，我安適⓰

出題率 ★★★
傳說時代｜春秋戰國｜秦｜楚漢相爭｜漢

【注釋解析】

❶ 怨是用希：即「怨用是希」。意思是怨恨因此就少了。希，同「稀」。稀少。
❷ 悲：此處引申為悲憐、嘆服、同情。
❸ 國人：指居住在國都，享有一定參與議論國事權力的人。中子：古代兄弟排行按伯仲叔季的次序，伯夷排行第一，叔齊排行第三。中子，就是次子。
❹ 盍：何不。
❺ 木主：象徵死者的木製牌位。
❻ 號：追諡的尊號。
❼ 叩馬：勒緊馬韁繩。叩，通「扣」，拉住、牽住。
❽ 爰：於是就。
❾ 弒：古代下殺上稱之為弒。例如子女殺死父母、臣殺死君。
❿ 左右：身旁的隨從人員。兵之：用武器殺掉他們。
⓫ 宗周：以周王室為宗主。
⓬ 恥之：以之為恥。
⓭ 義：堅持仁義、氣節。
⓮ 薇：野豆，蕨類植物。
⓯ 暴：前一「暴」指暴臣，後一「暴」指暴君。易：換。
⓰ 適：往。到……去。

歸矣？于嗟徂兮⑰，命之衰矣！」遂餓死於首陽山。

由此觀之，怨邪非邪？

或曰：「天道⑱無親，常與善人。」若伯夷、叔齊，可謂善人者非邪？積仁絜行如此而餓死！且七十子⑲之徒，仲尼獨薦顏淵為好學。然回也屢空⑳，糟糠不厭㉑，而卒蚤夭㉒。天之報施善人，其何如哉？盜蹠日殺不辜，肝人之肉，暴戾恣睢㉓，聚黨數千人橫行天下，竟以壽終。是遵何德哉？此其尤大彰明較著㉔者也。若至近世㉕，操行不軌，專犯忌諱，而終身逸樂，富厚累世不絕。或擇地而蹈之㉖，時然後出言，行不由徑㉗，非公正不發憤，而遇禍災者，不可勝數也。余甚惑焉，儻所謂天道，是邪非邪？

子曰「道不同不相為謀」，亦各從其志也。故曰「富貴如可求，雖執鞭之士，吾亦為之。如不可求，從吾所好」、「歲寒，然後知松柏之後凋」。舉世混濁，清士乃見㉘。豈以其重若彼，其輕若此哉？

---

⑰ 于嗟：嘆詞，表示驚異。徂：通「殂」，死亡。
⑱ 道：指左右人類命運的天神意志。無親：沒有私心，沒有親疏、厚薄之分。
⑲ 七十子：孔子受徒三千，通六藝者七十二人。七十，是舉整數而言。
⑳ 空：空乏、窮困。
㉑ 糟糠：借指粗劣的食物。糟，釀酒剩的陳渣。糠，糧食之皮。不厭：吃不飽。厭，寫作「饜」，飽。
㉒ 卒蚤夭：終於早死。蚤，通「早」。夭，早早地死亡。相傳顏淵二十九歲白髮，三十二歲死去。
㉓ 恣睢：任意胡爲。
㉔ 彰明較著：形容非常明顯，容易看清楚。彰、明、較、著，都是明顯、顯著的意思。
㉕ 近世：實則當世，這是避免招致災禍的措詞。
㉖ 擇地而蹈之：選好地方才肯邁步。不敢輕舉妄動。
㉗ 行不由徑：不從小路行走，比喻光明正大。徑，小路，引申爲邪路。
㉘ 見：同「現」。顯露。

白話解讀

孔子說：「伯夷、叔齊不計較以往的仇恨，因而心中的怨恨也就少了。」、「他們追求仁德，也得到了仁德，又有什麼好怨恨呢？」我對伯夷的意志深感同情，看到他們未被經書載錄的遺詩，又感到很詫異。他們的傳記上說：

伯夷、叔齊是孤竹君的兩個兒子。父親想要立叔齊為國君，等到父親死後，叔齊要把君位讓給伯夷。伯夷說：「這是父親的遺命啊！」於是便逃走不肯接受。叔齊最後也因為不肯繼承君位逃走，國人只好擁立孤竹君的次子。這時，伯夷、叔齊聽說西伯昌的國家能夠將老人贍養得很好，就想何不去投奔他呢？可是到那裡時，西伯昌卻已經死了，他的兒子武王追尊西伯昌為文王，並把他的木製靈牌載在兵車上，向東方進兵討伐殷紂。伯夷、叔齊勒住武王的馬韁諫言說：「父親死了卻不安葬，還馬上發動戰爭，這可以說是孝順嗎？作為臣子卻去殺害君主，這可以說是仁義嗎？」武王身邊的隨從人員要殺掉他們。太公呂尚阻止說：「這是有節義的人啊！」於是攙扶著他們離去。等到武王平定商紂的暴亂，天下都歸順周朝時，伯夷、叔齊卻認為這是恥辱的事情，他們堅持仁義。於是不吃周朝的糧食，隱居在首陽山上，靠採摘野菜充飢。到快要餓死的時候，他們作了一首歌，歌詞是：「登上那西山啊，採摘那裡的薇菜。這是以暴臣換暴君啊，你們竟不知道那是錯誤。神農、虞、夏的太平盛世轉眼消失了，哪裡才是我們的歸宿啊？唉呀，只有死啊，命運是這樣的坎坷！」於是兩人便餓死在首陽山上。

從這首詩看來，他們是怨恨還是不怨恨呢？

有人說：「天道是不會偏私的，它經常幫助好人。」那像伯夷、叔齊這樣的，應該說是好人還是不是呢？他們具有仁德，並保持高潔的品行，卻終究餓死了。孔子七十名得意的學生裡，只有顏淵被推為好學，然而顏淵總是窮困纏身，只能吃粗劣的食物卻還是吃不飽，最終英年早逝。天道對好人的報償又是怎樣的呢？盜蹠成天濫殺無辜的人，烤人的心肝當肉吃，兇殘放縱，聚集黨徒幾千人在天下橫行，最後竟然長壽而終。這是遵循什麼樣的道德呢？這是非常顯著的事啊！至於說到近代，那些不走正道、專門違法犯禁的人，卻能終生安逸享樂，過著富裕優厚的生活，世世代代都如此。而有的人，選擇正確的地方才肯踏出步伐，適宜的機會才肯說話，走路不敢經由小路，不是公正的事決不會發憤去做，像這樣小心審慎但卻遭災禍的人，數都數不過來。讓我深感困惑不解。倘若有所謂的天道，那麼這是天道還是不是呢？

孔子說：「思想不一致的人，不能相互商量。」就只能讓各人按著自己的意志行事。所以他又說：「如果富貴是可以尋求而得到的話，即使作個卑賤的趕車人，我也願意去做；假如尋求不到，那還是依照自己的愛好去做。」、「到了嚴寒的季節，才知道松柏是能夠支撐到最後才凋謝的。」整個社會混亂污濁的時候，品行高潔的人才會顯露。這難道不是因為有的人看重富貴安樂，才顯得另一些人看輕富貴安樂嗎？

核心要旨

〈伯夷列傳〉是伯夷和叔齊的合傳，冠《史記》列傳之首。在這篇列傳中，作者以「考信於六藝，折衷於孔子」的史料處理原則，於大量論贊中，夾敘伯夷、叔齊的簡短事蹟。他們先是拒絕接受王位而出逃；武王伐紂的時候，又以仁義叩馬而諫；等到天下宗周之後，又恥食周粟，采薇而食，作歌明志，於是餓死在首陽山上。

文章借助夷、齊的善行和暴戾兇殘、橫行天下的盜蹠做比照；以操行不軌、違法犯禁的人和審慎小心、有崇高正義感的人做比照，指出惡者安逸享樂，富裕優厚，累世不絕；而善者遭遇的災禍卻不可勝數。從而抒發天道與人事相違背的現實，有力地抨擊了「天道無親，常與善人」的謊言，對天道賞善罰惡的報應論，提出大膽的懷疑。

成語精粹

1. 叩馬而諫：形容竭力進行勸諫。

原典：及至，西伯卒，武王載木主，號為文王，東伐紂。伯夷、叔齊叩馬而諫曰：「父死不葬，爰及干戈，可謂孝乎？以臣弒君，可謂仁乎？」

2. 行不由徑：比喻行動正大光明。

原典：或擇地而蹈之，時然後出言，行不由徑，非公正不發憤，而遇禍災者，不可勝數也。余甚惑焉，儻所謂天道，是邪非邪？

3. 各從其志：每一個人按照自己的意志行事。

原典：子曰「道不同不相為謀」，亦各從其志也。

寫作寶典

1. 轉品：字詞在文句中改變原來詞性的修辭。不同的詞類有不同的語言特性和用法，將某一種詞類轉化為另一種詞類，這種修辭技巧為「轉品」。

例1：伯夷、叔齊叩馬而諫曰：「父死不葬，爰及干戈，可謂孝乎？以臣弒君，可謂仁乎？」左右欲**兵**之。太公曰：「此義人也。」扶而去之。

Tips：名詞當作動詞使用。

例2：京口瓜洲一水間，鍾山只隔數重山。春風又**綠**江南岸，明月何時照我還？（王安石《泊船瓜洲》）

Tips：形容詞當作動詞使用。

例3：亡國之君，各**賢**其臣。（劉義慶《世說新語選》）

Tips：形容詞當作動詞使用。

2. 意動動詞：該詞具有「以為受詞怎樣」或「把受詞當作如何」的意思。

例1：武王已平殷亂，天下宗周，而伯夷、叔齊**恥**之，義不食周粟，隱於首陽山，采薇而食之。

Tips：以「武王已平殷亂，天下宗周」為恥。

例2：孔子**師**郯子、萇弘、師襄、老聃。（韓愈《師說》）

Tips：以郯子、萇弘、師襄、老聃為師。

例3：**侶**魚蝦而**友**麋鹿。（蘇軾《赤壁賦》）

Tips：以魚蝦為伴，以麋鹿為友。

高手過招

（*為多選題）

*1.（　）以下每個選項皆含前後兩段引文，後文與前文觀點、意涵截然不同的選項是：

A.《孟子》：民為貴，社稷次之，君為輕／黃宗羲〈原君〉：古者以天下為主，君為客，凡君之所畢世而經營者，為天下也

B.《莊子》：天下莫大於秋毫之末，而大山為小；莫壽於殤子，而彭祖為夭／王羲之〈蘭亭集序〉：固知一死生為虛誕，齊彭殤為妄作

C.《老子》：天道無親，常與善人／司馬遷〈伯夷列傳〉：或擇地而蹈之，時然後出言，行不由徑，非公正不發憤，而遇禍災者，不可勝數也

D.《論語》：君子博學於文，約之以禮，亦可以弗畔矣夫／《荀子》：木受繩則直，金就礪則利；君子博學而日參省乎己，則知明而行無過矣

E.《韓非子》：明主之國，無書簡之文，以法為教；無先王之語，以吏為師／劉歆〈移書讓太常博士〉：至于暴秦，焚經書，殺儒士，設挾書之法，行是古之罪

【解答】

1. BCE

管晏列傳

古文鑑賞

管仲夷吾者，潁上人也。少時常與鮑叔牙游❶，鮑叔知其賢。管仲貧困，常欺❷鮑叔，鮑叔終善遇之，不以為言。已而鮑叔事齊公子小白，管仲事公子糾。及小白立為桓公，公子糾死，管仲囚焉。鮑叔遂進❸管仲。管仲既用，任政於齊，齊桓公以霸❹，九合❺諸侯，一匡❻天下，管仲之謀也。

管仲曰：「吾始困時，嘗與鮑叔賈❼，分財利多自與，鮑叔不以我為貪，知我貧也。吾嘗為鮑叔謀事而更窮困，鮑叔不以我為愚，知時有利不利也。吾嘗三仕三見❽逐於君，鮑叔不以我為不肖，知我不遭時也。吾嘗三戰三走❾，鮑叔不以我為怯，知我有老母也。公子糾敗，召忽死之❿，吾幽囚受辱，鮑叔不以我為無恥，知我不羞小節而恥⓫功名不顯於天下也。生我者父母，知我者鮑子也。」

鮑叔既進管仲，以身下之。子孫世祿⓬於齊，有封邑者十

時代	
傳說	
春秋戰國	出題率 ★★★
秦	
楚漢相爭	
漢	

【注釋解析】

❶遊：交遊，來往。
❷欺：此意爲佔便宜。
❸進：保舉，推薦。
❹霸：稱霸。
❺合：會盟。
❻匡：匡正，糾正。
❼嘗：曾經。賈：作買賣。
❽三：泛指多次。見：被。
❾走：逃跑。
❿死之：爲公子糾而死。
⓫羞：以……爲羞。恥：以……爲恥。
⓬世祿：世代皆享有俸祿。
⓭多：推崇，讚美。
⓮相：出任國相。
⓯俗：指百姓。
⓰其稱曰：自己稱述。
⓱上：國君，一說居上位者。服：行，施行。度：節度，或特指禮度、制度。
⓲原：通「源」，水的源頭。
⓳論卑：指政令平易符合民情。
⓴去：廢除。
㉑「桓公實怒」二句：是說少姬（即蔡姬）曾蕩舟戲弄桓公，制止不聽，因怒，遣送回國。蔡君將其改嫁，所以桓公怒而攻蔡。

餘世，常為名大夫。天下不多⑬管仲之賢而多鮑叔能知人也。

管仲既任政相⑭齊，以區區之齊在海濱，通貨積財，富國強兵，與俗⑮同好惡。故其稱曰⑯：「倉廩實而知禮節，衣食足而知榮辱，上服度則六親固⑰。四維不張，國乃滅亡。下令如流水之原⑱，令順民心。」故論卑⑲而易行。俗之所欲，因而予之；俗之所否，因而去⑳之。

其為政也，善因禍而為福，轉敗而為功。貴輕重，慎權衡。桓公實怒少姬，南襲蔡㉑，管仲因而伐楚，責包茅㉒不入貢於周室。桓公實北征山戎，而管仲因而令燕修召公之政㉓。於柯之會，桓公欲背曹沫之約，管仲因而信之，諸侯由是歸齊㉔。故曰：「知與之為取，政之寶也。」

管仲富擬㉕於公室，有三歸、反坫㉖，齊人不以為侈。管仲卒，齊國遵其政，常強於諸侯。後百餘年而有晏子焉。

㉒包茅：古代祭祀，用裹束成捆的菁茅過濾去渣。包，裹束。茅，菁茅。

㉓「桓公實北征」兩句：齊桓公二十三年（西元前六六三年），山戎伐燕，燕告急於齊，桓公因伐山戎，至於孤竹而還。燕莊公送桓公進入齊境。桓公說：「非天子，諸侯相送不出境，吾不可以無禮於燕。」於是分割燕君所至之地與燕，並讓燕君重修召公之政，納貢於周。

㉔「於柯之會」四句：齊桓公五年（西元前六八一年），伐魯，魯將曹沫三戰三敗，魯莊公請獻遂邑求和，桓公許，與魯會柯而盟。將盟，曹沫以匕首劫持桓公於壇上，威脅桓公歸還「魯之侵地」，桓公先是被迫答應，繼而「欲無與魯地而殺曹沫。」這時，管仲勸桓公不要圖一時小快而棄信於諸侯，失天下之援。於是盡「與曹沫三敗所亡地於魯」。「諸侯聞之，皆信齊而欲附焉」。

㉕擬：比擬，類似。

㉖三歸：華麗的臺。另有多種說法，如三姓女子；三處家庭、采邑、府庫等。反坫：堂屋兩柱間放置供祭祀、宴會的所有禮器和酒的土臺。按禮，只有諸侯才能設有三歸和反坫。管仲是大夫，本不該享有。

白話解讀

管仲，名夷吾，是潁上人。他年輕的時候，常和鮑叔牙交往，鮑叔牙知道他賢明、有才幹。管仲家貧，經常佔鮑叔的便宜，但鮑叔始終對他很好，不因為這些事而有什麼怨言。不久，鮑叔侍奉齊國公子小白，管仲侍奉公子糾。等到小白即位，立為齊桓公以後，桓公讓魯國殺了公子糾，管仲也被囚禁。於是鮑叔向齊桓公推薦管仲，管仲因此被齊桓公任用。在齊國執政，桓公憑藉著管仲而稱霸，並以霸主的身份，多次會合諸侯，使天下歸正於一，這都是出自於管仲的智謀。

管仲說：「我當初貧困時，曾經和鮑叔一起做生意，分配獲利時自己總是多要一些，但是鮑叔並不認為我貪財，他知道是因為我家裡貧窮。我曾經替鮑叔謀劃事情，反而使他更加困頓不堪，陷於困境，但是鮑叔並不認為我愚笨，他知道是因為時運有時順利，有時不順利。我曾經多次作官都被國君驅逐，但是鮑叔並不認為我不成器，他知道是因為我沒遇上好時機。我曾經多次打仗逃跑，但是鮑叔並不認為我膽小，他知道是因為我家裡有年邁的母親需要照顧。公子糾失敗後，召忽為之殉難，我被囚禁遭受屈辱，鮑叔並不認為我沒有廉恥，他知道我不會因為微不足道的過失而感到羞愧，卻會因為功名不顯揚於天下而感到恥辱。生養我的是父母，真正了解我的卻是鮑叔啊！」

鮑叔推薦管仲以後，情願將自己置於管仲的地位之下。他的子孫世世代代都在齊國享有俸祿，得到封地的就有十幾代，多數是著名的大夫。因此，天下的人不稱讚管仲的才幹，反而讚美鮑叔能夠慧眼識英雄。

管仲出任齊相以後，憑藉著小小的齊國，還有在海濱的條件，流通貨物、累積財富；使得國富兵強、與百姓同好惡。所以，他在《管子》一書中稱述說：「倉庫儲備充實，百姓才懂得禮節；衣食豐足，百姓才能分辨榮辱；國君的作為合乎法度，六親才會得以穩固」、「不提倡禮義廉恥，國家就會滅亡。」、「國家下達政令就像流水的源頭，必須順著百姓的心意而流。」所以政令如果符合百姓的心意就會容易推行。百姓想要得到的，就給他們；百姓所反對的，就替他們廢除。

管仲執政的時候，善於把失敗轉化為成功。他謹慎地判斷事物的輕重緩急，慎重地權衡事情的利弊得失。齊桓公實際上是怨恨少姬改嫁而向南襲擊蔡國，管仲就趁機尋找藉口攻打楚國，責備它沒有向周王室進貢菁茅。桓公實際上是向北出兵攻打山戎，而管仲就趁機讓燕國整頓召公時期的政教。在柯地會盟時，桓公想背棄曹沫逼迫他訂立的盟約，管仲就順應形勢勸他信守盟約，諸侯們也因此都歸順齊國。所以說「懂得『給予正是為了取得』的道理，這就是治理國家的法寶。」

管仲富貴到可以和國君相提並論，擁有設置華麗的三歸臺和國君的宴飲設備，齊國人卻不認為他奢侈僭越。管仲逝世後，齊國仍遵循他的政策，也讓齊國比其它諸侯國更加強大。此後過了百餘年，齊國又出現一位晏嬰。

核心要旨

〈管晏列傳〉是管仲、晏嬰兩位大政治家的合傳。在這篇列傳中，作者對他們採取了讚美和褒揚的態度。管仲相齊，憑藉海濱的有利條件，發展經濟、聚集財物、使國富兵強、與百姓同好惡、內政和外交功名垂著。他輔佐桓公，一匡天下，使桓公成為春秋時期第一個霸主。晏嬰事齊三世，節儉力行，嚴於律己，三世顯名於諸侯。二人雖隔百餘年，但他們都是齊人，都是名相，又都為齊國作出了卓越的貢獻，故合傳為一。

節選的段落通過鮑叔知賢、薦賢和讓賢的故事，刻意探索和說明如何對待賢才的問題。管仲其人，經商多分財利、謀事反而更糟、作官被逐、打仗逃跑。鮑叔卻不認為他貪、愚、不肖、怯、無恥，反而從囚禁中將他拯救出來，並推薦給桓公，使之有機會一展才能。司馬遷極力讚美鮑叔，正是慨嘆自己未遇到如此的知己。

成語精粹

1. 管鮑之交：比喻友情深厚。

原典：吾始困時，嘗與鮑叔賈，分財利多自與，鮑叔不以我為貪，知我貧也。吾嘗為鮑叔謀事而更窮困，鮑叔不以我為愚，知時有利不利也。吾嘗三仕三見逐於君，鮑叔不以我為不肖，知我不遭時也。吾嘗三戰三走，鮑叔不以我為怯，知我有老母也。公子糾敗，召忽死之，吾幽囚受辱，鮑叔不以我為無恥，知我不羞小節而恥功名不顯於天下也。生我者父母，知我者鮑子也。

寫作實典

1. 排比：利用三句或三句以上結構和長度均類似，意義相關或相同的詞、短語或句子排列起來，達到一種加強語勢的效果。

例1：故其稱曰：「**倉廩實而知禮節，衣食足而知榮辱，上服度則六親固**。四維不張，國乃滅亡。下令如流水之原，令順民心。」

例2：富貴不能淫，貧賤不能移，威武不能屈：此之謂大丈夫。（孟子《滕文公下》）

2. 譬喻：將一件事物或道理指成另一件事物或道理的修辭法，該兩件事物或道理中具有一些共同點。它能夠令讀者透過類推，通過另一件事物，更了解要描述的事物的特點。分為明喻、隱喻、略喻、借喻。

例1：倉廩實而知禮節，衣食足而知榮辱，上服度則六親固。四維不張，國乃滅亡。**下令如流水之原，令順民心。**

Tips：明喻。

例2：**對淵博友，如讀異書；對風雅友，如讀名人詩文；對謹飭友，如讀聖賢經傳；對滑稽友，如閱傳奇小說。**（張潮《幽夢影》）

Tips：明喻。

高手過招

1.（　）下列符合管仲對自己描述的選項是：

管仲曰：「吾始困時，嘗與鮑叔賈，分財利多自與，鮑叔不以我為貪，知我貧也。吾嘗為鮑叔謀事而更窮困，鮑叔不以我為愚，知時有利不利也。吾嘗三仕三見逐於君，鮑叔不以我為不肖，知我不遭時也。吾嘗三戰三走，鮑叔不以我為怯，知我有老母也。公子糾敗，召忽死之，吾幽囚受辱；鮑叔不以我為無恥，知我不羞小節而恥功名不顯於天下也。生我者父母，知我者鮑子也！」。（《史記．管晏列傳》）

A. 治國才能不如鮑叔牙　B. 因鮑叔牙提拔而顯名

C. 謀大事難免不拘小節　D. 未因功名而不顧小節

【解答】

1. C

伍子胥列傳

古文鑑賞

始伍員與申包胥為交，員之亡也，謂包胥曰：「我必覆❶楚。」包胥曰：「我必存之。」及吳兵入郢，伍子胥求❷昭王。既不得，乃掘楚平王墓，出其尸，鞭之三百❸，然後已。申包胥亡於山中，使人謂子胥曰：「子之報讎，其以❹甚乎！吾聞之，人眾者勝天，天定亦能破人。今子故平王之臣，親北面而事之，今至於僇❺死人，此豈其無天道之極乎！」伍子胥曰：「為我謝申包胥曰，吾日莫❻途遠，吾故倒行而逆施之。」於是申包胥走秦告急，求救於秦。秦不許。包胥立於秦廷，晝夜哭，七日七夜不絕其聲。秦哀公憐之，曰：「楚雖無道，有臣若是，可無存乎！」乃遣車五百乘❼救楚擊吳。六月❽，敗吳兵於稷。會吳王久留楚求昭王，而闔廬弟夫概乃亡歸，自立為王。闔廬聞之，乃釋楚而歸，擊其弟夫概。夫概敗走，遂奔楚。楚昭王見吳有內亂，乃復入郢。封夫概於堂谿，為堂谿

時代	傳說
春秋戰國	
秦	
楚漢相爭	
漢	

出題率 ★★

【注釋解析】

❶覆：顛覆，毀滅。
❷求：尋找，搜尋。
❸「乃掘楚平王墓」三句，於《史記》的《十二諸侯年表》、《楚世家》、《季布欒布列傳》中說「鞭墓」，而《吳太伯世家》和本傳中則是說「鞭屍」。
❹以：通「已」，已經。
❺僇：侮辱。
❻莫：同「暮」。日落的時候。
❼乘：古代一車四馬叫一乘。
❽六月：指闔廬爲王十年的六月。
❾指：手指，也指腳趾，此處即指腳趾。
❿卻：退卻，撤軍。
⓫伯嚭：又作伯否，出身於楚國貴族，吳王夫差時期擔任太宰，被人稱作太宰嚭。西元前四七三年，越王句踐再次率師伐吳。夫差自殺後，越王句踐進入姑蘇城，上據吳王舊宮，百官稱賀，伯嚭也在朝列中，自以爲以前曾於句踐有周全照顧之功，因此面有得色，向句踐拜賀。句踐以「不忠於其君，而外受重賂，與己比周」誅殺之。但是，根據《左傳》，伯嚭非但沒有被越王句踐殺死，反而還做了越國的太宰。
⓬敗越於夫湫：據《左傳．哀公元年》載，是在

氏。楚復與吳戰，敗吳，吳王乃歸。

後二歲，闔廬使太子夫差將兵伐楚，取番。楚懼吳復大來，乃去郢，徙於鄀。當是時，吳以伍子胥、孫武之謀，西破強楚，北威齊晉，南服越人。

其後四年，孔子相魯。後五年，伐越。越王句踐迎擊，敗吳於姑蘇，傷闔廬指❾，軍卻❿。闔廬病創將死，謂太子夫差曰：「爾忘句踐殺爾父乎？」夫差對曰：「不敢忘。」是夕，闔廬死。夫差既立為王，以伯嚭⓫為太宰，習戰射。二年後伐越，敗越於夫湫⓬。越王句踐乃以餘兵五千人棲於會稽之上，使大夫種⓭厚幣遺⓮吳太宰嚭以請和，求委國為臣妾⓯。吳王將許之。伍子胥諫曰：「越王為人能辛苦。今王不滅，後必悔之。」吳王不聽，用太宰嚭計，與越平⓰。

其後五年，而吳王聞齊景公死而大臣爭寵，新君弱，乃興師北伐齊。伍子胥諫曰：「句踐食不重味⓱，弔死問疾⓲，且欲有所用之也。此人不死，必為吳患。今吳之有越，猶人之有腹心疾也。而王不先越而乃務齊，不亦謬乎！」吳王不聽，伐齊，大敗齊師於艾陵⓳，遂威鄒魯之君以歸。益疏子胥之謀。

周敬王二十六年（西元前四九四年）。這裡提到的夫湫，於《史記》的《吳太伯世家》、《越王句踐世家》、《左傳》中均寫作「夫椒」。

⓭ 文種：字子禽，春秋末期著名的謀略家。作爲越王句踐的謀臣，爲越國滅吳制定了稱爲「伐吳七術」的七種方案，和范蠡一起爲句踐復國立下赫赫功勞。滅吳後，自覺功高，不聽從范蠡勸告隱居，繼續留在朝中。范蠡不忍文種遭毒手，發書勸說文種：「飛鳥盡，良弓藏；狡兔死，走狗烹。越王爲人長頸鳥喙，可與共患難，不可與共樂。子何不去？」。文種讀畢後便稱病不朝，但卻爲人誣陷有謀反之心，句踐便賜劍給文種說：「子教寡人伐吳七術，寡人用其三而敗吳，其四在子，子爲我從先王試之。」文種自知爲句踐所不容，自刎而死。

⓮ 厚幣：貴重禮物。幣，原指用作禮物的絲織品，後泛指用作禮物的玉、馬、皮、帛等。遺：此指賄賂收買。

⓯ 委國爲臣妾：把國家政權託付吳國，甘心做吳國的奴僕。

⓰ 平：講和，議和。

⓱ 食不重味：用餐時不吃兩道葷菜。

⓲ 弔死問疾：哀悼死去的人，慰問有病的人。

⓳ 大敗齊師於艾陵：據《左傳·哀公十一年》載，應是在周敬王三十六年（西元前四八四年），距夫湫之戰十年，按《史記·吳太伯世

其後四年，吳王將北伐齊，越王句踐用子貢之謀，乃率其眾以助吳，而重寶以獻遺太宰嚭。太宰嚭既數受越賂，其愛信越殊甚，日夜為言於吳王。吳王信用嚭之計。伍子胥諫曰：「夫越，腹心之病，今信其浮辭⑳詐偽而貪齊。破齊，譬猶石田，無所用之。且《盤庚之誥》㉑曰：『有顛越不恭，劓殄滅之，俾無遺育，無使易種于茲邑㉒。』此商之所以興。願王釋齊而先越；若不然，後將悔之無及。」而吳王不聽，使子胥於齊。子胥臨行，謂其子曰：「吾數諫王，王不用，吾今見吳之亡矣。汝與吳俱亡，無益也。」乃屬㉓其子於齊鮑牧，而還報吳。

吳太宰嚭既與子胥有隙㉔，因讒曰：「子胥為人剛暴，少恩，猜賊㉕，其怨望恐為深禍也。前日王欲伐齊，子胥以為不可，王卒伐之而有大功。子胥恥其計謀不用，乃反怨望。而今王又復伐齊，子胥專愎㉖強諫，沮毀㉗用事，徒幸㉘吳之敗以自勝其計謀耳。今王自行，悉國中武力以伐齊，而子胥諫不用，因輟謝㉙，詳㉚病不行。王不可不備，此起禍不難。且嚭使人微伺㉛之，其使於齊也，乃屬其子於齊之鮑氏。夫為人

家》中載，則距夫湫之戰只有五年。

⑳浮辭：虛飾浮誇之詞。

㉑《盤庚之誥》：殷商中興之君盤庚的文告。盤庚繼其兄陽甲即位，時值王室混亂，國勢衰敗，諸侯莫朝。盤庚為擺脫困境，也為躲避自然災害，率眾自奄遷都到殷。由於商都前後五遷，臣民咨怨，不欲遷徙，盤庚因作此誥，告諭諸侯臣民，共三篇。誥，用於告誡、勉勵的文告。

㉒「有顛越不恭」四句見於《尚書．盤庚》中篇，與原文略有不同。意思是：有破壞禮法，不恭王命的，就要徹底地割除滅絕他們，使他們不能傳宗接代，不要讓他們在這個城邑裡影響好人。顛越，破壞禮法、不恭上命。劓，割除。殄，斷絕、滅絕。俾，使。遺育，遺留傳宗接代的機會。易，延。茲邑，即此邑，指當時新的城都殷。

㉓屬：同「囑」。囑託，託付。

㉔隙：指感情上的裂痕、隔閡。

㉕猜賊：猜忌狠毒。

㉖專愎：剛愎，獨斷固執。愎，任性、固執。

㉗沮：敗壞，毀壞。毀：譭謗，抵毀。

㉘徒幸：只希望。

㉙輟謝：推辭而中止工作。

㉚詳：通「佯」，假裝。

㉛微伺：暗中探察。伺，偵候、探察。

臣，內不得意，外倚諸侯，自以為先王之謀臣，今不見用，常鞅鞅32怨望。願王早圖之。」吳王曰：「微33子之言，吾亦疑之。」乃使使賜伍子胥屬鏤之劍，曰：「子以此死。」伍子胥仰天嘆曰：「嗟乎！讒臣嚭為亂矣，王乃反誅我。我令若父霸。自若34未立時，諸公子爭立，我以死爭之於先王，幾不得立。若既得立，欲分吳國予我，我顧不敢望也。然今若聽諛臣言以殺長者。」乃告其舍人35曰：「必樹36吾墓上以梓37，令可以為器38；而抉39吾眼縣40吳東門之上，以觀越寇之入滅吳也。」乃自剄死。吳王聞之大怒，乃取子胥尸盛以鴟夷41革，浮之江中。吳人憐之，為立祠於江上42，因命曰胥山。

---

32 鞅鞅：通「怏怏」。因不滿而鬱鬱不樂。
33 微：無，非。
34 若：你。
35 舍人：親近的門客。
36 樹：種植。
37 梓：古代製琴有「面桐底梓」的說法，其意以梓木斫底爲正統。琴底的功能在於納音振鳴，非堅實之材不可爲之。梓木因爲質堅而耐腐，古代帝王的棺槨也常以梓木而製，足可見古人對於梓木之偏好。
38 器：棺材。
39 抉：挖出。
40 縣：懸，懸掛。
41 鴟夷：皮革袋子。
42 江上：江邊，江畔。

白話解讀

當初，伍子胥和申包胥是很好的朋友，伍子胥逃跑時，對包胥說：「我一定要滅亡楚國。」包胥說：「我一定要讓楚國千秋萬代。」等到吳兵攻進郢都時，伍子胥便仔細尋找昭王的蹤跡，但是沒有找到，於是就挖開其父楚平王的墳、拖出他的屍體，鞭打屍體三百下才停止。申包胥逃到山裡時，派人去對伍子胥說：「您這樣報仇，太過份了！我聽說『人雖然可以勝天，但是天公降怒也能毀滅人。』您原來是平王的臣子，親自稱臣侍奉過他，如今卻連他的屍體都還要污辱，這難道不是傷天害理嗎？」伍子胥對被派來的使者說：「你替我告訴申包胥：『我活在人世間的日子也不長了，就像是一個行路的人，天色已經很晚但是路途卻還很遙遠，心急之下，就會做出違背常理的事情。』」於是申包胥跑到秦國去報告楚國危急的情況，並向秦國求救，但是秦國不答應。申包胥站在秦國的宮殿前，日夜不停地痛哭，他的哭聲持續七天七夜都沒有中斷。秦哀公同情他，說：「楚王雖然是無道昏君，但是他有這樣忠心的臣子，還能不替他挽救楚國嗎？」於是就派遣五百輛戰車前往攻打吳國、拯救楚國。六月間，他們在稷地打敗吳國的軍隊。這時，吳王一直留在楚國尋找楚昭王，吳王闔廬的弟弟夫概趁著這個機會逃回國內，自立為王。闔廬聽到這個消息，就棄楚國趕回去攻打他的弟弟夫概。夫概兵敗，逃到楚國。楚昭王見吳國內部發生變亂，又打回郢都，並把堂谿封給夫概，稱作堂谿氏。楚國再次和吳軍作戰，並打敗吳軍，使得吳王逃回國內。

兩年後，闔廬派太子夫差領兵攻打楚國，奪取番地。楚國害怕吳國軍隊再次大規模地進攻，於是離開郢城，遷都鄀邑。這個時候，吳國用伍子胥、孫武的戰略，向西打敗強大的楚國，向北威鎮齊國、晉國，向南降服越國。

夫差攻楚取番四年之後，孔子出任魯國國相。

又經過五年，吳軍攻打越國。越王句踐率兵迎戰，在姑蘇打敗吳軍，並擊傷吳王闔廬的腳趾，使得吳軍退兵。闔廬的傷口非常嚴重，當他快要死亡的時候對太子夫差說：「你能忘掉殺你父親的句踐嗎？」夫差回答說：「不敢忘記。」當天晚上，闔廬就死了。夫差繼位吳王以後，任用伯嚭擔任太宰，操練士兵。二年後攻打越國，在夫湫打敗越國的軍隊，越王句踐就帶著殘兵敗將躲避到會稽山上，他派大夫文種用重禮贈送太宰嚭請求講和，並把國家政權交給吳國，甘心做吳國的奴僕。吳王想要答應越國的請求，伍子胥規勸說：「越王句踐為人能含辛茹苦，如今大王要是沒有一舉殲滅他，今後一定會後悔的。」吳王不聽伍子胥的規勸，反而採納太宰嚭的計策，和越國議和。

和越國議和五年後，吳王聽說齊景公死了，大臣們爭權奪利，新立的國君軟弱不堪，就出動軍隊向北攻打齊國。

伍子胥規勸說：「句踐一餐都沒有吃上兩個葷菜，飲食清苦，哀悼死去的將士、慰問有病的士兵，如此看來，他將來是打算有所作為的。這個人不死，一定會是吳國的禍患。現在吳國有越國在旁邊，就像一個心腹大患。大王不先剷除越國卻一心致力攻打齊國，不是很荒謬嗎？」吳王依然不聽伍子胥的規勸，攻打齊國。在艾陵把齊國軍隊打得大敗，懾服了鄒國和魯國的國君後才回國。從此以後，也就越來越少聽從伍子胥的計謀了。

四年後，吳王打算北上攻打齊國，越王句踐採用子貢的計謀，帶領他的人馬幫助吳國作戰，把貴重的寶物敬獻給太宰嚭。太宰嚭多次接受越國的賄賂，就特別開心並更加信任越國，沒日沒夜地在吳王面前替越國說好話。吳王總是相信並採納太宰嚭的計謀。伍子胥規勸吳王說：「越國是心腹大患，現在相信他們的那些虛飾浮誇、狡詐欺騙之詞，貪圖齊國，然後攻克齊國，就好比占領一塊石田，絲毫沒有用處。況且《盤庚之誥》上說：『有破壞禮法、不敬王命的就要徹底割除、滅絕他們，使他們不能夠傳宗接代，不要讓他們在這個城邑裡影響其他善良的百姓。』這就是商朝興盛的原因。希望大王放棄齊國，先攻打越國。如果不這樣，之後悔恨也來不及了。」但是吳王不聽伍子胥的勸告，卻派他出使齊國。子胥臨行前對他的兒子說：「我屢次規勸大王，但是大王不聽。我現在已經可以看到吳國的末日了，你和吳國一起毀滅，也沒有好處。」於是就把他的兒子託付給齊國的鮑牧，而返回吳國向吳王報告。

吳國太宰嚭和伍子胥在感情上產生裂痕以後，就趁機在吳王面前說他的壞話，說：「子胥為人強硬兇惡，沒有情義，猜忌狠毒，他的怨恨恐怕要為吳國釀成深重的災難。前幾次大王要攻打齊國，子胥認為不可以。在大王最終發兵並且取得重大的勝利時，子胥因自己的計謀沒被採用感到羞恥，反而產生了怨恨的情緒。如今大王又要再次攻打齊國，伍子胥獨斷固執，強行諫阻，敗壞、詆毀大王的事業，他只是希望用吳國戰敗來證明自己的計謀高明罷了。現在大王親自出征，出動全國的武裝力量攻打齊國，但因為伍子胥的勸諫不被採納，所以他就中止上朝，假裝生病不隨大王出征。大王不可不戒備，這是很容易引起禍端的。況且我派人暗中探查，他出使齊國時，就把他的兒子託付給齊國的鮑氏了。做人的臣子，在國內不得意，就在外依靠諸侯。他認為自己是先王的謀臣，現在不被信任，就時常鬱鬱不得志，產生怨恨情緒。希望大王對這件事早日想出解決辦法。」吳王說：「就算沒有你這番話，我也早就懷疑他了。」就派使臣把屬鏤之劍賜給伍子胥，說：「你自己用這把劍自殺吧。」伍子胥仰望天空嘆息說：「唉！是讒言小人伯嚭正在作亂，大王卻反過來要殺我。我使你的父親稱霸，在還沒確定你為王位繼承人時，公子們爭著立為太子，是我在先王面前冒死相爭，那時甚至都不確定你能不能得到太子的位置。你立為太子後，還答應把吳國分一部分給我，我從來不奢求你報答我，可現在你竟聽信諂媚小人的壞話來殺害長輩。」於是便告訴親近自己的門客說：「你們一定要在我的墳墓上種植梓樹，讓它長大後能夠做成棺材。再挖出我的眼珠懸掛在吳國都城的東門樓上，我要看看越寇是怎樣進入都城、滅掉吳國的。」說完之後便自刎而死。吳王聽到這番話，大發雷霆，就把伍子胥的屍體裝進皮革袋子裡，扔進江水，讓他漂浮在江中。吳國人同情他，於是便在江邊替他修建祠堂。並把這個地方命名為胥山。

核心要旨

在這篇列傳中，作者著重記述伍子胥為報殺父之仇，棄小義而滅大恨的事蹟。昭關受窘，中途乞討，他都未曾忘掉在郢都仇恨的心志，忍辱負重、艱苦卓絕，最後終於復仇雪恥，名留後世。

在此節選的段落中，可以看出作者所描寫的伍子胥是有政治眼光的。他多次規勸吳王伐越，分析形勢，指陳利害。雖遭伯嚭讒言誣害，但他的形象也藉此顯得光明磊落。伍子胥也是智勇雙全的人物，他為吳國率兵打仗，使得吳王稱霸一時。他被賜死前對門客說的一番話，使伍子胥的形象達到新的高度：「必樹吾墓上以梓，令可以為器；而抉吾眼懸吳東門之上，以觀越寇之入滅吳也。」是預言，是現實，是身遭誣害的憤慨，也是對吳王昏庸的憎恨！

成語精粹

1. 人眾勝天：聚集眾人的力量，可以戰勝大自然。

原典：子之報讎，其以甚乎！吾聞之，人眾者勝天，天定亦能破人。今子故平王之臣，親北面而事之，今至於僇死人，此豈其無天道之極乎！

2. 日暮途遠：比喻處境十分困難。也形容窮困到極點。

原典：為我謝申包胥曰，吾日莫途遠，吾故倒行而逆施之。

3. 倒行逆施：原指做事違反常理、不擇手段。後引申為所作所為違背時代潮流或人民意願。

原典：為我謝申包胥曰，吾日莫途遠，吾故倒行而逆施之。

寫作實典

1. 誇飾：將客觀之人、事或物的特點，透過主觀情意，故意用誇大鋪張地渲染與鋪飾描述的手法，使它與真正的事實相差很遠，以加深讀者的印象。

例1：於是申包胥走秦告急，求救於秦。秦不許。包胥立於秦廷，晝夜哭，**七日七夜不絕其聲**。

例2：朝辭白帝彩雲間，**千里江陵一日還**。兩岸猿聲啼不住，輕舟已過萬重山。（李白《早發白帝城》）

2. 譬喻：將一件事物或道理指成另一件事物或道理的修辭法，該兩件事物或道理中具有一些共同點。它能夠令讀者透過類推，通過另一件事物，更了解要描述的事物的特點。分為明喻、隱喻、略喻、借喻。

例1：句踐食不重味，弔死問疾，且欲有所用之也。此人不死，必為吳患。今吳之有越，**猶人之有腹心疾也**。而王不先越而乃務齊，不亦謬乎！

Tips：明喻。

例2：**我是天空裡的一片雲**，偶爾投影在你的波心。（徐志摩《偶然》）

Tips：隱喻。

典故 臥薪嘗膽

吳王闔廬派兵攻打越國，被越王句踐打得大敗，闔廬也受到重傷，吳王臨死前，囑咐兒子夫差要替他報仇。夫差牢記父親的話，日夜加緊練兵，準備攻打越國。兩年後，夫差率兵把句踐打得大敗，句踐被包圍，無路可走，準備自殺。這時謀臣文種勸住他說：「吳國大臣伯嚭貪財好色，可以派人去賄賂他。」句踐聽從文種的建議，就派他帶著珍寶賄賂伯嚭，伯嚭也答應和文種一起去見吳王。

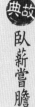

文種見了吳王便獻上珍寶說：「越王願意投降，做您的臣下伺候您，請您能饒恕他。」伯嚭也在一旁幫文種說話。雖然伍子胥站出來大聲反對，但夫差認為這時的越國已經不足為患，就不聽伍子胥的勸告，答應越國的投降，把軍隊撤回吳國。吳國撤兵後，句踐帶著妻子和大夫范蠡到吳國伺候吳王，放牛牧羊，終於贏得吳王的歡心和信任。三年後，他們終於被釋放回國。

句踐回國後，立志發憤圖強、準備復仇。他怕自己因為貪圖舒適的生活，而消磨報仇的志氣。於是晚上就枕著兵器，睡在稻草堆上，他還在房子裡掛上一個苦膽，每天早上起來後就嚐嚐苦膽，門外的士兵也會大聲提醒他：「你忘了那三年的恥辱了嗎？」他派文種管理國家政事，范蠡管理軍事，自己親自到田裡與農夫一起種田，妻子紡線織布。句踐的這些舉動感動了越國上下官民，經過十年的艱苦奮鬥後，越國終於兵精糧足，轉弱為強。

而吳王夫差盲目力圖爭霸，絲毫不考慮民生疾苦，還聽信伯嚭的讒言，殺了忠臣伍子胥。最終夫差爭霸成功，稱霸於諸侯。但這時的吳國，外表貌似強大，實際上已經正在走下坡路了。

後來夫差親自帶領大軍北上，與晉國爭奪諸侯盟主。越王句踐趁吳國精兵在外時，突然襲擊，一舉打敗吳兵，並殺了太子友。夫差聽到這個消息後，急忙帶兵回國，並派人向句踐求和。句踐也知道自己無法一下子滅亡吳國，便同意他的求和。第二年，句踐再次帶兵攻打吳國。這時的吳國已經是強弩之末，根本抵擋不住越國軍隊的強勢猛攻，屢戰屢敗。最後，夫差又派人向句踐求和，范蠡堅決主張要滅掉吳國。夫差見求和不成，這時才後悔沒有聽伍子胥的忠告，非常羞愧，於是就拔劍自殺了。

商君列傳

古文鑑賞

公叔既死，公孫鞅聞秦孝公下令國中求賢者，將修繆公之業❶，東復侵地❷，乃遂西入秦，因孝公寵臣景監以求見孝公。孝公既見衛鞅，語事良久，孝公時時睡，弗聽。罷而孝公怒景監曰：「子之客妄人耳，安足用邪！」景監以讓❸衛鞅。衛鞅曰：「吾說公以帝道❹，其志不開悟矣。」後五日，復求見鞅。鞅復見孝公，益愈❺，然而未中旨❻。罷而孝公復讓景監，景監亦讓鞅。鞅曰：「吾說公以王道❼而未入也。請復見鞅。」鞅復見孝公，孝公善之而未用也。罷而去。孝公謂景監曰：「汝客善，可與語矣。」鞅曰：「吾說公以霸道❽，其意欲用之矣。誠復見我，我知之矣。」衛鞅復見孝公。公與語，不自知厀之前於席❾也。語數日不厭。景監曰：「子何以中吾君？吾君之驩甚也。」鞅曰：「吾說君以帝王之道比三代❿，而君曰：『久遠，吾不能待。且賢君者，各及其身顯名天下，

時代：傳說、春秋戰國、秦、楚漢相爭、漢

出題率 ★★

【注釋解析】

❶ 繆公之業：指秦繆公修德行武，開拓疆土，爭霸諸侯的事業。繆，通「穆」。

❷ 東復侵地：指原屬晉國的河西地區。晉獻公死去以後，流亡在外的晉公子夷吾爲爭奪君位「使人請秦，求入晉」，並表示「誠得立，請割晉之河西八城與秦」。及夷吾立爲晉君，「背約不與河西城」。秦穆公十四年（西元前六四六年），晉乘秦饑，興兵攻秦，結果晉惠公夷吾反被秦生擒，只好與秦盟，「獻其河西地」。後來「秦以往者數易君，君臣乖亂，故晉復強」，把原先割讓給秦國的河西之地，又重新奪回。

❸ 讓：責備。

❹ 說：規勸，勸說。帝道：相傳爲堯舜等五帝治理國家的方法。

❺ 益愈：反復前日之論，稍加修正。由帝道漸入王道。

❻ 未中旨：未能與孝公的心意相合。

❼ 王道：即三王之道。指夏禹、商湯、周文王、周武王之道。

❽ 霸道：即五霸之道。指以尊王攘夷爲號召的齊桓公、晉文公之道。五霸，說法不一，一般認爲是秦穆公、晉文公、齊桓公、宋襄公、楚莊王。他們多憑藉武力威勢治理國家，開拓疆

安能邑邑⑪待數十百年以成帝王乎？』故吾以強國之術說君，君大說⑫之耳。然亦難以比德⑬於殷周矣。」

孝公既用衛鞅，鞅欲變法，恐天下議己。衛鞅曰：「疑⑭行無名，疑事無功。且夫有高人之行者，固見非於世；有獨知之慮者，必見敖⑮於民。愚者闇⑯於成事，知者見於未萌⑰。民不可與慮⑱始而可與樂成。論至德者不和於俗，成大功者不謀於眾。是以聖人苟可以強國，不法其故⑲；苟可以利民，不循其禮。」孝公曰：「善。」甘龍曰：「不然。聖人不易民⑳而教，知者不變法而治。因民而教，不勞而成功；緣㉑法而治者，吏習而民安之。」衛鞅曰：「龍之所言，世俗之言也。常人安於故俗，學者溺於所聞。以此兩者居官守法可也，非所與論於法之外也。三代不同禮而王㉒，五伯㉓不同法而霸。智者作法，愚者制㉔焉；賢者更禮，不肖㉕者拘焉。」杜摯曰：「利不百，不變法；功不十，不易器㉖。法古無過，循禮無邪。」衛鞅曰：「治世不一道，便國不法古。故湯武不循古而王，夏殷不易禮而亡。反古者不可非，而循禮者不足多㉗。」孝公曰：「善。」以衛鞅為左庶長，卒定變法之令。

土。

⑨ 厀之前於席：上身跪在席子上向前膝行。厀，通「膝」，古人席地而坐，膝蓋貼著席子。

⑩ 三代：指夏、商、周三個朝代。

⑪ 邑邑：同「悒悒」。鬱悶不樂。

⑫ 說：同「悅」。愉快，喜悅。

⑬ 比德：比量德行。

⑭ 疑：猶豫不定。

⑮ 敖：通「謷」。嘲笑。

⑯ 闇：不清楚，不明白。

⑰ 知：通「智」。未萌：未發現、察覺。

⑱ 慮：事先謀劃、創始。

⑲ 法：效法。故：指舊有的法律。

⑳ 易民：改變民風民俗。

㉑ 緣：依照，沿襲。

㉒ 王：成王，統一天下。

㉓ 五伯：即五霸。

㉔ 制：被制約。

㉕ 不肖：不成材，沒出息。

㉖ 器：指古代標誌名位、爵號的器物。

㉗ 多：推

㉘ 什伍：户籍編制，十家爲什，五家爲伍。

㉙ 牧司：檢舉，監督。連坐：一人犯法，其他人連帶治罪。坐，因犯……罪。

㉚ 分異：分家另過。是爲繁殖人口，發展生產的重要政策。

令民為什伍㉘，而相牧司連坐㉙。不告姦者腰斬，告姦者與斬敵首同賞，匿姦者與降敵同罰。民有二男以上不分異㉚者，倍其賦。有軍功者，各以率㉛受上爵；為私鬥者，各以輕重被刑大小。僇力㉜本業，耕織致粟帛多者復其身㉝。事末利㉞及怠而貧者，舉以為收孥㉟。宗室㊱非有軍功論，不得為屬籍㊲。明尊卑爵秩等級，各以差次名㊳田宅，臣妾衣服以家次。有功者顯榮，無功者雖富無所芬華㊴。

令既具㊵，未布㊶，恐民之不信，已乃立三丈之木於國都市南門㊷，募民有能徙置北門者予十金。民怪之，莫敢徙。復曰「能徙者予五十金」。有一人徙之，輒予五十金㊸，以明不欺。卒下令。

令行於民期年㊹，秦民之國都言初令之不便者以千數。於是太子犯法。衛鞅曰：「法之不行，自上犯之。」將法㊺太子。太子，君嗣也，不可施刑，刑其傅公子虔，黥㊻其師公孫賈。明日，秦人皆趨令㊼。行之十年，秦民大說，道不拾遺，山無盜賊，家給人足。民勇於公戰，怯於私鬥，鄉邑大治。

㉛ 率：標準。
㉜ 僇力：即「戮力」。盡力，致力於。
㉝ 復其身：免其本身的勞役或賦稅。復，免除。
㉞ 事末利：從事工商業。末，非根本，不重要的事物。古代以農業爲本，以工商業爲末。
㉟ 收孥：將妻子沒收爲官奴婢。孥，奴婢。
㊱ 宗室：此指王族。
㊲ 屬籍：家族的名冊，譜牒。
㊳ 差次：等級次序。差，等、分別等級。名：佔有。
㊴ 芬華：比喻顯榮，即顯赫榮耀。
㊵ 具：準備就緒。
㊶ 布：頒佈，公佈。
㊷ 國都市南門：指都城後面向市場的南門。古代國都建制：前朝、後市、左祖（祖廟，用來祭祀祖先）、右社（社稷壇，用來祭祀社稷）。
㊸ 輒：就。金：古代貨幣單位。
㊹ 期年：一整年。
㊺ 法：處罰，治罪。
㊻ 黥：即墨刑。用刀在面額上刺字，再塗以墨。
㊼ 趨令：遵照新法執行。

白話解讀

公叔痤死後不久，公孫鞅聽說秦孝公下令在全國尋訪有才能的人，要重整秦穆公時代的霸業，向東收復失地。於是便西去秦國，依靠孝公的寵臣，一位姓景的太監，求見孝公。孝公召見衛鞅，讓他論述國家大事一段時間，孝公卻一邊聽一邊打瞌睡，一點也聽不進去。事後孝公遷怒景監說：「你的客人是大言欺人的傢伙，這種人怎麼能任用呢？」景監又用孝公的話責備衛鞅。衛鞅說：「我用堯、舜治國的方法勸說大王，但是他的心志不能領會。」過了幾天，景監又請求孝公召見衛鞅。衛鞅再見孝公時，把治國之道說的淋漓盡致，可是還是不合孝公的心意。事後孝公又責備景監，於是景監也責備衛鞅。衛鞅說：「我用禹、湯、文、武的治國方法勸說大王但他也聽不進去。請求大王能再召見我一次。」衛鞅又再一次見到孝公，孝公對他很友好，但是依然沒有任用他。衛鞅退出後，孝公對景監說：「你的客人不錯，以後我可以和他談談了。」景監告訴衛鞅，衛鞅說：「我用春秋五霸的治國方法說服大王，看來他是準備要採納我的意見了。如果大王真的再次召見我，那我就知道該說些什麼了。」於是衛鞅再次見到孝公，孝公跟他談的非常投機，過程中，不知不覺的在墊席上不停的向前移動膝蓋，甚至連續談了好幾天都不覺得厭倦。景監說：「您憑什麼能抓住大王的心呢？我們的國君這段時間非常高興。」衛鞅回答說：「我勸大王採用帝王治國的辦法，建立夏、商、周那樣的盛世，可是大王說：『那樣花費的時間太長了，我不能等。何況每個賢明的國君都希望自己在位的時候名揚天下，怎麼可能讓我悶悶不樂地等上幾十年、幾百年才成就帝王大業呢？』所以，我用富國強兵的辦法勸說他後，他才特別高興。然而，這樣也就不能與殷、周的德行相媲美了。」

孝公任用衛鞅不久後，打算變更法度，卻又害怕天下人議論自己。衛鞅說：「行動猶豫不決就沒有辦法成就大事，辦事猶豫不決就不會成功。況且異於常人的行為，本來就常被世俗非議；有獨道見解的人，一定會被一般人嘲笑。愚蠢的人在事成之後都不明白發生什麼事情，但是聰明的人事先就能預見將要發生的事。不能和百姓謀劃新事物的創始但可以和他們共享成功的歡樂。探討最高道德的人不與世俗合流，成就大業的人不與一般人共謀。因此，聖人只要能夠使國家強盛，就不必沿用舊的法律；只要能夠利於百姓，就不必遵循舊的禮制。」孝公說：「講的好。」甘龍卻說：「不是這樣的。聖人可以不改變民俗就施以教化，聰明的人能夠不改變法律就治理國家。聖人順應民風民俗而施教化，不費吹灰之力就能成功。必須沿襲法律而治理國家，官吏熟悉法律而百姓安定。」衛鞅說：「甘龍所說的，是世俗的說法啊！一般人安於舊有的習俗，而讀書人拘泥於書本上的見地。這兩種人，讓他們奉公守法還可以，但不能和他們談論規範以外的改革。三代禮制不同而都能統一天下，五伯法制不一而都能各霸一方。聰明的人制定法度，愚蠢的人卻被法度制約；賢能的人變更禮制，尋常的人卻被禮制約束。」杜摯說：「只要沒有百倍的利益，就不能改變舊有的規定；只要沒有十倍的功效，就不能更換舊有的規範。仿效規範就不會產生沒有過失，遵循舊禮就不會出現偏差。」衛鞅說：「治理國家沒有一成不變的辦法，只要有利於國家就不需要仿效舊有的法度。湯武不沿襲舊法度而能王天下，夏殷則因為不更換舊禮制而滅亡。因此，不能指責反對舊法的人，也不能讚揚沿襲舊禮的人。」孝公說：「講的好。」於是任命衛鞅為左庶長，負責變更舊有規範的命令。

衛鞅下令把十家編成一什，五家編成一伍，互相監視檢舉，一家犯法，十家連帶治罪。不告發奸惡的人處以腰斬的刑罰，告發奸惡的百姓與斬敵首級的同樣受賞，隱藏奸惡的人與投降敵人的受到同樣的懲罰。一家有兩個以上的壯丁而不分家者，賦稅加倍。有軍功的人，各按標準升爵受賞；為私事鬥毆的人，按情節輕重分別處以大小不同的刑罰。致力於農業生產，讓糧食豐收、布帛增產的得以免除自身的勞役或賦稅。因從事工商業或懶惰而貧窮的，就把他們的妻子全都沒收為官奴。王族裡沒有軍功的人，不能列入家族的名冊。王族明確尊卑爵位等級，各按等級差別領有土地、房產，家臣奴婢的衣裳、服飾，按各家爵位等級決定。有軍功的人便能光耀自己的家族，沒有軍功的人即使很富有也不能光耀門楣。

新法準備就緒時，因為害怕百姓不相信新法，所以遲遲沒有公佈。於是衛鞅就在國都後方市場的南門豎起一根三丈長的木頭，招募百姓中能把木頭搬到北門的人，就賞他獎金十金。百姓都覺得這件事很奇怪，沒人敢動。後來衛鞅又宣佈，能把木頭搬到北門的人賞獎金五十金。有一個人抱持著不試白不試的心情，將它搬走了，當下就被賞賜五十金，藉此表明令出必行，絕不欺騙。事後便頒佈了新法。

新法在民間施行了一整年，秦國有數以千計的人到國都說新法不方便。這個時候，太子觸犯了新法。衛鞅說：「新法不能順利推行，是因為貴族都不遵守它。」於是就依新法處罰太子。但是太子是國君的繼承人，又不能施以刑罰，所以就處罰監督他行為的老師公子虔，以墨刑處罰傳授他知識的老師公孫賈。第二天，秦國人果然就都遵照新法執行了。新法推行整整十年後，秦國百姓都非常高興，路上沒有人敢拿別人不小心不見的東西據為己有，山林裡也沒有盜賊，家家富裕充足，人民勇於為國家打仗，不敢為私利爭鬥，鄉村、城鎮秩序安定。

核心要旨

在這篇列傳裡，主要記述了商鞅事秦變法革新、功過得失以及卒受惡於秦的史實，傾注太史公對其刻薄少恩所持的批評態度。然而，商鞅變法卻是歷史上成功的一例。孝公當政，已進入七雄爭霸的戰國時期，周室衰微，諸侯相互攻伐，鬥爭異常激烈，誰想立於不敗之地，誰就得尋求自強的途徑。商鞅就是順應歷史的潮流，三見孝公，說以強國之術，使孝公「不自知厀之前於席也，語數日不厭」。兩人之間的君臣默契，也奠定變法成功的基礎。

〈商君列傳〉乃歷史實錄，當是不言而喻的。而強烈的文學色彩特別是適當的小說因素，更突出此篇文章的真實之處。本文調動多種文學手段，析理透闢、深刻，語言生動、形象。而這些文學手段多著眼於人物精神世界的刻劃和細節的描寫，使人物更為豐滿、靈動、傳神，而又不失寫實。

成語精粹

1. 立木南門：用具體事實來證明新的法令、制度一定會如期實施。多用於形容取信於民。

原典：令既具，未布，恐民之不信，已乃立三丈之木於國都市南門，募民有能徙置北門者予十金。民怪之，莫敢徙。復曰「能徙者予五十金」。有一人徙之，輒予五十金，以明不欺。卒下令。

2. 天子犯法與庶民同罪：指王法對待天子和平民是一樣的，法律之前人人平等。

原典：令行於民期年，秦民之國都言初令之不便者以千數。於是太子犯法。衛鞅曰：「法之不行，自上犯之。」將法太子。太子，君嗣也，不可施刑，刑其傅公子虔，黥其師公孫賈。

寫作寶典

1. 轉品：字詞在文句中改變原來詞性的修辭。不同的詞類有不同的語言特性和用法，將某一種詞類轉化為另一種詞類，這種修辭技巧為「轉品」。

例1：將**法**太子。太子，君嗣也，不可施刑，**刑**其傅公子虔，**黥**其師公孫賈。

Tips：名詞當作動詞使用。

例2：昔者瓠巴鼓瑟而流魚出聽，伯牙鼓琴而六馬仰**秣**。故聲無小而不聞，行無隱而不形。玉在山而草木潤，淵生珠而崖不枯。（荀子《勸學》）

Tips：名詞當作動詞使用。

2. 設問：不直述，而以提問帶出重點的筆法，旨在引起讀者注意，不一定需要答案。分為懸問（作者並沒有答案，而是讓讀者思考）、激問（又稱「詰問」、「反詰」、「反問」。有問無答，答案一定在問題的反面）、提問（又叫「問答法」。答案在問題之後，用問提示下文，以突出語意重點，吸引注意）。

例1：衛鞅復見孝公。公與語，不自知厀之前於席也。語數日不厭。景監曰：「**子何以中吾君？**吾君之驩甚也。」

Tips：懸問。

例2：吾說君以帝王之道比三代，而君曰：『久遠，吾不能待。且賢君者，各及其身顯名天下，**安能邑邑待數十百年以成帝王乎？**』故吾以強國之術說君，君大說之耳。然亦難以比德於殷周矣。

Tips：激問。

典故 作法自斃

商鞅，戰國時代的政治家，法家派代表人物。衛國國君的後裔，故稱為衛鞅，又稱公孫鞅。後因在河西之戰中立功獲封於商十五邑，號為商君，故稱之為商鞅。

商鞅早年學習法家、兵家、雜家思想，後侍奉魏國國相公叔痤任中庶子。因秦孝公在秦國國內頒佈求賢令後由魏入秦，通過變法改革將秦國改造成富裕強大之國，史稱「商鞅變法」。政治上，商鞅改革了秦國的戶籍、法律、軍功爵位、土地制度、行政區劃、稅收、度量衡以及民風民俗；經濟上商鞅主張重農抑商、獎勵耕織；軍事上商鞅作為統帥率軍收復河西地區部分失地。但商鞅在變法改革過程中制定了嚴酷的刑法打擊舊貴族，招致怨恨，最後商鞅也遭到舊貴族勢力的報復，最終身亡。

商鞅及其變法對法家有著深遠的影響，法家後人將商鞅的言行與思想及其後學著作彙編成《商君書》。

秦孝公去世後，其子秦惠文君繼位。商鞅想要告老退休，有人向秦惠文君說：「大臣功高蓋主就會危害國家社稷，對身邊的人過於親近就會惹來殺身之禍。如今秦國的男女老幼只知道商鞅的新法，而不知道君上您。況且君上您與商鞅本就有仇，願君上早下決斷。」公子虔等人也告發商鞅謀反，秦惠文君於是派人捉拿商鞅。商鞅自知失去靠山，不敢久居京城，返回自己的封地。情知早晚必遭殺身之禍，便隻身逃出家中，打算潛往它國，躲災避禍。

天色漸漸暗了下來，商鞅急於逃離秦境，匆匆趕路，來到關下，卻被守關軍士攔住說：「商君有令，黃昏後非公事不得出城。」商鞅這才意識到自己必須投宿住店。他來到一家旅店，要求住宿。老闆走出來說：「既是客人我們當然歡迎，但請問您是誰呢？如果不弄清楚身份，我是會被殺頭的。這是商君的法令，違背不得呀。」商鞅當然不敢承認自己的身份，於是只能走出旅店，仰天長嘆：「我這是作法自斃呀！」

商鞅後來被車裂而死。刑罰十分殘忍，即用五輛車分別用繩索縛住受刑者的頭部與四肢，然後驅趕著馬，將人活活撕成六段，令人耳不忍聞。惠文王殺了商鞅之後，卻還是繼續執行商鞅的政策。秦國也因此日益強盛，為秦始皇統一六國奠定下經濟與軍事基礎。

孟子荀卿列傳

古文鑑賞

太史公曰：余讀《孟子書》❶，至梁惠王問「何以利吾國」，未嘗不廢❷書而嘆也。曰：嗟乎，利誠亂之始也！夫子罕言利者❸，常防其原❹也。故曰「放❺於利而行，多怨」。自天子至於庶人，好利之弊❻何以異哉！

孟軻，騶人也。受業子思之門人❼。道❽既通，游事❾齊宣王，宣王不能用。適❿梁，梁惠王不果⓫所言，則見以為迂遠⓬而闊於事情。當是之時，秦用商君，富國彊兵；楚、魏用吳起，戰勝弱敵；齊威王、宣王用孫子、田忌之徒，而諸侯東面朝齊。天下方務於合從連衡⓭，以攻伐為賢⓮，而孟軻乃述唐、虞、三代⓯之德，是以所如者⓰不合。退而與萬章之徒序⓱《詩》《書》，述⓲仲尼之意，作《孟子》七篇。其後有騶子之屬⓳。

齊有三騶子。其前騶忌，以鼓琴干⓴威王，因及㉑國政，

傳說時代 — 春秋戰國 — 秦 — 楚漢相爭 — 漢

出題率 ★★★★★

【注釋解析】

❶《孟子書》：即《孟子》，儒家經典之一。
❷廢：放下。
❸夫子罕言利者：「子罕言利與命與仁。」（《論語．子罕》）
❹原：本源，根源。
❺放：通「仿」。依照，依據。
❻弊：通「弊」。弊病。
❼受業：跟隨老師學習。門人：弟子。
❽道：指孔道。
❾遊事：遊說。
❿適：到。
⓫果：信。
⓬迂遠，不切實情。
⓭務：致力。從：同「縱」。衡：通「橫」。
⓮賢：才能。
⓯述：稱述，提倡。三代：指夏、商、周。
⓰所如者：指孟子所去遊說的諸侯國。
⓱退：返回。序：這裡是整理的意思。
⓲述：記述，闡述。
⓳騶：姓，通「鄒」。子：戰國對老師的尊稱。
⓴鼓琴：彈琴。干：求。
㉑及：參與。
㉒整：整頓，約束。
㉓施：推及。黎庶：百姓。

封為成侯而受相印，先孟子。其次騶衍，後孟子。騶衍睹有國者益淫侈，不能尚德，若《大雅》整㉒之於身，施及黎庶㉓矣。乃深觀陰陽消息㉔而作怪迂之變，《終始》、《大聖》之篇十餘萬言。其語閎大不經㉕，必先驗㉖小物，推而大之，至於無垠。先序今以上至黃帝，學者所共術㉗，大並㉘世盛衰，因載其機祥度制㉙，推而遠之，至天地未生，窈冥不可考而原㉚也。先列中國名山大川，通谷禽獸，水土所殖，物類所珍，因而推之，及海外人之所不能睹。稱引天地剖判㉛以來，五德轉移㉜，治各有宜，而符應㉝若茲。以為儒者所謂中國者，於天下乃八十一分居其一分耳。中國名曰赤縣神州。赤縣神州內自有九州，禹之序九州是也，不得為州數。中國外如赤縣神州者九，乃所謂九州也。於是有裨海㉞環之，人民禽獸莫能相通者，如一區中者，乃為一州。如此者九，乃有大瀛海㉟環其外，天地之際焉。其術皆此類也。然要其歸㊱，必止乎仁義節儉，君臣上下六親之施，始也濫耳。王公大人初見其術，懼然顧化㊲，其後不能行之。

是以騶子重於齊。適梁，惠王郊迎，執賓主之禮。適趙，

㉔陰陽：騶衍把「陰陽」變成和「天人感應」說相結合的概念。消息：消失和增長。
㉕閎：宏大。不經：荒誕不合情理。
㉖驗：驗證。
㉗術：通「述」。述說。
㉘大：大體上。並：通「傍」。依隨。
㉙機：求神賜福去災。祥：泛指吉凶。
㉚窈冥：深幽，奧妙。原：推究根源。
㉛剖判：開闢。
㉜五德轉移：騶衍的學說，用金、木、水、火、土相生相剋的循環變化，解釋王朝興廢。
㉝符應：把天降祥瑞與人事相應稱爲「符應」。
㉞裨海：小海。裨：細小。
㉟瀛海：大海。
㊱要：總括。歸：歸要，要領。
㊲懼然：驚異的樣子。懼，通「瞿」。驚視貌。
㊳側行：側著身走表示謙讓。撇席：拂拭席位。
㊴彗，掃帚。
㊵碣石宮：宮名。在燕國都城薊。
㊶見：被。
㊷菜色，饑民的臉色。這裡是挨餓的意思。
㊸困：困窘。指孟子不見用於齊、梁。
㊹王：稱王，統治天下。
㊺伯夷餓不食周粟：武王討伐商紂，伯夷反對，武王滅商，其逃到首陽山，不食周朝粟而死。
㊻衛靈公問陳：衛靈公問陳於孔子。陳，同

平原君側行撇席38。如燕，昭王擁彗39先驅，請列弟子之座而受業，築碣石宮40，身親往師之。作主運。其游諸侯見41尊禮如此，豈與仲尼菜色42陳蔡，孟軻困43於齊梁同乎哉！故武王以仁義伐紂而王44，伯夷餓不食周粟45；衛靈公問陳46，而孔子不答；梁惠王謀欲攻趙，孟軻稱大王去邠47。此豈有意阿世俗苟合而已哉！持方枘欲內圜鑿48，其能入乎？或曰，伊尹負鼎49而勉湯以王，百里奚飯牛車下而繆公用霸50，作先合，然後引之大道。騶衍其言雖不軌51，儻亦有牛鼎之意52乎？

自騶衍與齊之稷下先生53，如淳于髡、慎到、環淵、接子、田駢、騶奭之徒，各著書言治亂之事54，以干世主55，豈可勝56道哉！淳于髡，齊人也。博聞彊記57，學無所主。其諫說，慕58晏嬰之為人也，然而承意觀色為務59。客有見60髡於梁惠王，惠王屏61左右，獨坐而再見之，終無言也。惠王怪之，以讓62客曰：「子之稱63淳于先生，管、晏不及，及見寡人，寡人未有得也。豈寡人不足為言邪？何故哉？」客以謂髡。髡曰：「固也。吾前見王，王志在驅逐64；後復見王，王志在音聲65：吾是以默然。」客具以報王，王大駭，曰：「嗟

「陣」。交戰時的戰鬥隊列。

47 孟軻稱大王去邠：孟子回答滕文公問「齊人將築薛」說：「昔者大王居邠，狄人侵之，去之岐山之下居焉。」

48 枘：榫頭。圜：通「圓」。圓形。鑿：榫眼。

49 負：背。鼎：古代烹煮的器物。

50 飯牛：餵牛。用：因。霸：稱霸。

51 不軌：超出常理，不合常情。

52 牛鼎之意：伊尹負鼎、百里奚飯牛以求人主。

53 稷下先生：戰國時齊宣王在國都臨淄稷門一帶設置學宮招攬的文學遊說之士。

54 治亂之事：指社會政治、歷史的變遷。

55 世主：國君。

56 勝：盡。

57 博聞彊記：見聞廣博，強於記憶。

58 慕：效慕，學習。

59 為務：專力從事的。

60 見：推薦。

61 屏：使退避。

62 讓：責備。

63 稱：稱讚。

64 驅逐：指策馬奔馳。

65 音聲：指音樂聲色。

66 私心：內心、心思。

67 壹：專一。

68 謝：辭謝，辭別。

乎，淳于先生誠聖人也！前淳于先生之來，人有獻善馬者，寡人未及視，會先生至。後先生之來，人有獻謳者，未及試，亦會先生來。寡人雖屏人，然私心66在彼，有之。」後淳于髡見，壹67語連三日三夜無倦。惠王欲以卿相位待之，髡因謝68去。於是送以安車駕駟69，束帛加璧，黃金百鎰70。終身不仕。

慎到，趙人。田駢、接子，齊人。環淵，楚人。皆學黃老道德之術71，因發明序其指意72。故慎到著十二論，環淵著上下篇，而田駢、接子皆有所論焉。

騶奭者，齊諸騶子，亦頗采騶衍之術以紀文73。

於是齊王嘉之，自如74淳于髡以下，皆命曰列大夫，為開第康莊之衢75，高門大屋，尊寵之。覽76天下諸侯賓客，言齊能致天下賢士也。

荀卿，趙人。年五十始77來游學於齊。騶衍之術迂大而閎辯；奭也文具78難施；淳于髡久與處，時有得善言。故齊人頌曰：「談天衍79，雕龍奭80，炙轂過髡81。」田駢之屬皆已死齊襄王時，而荀卿最為老師82。齊尚修83列大夫之缺，而荀卿

---

69 安車：古代一種可以坐乘的小車。
70 鎰：古代重量單位。
71 黃老道德之術：指黃老學派的學說。
72 發明：闡明發揮。序：陳述。
73 頗：大多。紀文：著文。
74 自如：這裡有從、由之意。
75 第：大住宅。康莊之衢：四通八達的道路。
76 覽：通「攬」。招攬。
77 始：才。
78 奭：指騶奭。文具：文章寫得完備。
79 談天衍：高談闊論的是騶衍。
80 雕龍奭：精心雕飾的是騶奭。
81 炙轂過髡：炙轂過，炙烤盛放潤車油的器物。油雖盡，仍有餘。比喻智慧不盡，議論不絕。
82 老師：年老資深的學者。
83 修：整備，補充。
84 祭酒：古代祭神時，舉酒祭地的長者。
85 春申君：即黃歇。
86 廢：罷官。
87 家：安家。
88 屬：連續不斷。
89 遂：通，達。營：通「熒」。迷惑。
90 鄙儒：見識淺陋的儒生。小拘：拘泥於小節。
91 猾稽：狡猾多辯。
92 堅白同異之辯：指戰國時公孫龍的「離堅白」和惠施的「合同異」的名實論辯。公孫龍認爲

三為祭酒84焉。齊人或讒荀卿，荀卿乃適楚，而春申君85以為蘭陵令。春申君死而荀卿廢86，因家87蘭陵。李斯嘗為弟子，已而相秦。荀卿嫉濁世之政，亡國亂君相屬88，不遂大道而營於巫祝89，信禨祥，鄙儒小拘90，如莊周等又猾稽91亂俗，於是推儒、墨、道德之行事興壞，序列著數萬言而卒。因葬蘭陵。

而趙亦有公孫龍為堅白同異之辯92，劇子之言；魏有李悝，盡地力之教93；楚有尸子、長盧；阿之吁子焉。自如孟子至於吁子，世多有其書，故不論其傳云。

蓋墨翟，宋之大夫，善守御94，為節用。或曰並95孔子時，或曰在其後。

石頭的堅硬和白色是脫離了石頭而互相分離、各個獨立的實體，從而誇大事物的差別性而抹殺其統一性；惠施則認爲萬物的同和異是相對的，而相同和不同性質的事物都可以「合同異」抽象地統一起來，從而忽視事物個體的差別性。二者各誇大了事物的一個方面，因而都流爲詭辯。

93 盡地力之教：李悝倡耕作，盡地力的改革。

94 善守御：善於守衛和防禦戰術。

95 並：同。

白話解讀

太史公說：「我讀《孟子》時，每當讀到梁惠王問『怎樣才能對我的國家有利』，總不免放下書本而有所感嘆。唉，謀利的確是一切禍亂的開始呀！孔夫子極少講利的問題，其原因就是要防備這個禍亂的根源。所以他說：『依據個人的利益而行動，會招致怨恨。』上自天子下至平民，好利的弊病都存在，有什麼不同呢？

孟軻，是鄒國人。他曾跟著子思的弟子學習。當通曉孔道之後，便去遊說齊宣王，齊宣王沒有任用他。於是再到魏國，梁惠王不但不聽信他的主張，反而認為他的主張不切實情、遠離現實。當時，各諸侯國都在實行變革，秦國任用商鞅，使國家富足、兵力強大；楚國、魏國也都任用過吳起，戰勝了一些國家，並削弱強敵；齊威王和宣王舉用孫臏和田忌等人，國力強盛，使各諸侯國都東來朝拜齊國。當各諸侯國正致力於「合縱連橫」的攻伐謀略，把能攻善伐看作賢能的時候，孟子卻稱述唐堯、虞舜以及夏、商、周三代的德政，因此不為他周遊的那些國家所需要。於是他就回到家鄉與萬章等人整理《詩經》、《書經》，闡發孔子的思想學說，寫成《孟子》一書，共七篇。在他之後，又出現了學者鄒子等人。

齊國有三個鄒子。第一個叫鄒忌，他藉彈琴的技藝得以求見齊威王，隨後便參與了國家政事，封為成侯並接受相印，擔任宰相，他生活的時代早於孟子。

第二個叫鄒衍，生在孟子之後。鄒衍目睹那些掌握一國之權的諸侯們越來越荒淫奢侈，不能崇尚德政，不像《詩經．大雅》所要求的那樣整頓自己，再推及到百姓。於是他就開始深入觀察萬物的陰陽消長，記述怪異玄虛的變化，著述如《終始》、《大聖》等篇共十餘萬字。他的話宏大廣闊、荒誕不合情理，一定要先從細小的事物開始驗證，然後才能推及到大的事物，最後達到無邊無際。他的理論先從當今說起再往前推至學者們所共同談論的黃帝時代，然後再大體上遵循世代的盛衰變化，記載不同世代的凶吉制度，再從黃帝時代往前推至遙遠的從前，直到天地還沒出現的時候，深幽玄妙，以至於沒辦法追究它的本源。他先列出中國的名山大川、長谷、禽獸、水土所生的物種、各種物類中最珍貴的，一概俱全，並由此推及到人們根本看不到的海外。他稱述開天闢地以來，金、木、水、火、土的五種德性相生相剋，而歷代帝王的更替都正好與它們相配合，天降祥瑞與人事互相符應。他認為讀書人所說的中國，只不過是天下的八十一分之一罷了。中國被稱做「赤縣神州」。赤縣神州之內又有九州，就是夏禹按次序排列的九個州，但不能算是州的全部。在中國之外，像是赤縣神州的地方還有九個。這才是所謂的九州。州和州之間都有小海環繞，人和禽獸不能與其他州相通，像是一個獨立的區域，這才算是一州。像這樣的州共有九個，外面更有大海環繞，之後便是天地的邊際了。鄒衍的學說都是這一類述說。然而，總括它的要領，最後一定都歸結到仁義節儉，並在君臣上下和六親之間施行，不過剛開始的述說的確氾濫無節了。王公大人初見他的學說，都會感到驚異進而引起思考，受到感化，但最後卻不能實行。

鄒衍在齊國受到尊重。到魏國，梁惠王遠接高迎，與他行賓主的禮節。到趙國，平原君側身陪行，親自為他拂拭席位。到燕國，燕昭王拿著掃帚清除道路為他作先導，並請求能坐在弟子的座位上向他學習，還曾為他修建碣石宮，親自拜他為老師。之後，他作了《主運》篇。鄒衍周遊各國受到如此禮尊，這與孔丘在陳蔡斷糧面有飢色，孟軻在齊、梁遭到困厄，豈是相同的呢？從前周武王用仁義討伐殷紂王從而稱王天下，伯夷寧肯餓死都不吃周朝的糧食；衛靈公問作戰方陣，孔子卻不予回答；梁惠王想要攻打趙國，孟軻卻稱頌大王離開邠地的事蹟。這些有名人物的做法，難道是有意迎合世俗，討好人主嗎？拿著方榫卻要放入圓榫之中，哪裡能放得進去呢？有人說，伊尹背著鼎去替湯烹飪，卻勉勵湯行王道，結果湯統一天下；百里奚在車下餵牛而秦穆公任用他，因而稱霸諸侯。他們的做法都是先投合人主的意願，然後引導人主走上正確的道路。鄒衍的話雖然不合常理常情，但或許有伊尹負鼎、百里奚飯牛的意思吧？

從鄒衍到齊國稷下的諸多學士，如淳于髡、慎到、環淵、接子、田駢、鄒奭等人，各自著書立說談論國家興亡治亂的大事，用來求取國君的信用，這些怎能說得盡呢？

淳于髡，是齊國人。見識廣博，強於記憶，不專注一家之言。從他勸說君王的言談來看，他似乎是仰慕晏嬰直言敢諫的為人，然而實際上他卻事事察顏觀色，揣摩人主的心意。有一次，有個賓客向梁惠王推薦淳于髡，惠王喝退身邊的侍從，單獨接見了他兩次，可是他始終一言不發。惠王感到很奇怪，就責備那個賓客說：「你稱讚淳于先生，說連管仲、晏嬰都及不上他，但他見了我，我卻是一點收穫也沒得到啊！難道是我不配跟他談話嗎？到底是什麼緣故呢？」那個賓客把惠王的話告訴淳于髡。淳于髡說：「我第一次見大王時，大王的心思全用在相馬上；第二次再見大王時，大王的心思全用在聲色上，因此我才會沉默不語。」那個賓客把淳于髡的話全部報告給惠王，惠王大為驚訝，說：「哎呀，淳于先生真是個聖人啊！第一次淳于先生來的時候，有個人獻上一匹好馬，我還沒來得及看一看，恰巧淳于先生就來了。第二次來的時候，又有個人獻來歌伎，我還沒來得及試一試，也遇到淳于先生來了。我接見淳于先生時雖然喝退身邊侍從，可是心裡卻想著馬和歌伎，真的是如此。」後來淳于髡再次到見惠王，兩人專注交談一連三天三夜毫無倦意。惠王打算封淳于髡卿相官位，淳于髡客氣地推辭不受便離開。當時，惠王贈予他一輛四匹馬駕的精緻車子、五匹帛和璧玉以及百鎰黃金。而淳于髡終身沒有做官。

慎到，是趙國人。田駢、接子，是齊國人。環淵，是楚國人。他們都專攻黃帝、老子這類關於道德的理論學說，對黃老學說的意旨進行闡述發揮。所以他們都有著述，慎到著有十二篇論文，環淵著有上、下篇，田駢、接子也都有論著。

騶奭，是齊國幾位騶子中的一個，他參考很多騶衍的學說來著述文章。

當時齊王很賞識這些學士，從淳于髡以下的人都任命為列大夫，為他們在人來人往的通衢大道旁建造住宅，住宅是高門大屋，以示對他們的尊崇和偏愛。以此招攬各諸侯國的賓客，宣揚齊國最能招納天下的賢才。

荀卿，是趙國人。五十歲的時候才到齊國來游說講學。騶衍的學說曲折誇大而多有空洞的論辯；騶奭的文章完備周密但難以實行；淳于髡這個人，若與他相處日久，時常可以學到一些精闢的言論。所以齊國人稱頌他們說：「高談闊論的是騶衍，精雕細刻的是騶奭，智多善辯、議論不絕的是淳于髡。」田駢等人都已在齊襄王時死去，此時荀卿是年齡最長，資歷最深的宗師。當時齊國仍在補足列大夫的缺額，荀卿曾先後三次以宗師的身分擔任稷下學士的祭酒。後來，因為齊國有人毀謗荀卿，因此荀卿就到了楚國，而春申君便讓他擔任蘭陵令。春申君死後，荀卿被罷官，在蘭陵安家。李斯曾是他的學生，後來在秦朝擔任丞相。荀卿憎惡亂世的黑暗政治，亡國昏亂的君主接連不斷地出現，他們不通曉常理正道卻被裝神弄鬼的巫祝所迷惑，信奉求神賜福去災，庸俗鄙陋的儒生拘泥於瑣碎禮節，再加上莊周等人狡猾多辯、敗壞風俗，於是推究儒家、墨家、道家活動的成功和失敗，然後編次著述幾萬字的文章便辭世。死後就葬在蘭陵。

當時趙國也有個公孫龍，他曾以「離堅白」之說，與惠施的「合同異」之說展開論辯，此外還有劇子的著述，魏國也曾有李悝，他提出鼓勵耕作以盡地力的主張，楚國曾有尸子、長盧，齊國東阿還有一位吁子。自孟子到吁子，世上多流傳著他們的著作，所以便不詳敘這些著作的內容了。

墨翟，是宋國的大夫，擅長守衛和防禦的戰術，竭力提倡節省費用。有人說他與孔子同時活躍，也有人說他在孔子之後。

核心要旨

本篇是儒家大師孟子和荀卿的合傳，但所記載的內容卻包括戰國時期陰陽、道德、法、名、墨各家的代表人物如鄒衍等十二人。這篇傳記在寫法上有兩個特點：一是形散神聚。敘寫十四人，以孟、荀為主，時而三鄒，時而稷下，錯錯落落，似是漫不經心，而實際全由傳序統領。二是比照襯托。寫傳主孟、荀用筆少，而敘諸子則潑墨多，主虛賓實，以實襯虛，更見孟、荀地位之高，人格之貴。

成語精粹

1. 荒誕不經：荒唐而不近情理。

原典：騶衍睹有國者益淫侈，不能尚德，若《大雅》整之於身，施及黎庶矣。乃深觀陰陽消息而作怪迂之變，《終始》、《大聖》之篇十餘萬言。其語閎大不經，必先驗小物，推而大之，至於無垠。

2. 方枘圓鑿：比喻格格不入，不能相合。

原典：故武王以仁義伐紂而王，伯夷餓不食周粟；衛靈公問陳，而孔子不答；梁惠王謀欲攻趙，孟軻稱大王去邠。此豈有意阿世俗苟合而已哉！持方枘欲內圜鑿，其能入乎？

寫作寶典

1. 感嘆：抒發強烈感情為目的，通常後面會接驚嘆號。當一個人碰到喜怒哀樂之事物時，常常會藉助某種感嘆方式，來強調內心的情感，也藉此引起讀者的共鳴，增強語言的影響力。

例1：太史公曰：余讀《孟子書》，至梁惠王問「何以利吾國」，未嘗不廢書而嘆也。曰：**嗟乎，利誠亂之始也！**夫子罕言利者，常防其原也。

例2：髡曰：「固也。吾前見王，王志在驅逐；後復見王，王志在音聲：吾是以默然。」客具以報王，王大駭，曰：「**嗟乎，淳于先生誠聖人也！**前淳于先生之來，人有獻善馬者，寡人未及視，會先生至。後先生之來，人有獻謳者，未及試，亦會先生來。寡人雖屏人，然私心在彼，有之。」

例3：孰謂少者歿而長者存，強者夭而病者全乎！**嗚呼！其信然邪？其夢邪？**（韓愈《祭十二郎文》）

例4：古人以儉為美德，今人乃以儉相詬病。**嘻，異哉！**（司馬光《訓儉示康》）

高手過招（＊為多選題）

＊1.（　）「一分耕耘，一分收穫」之語意關係可以是「如有一分耕耘，則得一分收穫」，下列文字前後句具有相同語意關係的選項是：
A. 怨不在大，可畏惟人
B. 聞道有先後，術業有專攻
C. 若亡鄭而有益於君，敢以煩執事
D. 斧斤以時入山林，材木不可勝用也
E. 人之不廉而至於悖禮犯義，其原皆生於無恥也

＊2.（　）**儒家認為人擁有主體性和道德意志，故能志學進德、踐仁臻聖；此亦孔子「仁遠乎哉？我欲仁，斯仁至矣」之意。下列文句，表達上述意涵的選項是：**
A. 里仁為美。擇不處仁，焉得智
B. 舜何人也？予何人也？有為者亦若是
C. 譬如為山，未成一簣，止，吾止也；譬如平地，雖覆一簣，進，吾往也
D. 輿薪之不見，為不用明焉；百姓之不見保，為不用恩焉。故王之不王，不為也，非不能也
E. 我未見好仁者、惡不仁者。好仁者，無以尚之；惡不仁者，其為仁矣，不使不仁者加乎其身。有能一日用其力於仁矣乎？我未見力不足者

＊3.（　）下列敘述，旨在說明因執政者施政未當，致使百姓陷入困境的選項是：
A. 君之視臣如土芥，則臣視君如寇讎
B. 庖有肥肉，廄有肥馬；民有飢色，野有餓莩，此率獸而食人也
C. 壞宮室以為汙池，民無所安息；棄田以為園囿，使民不得衣食
D. 小人閒居為不善，無所不至，見君子而後厭然，揜其不善，而著其善
E. 日省月試，既稟稱事，所以勸百工也；送往迎來，嘉善而矜不能，所以柔遠人也

＊4.（　）儒家思想，一脈相傳。下列前後文句意義相近的選項是：
A. 己所不欲，勿施於人／施諸己而不願，亦勿施於人
B. 以不教民戰，是謂棄之／不教民而用之，謂殃民
C. 仁者先難而後獲／勞苦之事則爭先之，饒樂之事則能讓
D. 言必信，行必果，硜硜然小人哉／大人者，言不必信，行不必果
E. 始作俑者，其無後乎／率獸而食人，惡在其為民父母也

5.（　）下列文句中的「則」字，與顧炎武〈廉恥〉：「不廉則無所不取」的「則」字，用法相同的選項是：
A. 引入，微指左公處，則席地倚牆而坐
B. 愛其子，擇師而教之，於其身也則恥師焉
C. 君子博學而日參省乎己，則知明而行無過矣
D. 至於斟酌損益，進盡忠言，則攸之、禕、允之任也

＊6.（　）杜甫〈客至〉：「盤飧市遠無兼味，樽酒家貧只舊醅。」前後二句都各自具有因果關係，下列文句也屬於這種句式的選項是：
A. 謀閉而不興，盜竊亂賊而不作

B.讒邪進則眾賢退，群枉盛則正士消
C.君子易事而難說也，小人難事而易說也
D.質的張而弓矢至焉，林木茂而斧斤至焉
E.居廟堂之高則憂其民；處江湖之遠則憂其君

＊7.（　）下列引文，在言談中表現出斥責對方語氣的選項是：
A.大母過余曰：「吾兒，久不見若影，何竟日默默在此，大類女郎也？」
B.宰予晝寢，子曰：「朽木不可雕也，糞土之牆不可杇也，於予與何誅！」
C.燭之武對秦伯：「越國以鄙遠，君知其難也，焉用亡鄭以陪鄰？鄰之厚，君之薄也！」
D.孟子對齊宣王：「賊仁者謂之賊，賊義者謂之殘，殘賊之人謂之一夫。聞誅一夫紂矣，未聞弒君也！」
E.左光斗對史可法：「庸奴！此何地也，而汝來前！國家之事，糜爛至此，老夫已矣！汝復輕身而昧大義，天下事誰可支拄者？」

8.（　）下列各組「　」內的字，意義相同的選項是：
A.百工之人，君子不「齒」／啟朱唇，發皓「齒」，唱了幾句書兒
B.「心」凝形釋，與萬化冥合／山水之樂，得之「心」而寓之酒也
C.「目」不能兩視而明，耳不能兩聽而聰／綱舉「目」張，百事俱作
D.近拇之「指」，皆為之痛／微「指」左公處，則席地倚牆而坐

＊9.（　）下列各組文句中，「　」內的字義相同的選項是：
A.〈諫逐客書〉：不問可否，不論「曲」直／《典論．論文》：「曲」度雖均，節奏同檢
B.〈登樓賦〉：情眷眷而懷「歸」兮，孰憂思之可任／〈歸去來兮辭〉：歸去來兮，田園將蕪胡不「歸」
C.《孟子．滕文公上》：雖使五尺之童「適」市，莫之或欺／〈赤壁賦〉：是造物者之無盡藏也，而吾與

子之所共「適」

D.《荀子．勸學》：「假」舟楫者，非能水也，而絕江河／《後漢書．黨錮列傳序》：王道陵缺，而猶「假」仁以效己，憑義以濟功

E.《莊子．天運》：古之至人，假道於仁，託宿於義，以「遊」逍遙之虛／〈始得西山宴遊記〉：洋洋乎與造物者「遊」而不知其所窮

10.（　）先秦諸子召開一場學術思想座談會，請依據甲、乙、丙三則發言內容，推斷依序應是何人的主張？

甲：人與人之間，即使親如父子，也不可能不講利害關係。在這種情況下，好行為給予獎賞，壞行為給予懲處，就是最合乎人性的管理方式。

乙：人之所以向善，必須靠後天的努力修為。因此，接受教育、從事學習，乃是當務之急。對於莘莘學子而言，好的老師、好的教本是不可或缺的；正猶如對於一般民眾來說，外在的一套禮法規範也是必要的。

丙：許多人並不了解，人只不過是自然大化的一部分。在我看來，「性善」、「性惡」其實是無謂的爭論。面對當前的昏濁亂世，重點是怎樣能活得自在啊！做人只要隨順本性，因任自然，就能無所成心地快意遨遊，融入天地不言的大美之中。

A. 韓非子／孟子／老子

B. 孔子／荀子／老子

C. 韓非子／荀子／莊子

D. 孔子／孟子／莊子

11.（　）文章中常會以一、二個關鍵字，做為凸顯該段或該篇文章主旨的樞紐。閱讀下文，選出其中的關鍵字：

積土成山，風雨興焉；積水成淵，蛟龍生焉；積善成德，而神明自得，聖心備焉。故不積蹞步，無以至千

里；不積小流，無以成江海。（《荀子．勸學》）

A.山、海

B.神、聖

C.積、成

D.不、無

*12.（　）歐陽脩〈醉翁亭記〉：「有亭翼然臨於泉上者，醉翁亭也」，其中「有亭翼然臨於泉上者」，意即「有翼然臨於泉上之亭」。下列文句「　」內屬於這種造句方式的選項是：

A.蓋「有不知而作之者」，我無是也

B.村南「有夫婦守貧者」，織紡井臼，佐讀勤苦

C.軻曰：今「有一言可以解燕國之患而報將軍之仇者」，何如

D.昔楚襄王從宋玉、景差於蘭臺之宮，「有風颯然至者」，王披襟當之

E.如「有不嗜殺人者」，則天下之民，皆引領而望之矣，誠如是也，民歸之，由水之就下，沛然誰能禦之

13.（　）下列對《荀子．勸學》的解讀，正確的選項是：

A.質「的」張而弓矢至焉——「的」是「之」的意思

B.君子生非異也，善「假」於物也——「假」是偽裝、模仿的意思

C.淑人君子，其儀一兮。其儀一兮，心如「結」兮——「結」用以形容心志之堅定

D.「青」，取之於「藍」，而「青」於「藍」——兩個「青」字和兩個「藍」字都是名詞

【解答】

1.CD　2.BCDE　3.BC　4.ABCDE　5.C　6.BD　7.BE　8.B　9.BDE　10.C　11.C　12.BCD　13.C

孟嘗君列傳

古文鑑賞

時代	
傳說時代	
春秋戰國	
秦	
楚漢相爭	
漢	

出題率 ★★★★★

初，馮驩聞孟嘗君好客，躡蹻❶而見之。孟嘗君曰：「先生遠辱❷，何以教文也？」馮驩曰：「聞君好士，以貧身歸於君。」孟嘗君置傳舍❸十日，孟嘗君問傳舍長❹曰：「客何所為？」答曰：「馮先生甚貧，猶有一劍耳，又蒯緱❺。彈其劍而歌曰『長鋏❻歸來乎，食無魚』。」孟嘗君遷之幸舍❼，食有魚矣。五日，又問傳舍長。答曰：「客復彈劍而歌曰『長鋏歸來乎，出無輿❽』。」孟嘗君遷之代舍❾，出入乘輿車矣。五日，孟嘗君復問傳舍長。舍長答曰：「先生又嘗彈劍而歌曰『長鋏歸來乎，無以為❿家』。」孟嘗君不悅。

居期年⓫，馮驩無所言。孟嘗君時相齊，封萬戶於薛。其食客三千人。邑入不足以奉⓬客，使人出錢⓭於薛。歲餘不入，貸錢者多不能與其息，客奉⓮將不給。孟嘗君憂之，問左右：「何人可使收債於薛者？」傳舍長曰：「代舍客馮公形容

【注釋解析】

❶躡：穿著草鞋，指遠行。蹻：草鞋，古代遠行用具。
❷遠辱：承蒙遠道光臨。辱，謙詞，表示承蒙。
❸傳舍：古代供來往行人居住的旅舍。這裡指下等食客的居處。
❹傳舍長：管理傳舍的吏員。
❺蒯緱：用草繩纏劍柄。言其劍柄無物可裝，只以草繩纏著。蒯，草名。緱，把劍之物。
❻鋏：劍柄。
❼幸舍：指中等食客的居舍。
❽輿：車箱，借代指車。
❾代舍：指上等食客的居舍。
❿爲：供養。
⓫期年：一年。
⓬奉：供養。
⓭出錢：放錢，放債。
⓮奉：指供養的所需所用。
⓯辯：明，精明。
⓰伎：同「技」。
⓱不肖：不賢，沒有才能。
⓲幸臨：光臨。
⓳出息錢：放債。息錢，放債所得的利息。
⓴券書：借據。古代的券書常分爲兩半，各執一半作爲憑證，如現在的合約。

狀貌甚辯⑮，長者，無他伎⑯能，宜可令收債。」孟嘗君乃進馮驩而請之曰：「賓客不知文不肖⑰，幸臨⑱文者三千餘人，邑入不足以奉賓客，故出息錢⑲於薛。薛歲不入，民頗不與其息。今客食恐不給，願先生責之。」馮驩曰：「諾。」辭行，至薛，召取孟嘗君錢者皆會，得息錢十萬。乃多釀酒，買肥牛，召諸取錢者，能與息者皆來，不能與息者亦來，皆持取錢之券書⑳合之。齊為會㉑，日殺牛置酒。酒酣，乃持券如前合之，能與息者，與為期；貧不能與息者，取其券而燒之。曰：「孟嘗君所以貸㉒錢者，為民之無者以為本業㉓也；所以求息者，為無以奉客也。今富給者以要期㉔，貧窮者燔券書以捐之㉕。諸君強㉖飲食。有君如此，豈可負哉！」坐者皆起，再拜㉗。

孟嘗君聞馮驩燒券書，怒而使使召驩。驩至，孟嘗君曰：「文食客三千人，故貸錢於薛。文奉邑㉘少，而民尚多不以時與其息，客食恐不足，故請先生收責之。聞先生得錢，即以多具㉙牛酒而燒券書，何？」馮驩曰：「然。不多具牛酒即不能畢會，無以知其有餘不足。有餘者，為要期。不足者，雖守而

㉑齊爲會：一齊參加宴會。
㉒貸：借出。
㉓無者：指沒有資金的人。本業：本身的行業。
㉔要期：約定日期。
㉕燔：焚燒。捐：拋棄。
㉖強：盡情。
㉗再拜：連續兩次行跪拜禮。拜，古代一種跪拜禮，跪下後頭低至手掌，與心臟持平，但不至地。
㉘奉邑：卿大夫的封地。即「食邑」。以封地的租稅收入供養卿大夫。
㉙具：備辦。
㉚守而責之：監守著催促他們。
㉛急：迫切，緊急。
㉜下：百姓。離：背離。上：指國君。抵負：冒犯、背棄。
㉝厲：同「勵」。勉勵，激勵。彰：顯揚。
㉞虛債之券：空有其名而收不回債利的契據。
㉟虛計：有名無實的帳簿。
㊱善聲：善良的好名聲。
㊲拊手：拍手。
㊳惑：迷惑。
㊴擅：獨攬。
㊵廢：罷官。
㊶《戰國策．齊策》：後期年，齊王謂孟嘗君曰：「寡人不敢以先王之臣爲臣！」孟嘗君就

責之㉚十年，息愈多，急，即以逃亡自捐之。若急㉛，終無以償，上則為君好利不愛士民，下則有離上抵負㉜之名，非所以厲士民彰㉝君聲也。焚無用虛債之券㉞，捐不可得之虛計㉟，令薛民親君而彰君之善聲㊱也，君有何疑焉！」孟嘗君乃拊手㊲而謝之。

齊王惑㊳於秦、楚之毀，以為孟嘗君名高其主而擅㊴齊國之權，遂廢㊵孟嘗君㊶。諸客見孟嘗君廢，皆去。馮驩曰：「借臣車一乘㊷，可以入秦者，必令君重於國而奉邑益廣，可乎？」孟嘗君乃約車幣㊸而遣之。

馮驩乃西說秦王曰：「天下之游士㊹馮軾結靷㊺西入秦者，無不欲強秦而弱齊㊻；馮軾結靷東入齊者，無不欲強齊而弱秦。此雄雌㊼之國也，勢不兩立為雄，雄者得天下矣。」秦王跽㊽而問之曰：「何以使秦無為雌而可？」馮驩曰：「王亦知齊之廢孟嘗君乎？」秦王曰：「聞之。」馮驩曰：「使齊重㊾於天下者，孟嘗君也。今齊王以毀廢之，其心怨，必背齊；背齊入秦，則齊國之情，人事之誠㊿，盡委(51)之秦，齊地可得也，豈直(52)為雄也！君急使使載幣陰(53)迎孟嘗君，不可失時

國於薛，未至百里，民扶老攜幼，迎君道中。孟嘗君顧謂馮諼曰：「先生所爲文市義者，乃今日見之。」馮諼曰：「狡兔有三窟，僅得免其死耳。今君有一窟，未得高枕而臥也，請爲君復鑿二窟。」

㊷乘：古時四馬一車叫乘。

㊸約：具，備辦。幣：原爲絲帛。古代以束帛作爲贈送的禮物稱爲「幣」。

㊹遊士：古代從事遊說活動的人。

㊺馮軾結靷：靠著車軾，結好革帶。指乘駕馬車。馮，同「憑」，倚、靠。軾，古代車箱前面的橫木，可以憑倚或作扶手。結，連結。靷，引車前行的革帶，一頭系在馬頸的皮套上，一頭系在車軸上。

㊻強：使強大。弱：使弱小。

㊼雄雌：比喻強弱、高下、勝負等。

㊽跽：長跪，兩腿跪著挺直上身。

㊾重：敬重。

㊿人事：人爲之事，指君臣吏員等治國的能力及其相互關係。誠：眞實情況。

(51)委：送。

(52)直：只。

(53)陰：暗中，暗地。

(54)有：名詞詞頭，無義。

(55)鎰：古代重量單位，二十兩爲一鎰。一說二十四兩爲一鎰。

也。如有(54)齊覺悟，復用孟嘗君，則雌雄之所在未可知也。」秦王大悅，乃遣車十乘黃金百鎰(55)以迎孟嘗君。馮驩辭以先行，至齊，說齊王曰：「天下之游士馮軾結靷東入齊者，無不欲強齊而弱秦者；馮軾結靷西入秦者，無不欲強秦而弱齊者。夫秦齊雄雌之國，秦強則齊弱矣，此勢不兩雄。今臣竊(56)聞秦遣使車十乘載黃金百鎰以迎孟嘗君。孟嘗君不西則已，西入相秦則天下歸之，秦為雄而齊為雌，雌則臨淄、即墨危矣。王何不先秦使之未到，復孟嘗君，而益與之邑以謝(57)之？孟嘗君必喜而受之。秦雖強國，豈可以請人相而迎之哉！折(58)秦之謀，而絕其霸強之略(59)。」齊王曰：「善。」乃使人至境候秦使。秦使車適(60)入齊境，使還馳告之，王召孟嘗君而復其相位，而與其故邑之地，又益以千戶。秦之使者聞孟嘗君復相齊，還車而去矣。

自齊王毀廢孟嘗君，諸客皆去。後召而復之，馮驩迎之。未到，孟嘗君太息(61)嘆曰：「文常好客，遇客無所敢失，食客三千有餘人(62)，先生所知也。客見文一日(63)廢，皆背文而去，莫顧(64)文者。今賴先生得復其位，客亦有何面目復見文乎？如

(56) 竊：私自，暗中。
(57) 謝：道歉。
(58) 折：挫敗。
(59) 絕：斷絕。略：謀略，計謀。
(60) 適：剛才，方才。
(61) 太息：出聲長嘆。
(62) 食客：又稱門客，是春秋戰國時期盛行的一種職業。當時的貴族爲了鞏固其地位，都會專門招收人才。凡是投奔到其門下的，他們都會收留，並供養他們，這些被供養的人就稱之爲「食客」。戰國四公子（齊國孟嘗君田文、趙國平原君趙勝、魏國信陵君魏無忌、楚國春申君黃歇）下的門客更是數以千計。其中據說，孟嘗君門下更是「食客三千」。
(63) 一日：一旦。
(64) 顧：顧念。
(65) 唾：啐，從嘴裡吐出來口水。表示輕視、鄙棄。
(66) 結轡：收住韁繩。指停車。下拜：下車而行拜禮。
(67) 物有必至：萬物都有其必然的終結。
(68) 事有固然：世事都有其常理。固然，常道、常理。
(69) 愚：自稱謙詞。
(70) 趣市朝：奔向人眾的市集。趣，趨向、奔赴。市朝，市集，人眾會集之處。

復見文者，必唾[65]其面而大辱之。」馮驩結轡[66]下拜。孟嘗君下車接之，曰：「先生為客謝乎？」馮驩曰：「非為客謝也，為君之言失。夫物有必至[67]，事有固然[68]，君知之乎？」孟嘗君曰：「愚[69]不知所謂也。」曰：「生者必有死，物之必至也；富貴多士，貧賤寡友，事之固然也。君獨不見夫朝趣市朝[70]者乎？明旦[71]，側肩爭門[72]而入；日暮之後，過市朝者掉臂[73]而不顧。非好朝[74]而惡暮，所期物忘其中[75]。今君失位，賓客皆去，不足以怨士而徒絕賓客之路。願君遇客如故。」孟嘗君再拜曰：「敬從命矣。聞先生之言，敢不奉教焉。」

[71] 明旦：天明，天亮。
[72] 側肩爭門：側著肩膀爭奪入口。門，泛指進出口。
[73] 掉臂：甩著手臂，形容不顧而去。
[74] 朝：早晨。
[75] 所期物忘其中：所期望得到的東西市中已經沒有了。忘，無。

白話解讀

當初，馮驩聽說孟嘗君樂於招攬賓客，便穿著草鞋遠道而來見他。孟嘗君說：「承蒙先生遠道光臨，有什麼指教呢？」馮驩回答說：「聽說您樂於養士，我只是因為貧窮想歸附您混口飯吃。」孟嘗君也沒再說什麼，便把他安置在下等食客的住所裡，十天後孟嘗君詢問住所的負責人說：「最近那位客人做了什麼？」負責人回答說：「馮先生太窮了，只有一把劍，還是用草繩勉強纏著劍把。他時而彈著那把劍唱道：『長劍啊，我們回家吧！這裡吃飯都沒有魚。』」孟嘗君聽後便讓馮驩搬到中等食客的住所裡，頓頓吃飯都有魚。五天後，孟嘗君又向那位負責人詢問馮驩的情況，負責人回答說：「客人又彈著劍唱道：『長劍啊，我們回家吧！這裡出門沒有車。』」於是孟嘗君又把馮驩遷到上等食客的住所裡，進出都有車子接送。又過了五天，孟嘗君再次詢問那位負責人。負責人回答說：「這位先生又彈著劍唱道：『長劍啊，我們回家吧！這裡沒有辦法養家活口。』」孟嘗君聽了之後很不高興。

過了整整一年，馮驩沒再說什麼。孟嘗君當時正任齊國宰相，受封萬戶於薛邑。他的食客有三千人之多，食邑的賦稅收入不夠供養這麼多食客，就派人到薛邑貸款放債。由於收成一年到頭都不好，借債的人多數付不出利息，造成食客的花用沒有辦法供給。對於這種情況，孟嘗君焦慮不安，就問左右侍從：「誰有資格被派往薛邑收債？」那個住所負責人說：「上等食客住所裡的馮老先生，從樣貌長相看，很是精明，又是個長者，一定很穩重，派他去收債應該是適合的。」孟嘗君便迎進馮驩向他請求說：「賓客們不知道我無能。在我門下的食客有三千多人，如今食邑的收入不能夠供養賓客，所以在薛邑放了些債。可是薛邑今年年景不好，沒有收成，百姓多數付不出利息。這樣一來，要給賓客們吃飯恐怕都成問題了，因此希望先生替我去索取欠債。」馮驩說：「好吧。」便告別孟嘗君，來到薛邑，他把有跟孟嘗君借錢的人都集合起來，索要欠債而得到的利息十萬錢。但他並沒有把這筆款項送回去，反而釀了許多酒，買了肥壯的牛，然後召集借錢的人，能付得出利息的來，付不起利息的也可以來，要求他們一律帶著借錢的單據以便核對。隨即便讓大家一起參加宴會，當日殺牛燉肉、置辦酒席。宴會上正當大家飲酒盡興時，馮驩就拿著借據走到席前一一核對，能夠付得起利息的，就與他定下還債的期限；窮得付不出付息的，就取回他們的借據當眾燒毀。接著對大家說：「孟嘗君之所以向大家貸款，就是給沒有資金的人提供資金以事行業生產；他之所以向大家索債，是因為沒有錢財供養賓客。如今富裕的人，有錢還債的就約定日期還債，貧窮無力還債的就燒掉單據把債務全部廢除。請各位開懷暢飲吧。有這樣的封邑主人，之後怎麼能夠背叛他呢！」在坐的人都站起來，連續兩次行跪拜大禮。

孟嘗君聽到馮驩燒毀借據的消息，十分惱怒，立即派人召回馮驩。馮驩剛剛一到，孟嘗君就責問道：「我的封地本來就少，而百姓還大多付不起利息，賓客們連吃飯都怕不夠用，所以才請先生去收繳欠債。但是聽說先生收來錢就大辦酒肉宴席，而且還把借據都燒掉了。這是怎麼回事？」馮驩回答說：「是這樣的。如果不大辦酒肉宴席就不能把債民全都集合起來，也就沒辦法瞭解誰富裕、誰貧窮。富裕的人，就與他限定日期還債。貧窮的人，即使持續催促十年，他也依舊還不上債，時間越長，利息越多，到了危急時，他們就會用逃亡的方法賴掉債務。如果催促緊迫，不僅終究沒辦法收到償還的債務，而且國君也會認為您貪財好利不愛惜平民百姓，在百姓面前您則會有背離、冒犯國君的惡名，這可不是張揚您名聲的做法。我燒掉毫無用處、徒有其名的借據，廢棄有名無實的帳簿，是讓薛邑的百姓信任您而張揚您善良的好名聲啊。這樣您還有什麼疑惑不解的嗎？」孟嘗君聽後，拍著手連聲道謝。

齊王受到秦國和楚國毀謗言論的蠱惑，認為孟嘗君的名聲超越自己，獨攬齊國大權，於是罷免孟嘗君官職。那些賓客看到孟嘗君被罷官，一個個都離開孟嘗君。只有馮驩留下，並為他謀劃說：「借我一輛可以駛到秦國的車子，我絕對可以讓您在齊國更加顯貴，食邑更加寬廣。這樣您覺得怎麼樣？」於是孟嘗君便準備馬車和禮物送馮驩上路。馮驩就乘車向西到秦國遊說秦王說：「天下的遊說之士駕車向西來到秦的，無一不是想要使秦國強大而使齊國削弱；乘車向東進入齊國的，無一不是要使齊國強大而使秦國削弱。這是兩個一決雌雄的國家，最後得到勝利，打敗對方，不與對方共存的就是強大有力的雄國，也是這個雄國將會得到天下。」秦王聽得入了神，挺直身體跪著問馮驩說：「那您看，要如何才能避免秦國成為軟弱無力的國家，那該怎麼辦才好呢？」馮驩回答說：「大王也知道齊國罷免了孟嘗君的官吧？」秦王說：「我有聽說這件事。」馮驩說：「使齊國受到天下敬重的，就是孟嘗君。如今齊國國君聽信毀謗之言而將孟嘗君罷免，孟嘗君心中無比怨憤，必定背離齊國。如果他背離齊國進入秦國，那麼齊國的國情，朝廷中，上至君王下至官吏的狀況都將為秦國所掌握。您將得到整個齊國的土地，豈只是稱雄呢！您應該趕快派使者載著禮物恭敬地去迎接孟嘗君，不能錯失這個良機啊！一陣子後，如果齊王明白過來，再度重用孟嘗君，那誰是雌、誰是雄就還是個未知數。」秦王聽了非常高興，就派遣十輛馬車載著百鎰的黃金去迎接孟嘗君。馮驩告別秦王，搶在秦國使者前面趕往齊國，到了齊國，勸說齊王道：「天下游說之士駕車向東來到齊的，無一不是想要使齊國強大而使秦國削弱；乘車向西進入秦國的，無一不是要使秦國強大而使齊國削弱。秦國與齊國是兩個決一雌雄的國家，秦國強大那麼齊國必定軟弱，這兩個國家勢必不能同時稱雄。現在我私下得知秦國已經派遣使者，用十輛馬車載著百鎰的黃金來迎接孟嘗君。孟嘗君不西去就罷了，如果他西去擔任秦國宰相，那麼天下將歸秦國所有，秦國就會是強大的雄國，齊國則是軟弱無力的雌國，如果齊國是個軟弱無力的國家，那麼臨淄、即墨就危在旦夕了。大王為什麼不在秦國使者到達之前，趕快恢復孟嘗君的官位並替他增加封邑來向他表示歉意呢？如果這麼做了，孟嘗君必定十分高興並且願意接受。秦國雖是強國，但是它豈能任意到別的國家迎接別人的宰相呢？一定要阻止秦國的陰謀，斷絕它稱強稱霸的計劃。」齊王聽後，頓時明白過來的說：「好。」於是派人至邊境等候秦國使者。秦國使者的車子剛進入齊國邊境，齊國在邊境的使臣立即調頭奔馳而回報告，齊王隨即召回孟嘗君並且恢復他的宰相官位，同時還給他原來封邑的土地，又給他增加了千戶。秦國的使者聽說孟嘗君被齊王恢復齊國的宰相官位，就調頭回去了。

自從齊王因受毀謗之言的蠱惑而罷免孟嘗君，那些賓客們都離開孟嘗君。後來齊王再次召回並恢復孟嘗君的官位，在馮驩去迎接他，還沒到京城的時候，孟嘗君便深深感嘆說：「我素來喜好賓客，樂於養士，接待賓客從不敢有任何失禮之處，曾有食客三千多人，這是先生您所知道的。但是賓客們看到我一被罷官，就都背離我而去，沒有一個顧念我。如今我靠著先生才得以恢復我的宰相官位，那些離去的賓客還有什麼臉面再見我呢？如果有再見到我的，我一定吐口水在他的臉上，然後狠狠地羞辱他。」聽了這番話後，馮驩收住韁繩，下車而行拜禮。孟嘗君也立即下車還禮，說：「先生是在替那些賓客道歉嗎？」馮驩說：「並不是替賓客道歉，是因為您的話說錯了。萬物都有其必然的終結，世事都有其常規常理，您明白這句話的意思嗎？」孟嘗君說：「我不明白這句話是什麼意思。」馮驩說：「生命一定有死亡的時候，這是生物必然的歸結；富貴的人多賓客，貧賤的人少朋友，事情本來就是如此。您難道沒看過人們奔向擁擠的市集嗎？天剛亮，人們就向市集裡，側著肩膀爭奪著進去；日落之後，經過市集的人甩著手臂連頭也不回。這不是因為人們喜歡早晨而厭惡傍晚，而是因為心中所期望得到的東西市集中已經沒有了。如今您失去官位，賓客都離去，不能因此怨恨賓客而平白截斷他們奔向您的通路。希望您對待賓客還是像過去一樣。」孟嘗君連續兩次下拜說：「我會恭敬地聽從您的指教。聽先生的話時，怎麼敢不恭敬地接受教導呢？」

核心要旨

戰國末期，各諸侯國貴族為了維護岌岌可危的統治地位，竭力網羅人才，以擴大自己的勢力，而社會上的「士」（包括學士、策士、方士或術士以及食客）也企圖依靠權貴獲得錦衣玉食，因此養士之風盛行。當時，以養士著稱的有齊國的孟嘗君、趙國的平原君、魏國的信陵君和楚國的春申君，後人稱為「戰國四公子」。

此篇中，司馬遷集中筆墨刻劃的食客是馮驩。此人頭腦清醒，有才幹，也能效忠其主，但他竭力為趨炎附勢的食客們抗辯，大講「趣市」利己的市儈哲學，而孟嘗君則「敬從命矣」，原來他們的人生哲學毫無二致，孟嘗君的所作所為就是證明。這些食客們的言行或遭遇，無不折射出孟嘗君的思想性格。物以類聚，人以群分。

成語精粹

1. 掉臂不顧：擺動著手臂，頭也不回。形容毫無眷顧。

原典：君獨不見夫朝趣市朝者乎？明旦，側肩爭門而入；日暮之後，過市朝者掉臂而不顧。非好朝而惡暮，所期物忘其中。今君失位，賓客皆去，不足以怨士而徒絕賓客之路。願君遇客如故。

寫作實典

***1.* 自謙詞**：為了表現自己的教養和對他人的敬重，會使用自謙詞稱呼自己或自己的相關物品。

例1：初，馮驩聞孟嘗君好客，躡蹻而見之。孟嘗君曰：「先生遠**辱**，何以教文也？」馮驩曰：「聞君好士，以貧身歸於君。」

例2：馮驩結轡下拜。孟嘗君下車接之，曰：「先生為客謝乎？」馮驩曰：「非為客謝也，為君之言失。夫物有必至，事有固然，君知之乎？」孟嘗君曰：「**愚**不知所謂也。」

例3：**妾**髮初覆額，折花門前劇。郎騎竹馬來，繞床弄青梅。同居長干里，兩小無嫌猜。（李白《長干行》）

例4：天下之民，知安而不知危，能逸而不能勞，此**臣**所謂大患也（蘇軾《教戰守策》）

高手過招（＊為多選題）

＊1.（　）下列各組文句「　」內的字，前後意義相同的選項是：

A. 北通巫峽，南「極」瀟湘／意有所「極」，夢亦同趣

B.「比」及三年，可使足民／孟嘗君曰：為之駕，「比」門下之車客

C. 史公治兵，往來桐城，必「躬」造左公第／臣本布衣，「躬」耕於南陽

D. 文非一體，鮮能「備」善／朱、林以下，輒啟兵戎，喋血山河，藉言恢復，而舊志亦不「備」載也

E. 我居北海君南海，寄雁傳書「謝」不能／王果去牆數步，奔而入，及牆，虛若無物，回視，果在牆外矣。大喜，入「謝」

2.（　）閱讀下文，回答問題。

山東人娶蒲州女，（蒲州女）多患癭，其妻母項癭甚大。成婚數月，婦家疑婿不慧。婦翁置酒，盛會親戚，欲以試之。問曰：「某郎在山東讀書，應識道理。鴻鶴能鳴，何意？」曰：「天使其然。」又曰：「松柏冬青，何意？」曰：「天使其然。」又曰：「道邊樹有骨，何意？」曰：「天使其然。」婦翁曰：「某郎全不識道理，何因浪住山東？」因以戲之，曰：「鴻鶴能鳴者，頸項長；松柏冬青者，心中強；道邊樹有骨者，車撥傷。豈是天使其然？」婿曰：「請以所聞見奉酬，不知許否？」曰：「可言之。」婿曰：「蝦蟆能鳴，豈是頸項長？竹亦冬青，豈是心中強？夫人項下癭如許大，豈是車撥傷？」婦翁羞愧，無以對之。（侯白《啟顏錄》）

女婿面對岳父的戲謔，以岳父的思維模式加以回應，因而改變形勢。下列人物應答時使用的語言技巧，與文中女婿相同的選項是：

A.（馮諼）辭曰：「責畢收，以何市而反？」孟嘗君曰：「視吾家所寡有者。」

B. 諸葛令、王丞相共爭姓族先後，王曰：「何不言葛、王，而云王、葛？」令曰：「譬言驢、馬，不言馬、驢，驢寧勝馬邪？」

C. 賈母問他：「可扭了腰了不曾？叫丫頭們搥一搥。」劉姥姥道：「那裡說的我這麼嬌嫩了？那一天不跌兩下子，都要搥起來，還了得呢！」

D. 一個較有年紀的說：「該死的東西！到市上來，只這規紀亦就不懂？要做什麼生意？汝說幾斤幾兩，

難道他的錢汝敢拿嗎？」「難道我們的東西，該白送給他的嗎？」參不平地回答

3.（　）**下列關於人物言語或行為的分析，錯誤的選項是：**

A. 馮諼詐稱孟嘗君之命，「以責賜諸民，因燒其券」，反映出道義重於私利的政治觀點《戰國策．馮諼客孟嘗君》

B. 諸葛亮建議後主要「開張聖聽，以光先帝遺德」，是希望後主能諮諏善道，察納雅言

C. 燭之武勸秦伯「焉用亡鄭以陪鄰？鄰之厚，君之薄也」，提醒他不要用自己的薄情寡義來襯托鄰國國君的仁厚寬容

D. 魏徵諫太宗「怨不在大，可畏惟人；載舟覆舟，所宜深慎；奔車朽索，其可忽乎」，強調民心向背對主政者的重要

＊4.（　）**下列各組「　」內的文字，前後意義相同的選項是：**

A. 至丹以荊卿為計，始「速」禍焉／況乎視之以至疎之勢，重之以疲敝之餘，吏之戕摩剝削以「速」其疾者亦甚矣

B. 尺寸千里，攢蹙累積，莫得遯隱；縈青繚白，外與天「際」，四望如一／海外獨身遊，風雲「際」會秋。我傳靈德去，仗劍鬼神愁

C. 臣竊矯君命，以責賜諸民，因燒其券，民稱萬歲，「乃」臣所以為君市義也／公辨其聲，而目不可開，「乃」奮臂以指撥眥，目光如炬

D. 「比」及三年，可使有勇，且知方也／介而馳，初不甚疾，「比」行百里，始奮迅，自午至酉，猶可二百里，褫鞍甲而不息不汗，若無事然

E. 有顏回者好學，不遷怒，不貳過。不幸短命死矣，今也則「亡」／家人習奢已久，不能頓儉，必致失所。豈若吾居位、去位、身存、身「亡」，常如一日乎

＊5.（　）下列各組文句，「」內字義相同的選項是：
A. 後「值」傾覆，受任於敗軍之際／復「值」接輿醉，狂歌五柳前
B. 軒凡四遭火，得不焚，「殆」有神護者／學而不思則罔，思而不學則「殆」
C. 況陽春召我以煙景，大塊「假」我以文章／願「假」東壁輝，餘光照貧女
D. 梁使三反，孟嘗君「固」辭不往也／彼眾昏之日，「固」未嘗無獨醒之人也
E. 「庸」奴！此何地也？而汝來前／吾師道也，夫「庸」知其年之先後生於吾乎

＊6.（　）曹丕〈典論論文〉中「常人貴遠賤近」的「貴」，是「以……為貴」的意思。下列文句「　」內的字，與「貴」字用法相同的選項是：
A. 君子之學也以「美」其身
B. 孟嘗君「怪」之，曰：此誰也
C. 諸侯恐懼，會盟而謀「弱」秦
D. 「甘」其食，美其服，安其居，樂其俗
E. 人知從太守遊而樂，而不知太守之「樂」其樂也

＊7.（　）古人稱自己常用謙詞，稱對方則常用敬詞。下列文句中使用敬詞的選項是：
A. 爾愛其羊，我愛其禮
B. 君自故鄉來，應知故鄉事
C. 先生不羞，乃有意欲為收責於薛乎
D. 若由此業，自致卿相，亦不願汝曹為之
E. 吾不能早用子，今急而求子，是寡人之過也

＊8.（　）下列文句「　」內，屬於名詞做動詞用的選項是：

A. 位卑則「足」羞，官盛則近諛

B. 獨「樂」樂，與人樂樂，孰樂

C. 孟嘗君怪其疾也，「衣冠」而見之

D. 不衫不履，「裼裘」而來，神氣揚揚，貌與常異

E. 是君臣、父子、兄弟去利懷仁義以相接也，然而不「王」者，未之有也

9. **簡答**

齊人有馮諼者，貧乏不能自存，使人屬孟嘗君，願寄食門下。孟嘗君曰：「客何好？」曰：「客無好也。」曰：「客何能？」曰：「客無能也。」孟嘗君笑而受之，曰：「諾！」左右以君賤之也，食以草具。居有頃，倚柱彈其劍，歌曰：「長鋏歸來乎！食無魚！」左右以告。孟嘗君曰：「食之，比門下之客。」居有頃，復彈其鋏，歌曰：「長鋏歸來乎！出無車！」左右皆笑之，以告。孟嘗君曰：「為之駕，比門下之車客。」於是乘其車，揭其劍，過其友，曰：「孟嘗君客我！」後有頃，復彈其劍鋏，歌曰：「長鋏歸來乎！無以為家！」左右皆惡之，以為貪而不知足。孟嘗君問：「馮公有親乎？」對曰：「有老母。」孟嘗君使人給其食用，無使乏。於是馮諼不復歌。（《戰國策．齊策》）

上列引文是大家熟悉的馮諼客孟嘗君的故事，其中三處畫線部分，分別表現了孟嘗君、左右之人、馮諼的心態。請閱讀全文，仔細推敲，分別說明三者的心態。〔注意：請標號分項說明。〕

【解答】

1. ACD 2. B 3. C 4. BD 5. AC 6. BDE 7. BCE 8. BCDE

廉頗藺相如列傳

古文鑑賞

傳說時代	
春秋戰國	
秦	
楚漢相爭	
漢	

出題率 ★★★

趙惠文王時，得楚和氏璧❶。秦昭王聞之，使人遺❷趙王書，願以十五城請易璧。趙王與大將軍廉頗諸大臣謀：欲予秦，秦城恐不可得，徒❸見欺；欲勿予，即患❹秦兵之來。計未定，求人可使報秦者，未得。宦者令繆賢曰：「臣舍人藺相如可使。」王問：「何以知之？」對曰：「臣嘗❺有罪，竊計欲亡走燕，臣舍人相如止臣，曰：『君何以知燕王？』臣語曰：『臣嘗從大王與燕王會境❻上，燕王私握臣手，曰願結友。以此知之，故欲往。』相如謂臣曰：『夫趙強而燕弱，而君幸❼於趙王，故燕王欲結於君。今君乃亡趙走燕，燕畏趙，其勢必不敢留君，而束❽君歸趙矣。君不如肉袒伏斧質❾請罪，則幸得脫矣。』臣從其計，大王亦幸赦臣。臣竊以為其人勇士，有智謀，宜可使。」於是王召見，問藺相如曰：「秦王以十五城請易寡人之璧，可予不❿？」相如曰：「秦強而趙

【注釋解析】

❶和氏璧：最早見載於《韓非子．和氏第十三》。楚國人卞和在楚地的山中發現一塊外裹岩石的美玉，他將這塊玉獻給當時的君主楚厲王，但楚國王室認爲和氏貢獻的只是一塊石頭，欺騙了君王。於是楚厲王下令將和氏的左腳砍去。厲王死後楚武王即位，和氏再次將該玉獻給他，武王命令玉工鑑定這塊玉石，鑑定的結果是和氏所貢獻的仍是一塊石頭，結果和氏的右腳也被砍掉。最後和氏帶著玉石回到楚山，在那裡他痛哭了三天三夜。新即位的楚國國君楚文王派人詢問事情的緣由，和氏說：「我並非爲被砍去雙腳而傷心，而是因寶玉被認定爲頑石、忠臣卻被認爲是騙子。這才是我所傷心的啊！」於是楚文王派工匠除去裹在玉石上的岩石，這才看到了這塊玉。於是楚文王便將該玉璧命名爲「和氏」。

❷遺：送。

❸徒：白白地。

❹患：擔心。

❺嘗：曾經。

❻境：指邊境。

❼幸：寵愛。

❽束：捆綁。

❾肉袒：脫去上衣，露出上身。斧質：古代殺人

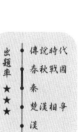

弱，不可不許。」王曰：「取吾璧，不予我城，奈何？」相如曰：「秦以城求璧而趙不許，曲在趙。趙予璧而秦不予趙城，曲在秦。均⑪之二策，寧許以負秦曲。」王曰：「誰可使者？」相如曰：「王必無人，臣願奉⑫璧往使。城入趙而璧留秦；城不入，臣請完⑬璧歸趙。」趙王於是遂遣相如奉璧西入秦。

秦王坐章臺⑭見相如，相如奉璧奏⑮秦王。秦王大喜，傳以示美人及左右⑯，左右皆呼萬歲。相如視秦王無意償趙城，乃前曰：「璧有瑕⑰，請指示王。」王授璧，相如因持璧卻⑱立，倚柱，怒髮上衝冠，謂秦王曰：「大王欲得璧，使人發書至趙王，趙王悉召群臣議，皆曰『秦貪，負⑲其強，以空言求璧，償城恐不可得』。議不欲予秦璧。臣以為布衣之交⑳尚不相欺，況大國乎！且以一璧之故逆㉑強秦之驩，不可。於是趙王乃齋戒㉒五日，使臣奉璧，拜送書於庭。何者？嚴大國之威以修敬㉓也。今臣至，大王見臣列觀㉔，禮節甚倨㉕；得璧，傳之美人，以戲弄臣。臣觀大王無意償趙王城邑，故臣復取璧。大王必欲急㉖臣，臣頭今與璧俱碎於柱矣！」相如持其璧睨㉗柱，欲以擊柱。秦王恐其破璧，乃辭謝固請，召有司案

刑具。質，同「鑕」，鐵砧板，人伏其上等待砍頭。

⑩ 不：通「否」。

⑪ 均：衡量。

⑫ 奉：恭敬地捧著。

⑬ 完：完整無缺。

⑭ 章臺：戰國時秦王所建的亭臺，位於今陝西省長安故城西南。

⑮ 奏：進獻。

⑯ 美人：指妃嬪、姬妾。左右：指秦王近侍。

⑰ 瑕：玉上的赤色小斑點。

⑱ 卻：退。

⑲ 負：倚仗。

⑳ 布衣之交：平民交友。

㉑ 逆：違背，觸犯。

㉒ 齋戒：古人在祭祀之前幾天要沐浴更衣、戒酒、戒葷、戒女色，以表示對神的虔誠，稱爲齋戒。

㉓ 嚴：尊重。修敬：致敬。

㉔ 列觀：一般的臺觀，即指章臺。

㉕ 倨：傲慢。

㉖ 急：逼迫。

㉗ 睨：斜視。

㉘ 有司：主管某方面事務的官吏。

㉙ 特：不過。詳，通「佯」，假裝。

㉚ 共傳：公認。

圖㉘，指從此以往十五都予趙。相如度秦王特以詐詳㉙為予趙城，實不可得，乃謂秦王曰：「和氏璧，天下所共傳㉚寶也，趙王恐，不敢不獻。趙王送璧時，齋戒五日，今大王亦宜齋戒五日，設九賓㉛於廷，臣乃敢上璧。」秦王度之，終不可強奪，遂許齋五日，舍相如廣成傳㉜。相如度秦王雖齋，決負約不償城，乃使其從者衣褐㉝，懷其璧，從徑道㉞亡，歸璧于趙。

秦王齋五日後，乃設九賓禮於廷，引趙使者藺相如。相如至，謂秦王曰：「秦自繆公㉟以來二十餘君，未嘗有堅明㊱約束者也。臣誠恐見欺於王而負趙，故令人持璧歸，間㊲至趙矣。且秦強而趙弱，大王遣一介㊳之使至趙，趙立奉璧來。今以秦之強而先割十五都予趙，趙豈敢留璧而得罪於大王乎？臣知欺大王之罪當誅，臣請就湯鑊㊴，唯大王與群臣孰㊵計議之。」秦王與群臣相視而嘻㊶。左右或欲引相如去，秦王因曰：「今殺相如，終不能得璧也，而絕秦趙之驩，不如因而厚遇㊷之，使歸趙，趙王豈以一璧之故欺秦邪！」卒廷見相如，畢禮而歸之。

㉛ 九賓：當時外交最隆重的禮儀，由九名迎賓典禮人員，依次傳呼接引賓客上殿。

㉜ 舍：安置住宿。廣成，賓館的名稱。傳，傳舍，賓館。

㉝ 褐：粗麻布短衣。

㉞ 徑道：小路。

㉟ 繆公：即穆公。繆，通「穆」。

㊱ 堅明：堅決明確地遵守。約束：信約，盟約。

㊲ 間：小路，或解爲頃刻。

㊳ 一介：一個。

㊴ 湯鑊：煮有滾水的鍋子。古代有一種酷刑爲烹刑，即把人投入煮有滾水的鍋子中煮死。「就湯鑊」指願受烹刑。

㊵ 孰：同「熟」。仔細。

㊶ 嘻：驚怪之聲，或解爲苦笑之聲。

㊷ 遇：款待。

白話解讀

趙惠文王的時候，得到楚國的和氏璧。秦昭王聽說了這件事，就派人給趙王一封書信，表示願意用十五座城交換這塊寶玉。趙王與大將軍廉頗及大臣們商量：要是把寶玉給秦國，秦國的城邑恐怕是不可能會給趙國，只會白白地受騙；要是不給，那秦軍也會馬上就攻打過來。他們不知道該如何解決這個問題，於是想找一個能派到秦國的使者，但是沒能找到。宦者令繆賢提議說：「我的門客藺相如可以派過去。」趙王問：「你怎麼知道他可以呢？」繆賢回答說：「臣曾犯過罪，打算私下逃亡到燕國，相如就阻攔我說：『您怎麼會認識燕王呢？』我對他說：『我曾隨著大王在國境上與燕王會見，燕王私下握住我的手說願意跟我交個朋友。因此我就認識他，所以現在想前去投靠。』相如對我說：『趙國強而燕國弱，況且當時您還受寵於趙王，因此燕王才會想要和您結交。現在您是要逃出趙國奔到燕國，燕國懼怕趙國，這種形勢下燕王必定不敢收留您，而且還會把您捆綁起來送回趙國。您不如脫掉上衣，露出肩背，伏在斧刃之下請求大王治罪，這樣也許能夠僥倖被赦免。』臣於是聽從他的意見，大王也開恩赦免了為臣。為臣認為這人是個勇士並且還有智謀，派他出使很適宜。」於是趙王立即召見他，問藺相如說：「秦王用十五座城請求交換我的和氏璧，我能不能給他？」相如說：「秦國強而趙國弱，不能不答應它。」趙王說：「如果他得了我的寶璧，但不給我城邑，那要怎麼辦？」相如說：「秦國請求用城換和氏璧，趙國如果不答應，那就是趙國理虧；趙國給了璧而秦國不給城邑，那就是秦國理虧。兩種對策衡量比較一下，就知道我們寧可答應它，讓秦國來承擔理虧的責任，也不要趙國自己承擔。」趙王說：「那要派誰為使臣呢？」相如說：「大王如果確實無人可派，臣願捧護寶璧前往出使。如果城邑歸屬趙國，就把寶璧留給秦國；如果城邑不能歸趙國，我一定把和氏璧完好無缺地帶回趙國。」趙王於是便派遣藺相如帶著和氏璧，西行入秦。

秦王坐在章臺上接見藺相如，相如捧璧獻給秦王。秦王大喜，把寶璧給妻妾和左右侍從傳看，左右都高呼萬歲。相如看出秦王沒有要實現將城邑給趙國抵償的承諾，便走上前去說：「這個璧，上面有個小紅斑，讓我指給大王看。」秦王把璧交給他，相如於是手持璧玉退後幾步站定，身體靠在柱子上，怒髮衝冠地對秦王說：「大王想得到寶璧，派人送信給趙王，趙王召集全體大臣商議，大家都說：『秦國貪得無厭，倚仗它的強大，想用空話得到寶璧，承諾的城邑我們恐怕是得不到的。』商議的結果是不想把寶璧給秦國。但我認為平民百姓的交往尚且不會互相欺騙，何況是大國呢？況且為了一塊璧玉的緣故就使強大的秦國不高興，也是不應該的。因此趙王為此齋戒五天，派我捧著寶璧，在殿堂上恭敬地拜送國書。為什麼要這樣呢？因為這是尊重大國的威望以表示敬意呀！如今我來到貴國，大王卻在一般的臺觀接見我，禮節還非常傲慢。得到寶璧後，傳給姬妾們觀看，藉此來戲弄我。我觀察大王沒有要給趙王十五座城的誠意，所以現在我才又收回寶璧。大王如果一定要逼我的話，那我的頭今天就連同寶璧一起在柱子上撞碎。」說完，相如便手持寶璧，斜視庭柱，就要往庭柱上撞去。秦王怕他真的會把寶璧撞碎，便向他道歉，堅決地請求他不要如此，並召來主管的官員查看地圖，指明從某地到某地的十五座城邑交割給趙國。相如知道秦王不過是用欺詐的手段假裝給趙國城邑，實際上趙國是不可能得到的，於是就對秦王說：「和氏璧是天下公認的寶物，趙王懼怕貴國，不敢不奉獻出來。趙王送璧之前，齋戒五天，如今大王也應齋戒五天，在殿堂上安排九賓大典，我才敢獻上寶璧。」秦王知道此事不能強取豪奪，於是就答應齋戒五天，請相如住在廣成賓館。相如認為秦王雖然答應齋戒，但必定會背約不守信用，便派他的隨從穿上粗麻布衣服，懷中藏好寶璧，從小路逃出秦國，將寶璧送回趙國。

秦王齋戒五天後，就在殿堂上安排九賓大典，並去請趙國使者藺相如。相如來到後，對秦王說：「秦國從穆公以來的二十幾位君主，從沒有一個遵守盟約的。我實在是恐懼被大王欺騙而對不起趙王，所以已經派人帶著寶璧從小路回到趙國了。況且秦強趙弱，大王派一位使臣到趙國，趙國就立即把寶璧送來。如今憑您秦國的強大，先把十五座城邑割讓給趙國，趙國又怎麼敢留下寶璧而得罪大王呢？我知道欺騙大王之罪應被誅殺，我情願下油鍋被烹煮，只希望大王和各位大臣仔細考慮此事。」秦王和群臣面面相覷並發出驚訝之聲。侍從間有人要把相如拉下去，秦王說：「如今殺了相如，終歸還是得不到寶璧，反而還會破壞秦趙兩國的交情，不如趁此好好款待他，放他回到趙國，趙王難道會為了一塊璧玉的緣故而欺騙秦國嗎？」最終還是在殿堂上接見相如，並且完成大禮讓他回國。

核心要旨

藺相如是太史公所景仰的歷史人物之一，因而在這篇傳記中對這位傑出人物大力表彰、熱情歌頌。一方面表彰他的大智大勇，通過「完璧歸趙」的歷史故事，有聲有色地描繪了他面對強暴而無所畏懼的大無畏精神，也表現了他戰勝強秦的威逼凌辱、維護趙國尊嚴的機智與果敢。另一方面又表彰了藺相如「先國家之急而後私仇」的高尚品格。此後的十幾年中，秦國沒敢大規模對趙用兵，這與藺相如主動維護趙國內部的安定有密切的關係。與此成為鮮明對照的是，趙惠文王之後的孝成王，中了秦國的反間計，罷免廉頗，任用趙括，造成長平之役的慘敗，趙國元氣大傷。最後，趙王遷寵信讒臣郭開，捕殺名將李牧，加速趙國的滅亡。其中的歷史教訓是值得後人深思的。

成語精粹

***1.* 價值連城：**形容物品十分珍貴。

原典：趙惠文王時，得楚和氏璧。秦昭王聞之，使人遺趙王書，願以十五城請易璧。

2. **完璧歸趙**：後比喻物歸原主。

原典：於是王召見，問藺相如曰：「秦王以十五城請易寡人之璧，可予不？」相如曰：「秦強而趙弱，不可不許。」王曰：「取吾璧，不予我城，奈何？」相如曰：「秦以城求璧而趙不許，曲在趙。趙予璧而秦不予趙城，曲在秦。均之二策，寧許以負秦曲。」王曰：「誰可使者？」相如曰：「王必無人，臣願奉璧往使。城入趙而璧留秦；城不入，臣請完璧歸趙。」

3. **怒髮衝冠**：憤怒得頭髮直豎頂起帽子，形容盛怒的樣子。

原典：秦王坐章臺見相如，相如奉璧奏秦王。秦王大喜，傳以示美人及左右，左右皆呼萬歲。相如視秦王無意償趙城，乃前曰：「璧有瑕，請指示王。」王授璧，相如因持璧卻立，倚柱，怒髮上衝冠，謂秦王曰：「大王欲得璧，使人發書至趙王，趙王悉召群臣議，皆曰『秦貪，負其強，以空言求璧，償城恐不可得』。議不欲予秦璧。臣以為布衣之交尚不相欺，況大國乎！且以一璧之故逆強秦之驩，不可。於是趙王乃齋戒五日，使臣奉璧，拜送書於庭。何者？嚴大國之威以修敬也。今臣至，大王見臣列觀，禮節甚倨；得璧，傳之美人，以戲弄臣。臣觀大王無意償趙王城邑，故臣復取璧。大王必欲急臣，臣頭今與璧俱碎於柱矣！」

寫作實典

1. **誇飾**：將客觀之人、事或物的特點，透過主觀情意，故意用誇大鋪張地渲染與鋪飾描述的手法，使它與真正的事實相差很遠，以加深讀者的印象。

例1：秦王坐章臺見相如，相如奉璧奏秦王。秦王大喜，傳以示美人及左右，左右皆呼萬歲。相如視秦王無意償趙城，乃前曰：「璧有瑕，請指示王。」王授璧，相如因持璧卻立，倚柱，**怒髮上衝冠**，謂秦王曰。

例2：鼎湖當日棄人間，破敵收京下玉關，慟哭六軍俱縞素，**衝冠一怒**為紅顏。（吳偉業《圓圓曲》）

例3：**陰風怒號，濁浪排空，日星隱耀，山嶽潛形**。（范仲淹《岳陽樓記》）

高手過招（＊為多選題）

＊1.（　）下列詞作，藉歷史人物寄託作者情懷的選項是：

A. 遙想公瑾當年，小喬初嫁了，雄姿英發。羽扇綸巾，談笑間，強虜灰飛煙滅。

B. 東風夜放花千樹。更吹落，星如雨。寶馬雕車香滿路。鳳簫聲動，玉壺光轉，一夜魚龍舞。

C. 試問夜如何？夜已三更，金波淡，玉繩低轉。但屈指西風幾時來，又不道，流年暗中偷換。

D. 將軍百戰身名裂。向河梁，回頭萬里，故人長絕。易水蕭蕭西風冷，滿座衣冠似雪。正壯士，悲歌未徹。

E. 元嘉草草，封狼居胥，贏得倉皇北顧。四十三年，望中猶記，烽火揚州路。可堪回首，佛狸祠下，一片神鴉社鼓。憑誰問，廉頗老矣，尚能飯否。

【解答】

1. ADE

魯仲連鄒陽列傳

古文鑑賞

傳說時代	
春秋戰國	出題率 ★★★
秦	
楚漢相爭	
漢	

趙孝成王時，而秦王使白起破趙長平之軍前後四十餘萬，秦兵遂東圍邯鄲。趙王恐，諸侯之救兵莫敢擊秦軍。魏安釐王❶使將軍晉鄙救趙，畏秦，止於蕩陰不進。魏王使客將軍❷新垣衍閒入❸邯鄲，因平原君❹謂趙王曰：「秦所為急圍趙者，前與齊湣王❺爭強為帝，已而復歸帝❻；今齊已益弱，方今唯秦雄天下，此非必貪邯鄲，其意欲復求為帝。趙誠發使尊秦昭王❼為帝，秦必喜，罷兵去。」平原君猶預❽未有所決。

此時魯仲連適❾游趙，會❿秦圍趙，聞魏將欲令趙尊秦為帝，乃見平原君曰：「事將奈何？」平原君曰：「勝也何敢言事！前亡四十萬之眾於外，今又內圍邯鄲而不能去。魏王使客將軍新垣衍令趙帝秦，今其人在是。勝也何敢言事！」魯仲連曰：「吾始以君為天下之賢公子也，吾乃今然後知君非天下之賢公子也。梁客新垣衍安在？吾請為君責而歸之。」平原君

【注釋解析】

❶魏安釐王：或作魏安僖王、魏安禧王，原名魏圉，魏昭王之子。西元前二五七年，秦國的軍隊包圍趙國的都城邯鄲，趙國形勢危急。趙國平原君的妻子是魏無忌的姐姐，平原君請求魏國救援，魏安釐王懼怕秦國，不敢進軍。魏無忌請求魏安釐王的寵妃如姬從大王的臥室內竊出晉鄙的兵符，晉鄙見了兵符，表示懷疑。魏無忌下令隨行的朱亥用鐵椎殺死晉鄙後，強行奪權，以精兵八萬開赴前線，一舉擊潰秦國，解除邯鄲之圍。魏安釐王後任命魏無忌爲上將軍，在黃河以南大敗秦軍。

❷客將軍：他國人在本國爲將軍。

❸閒入：從隱蔽的小路進入。

❹平原君：趙勝，趙武靈王之子，趙惠文王的弟弟，是戰國時期趙國宗室大臣，在趙惠文王和趙孝成王時任宰相，是著名的政治家之一，以善於養士而聞名。和齊國孟嘗君田文、魏國信陵君魏無忌、楚國春申君黃歇合稱「戰國四公子」。《史記》中，將平原君與虞卿合立《平原君虞卿列傳》，此外，《趙世家》、《魏公子列傳》、《范睢蔡澤列傳》、《廉頗藺相如列傳》、《魯仲連鄒陽列傳》等亦散記有其事蹟。

❺齊湣王：田地。齊湣王三年（西元前二九八

曰：「勝請為紹介⑪而見之於先生。」平原君遂見新垣衍曰：「東國有魯仲連先生者，今其人在此，勝請為紹介，交之於將軍。」新垣衍曰：「吾聞魯仲連先生，齊國之高士也。衍人臣也，使事有職⑫，吾不願見魯仲連先生。」平原君曰：「勝既已泄之矣。」新垣衍許諾。

魯連見新垣衍而無言。新垣衍曰：「吾視居此圍城之中者，皆有求於平原君者也；今吾觀先生之玉貌，非有求於平原君者也，曷為久居此圍城之中而不去？」魯仲連曰：「世以鮑焦為無從頌⑬而死者，皆非也。眾人不知，則為一身。彼秦者，棄禮義而上首功⑭之國也，權⑮使其士，虜使其民。彼即肆然⑯而為帝，過而為政於天下，則連有蹈東海而死耳，吾不忍為之民也。所為見將軍者，欲以助趙也。」

新垣衍曰：「先生助之將奈何？」魯連曰：「吾將使梁及燕助之，齊、楚則固助之矣。」新垣衍曰：「燕則吾請以從矣；若乃梁者，則吾乃梁人也，先生惡⑰能使梁助之？」魯連曰：「梁未睹秦稱帝之害故耳。使梁睹秦稱帝之害，則必助趙矣。」

年），派孟嘗君入秦，秦昭襄王任孟嘗君爲宰相，後被扣押，賴雞鳴狗盜食客之助得脫，後任齊相。不久齊湣王整頓稷下學宮，孟嘗君憂功高震主，出奔至魏國。濟西之戰中，燕國上將軍樂毅以五國聯軍攻齊，大敗齊軍；燕軍又於臨淄城西大敗齊軍，攻入臨淄，齊湣王出逃至莒，被楚國將軍淖齒所殺。

⑥復歸帝：又取消帝號。

⑦秦昭王：嬴稷，又稱秦昭襄王，是秦惠文王之子，秦悼武王（簡稱秦武王）之弟。西元前三○七年，秦武王意外而死，諸兄弟爭位。趙武靈王與秦國的魏冉等大臣合謀，於是得立，是爲秦昭襄王，簡稱秦昭王。秦昭襄王在位期間，秦國繼續擴張，最著名的，在西元前二六○年打敗趙國的長平之戰就是在其在位晚期發生。秦昭襄王在位時間長久，任用包括魏冉、范雎、白起等名臣，治軍備戰，富國強兵，使秦國奠定日後一統天下的基礎。

⑧猶預：即猶豫。

⑨適：恰好。

⑩會：適逢，正趕上。

⑪紹介：介紹。

⑫使事有職：奉命出使，身負職責。

⑬從頌：從容不迫，引申爲胸懷博大。頌，同「容」。

⑭上：通「尚」，崇尚，尊重。首功：指戰功，

新垣衍曰：「秦稱帝之害何如？」魯連曰：「昔者齊威王嘗為仁義矣，率天下諸侯而朝周。周貧且微，諸侯莫朝，而齊獨朝之。居歲餘⑱，周烈王崩，齊後往，周怒，赴於齊曰：『天崩地坼⑲，天子下席⑳。東藩㉑之臣因齊後至，則斮㉒。』齊威王勃然怒曰：『叱嗟，而母婢也！』卒為天下笑。故生則朝周，死則叱之，誠不忍其求也。彼天子固然，其無足怪。」

新垣衍曰：「先生獨不見夫僕乎？十人而從一人者，寧㉓力不勝而智不若邪？畏之也。」魯仲連曰：「嗚呼！梁之比於秦若僕邪？」新垣衍曰：「然。」魯仲連曰：「吾將使秦王烹醢㉔梁王。」新垣衍怏然不悅，曰：「噫嘻，亦太甚矣先生之言也！先生又惡能使秦王烹醢梁王？」魯仲魯曰：「固也，吾將言之。昔者九侯、鄂侯、文王，紂之三公也。九侯有子而好㉕，獻之於紂，紂以為惡㉖，醢九侯。鄂侯爭之強，辯之疾，故脯㉗鄂侯。文王聞之，喟然而嘆，故拘之牖里之庫㉘百日，欲令之死。曷為與人俱稱王，卒就脯醢之地？齊湣王之魯，夷維子為執策而從，謂魯人曰：『子將何以待吾君？』魯人曰：『吾將以十太牢待子之君。』夷維子曰：『子安取禮而來吾君？

以秦制來說，在戰場上以斬首級多少，論功進爵。

⑮權：欺詐權術。

⑯即：如果，假如。肆然：縱恣、放肆、無所忌憚的樣子。

⑰惡：怎麼。

⑱居歲餘：過了一年多。

⑲天崩地坼：天崩地裂。以喻帝王之死。坼：裂開。

⑳下席：離開宮室居喪守禮，睡在草蓆上。

㉑東藩：東方屬國。

㉒斮：斬，殺。

㉓寧：難道，豈。

㉔烹醢：古代嚴酷刑罰。烹，下鍋煮。醢，剁成肉醬。

㉕子：女兒。好：姣美。

㉖惡：醜陋。

㉗脯：做成肉乾。

㉘庫：原指儲藏兵甲戰車的屋舍。此指牢獄。

㉙闢舍：遷出正宮。闢，同「避」，躲開。

㉚納管龠：交出鑰匙。納，交出。

彼吾君者，天子也。天子巡狩，諸侯辟舍㉙，納筦籥㉚，攝衽抱機㉛，視膳於堂下，天子已食，乃退而聽朝也。』魯人投其籥，不果納㉜。不得入於魯，將之薛，假途於鄒。當是時，鄒君死，湣王欲入弔，夷維子謂鄒之孤曰：『天子弔，主人必將倍㉝殯棺，設北面於南方，然後天子南面弔也。』鄒之群臣曰：『必若此，吾將伏劍而死。』固不敢入於鄒。鄒、魯之臣，生則不得事養，死則不得賻襚㉞，然且欲行天子之禮於鄒、魯，鄒、魯之臣不果納。今秦萬乘之國也，梁亦萬乘之國也。俱據萬乘之國，各有稱王之名，睹其一戰而勝，欲從而帝之，是使三晉㉟之大臣不如鄒、魯之僕妾也。且秦無已而帝，則且變易諸侯之大臣。彼將奪其所不肖而與其所賢，奪其所憎而與其所愛。彼又將使其子女讒妾為諸侯妃姬。處梁之宮。梁王安得晏然而已乎？而將軍又何以得故寵乎？」

於是新垣衍起，再拜謝曰：「始以先生為庸人，吾乃今日知先生為天下之士也。吾請出，不敢復言帝秦。」秦將聞之，為卻㊱軍五十里。適會魏公子無忌㊲奪晉鄙軍以救趙，擊秦軍，秦軍遂引而去。

㉛ 攝衽：撩起衣襟。抱機：安排幾桌飯菜。機，通「幾」。

㉜ 不果納：不讓進入。

㉝ 倍：通「背」。背向。

㉞ 賻襚：送給喪家的貨財衣被。其中「賻」指貨財，「襚」指衣被。

㉟ 三晉：由晉分化立國的韓、趙、魏三國。

㊱ 卻：退卻，撤離。

㊲ 魏公子無忌：名無忌，又稱信陵君，戰國時代魏國人，魏昭王的兒子，魏安釐王同父異母的弟弟。邯鄲大捷後，魏無忌知道自己盜取魏安釐王的兵符，假傳君令擊殺晉鄙，魏安釐王一定會非常惱怒，所以魏無忌讓將領們帶著魏軍返回魏國，而魏無忌和他的門客留在趙國。趙孝成王感激他竊符救趙的義舉，把鄗封賞給魏無忌作湯沐邑，魏安釐王也原諒他的罪過，仍然讓魏無忌享有信陵，而魏無忌也一直留在趙國，十年都沒有回去。

白話解讀

趙孝成王時，秦王派白起在長平前後擊潰趙國的四十萬軍隊，於是，秦國的軍隊向東挺進並圍困邯鄲，趙王因此很害怕，各國的救兵也沒有人敢攻擊秦軍。魏安釐王派出將軍晉鄙營救趙國，但是他因為畏懼秦軍，駐紮在蕩陰不敢前進。魏王派客籍將軍新垣衍，從隱蔽的小路進入邯鄲，通過平原君的關係見到趙王說：「秦軍之所以急於圍攻趙國，是因為以前和齊湣王爭強稱帝，不久又取消帝號；如今齊國已然更加削弱，當今只有秦國稱雄天下，因此秦國這次圍城並不是為了貪圖邯鄲，他的意圖是要重新稱帝。趙國如果真的派遣使臣尊奉秦昭王為帝，秦王一定很高興，就會撤兵離去。」聽了之後，平原君很猶豫無法決斷。

這時，魯仲連客遊趙國，正趕上秦軍圍攻邯鄲，他聽說魏國想要讓趙國尊奉秦昭王稱帝，就去晉見平原君說：「這件事您會怎麼辦呢？」平原君說：「我哪裡還敢談論這樣的大事！前不久，我才剛在國外損失了四十萬大軍，而今，秦軍圍困邯鄲，又不能使之退兵。魏王派客籍將軍新垣衍讓趙國尊奉秦昭王稱帝，眼下，那個人還在這裡。我哪裡還敢談論這樣的大事！」魯仲連說：「以前我認為您是天下賢明的公子，今天我才知道您並不是。魏國的客人新垣衍在哪裡？我替您去責問他並且讓他回去。」平原君說：「我願意為您介紹，讓他跟先生相見。」於是平原君召見新垣衍說：「齊國有位魯仲連先生，現在他就在這裡，我替您介紹他跟將軍認識一下。」新垣衍說：「我聽說魯仲連先生，是齊國志行高尚的人。我是魏王的臣子，奉命出使，身負職責，我不能見魯仲連先生。」平原君說：「但是我已經把您在這裡的消息透露給他了。」新垣衍只好應允。

但是，當魯仲連見到新垣衍卻一言不發。新垣衍說：「我觀察留在這座圍城中的，都是有求於平原君的人。而今，我看先生的尊容，不像是有求於平原君的人，為什麼還留在這圍城之中而不離去呢？」魯仲連說：「世人認為鮑焦沒有博大的胸懷而死去，這種看法都錯了。一般人不了解他恥居濁世的心意，認為他是為個人打算。秦國，是個拋棄禮儀只崇尚戰功的國家，用權詐之術對待士卒，像對待奴隸一樣役使百姓。如果讓它無所忌憚地恣意稱帝，進而統治天下，那麼，我寧願跳進東海自盡，也沒辦法成為它的順民，我之所以來見將軍，是打算幫助趙國啊！」

新垣衍說：「先生想怎麼幫助趙國呢？」魯仲連說：「我要請魏國和燕國幫助趙國，而齊、楚兩國本來就是站在趙國這邊的了。」新垣衍說：「燕國，我相信它會聽從您的；至於魏國，我就是魏國人，先生要怎麼做才能讓魏國幫助趙國呢？」魯仲連說：「魏國是因為沒看清秦國稱帝的禍患，才沒有幫助趙國。讓魏國看清秦國稱帝的禍患後，就一定會幫助趙國。」

新垣衍說：「秦國稱帝後會有什麼禍患呢？」魯仲連說：「從前，齊威王曾經奉行仁義，率領天下諸侯而朝拜周天子。當時，周天子貧困又弱小，諸侯們沒有人去朝拜他，唯有齊國去朝拜。過了一年多後，周烈王逝世，齊王奔喪時遲到了，新繼位的周顯王很生氣，派人到齊國報喪說：『天子逝世是如同天崩地裂般的大事，新繼位的天子也得離開宮殿居喪守孝，睡在草蓆上，東方屬國之臣田因齊居然敢遲到，當斬。』齊威王聽了，勃然大怒地罵道：『呀呸！您母親原先還是個婢女呢！』最終此事被天下傳為笑柄。齊威王之所以在周天子在世的時候去朝見，死後卻破口大罵，是因為實在忍受不了新天子的苛求啊。這些作天子的本來就是這個樣子，也沒什麼值得奇怪的。」

新垣衍說：「先生難道沒見過奴僕嗎？十個奴僕侍奉一個主人，難道是力氣及不上或才智比不上他嗎？不是，是因為害怕他啊。」魯仲連說：「唉！魏王和秦王相比，魏王像僕人嗎？」新垣衍說：「是。」魯仲連說：「那麼，我如果讓秦王烹煮魏王，並剁成肉醬呢？」新垣衍很不高興、不服氣地說：「哼，先生的話也太過份了！先生又怎麼能讓秦王烹煮魏王剁成肉醬呢？」魯仲連說：「當然能，我說給您聽。從前，九侯、鄂侯、文王是殷紂的三個諸侯。九侯有個女兒長的姣美，便將她獻給殷紂，但是殷紂認為她長的醜陋，於是便將九侯剁成肉醬。鄂侯剛直諍諫、激烈辯白，於是殷紂又把鄂侯殺死做成肉乾。文王聽到這件事，只是長長地嘆息後，殷紂竟然也把他囚禁在牖里的監牢內一百天，想要將他殺死。為什麼同樣是稱王，但最終會落到被剁成肉醬、做成肉乾的地步呢？齊湣王前往魯國，夷維子替他趕車作為隨員。他對魯國官員們說：『你們準備如何接待我們國君？』魯國官員們說：『我們打算用十副太牢的禮儀接待您的國君。』夷維子說：『你們這是按照哪裡的禮儀接待我們國君？我們的國君是天子啊！天子到各國巡察，諸侯理應遷出正宮並且移居別處，並且交出鑰匙。撩起衣襟安排飯菜，站在堂下伺候天子用膳，等到天子吃完後，才可以退回朝堂聽政理事。』魯國官員聽了，就關閉上鎖，不讓齊湣王入境。齊湣王不能進入魯國，就打算借道鄒國前往薛地。正當這時，鄒國國君逝世，齊湣王想入境弔喪，夷維子對鄒國的嗣君說：『天子弔喪，喪主一定要把靈柩轉換方向，在南面安放朝北的靈位，然後讓天子面向南弔喪。』鄒國大臣們說：『如果一定要如此，我們寧願用劍自殺。』因此齊湣王又不敢進入鄒國。鄒、魯兩國的臣子，在國君生前不能夠好好地侍奉，國君死後又不能周備地完成喪儀。齊湣王想要在鄒、魯行天子之禮，鄒、魯的臣子們最終得以拒絕齊湣王入境。如今，秦國是擁有萬輛戰車的國家，魏國也是擁有萬輛戰車的國家。兩者都是萬乘大國，又各有稱王的名分，秦國只是打了一次勝仗，魏國就要順從地擁護它稱帝，這就使得三晉的大臣比不上鄒、魯的奴僕、卑妾了。如果秦國終於稱帝，那麼它就會更換諸侯的大臣。它將會罷免他認為不忠誠的，換上他認為賢能的人；罷免他所憎惡的，換上他所喜愛的人。還會讓他的兒女和搬弄事非的姬妾，嫁給諸侯做妃姬，並住在魏國的宮廷裡，這樣魏王怎麼能夠安安定定地生活呢？而將軍您又怎麼能夠得到原先的寵信呢？」

於是，新垣衍站起來，向魯仲連連拜兩次謝罪說：「當初認為先生是個普通人，我今天才知道先生是天下傑出的高士。我會離開趙國，再不敢談論秦王稱帝的事了。」秦軍主將聽到這個消息後，為此把軍隊後撤五十里。恰巧此時，魏公子無忌奪得晉鄙的軍權，率領軍隊來援救趙國，攻擊秦軍，秦軍也就從邯鄲撤離了。

核心要旨

趙孝成王六年（西元前二六〇年），秦於長平大敗趙軍，坑殺趙卒四十餘萬，秦軍繼而圍攻趙都邯鄲。魏國救趙部隊駐紮蕩陰不敢進兵，卻派新垣衍說趙帝秦。平原君心急如焚，束手無策，形勢岌岌可危。魯仲連主動去見新垣衍，用具體的事例作為比喻，生動、形象而又透徹地闡明抽象的道理，指陳帝秦的弊害，終於讓「使事有職」不願會見魯仲連的新垣衍拜服，不敢復言帝秦，而「秦將聞之，為卻軍五十里」。本傳刻劃了魯仲連好持高節的名士形象，他胸羅奇想，志節不凡；他為人排除患難、解決紛亂而一無所取。邯鄲解圍，平原君欲封魯仲連，「辭讓者三，終不肯受」。以千金為魯仲連壽，魯仲連笑說：「所貴於天下之士者，為人排患釋難解紛亂而無取也。即有取者，是商賈之事也，而連不忍為也。」他飄然遠舉、不受羈紲、放浪形骸的性格，為後世所傳誦。

成語精粹

1. 義不帝秦：堅持正義，不向強權惡勢力屈服。

原典：秦國包圍趙都邯鄲，魏王派新垣衍勸說趙國尊秦為帝，平原君猶豫不決。這時，魯仲連出面向新垣衍陳述利害說：「秦國是廢棄禮義而崇尚斬首之功的國家，用權詐的手段役使其士兵，像對待俘虜那樣待其民眾。」他義正詞嚴地表示：「如果秦王自稱為帝，仲連寧願跳海而死，也不做秦國的臣民。」還列舉了許多歷史事例來說明尊秦為帝的危害，經過激烈辯論，終於說服魏趙兩國不尊秦為帝。

寫作實典

1. 類疊：接二連三地反覆使用相同的一個字詞、語句的修辭技巧。可以增加文章的節奏感，凸顯文章的重點。

例1：此時魯仲連適游趙，會秦圍趙，聞魏將欲令趙尊秦為帝，乃見平原君曰：「事將奈何？」平原君曰：「**勝也何敢言事！**前亡四十萬之眾於外，今又內圍邯鄲而不能去。魏王使客將軍新垣衍令趙帝秦，今其人在是。**勝也何敢言事！**」

例2：少年不識愁滋味，**愛上層樓**，**愛上層樓**。為賦新詞強說愁。而今識盡愁滋味，**欲說還休**，**欲說還休**。卻道天涼好個秋。（辛棄疾《醜奴兒》）

例3：**賢哉回也！**一簞食，一瓢飲，居陋巷，人不堪其憂，回也不改其樂。**賢哉回也！**（《論語雍也篇》）

例4：**迢迢**牽牛星，**皎皎**河漢女。**纖纖**擢素手，**札札**弄機杼。終日不成章，泣涕零如雨。河漢清且淺，相去復幾許？**盈盈**一水間，**脈脈**不得語。（《古詩十九首迢迢牽牛星》）

高手過招（*為多選題）

*1.（　）**「平原君欲封魯仲連，魯仲連辭讓者三」，句末的「三」用來描述動作的頻率。下列文句中的「三」，屬於此種用法的選項是：**

A. 范增數目項王，舉所佩玉玦以示之者「三」

B. 五帝五后，凡十主，未遷者六，未立者四，未謚者「三」

C. 君子道者「三」，我無能焉：仁者不憂，知者不惑，勇者不懼

D. 尋見莊帝從閶闔門入，登太極殿，唱萬歲者「三」，百官咸加朝服謁帝

E. 每衞果毅都尉一人，被繡袍，各一人從；左右領軍衞有絳引幡，引前者三，掩後者「三」

【解答】

1. AD

屈原賈生列傳

古文鑑賞

上官大夫❶與之同列❷，爭寵而心害❸其能。懷王❹使屈原造為憲令，屈平屬❺草稿未定。上官大夫見而欲奪之，屈平不與，因讒之曰：「王使屈平為令，眾莫不知，每一令出，平伐❻其功，以為『非我莫能為』也。」王怒而疏❼屈平。

屈平疾王聽之不聰❽也，讒諂之蔽明也，邪曲之害公也，方正之不容也，故憂愁幽思❾而作《離騷》。

離騷者，猶離憂❿也。夫天者，人之始也；父母者，人之本也。人窮則反本⓫，故勞苦倦極，未嘗不呼天也；疾痛慘怛⓬，未嘗不呼父母也。屈平正道直行，竭忠盡智以事其君，讒人間⓭之，可謂窮矣。信而見疑，忠而被謗，能無怨乎？屈平之作《離騷》，蓋自怨生也。《國風》⓮好色而不淫，《小雅》⓯怨誹而不亂。若《離騷》者，可謂兼之矣。上稱帝嚳，下道齊桓，中述湯武，以刺世事。明道德之廣崇，治亂之條貫，靡

傳說時代
春秋戰國
秦
楚漢相爭
漢

出題率 ★★★★

【注釋解析】

❶上官大夫：靳尚，本名尚。楚懷王時期，與三閭大夫屈原爲同僚，受封於靳江，因此被稱作靳尚。最終在和張儀出使秦國時，被仇人所設計遭殺害。

❷同列：同在朝班，即同事。

❸害：妒忌。

❹懷王：楚懷王，熊槐，楚威王之子，任用佞臣令尹子蘭、上官大夫靳尚，寵愛南后鄭袖，排斥三閭大夫屈原，爲人利令智昏，國事日非。楚懷王二十七年（西元前三〇二年），在秦國爲人質的楚太子橫在私鬥中殺死一個秦大夫，逃回楚國。秦國爲報復，攻打楚國，殺楚將唐眛，奪走重丘。楚懷王三十年（西元前二九九年）秦國攻佔楚國八座城池，秦昭王約楚懷王在武關會面。懷王不聽昭睢、屈原勸告，決定前往武關，結果被秦國扣留，秦王脅迫懷王割地，懷王不肯。懷王被扣留期間，楚人立太子橫爲王，是爲楚頃襄王。楚頃襄王三年（西元前二九六年）懷王在秦國病逝，秦國把遺體送還楚國，「楚人皆憐之，如悲親戚」。屈原寫《招魂》紀念楚懷王。後來，秦朝末年，群雄並起，反秦勢力之一的舊楚國將領項燕之子項梁立楚懷王之孫熊心爲王，仍號「楚懷王」，以爭取楚人民心。

不畢見⑯。其文約⑰，其辭微⑱，其志潔，其行廉，其稱文小⑲而其指極大，舉類邇⑳而見義遠。其志潔，故其稱物芳。其行廉，故死而不容自疏㉑。濯淖㉒汙泥之中，蟬蛻㉓於濁穢，以浮游塵埃之外，不獲世之滋㉔垢，皭然㉕泥而不滓者也。推此志也，雖與日月爭光可也。

屈平既絀㉖，其後秦欲伐齊，齊與楚從親㉗，惠王患之，乃令張儀詳㉘去秦，厚幣㉙委質㉚事楚，曰：「秦甚憎齊，齊與楚從親，楚誠能絕齊，秦願獻商、於之地六百里。」楚懷王貪而信張儀，遂絕齊，使使如㉛秦受地。張儀詐之曰：「儀與王約六里，不聞六百里。」楚使怒去，歸告懷王。懷王怒，大興師伐秦。秦發兵擊之，大破楚師於丹、淅，斬首八萬，虜楚將屈丐，遂取楚之漢中地。懷王乃悉發國中兵以深入擊秦，戰於藍田。魏聞之，襲楚至鄧。楚兵懼，自秦歸。而齊竟怒不救楚，楚大困。

明年，秦割漢中地與楚以和。楚王曰：「不願得地，願得張儀而甘心㉜焉。」張儀聞，乃曰：「以一儀而當㉝漢中地，臣請往如楚。」如楚，又因厚幣用事者㉞臣靳尚，而設詭辯

---

❺屬：寫作。
❻伐：自我誇耀。
❼疏：疏遠。
❽聰：聽覺靈敏，此處指明辨是非。
❾幽思：苦悶深思。
❿離憂：遭受憂愁。離，通「罹」，遭受。
⓫反本：追念根本。反，同「返」。
⓬慘怛：憂傷，悲痛。
⓭間：挑撥離間。
⓮《國風》：《詩經》的組成部分之一，由各地的民間歌謠所組成，有十五國風，一百六十篇。
⓯《小雅》：亦《詩經》的組成部分之一。大部分是西周後期和東周初期貴族宴會的樂歌，小部分是批評當時朝政過失，或抒發怨憤的民間歌謠。
⑯靡：沒有。見：同「現」。
⑰約：簡約。
⑱微：精深，幽微。
⑲稱文小：指《離騷》中多引述花草樹木等細小事物。指：通「旨」，意義。
⑳舉類邇：指《離騷》所稱引的都是眼前習見的事例。邇，近。
㉑自疏：自己主動疏遠，這裡指不放鬆對自己的嚴格要求。
㉒濯淖：洗滌污垢。此處以喻超脫世俗。

於懷王之寵姬鄭袖。懷王竟聽鄭袖，復釋去張儀。是時屈平既疏，不復在位，使於齊，顧反㉟，諫懷王曰：「何不殺張儀？」懷王悔，追張儀不及。

其後諸侯共擊楚，大破之，殺其將唐眛。

時秦昭王與楚婚，欲與懷王會。懷王欲行，屈平曰：「秦虎狼之國，不可信，不如毋行㊱。」懷王稚子㊲子蘭勸王行：「奈何絕秦歡！」懷王卒㊳行。入武關，秦伏兵絕其後，因留懷王，以求割地。懷王怒，不聽。亡走趙，趙不內㊴。復之秦，竟死於秦而歸葬。

長子頃襄王立，以其弟子蘭為令尹。楚人既咎㊵子蘭以勸懷王入秦而不反也。

屈平既嫉之，雖放流，睠顧㊶楚國，系心懷王，不忘欲反，冀幸㊷君之一悟，俗之一改也。其存君興國而欲反覆之，一篇之中三致志焉。然終無可奈何，故不可以反，卒以此見懷王之終不悟也。人君無愚智賢不肖，莫不欲求忠以自為，舉賢以自佐，然亡國破家相隨屬，而聖君治國累世而不見者，其所謂忠者不忠，而所謂賢者不賢也。懷王以不知忠臣之分㊸，故內惑

㉓ 蟬蛻：蟬蛻之殼，此處以喻解脫。
㉔ 滋：混濁，污黑。
㉕ 皭然：潔白的樣子。
㉖ 絀：通「黜」。貶斥，廢退。
㉗ 從親：指山東六國團結起來，結成聯盟，共同抗秦。
㉘ 詳：通「佯」。假裝。
㉙ 厚幣：豐厚的禮品。幣，古人用作禮物的絲織品，泛指用作禮品的玉、帛等物。
㉚ 委質：謂臣子拜見君王時，屈膝而委體於地。引申爲歸順、臣服。質，指形體。
㉛ 如：往……；到……。
㉜ 甘心：稱心，快意。
㉝ 當：抵押。
㉞ 用事者：當權的人。
㉟ 顧反：等到返回時。反，同「返」。
㊱ 毋行：不去爲好。毋，無、不。
㊲ 稚子：幼子。
㊳ 卒：最終。
㊴ 內：同「納」。接納。
㊵ 咎：責怪，歸罪。
㊶ 睠顧：懷念。
㊷ 冀幸：僥倖希望。
㊸ 分：職分，本分。
㊹ 《易》：書名。也稱《周易》或《易經》。是我國古代有哲學思想的占卜書，也是儒家重要

於鄭袖，外欺於張儀，疏屈平而信上官大夫、令尹子蘭。兵挫地削，亡其六郡，身客死於秦，為天下笑。此不知人之禍也。《易》㊹曰：「井渫㊺不食，為我心惻㊻，可以汲。王明，並受其福。」王之不明，豈足福哉！

令尹子蘭聞之大怒，卒使上官大夫短㊼屈原於頃襄王，頃襄王怒而遷㊽之。

屈原至於江濱，被髮行吟澤畔。顏色憔悴，形容枯槁。漁父㊾見而問之曰：「子非三閭大夫㊿歟？何故而至此？」屈原曰：「舉世混濁而我獨清，眾人皆醉而我獨醒，是以見放51。」漁父曰：「夫聖人者，不凝滯於物而能與世推移52。舉世混濁，何不隨其流而揚其波？眾人皆醉，何不餔其糟而啜其釃53？何故懷瑾握瑜54而自令見放為？」屈原曰：「吾聞之，新沐者必彈冠，新浴者必振衣，人又誰能以身之察察55，受物之汶汶56者乎！寧赴常流而葬乎江魚腹中耳，又安能以皓皓之白而蒙世俗之溫蠖57乎！」

經典。

㊺ 渫：通「泄」，淘去污泥。

㊻ 惻：心中悲傷。

㊼ 短：說人的壞話。

㊽ 遷：貶謫，放逐。

㊾ 漁父：捕魚者，漁翁。

㊿ 三閭大夫：職官名，本文中代指屈原，因他曾任此職。

51 見放：被放逐。

52 凝滯：拘泥。推移：變遷，轉易。

53 餔：吃，食。糟：未清帶滓的酒。啜：嘗，飲。釃：薄酒。

54 瑾、瑜：都是美玉名。此處以喻高尚的品德。

55 察察：清白，高潔。

56 汶汶：污垢，污辱。

57 皓皓：通「皓皓」，潔白，光明。溫蠖：塵滓重積的樣子。

白話解讀

上官大夫和屈原職位相同，他總是希望能比屈原更受懷王寵信，因此十分嫉妒屈原的才能。有一次，懷王命屈原制定國家法令，屈原剛寫完草稿，還沒修定完成。上官大夫見到之後就想占為己有，但屈原不肯給他。於是他便和楚懷王說屈原的壞話：「大王您讓屈原制定法令，上下官員都知道這件事。但每頒佈一條法令時，屈原就自誇其功，說『除了我之外，誰也做不出來』。」懷王聽了之後非常生氣，也就對屈原漸漸疏遠。

屈原認為懷王聽聞讒言而不能分辨是非，視線被讒佞諂媚之徒所蒙蔽而不能辨明真偽，致使邪惡曲解正義，正直的人不被朝廷所容，屈原感到萬分痛心，所以才憂愁苦悶、沉鬱深思，寫成《離騷》。所謂「離騷」，就是遭遇憂患之意。上天是人的原始，父母是人的根本。人在處境窘迫的時候，就要追本溯源，所以在勞累困苦到極點時，沒有人不會呼叫上天的；在受到病痛折磨無法忍受時，沒有人不會呼叫父母的。屈原堅定公正、行為耿直，對君王一片忠心，竭盡才智，但是卻受到小人的挑撥離間，其處境可以說是極端困窘。因誠心為國而被君王懷疑，因忠心事主而被小人誹謗，怎麼可能沒有悲憤之情呢？屈原寫作《離騷》，正是為了抒發這種悲憤之情。《詩經．國風》雖然有許多描寫男女戀情之作，但卻不是淫亂；《詩經．小雅》雖然表露百姓對朝政的誹謗憤怨之情，但卻不主張公開反叛。而像屈原的《離騷》，可以說是兼有以上兩者的優點。屈原在《離騷》中，往上追述到帝嚳的事蹟，近世讚揚齊桓公的偉業，中間敘述商湯、周武的德政。以此來批評時政，闡明道德內容的廣博深遠，治亂興衰的因果必然，這些在《離騷》中都講得非常詳盡。語言簡約精煉，內容卻託意深微，情志高潔，品行廉正。文句雖寫的是細小事物，但意旨卻極其宏大博深，所舉的雖然都是眼前習見的事例，但所寄託的意義卻極其深遠。屈原情志高潔，所以喜歡用香草作譬喻。其品行廉正，所以至死也不懈怠對自己的要求。身處污泥濁水之中還能將自身洗滌乾淨，就像蟬能從混濁污穢中解脫出來一樣。能在塵埃之外浮游，不被世俗的混濁所玷污，清白高潔，出污泥而不染，其高尚的情志，足夠與日月爭輝。

屈原被貶退之後，秦國想發兵攻打齊國，可是齊國與楚國有合縱的盟約，秦惠王對此很憂愁，於是就派張儀假裝離開秦國，帶著豐厚的禮品來到楚國表示臣服，說：「秦國非常痛恨齊國，但齊國和楚國有合縱的盟約，若是楚國能和齊國斷交，那麼秦國就願意獻出商、於一帶六百里土地。」楚懷王因貪圖得到土地而相信張儀，於是就和齊國斷絕關係，並派使者到秦國接受土地。張儀欺騙楚國，對使者說：「我和楚王約定的是六里，沒聽說過有什麼六百里。」楚國使者非常生氣地離去，回到楚國把這事告訴懷王。懷王勃然大怒，大規模起兵攻打秦國。秦國也派兵迎擊，在丹水、淅水一帶大破楚軍，並斬殺八萬人，俘虜楚將屈丐，接著又攻取楚國漢中一帶的地域。於是楚懷王動員全國的軍隊，深入進軍，攻打秦國，在藍田展開大戰。魏國得知此事，派兵偷襲楚國，行軍到達鄧地。楚兵非常害怕，不得不從秦國撤軍回國。而齊國也因痛恨懷王背棄盟約，不肯派兵救助楚國，讓楚國的處境非常艱難。

第二年，秦國提出割讓漢中一帶土地，並和楚國講和，但楚懷王說：「我不想得到土地，只想得到張儀。」張儀聽到這話就說：「只要用我一個張儀，就可以抵漢中之地，請大王答應我去楚國。」張儀到楚國之後，又給楚國掌權的大臣靳尚送上厚禮，並用花言巧語欺騙懷王的寵姬鄭袖，懷王竟然聽信鄭袖的話，將張儀放走。這時屈原已被疏遠，不再擔任重要官職，他剛被派到齊國出使，回來之後，向懷王進諫說：「大王您為什麼不殺了張儀呢？」懷王感到很後悔，但派人去追趕時，已經來不及了。

在此之後，各諸侯國聯合攻打楚國，大敗楚軍並且殺死楚國大將唐眛。

當時秦昭王和楚國結為姻親，想和楚懷王見面。楚懷王打算前往，但屈原勸諫說：「秦國是虎狼一般貪暴的國家，是不能信任的，還是不去為好。」可是懷王的小兒子子蘭勸懷王前去，他說：「為什麼要拒絕秦王的好意呢？」懷王最終還是去了。但他才剛進入武關，秦朝的伏兵就斬斷他的歸路，把懷王扣留，逼迫他答應割讓土地。懷王大怒，不肯應允，逃到趙國，但趙國拒絕接納。只好又回到秦國，最終死在秦國，屍體最後運回楚國安葬。懷王的大兒子頃襄王繼位，任命他的弟弟子蘭為令尹。也因為是子蘭勸懷王入秦而最終死在秦國，楚國人都把此事的責任歸罪於子蘭。

屈原對子蘭的所作所為，也非常痛恨。雖然身遭放逐，卻依然眷戀楚國，懷念懷王，時刻惦記著能重返朝廷，總是希望國王能突然覺悟，不良習慣也為之改變。他總是不忘懷念君王，復興國家，扭轉局勢，所以在每篇作品中多次流露此種心情。然而終究無可奈何，也不可能再重返朝廷，於此可見懷王最終也沒有醒悟。作為國君，不管他聰明還是愚蠢，有才還是無才，都希望找到忠臣和賢士來輔佐自己治理國家，然而亡國破家之事卻不斷發生，而聖明之君、太平之國卻好多代都未曾一見，其根本原因就在於其所謂忠臣並不忠，其所謂賢士並不賢。懷王因不知曉忠臣之職分，所以在內被鄭袖所迷惑，在外被張儀所欺騙，疏遠屈原而信任上官大夫和令尹子蘭。結果使軍隊慘敗，國土被侵占，失去六郡地盤，自己還流落他鄉，客死秦國，被天下人所恥笑。這是由於不知人所造成的災禍。《易經》上說：「井已經疏浚乾淨，卻沒人來喝水，這是令人難過的事。國君若是聖明，那大家都可以得到幸福。」而懷王是如此不明，那裡配得到幸福啊！

令尹子蘭聽到這些言論勃然大怒，就讓上官大夫去向頃襄王說屈原的壞話，頃襄王一生氣，就把屈原放逐了。

屈原來到江邊，披頭散髮的在荒野草澤上一邊走，一邊悲憤長吟。臉色憔悴，形體乾瘦。一位漁翁看到他，就問道：「您不是三閭大夫嗎？為什麼到這裡來呢？」屈原說：「全世界的人都是污濁的，只有我是乾淨的；大家都昏沉大醉，只有我是清醒的，所以我才被放逐了。」漁翁說：「一個道德修養達到最高境界的人，對事物的看法並非一成不變，而是能隨著世俗風氣而轉移，全世界的人都污濁不堪，你為什麼不在其中隨波逐流呢？大家都昏沉大醉，你為什麼不沉浸在其中吃點殘羹剩酒呢？為什麼一定要保持美玉一般的品德，而使自己得到被流放的下場呢？」屈原回答說：「我聽說過，剛洗過頭的人一定要彈去帽子上的灰塵，剛洗過身軀的人一定要把衣服上的塵土抖乾淨，又有誰願意以清白之身，而受外界污垢的玷染呢？我寧願跳入江水長流之中，葬身魚腹之內，也不讓自己的清白品德蒙受世俗的污染！」

核心要旨

在此篇屈原傳中，作者寫他的才能之高，但也因此深受上官大夫的嫉妒。上官大夫進讒言使懷王疏遠屈原。屈原被貶之後，作者極力表現他忠君愛國的一腔熱血和滿懷赤誠。但屈原最終也沒辦法使懷王覺悟，反因此得罪了令尹子蘭，慘遭放逐。

屈原被放逐之後，作者重點寫了他的死。上不能為國盡忠效力，下不能躬耕隴畝、歸隱田園，「舉世混濁我獨清，眾人皆醉我獨醒」。這是一種偉大的、難得的孤獨，唯有堅強者方能如此，唯有高尚者方能如此。就這樣，屈原懷抱沙石，沉江而死，實現了自己「伏清白以死直」（《離騷》）的諾言，其正直剛烈堪稱千古之冠。

成語精粹

1. 與世推移： 隨著世道的變化而改變，以合時宜。

原典：漁父曰：「夫聖人者，不凝滯於物而能與世推移。舉世混濁，何不隨其流而揚其波？眾人皆醉，何不餔其糟而啜其醨？何故懷瑾握瑜而自令見放為？」

2. 隨波逐流：比喻沒有堅定的立場，缺乏判斷是非的能力，只能跟隨別人的腳步。

原典：漁父曰：「夫聖人者，不凝滯於物而能與世推移。舉世混濁，何不隨其流而揚其波？眾人皆醉，何不餔其糟而啜其醨？何故懷瑾握瑜而自令見放為？」

3. 懷瑾握瑜：比喻人具有純潔高尚的品德。

原典：漁父曰：「夫聖人者，不凝滯於物而能與世推移。舉世混濁，何不隨其流而揚其波？眾人皆醉，何不餔其糟而啜其醨？何故懷瑾握瑜而自令見放為？」

4. 彈冠振衣：整潔衣冠，後多比喻將欲出仕。

原典：屈原曰：「吾聞之，新沐者必彈冠，新浴者必振衣，人又誰能以身之察察，受物之汶汶者乎！寧赴常流而葬乎江魚腹中耳，又安能以皓皓之白而蒙世俗之溫蠖乎！」

寫作寶典

1. 映襯：把不同的、相反的觀念或事實，對列兩相比較，使其意義明顯。通常作用在使語氣增強。

例1：**濯淖汙泥**之中，蟬蛻於濁穢，以浮游塵埃之外，不獲世之滋垢，**皭然泥而不滓者也**。推此志也，雖與日月爭光可也。

例2：漁父見而問之曰：「子非三閭大夫歟？何故而至此？」屈原曰：「**舉世混濁而我獨清，眾人皆醉而我獨醒**，是以見放。」

例3：政之所興，在順民心；政之所廢，在逆民心。**民惡憂勞，我佚樂之；民惡貧賤，我富貴之；民惡危墜，我存安之；民惡滅絕，我生育之。能佚樂之，則民為之憂勞；能富貴之，則民為之貧賤；能存安之，則民為之危墜；能生育之，則民為之滅絕。**（管子《牧民．四順》）

高手過招（＊為多選題）

＊1.（　）下列各組文句「　」內的字，前後意義相同的選項是：

A.況脩短隨化，終期於「盡」／以天下之害「盡」歸於人

B.其門人甚眾，「薄」暮畢集／炎日「薄」茅上，暑氣蒸鬱，覺悶甚

C.後五年，吾妻來「歸」／靖心知虬髯得事也，「歸」告張氏，具禮拜賀

D.將崇極天之峻，永保無疆之「休」／譬如人身血脈，節節相通，自無他病。數年以後，仍成樂土，豈不「休」哉

E.安能以身之察察，受物之汶汶者乎？「寧」赴湘流，葬於江魚之腹中／將軍獨靦顏借命，驅馳氈裘之長，「寧」不哀哉

2.（　）下列各組文句中，「　」內的字讀音相同的選項是：

A.「裨」補闕漏（諸葛亮〈出師表〉）／侍「婢」羅列（杜光庭〈虬髯客傳〉）

B.若「剟」刺狀（方孝孺〈指喻〉）／何不餔其糟而「歠」其釃（屈原〈漁父〉）

C.貧賤則「懾」於飢寒（曹丕《典論．論文》）／農夫「躡」絲履（司馬光〈訓儉示康〉）

D.乃使人修「葺」南閤子（歸有光〈項脊軒志〉）／無「揖」讓拜跪禮（陳第〈東番記〉）

3. **閱讀下列文字，並根據你對《楚辭．漁父》和屈原的了解，說明文中如何描述屈原的外貌？這些描述凸顯了屈原性格上的何種特徵？請以二百字—二百五十字加以說明。**

（漁父）睡了一覺，下午的日光還是一樣白。

他一身汗，濕津津的，恍惚夢中看到一個人。

一個瘦長的男人吧，奇怪得很，削削瘦瘦像一根枯掉的樹，臉上露著石塊一樣的骨骼。眉毛是往上挑的，像一把劍，鬢角的髮直往上梳，高高在腦頂綰了一個髻，最有趣的是他一頭插滿了各種的野花。

杜若香極了，被夏天的暑氣蒸發，四野都是香味。這男子，怎麼會在頭上簪了一排的杜若呢？

漁父仔細嗅了一下，還不只杜若呢！這瘦削的男子，除了頭髮上插滿了各種香花，連衣襟、衣裾都佩著花，有蘼蕪，有芷草，有鮮血一樣的杜鵑，有桃花，柳枝。漁父在這汨羅江邊長大，各種花的氣味都熟，桂花很淡，辛夷花是悠長的一種香氣，好像秋天的江水⋯⋯

「你一身都是花，做什麼啊？」

漁父好像問了一句，糊裡糊塗又睡著了。

（蔣勳〈關於屈原的最後一天〉）

【解答】

1. BD　2. A

刺客列傳

古文鑑賞

傳說時代 — 春秋戰國 — 秦 — 楚漢相爭 — 漢

出題率 ★★

久之，荊軻未有行意。秦將王翦破趙，虜趙王，盡收入其地，進兵北略❶地至燕南界。太子丹恐懼，乃請荊軻曰：「秦兵旦暮❷渡易水，則雖欲長侍足下，豈可得哉！」荊軻曰：「微❸太子言，臣願謁❹之。今行而毋信，則秦未可親也。夫樊將軍，秦王購之金千斤，邑萬家。誠得樊將軍首與燕督亢之地圖，奉獻秦王，秦王必說❺見臣，臣乃得有以報。」太子曰：「樊將軍窮困來歸丹，丹不忍以己之私而傷長者之意，願足下更慮之！」

荊軻知太子不忍，乃遂私見樊於期曰：「秦之遇將軍可謂深❻矣，父母宗族皆為戮沒❼。今聞購將軍首金千斤，邑萬家，將奈何？」於期仰天太息流涕曰：「於期每念之，常痛於骨髓，顧計不知所出耳！」荊軻曰：「今有一言可以解燕國之患，報將軍之仇者，何如？」於期乃前曰：「為之奈何？」荊

【注釋解析】

❶略：奪取，侵占。
❷旦暮：早晚。極言時間短暫。
❸微：無，沒有。
❹謁：請求。
❺說：喜歡，高興。通「悅」。
❻深：殘酷，刻毒。
❼戮：殺死。沒：沒入官府爲奴。
❽揕：直刺。匈：同「胸」。胸膛。
❾偏袒搤捥：脫掉一邊衣袖，露出一邊臂膀，一隻手緊握另一支手腕，以示激憤。搤，同「扼」，掐住，捉住。捥，同「腕」。
❿切齒腐心：上下牙齒咬緊錯動，憤恨得連心都碎了。
⓫函封：裝入匣子，封起來。
⓬血濡縷：只要滲出一點血絲。
⓭忤視：用惡意的眼光看人。忤，逆，抵觸。
⓮治行：準備行裝。
⓯豎子：小子，對人的蔑稱。
⓰辭決：訣別。
⓱既祖：餞行之後。祖，古人出遠門時祭祀路神的活動。這裡指餞行的一種隆重儀式，即祭神後，在路上設宴爲人送行。
⓲爲變徵之聲：發出變徵的音調。古代樂律，分宮、商、角、變徵、徵、羽、變宮七調，大體

軻曰：「願得將軍之首以獻秦王，秦王必喜而見臣，臣左手把其袖，右手揕其匈❽，然則將軍之仇報而燕見陵之愧除矣。將軍豈有意乎？」樊於期偏袒搤捥❾而進曰：「此臣之日夜切齒腐心❿也，乃今得聞教！」遂自剄。太子聞之，馳往，伏尸而哭，極哀。既已不可奈何，乃遂盛樊於期首函封⓫之。

於是太子豫求天下之利匕首，得趙人徐夫人匕首，取之百金，使工以藥焠之，以試人，血濡縷⓬，人無不立死者。乃裝為遣荊卿。

燕國有勇士秦舞陽，年十三，殺人，人不敢忤視⓭。乃令秦舞陽為副。荊軻有所待，欲與俱；其人居遠未來，而為治行⓮。頃之，未發，太子遲之，疑其改悔，乃復請曰：「日已盡矣，荊卿豈有意哉？丹請得先遣秦舞陽。」荊軻怒，叱太子曰：「何太子之遣？往而不返者，豎子⓯也！且提一匕首入不測之強秦，僕所以留者，待吾客與俱。今太子遲之，請辭決⓰矣！」遂發。

太子及賓客知其事者，皆白衣冠以送之。至易水之上，既祖⓱，取道，高漸離擊筑，荊軻和而歌，為變徵之聲⓲，士皆

相當今日西方音樂的C、D、E、F、G、A、B七調。變徵即F調，此調蒼涼、淒惋，宜放悲聲。

⓳羽聲：相當今日西方音樂的A調。音調高亢，聲音慷慨激昂。

⓴瞋目：瞪大眼睛。

㉑發盡上指冠：因怒而頭髮豎起，把帽子頂起來。

㉒資：價值，資財。幣：古代用作禮物的絲織品，泛指用作禮物的玉帛等物。

㉓遺：贈送。

㉔振怖：內心驚悸，害怕。怖，驚慌、害怕。

㉕比：排列、比照。

㉖宗廟：帝王或諸侯祭祀祖宗的地方。

㉗督亢：地名，戰國燕的膏腴之地。後來泛指膏腴之地，亦借指高地或山脈。

㉘九賓：外交上極其隆重的禮儀。說法不一。一說爲九個接待賓客的禮賓人員；一說爲九種規格不同的禮節；一說爲九種地位不同的禮賓人員。

㉙色變：變了臉色。

㉚顧笑：指回頭向秦舞陽笑。

㉛假借：寬容。

㉜發圖：展開地圖。

㉝窮：盡。見：同「現」，出現。

㉞室：指劍鞘。

垂淚涕泣。又前而為歌曰：「風蕭蕭兮易水寒，壯士一去兮不復還！」復為羽聲⑲忼慨，士皆瞋目⑳，發盡上指冠㉑。於是荊軻就車而去，終已不顧。

遂至秦，持千金之資幣㉒物，厚遺㉓秦王寵臣中庶子蒙嘉。嘉為先言於秦王曰：「燕王誠振怖㉔大王之威，不敢舉兵以逆軍吏，願舉國為內臣，比㉕諸侯之列，給貢職如郡縣，而得奉守先王之宗廟㉖。恐懼不敢自陳，謹斬樊於期之頭，及獻燕督亢㉗之地圖，函封，燕王拜送於庭，使使以聞大王，唯大王命之。」秦王聞之，大喜，乃朝服，設九賓㉘，見燕使者咸陽宮。荊軻奉樊於期頭函，而秦舞陽奉地圖柙，以次進。至陛，秦舞陽色變㉙振恐，群臣怪之。荊軻顧笑㉚舞陽，前謝曰：「北蕃蠻夷之鄙人，未嘗見天子，故振慴。願大王少假借㉛之，使得畢使於前。」秦王謂軻曰：「取舞陽所持地圖。」軻既取圖奏之，秦王發圖㉜，圖窮而匕首見㉝。因左手把秦王之袖，而右手持匕首揕之。未至身，秦王驚，自引而起，袖絕。拔劍，劍長，操其室㉞。時惶急，劍堅，故不可立拔。荊軻逐秦王，秦王環柱而走。群臣皆愕，卒㉟起不意，盡失其度

㉟卒：通「猝」，突然。
㊱度：常態。
㊲夏無且：戰國時代秦國的御醫。漢朝公孫季功、董仲舒都和夏無且交好，因此，他們後來把夏無且以藥囊提荊軻這件事告訴司馬遷，他便把此事記載於《史記》中。
㊳提：打，投擲。
㊴股：大腿。
㊵擿：同「擲」。投擲。
㊶箕踞：兩腳張開，蹲坐於地，如同簸箕。以示輕蔑對方。
㊷坐：治罪，辦罪。
㊸益：增加。詣：往，到……去。
㊹拔：攻克，占領。
㊺李信：戰國時代秦國將軍，助秦王政消滅六國。為漢朝「飛將軍」李廣的五世始祖。秦王政二十年（西元前二二七年），燕國荊軻刺殺秦王失敗，秦派大將王翦、辛勝攻燕，於易水之西大破燕軍。次年，王翦之子王賁攻薊，燕王喜和太子丹敗走遼東，這時候，李信領兵千餘乘勝追擊至衍水。秦王政二十五年（西元前二二二年），燕王喜被俘，燕國亡。
㊻代王嘉：趙嘉，趙幽繆王之兄，戰國時期趙國最後的君主。秦王政十九年（趙王遷八年，西元前二二八年）秦將王翦率大軍破趙，殺趙蔥，顏聚逃走，長驅直入，破邯鄲，俘趙幽繆

㊱。而秦法，群臣侍殿上者不得持尺寸之兵；諸郎中執兵皆陳殿下，非有詔召不得上。方急時，不及召下兵，以故荊軻乃逐秦王。而卒惶急，無以擊軻，而以手共搏之。是時侍醫夏無且㊲以其所奉藥囊提㊳荊軻也。秦王方環柱走，卒惶急，不知所為，左右乃曰：「王負劍！」負劍，遂拔以擊荊軻，斷其左股㊴。荊軻廢，乃引其匕首以擿㊵秦王，不中，中桐柱。秦王復擊軻，軻被八創。軻自知事不就，倚柱而笑，箕踞㊶以罵曰：「事所以不成者，以欲生劫之，必得約契以報太子也。」於是左右既前殺軻，秦王不怡者良久。已而論功，賞群臣及當坐㊷者各有差，而賜夏無且黃金二百溢，曰：「無且愛我，乃以藥囊提荊軻也。」

於是秦王大怒，益發兵詣㊸趙，詔王翦軍以伐燕。十月而拔㊹薊城。燕王喜、太子丹等盡率其精兵東保於遼東。秦將李信㊺追擊燕王急，代王嘉㊻乃遺燕王喜書曰：「秦所以尤追燕急者，以太子丹故也。今王誠殺丹獻之秦王，秦王必解㊼，而社稷幸得血食㊽。」

王。趙公子嘉率其宗族幾百人逃到趙的代郡，大臣們共立趙嘉為代王。代王嘉聯合燕王喜抵抗秦軍，由燕太子丹統領，敗於易水，代王嘉勸燕王殺太子丹向秦國求和，秦軍暫緩攻勢。後來，燕國滅亡，王賁轉攻代郡，擄代王嘉，趙徹底滅亡。

㊼解：緩解、寬釋。

㊽社稷幸得血食：國家或許可以得到保存。社稷，土神和穀神，以古代君主都祭祀社稷，故成為國家政權的象徵。血食，享受祭祀。因為祭祀時要殺牛、羊、豬三牲，所以叫血食。

白話解讀

過了很長一段時間後，荊軻仍然沒有任何行動。這時，秦將王翦已經攻破趙國的都城，俘虜趙王，把趙國的領土全部納入秦國的版圖。秦國大軍挺進，向北奪取土地，直到燕國南部邊界。太子丹十分害怕，於是請求荊軻說：「秦國軍隊早晚就要橫渡易水，到那時，即使我想要長久地侍奉您，都沒有辦法了。」荊軻說：「太子就是不說，我也要請求行動了。但是如果現在到秦國去，我沒有可以讓秦王信任我的東西，我也就無法接近秦王。秦王正在懸賞黃金千斤、封邑萬戶來購買樊將軍的腦袋。如果可以得到樊將軍的腦袋和燕國督亢的地圖，獻給秦王，秦王一定會很高興地接見我，這樣我才能夠有機會報效您。」太子說：「樊將軍是走到了窮途末路才來投奔我，我不忍心因為自己的私利而傷害這位長者的心，希望您考慮別的辦法吧！」

荊軻知道太子不忍心，於是就私下會見樊於期說：「秦國對待將軍可以說是太殘酷了，父母、家族都被殺盡。如今聽說秦用黃金千斤、封邑萬戶，購買將軍的首級，您打算怎麼辦呢？」於期仰望蒼天，嘆息流淚說：「我每每想到這裡，就痛入骨髓，卻想不出辦法來。」荊軻說：「現在有一個辦法可以解除燕國的禍患，洗雪將軍的仇恨，怎麼樣？」於期湊向前說：「什麼辦法？」荊軻說：「我希望可以把將軍的首級獻給秦王，如此秦王一定會高興地召見我。然後我再左手抓住他的衣袖，右手用匕首直刺他的胸膛，那麼將軍的仇恨便可以洗雪，而燕國被欺凌的恥辱也可以洗清了。不知道將軍是否有這個決心呢？」樊於期脫掉一邊的衣袖，露出臂膀，一隻手緊緊握住另一隻手腕，走近荊軻說：「這是我日日夜夜切齒碎心的仇恨，直到今天才得以聽到您的指教！」說完樊於期便自刎了。太子聽到這個消息，駕車奔馳前往，趴在屍體上痛哭，極其悲傷，但也已經無法挽回了，於是就把樊於期的首級裝到匣子裡密封起來。

當時太子已預先尋找天下最鋒利的匕首，找到趙國人徐夫人的匕首，花了百金買下它，讓工匠用毒水淬它。用人試驗時，只要見一點點的血，那個人立刻就死亡。於是便替荊軻準備行裝，送他出發。燕國有位勇士叫秦舞陽，十三歲就殺了人，大家都害怕的不敢正面看他。於是便派秦舞陽作為荊軻的助手。荊軻正在等待另外一位朋友，打算一起出發，但是那個人住得很遠，還沒趕到，荊軻已經替那個人準備好行裝了。又過了些日子，荊軻依舊沒有出發，太子認為他在拖延時間，懷疑他反悔，就再次催請說：「日子不多了，荊卿有動身的打算嗎？請允許我派遣秦舞陽先行。」荊軻發怒地斥責太子說：「太子這是什麼意思？這是只顧去而不顧完成使命回來。秦舞陽是個沒出息的小子！現在是要拿一把匕首進入難以知曉其強暴的秦國。我之所以暫留的原因，是在等待一位朋友同去。眼下太子認為我拖延了時間，那就此告辭決別吧！」於是荊軻便出發了。

太子及賓客中知道這件事的，都穿著白衣戴著白帽為荊軻送行。在易水岸邊，餞行以後，荊軻就準備上路。高漸離擊筑，荊軻和著節拍唱歌，發出蒼涼淒惋的聲調，送行的人都流淚哭泣，一邊向前走一邊唱道：「風蕭蕭兮易水寒，壯士一去兮不復還！」復又發出慷慨激昂的聲調，送行的人們怒目圓睜，頭髮直豎，把帽子都頂起來。結束後荊軻便上車走了，連頭也沒有回。

一到秦國，荊軻帶著價值千金的禮物，厚贈秦王寵幸的臣子中庶子蒙嘉。蒙嘉替荊軻在秦王面前說：「燕王確實因大王的威嚴震懾得心驚膽顫，不敢出動軍隊抵抗大王的將士，情願全國上下做秦國的臣子，比照其他諸侯國排列其中，納稅如同直屬郡縣，奉守先王的宗廟，但因為惶恐畏懼不敢親自前來陳述。謹此砍下樊於期的首級並獻上燕國督亢地區的地圖，裝匣密封。燕王還在朝廷上舉行了拜送儀式，派出使臣把情況稟明大王，敬請大王指示。」秦王聽到這個消息，非常高興，就穿上禮服，安排外交上極為隆重的九賓儀式，在咸陽宮召見燕國的使者。荊軻捧著樊於期的首級，秦舞陽捧著地圖匣子，按照正、副使的次序前進，走到殿前臺階下時，秦舞陽臉色突變，害怕得發抖，大臣們都感到奇怪。荊軻回頭朝秦舞陽微笑，上前謝罪說：「北方藩屬蠻夷之地的粗野人，沒有見過天子，所以心驚膽顫。希望大王寬容他，讓他能夠在大王面前完成使命。」秦王對荊軻說：「遞上舞陽拿的地圖。」荊軻取過地圖獻上，秦王展開地圖，當地圖卷展到盡頭時，匕首露出來。荊軻趁機用左手抓住秦王的衣袖，右手拿匕首直刺。但還未近身，秦王就大驚並且抽身跳起，掙斷衣袖。秦王慌忙抽劍，但因為劍太長，所以只能抓住劍鞘。一時驚慌急迫，劍又套得很緊，所以沒辦法立刻拔出來。此時荊軻追趕秦王，秦王繞柱奔跑。大臣們嚇得在原地發呆，突然發生的意外事變，讓大家都失去常態。秦國的法律規定，殿上侍從大臣不允許攜帶任何兵器，各位侍衛武官也只能拿著武器依序守衛在殿外，沒有皇帝的命令就不准進殿。當時又是危急時刻，來不及傳喚外面的侍衛官兵。倉促之間，大臣們因為太過驚慌急迫，而沒有能夠用來攻擊荊軻的武器，侍從只能赤手空拳和荊軻搏擊。這時，侍從醫官夏無且用他所捧的藥袋投擊荊軻。而秦王依然圍著柱子跑，倉猝慌急，不知如何是好。侍從們喊道：「大王，把劍推到背後！」於是秦王將劍推到背後，才終於拔出寶劍攻擊荊軻，並且砍斷他的左腿。荊軻因為殘廢無法再追趕，於是就舉起他的匕首直接投刺秦王，沒有擊中，只擊中了銅柱。秦王接連攻擊荊軻，荊軻因此被刺傷八處。荊軻自知大事不能成功了，就倚在柱子上大笑，張開兩腿像簸箕一樣坐在地上罵道：「大事之所以沒能成功，是因為我想活捉你，迫使你訂立歸還諸侯們土地的契約，以回報太子。」這時侍衛們衝上前來殺死荊軻，而秦王也不高興了好一陣子。之後評論功過時，賞賜群臣及處置當辦罪的官員都按功過各有差別。大王賜給夏無且黃金二百鎰，秦王說：「無且忠誠於我，因此才用藥袋投擊荊軻啊！」

後來秦王大發雷霆，增派軍隊前往趙國，命令王翦的軍隊去攻打燕國，十月攻克薊城。燕王喜、太子丹等率領著全部精銳部隊向東退守遼東。秦將李信緊緊地追擊燕王，代王嘉就寫信給燕王喜說：「秦軍之所以追擊燕軍特別急迫，是因為太子丹的緣故。現在您如果殺掉太子丹，把他的人頭獻給秦王，一定會得到秦王寬恕，而您的社稷或許能夠僥倖保存下來。」

核心要旨

司馬遷是帶著他全部的感情在寫荊軻的其人其事，為我們刻劃出一個十分完整的敘事主人公形象。其中易水餞行一段的場面描寫，為突出荊軻的氣質、性格、乃至整個精神風貌起到了畫龍點睛的作用，也為故事高潮的到來做好必要的鋪墊。「遂至秦」段是故事的高潮，驚心動魄、流傳千古的「圖窮匕首見」的壯烈場面就在本段。從不同的角度，不同的側面，把荊軻臨危不懼、鎮定自若、大義凜然、視死如歸的形象突現出來。其後是故事的結尾。雖是結尾，但也有深化傳旨的作用。

成語精粹

1. 悲歌易水：形容悲壯蒼涼的氣氛。

原典：太子及賓客知其事者，皆白衣冠以送之。至易水之上，既祖，取道，高漸離擊筑，荊軻和而歌，為變徵之聲，士皆垂淚涕泣。

2. 悲歌擊筑：形容悲壯蒼涼的氣氛。

原典：太子及賓客知其事者，皆白衣冠以送之。至易水之上，既祖，取道，高漸離擊筑，荊軻和而歌，為變徵之聲，士皆垂淚涕泣。

3. 圖窮匕見：後比喻事情發展到最後，形跡敗露，現出真相。

原典：荊軻奉樊於期頭函，而秦舞陽奉地圖柙，以次進。至陛，秦舞陽色變振恐，群臣怪之。荊軻顧笑舞陽，前謝曰：「北蕃蠻夷之鄙人，未嘗見天子，故振慴。願大王少假借之，使得畢使於前。」秦王謂軻曰：「取舞陽所持地圖。」軻既取圖奏之，秦王發圖，圖窮而匕首見。

寫作實典

1. 誇飾：將客觀之人、事或物的特點，透過主觀情意，故意用誇大鋪張地渲染與鋪飾描述的手法，使它與真正的事實相差很遠，以加深讀者的印象。

例1：荊軻知太子不忍，乃遂私見樊於期曰：「秦之遇將軍可謂深矣，父母宗族皆為戮沒。今聞購將軍首金千斤，邑萬家，將奈何？」於期仰天太息流涕曰：「於期每念之，常**痛於骨髓**，顧計不知所出耳！」

例2：荊軻曰：「願得將軍之首以獻秦王，秦王必喜而見臣，臣左手把其袖，右手揕其匈，然則將軍之仇報而燕見陵之愧除矣。將軍豈有意乎？」樊於期偏袒搤捥而進曰：「此臣之日夜**切齒腐心**也，乃今得聞教！」

例3：至易水之上，既祖，取道，高漸離擊筑，荊軻和而歌，為變徵之聲，士皆垂淚涕泣。又前而為歌曰：「風蕭蕭兮易水寒，壯士一去兮不復還！」復為羽聲忼慨，士皆瞋目，**髮盡上指冠**。

典故

《詠荊軻》 作者：陶淵明 體裁：五言古詩

燕丹善養士，志在報強嬴。招集百夫良，歲暮得荊卿。君子死知己，提劍出燕京；
素驥鳴廣陌，慷慨送我行。雄髮指危冠，猛氣衝長纓。飲餞易水上，四座列羣英。
漸離擊悲筑，宋意唱高聲。蕭蕭哀風逝，淡淡寒波生。商音更流涕，羽奏壯士驚。
心知去不歸，且有後世名。登車何時顧，飛蓋入秦庭。凌厲越萬里，逶迤過千城。
圖窮事自至，豪主正怔營。惜哉劍術疏，奇功遂不成。其人雖已沒，千載有餘情。

【白話解讀】

燕國太子喜歡收養門客，目的是對秦國報仇雪恨。他到處招集有本領的人，這一年年底招募到荊軻。君子重義氣為知己而死，荊軻仗劍就要辭別燕京。白色駿馬在大路上鳴叫，眾人意氣激昂為他送行。個個同仇敵愾怒髮衝冠，勇猛之氣似要沖斷帽纓。易水邊擺下盛大的別宴，在座的都是人中的精英。漸離擊筑筑聲慷慨悲壯，宋意唱歌歌聲響遏行雲。座席中吹過蕭蕭的哀風，水面上漾起淡淡的波紋。唱到商音聽者無不流淚，奏到羽音荊軻格外驚心。他明知這一去不再回返，留下的姓名將萬古長存。登車而去何曾有所眷顧，飛車直馳那秦國的官廷。勇往直前行程超過萬里，曲折行進所經何止千城。翻完地圖忽地現出匕首，秦王一見不由膽顫心驚。可惜啊只可惜劍術欠佳，奇功偉績終於未能完成。荊軻其人雖然早已死去，他的精神永遠激勵後人。

【核心要旨】

詩人以極大的熱情歌詠荊軻刺秦王的壯舉，在對其奇功不建的惋惜中，將自己對黑暗政治的憤慨之情，赫然托出。寫得筆墨淋漓，慷慨悲壯，在以平淡著稱的陶詩中另具特色。

詩歌按照事件的經過，描寫出京、飲餞、登殿、搏擊幾個場面，尤其着力於人物動作的刻劃，塑造出一個大義凜然的除暴英雄形象。比如，「提劍出燕京」，寫出荊軻仗劍行俠的英姿；「雄髮指危冠，猛氣衝長纓」，更以誇張的筆法寫出荊軻義憤填膺、熱血沸騰的神態。而「登車何時顧」四句，排比而下，一氣貫注，更寫出荊軻義無反顧、直搗秦王的勇猛氣概。詩中雖沒有正面寫刺秦王的場面，但從「豪主正怔營」一句，便可以想見荊軻拔刀行刺之時，那股令人風雲變色的虎威。

整首詩還透過環境氣氛的渲染來烘托荊軻的精神面貌。最典型的是易水飲餞的場景。在蕭殺的秋風中、滔滔的易水上，迴盪着激越悲壯的樂聲。極其強烈地表達出「壯士一去兮不復還」的英雄主題。朱熹曾說：「陶淵明詩，人皆說是平淡，據某看他自豪放，但豪放得來不覺耳。其露出本相者，是〈詠荊軻〉一篇。」

李斯列傳

古文鑑賞

傳說時代	春秋戰國	秦	楚漢相爭	漢

出題率 ★★★★

會韓人鄭國來間❶秦，以作注溉渠，已而覺。秦宗室大臣皆言秦王曰：「諸侯人來事秦者，大抵為其主游間於秦耳，請一切❷逐客。」李斯議亦在逐中。斯乃上書曰：

臣聞吏議逐客，竊以為過❸矣。昔繆公❹求士，西取由余於戎，東得百里奚於宛，迎蹇叔於宋，來丕豹、公孫枝於晉。此五子者，不產❺於秦，而繆公用之，並國二十，遂霸西戎。孝公用商鞅之法，移風易俗，民以殷盛，國以富強，百姓樂用，諸侯親服，獲楚、魏之師，舉❻地千里，至今治強。惠王用張儀之計，拔三川之地，西並巴、蜀，北收上郡，南取漢中，包❼九夷，制鄢、郢，東據成皋之險，割膏腴❽之壤，遂散六國之從，使之西面事秦，功施❾到今。昭王得范雎，廢穰侯，逐華陽，強公室，杜❿私門，蠶食諸侯，使秦成帝業。此四君者，皆以客之功。由此觀之，客何負於秦哉！向使四君卻客

【注釋解析】

❶ 間：伺侯，刺探。
❷ 一切：一概，一律。
❸ 過：過失，錯誤。
❹ 繆公：即秦穆公。繆，同「穆」。
❺ 產：出生。
❻ 舉：攻克，占領。
❼ 包：吞併之意。
❽ 膏腴：肥沃，肥美。
❾ 施：延續。
❿ 杜：堵塞，杜絕。
⓫ 內：通「納」。
⓬ 致：蒐集。
⓭ 明月之珠：夜光珠。
⓮ 太阿：利劍名。
⓯ 纖離：駿馬名。
⓰ 翠鳳之旗：用翠鳳羽毛裝飾的旗子。
⓱ 靈鼉：鱷魚的一種，產長江下游，其皮可以蒙鼓。
⓲ 說：同「悅」。
⓳ 駃騠：良馬名。
⓴ 丹青：指繪畫的顏料。
㉑ 下陳：指堂下、庭院等私人財物存放處。陳，堂下至門的過道。
㉒ 宛珠：宛地出產的珍珠。

而不內⑪，疏士而不用，是使國無富利之實而秦無強大之名也。

今陛下致⑫昆山之玉，有隨、和之寶，垂明月之珠⑬，服太阿⑭之劍，乘纖離⑮之馬，建翠鳳之旗⑯，樹靈鼉⑰之鼓。此數寶者，秦不生一焉，而陛下說⑱之，何也？必秦國之所生然後可，則是夜光之璧不飾朝廷，犀象之器不為玩好，鄭、衛之女不充後宮，而駿良駃騠⑲不實外廄，江南金錫不為用，西蜀丹青⑳不為采。所以飾後宮充下陳㉑娛心意說耳目者，必出於秦然後可，則是宛珠㉒之簪，傅璣之珥㉓，阿縞㉔之衣，錦繡之飾不進於前，而隨俗雅化㉕佳冶窈窕趙女㉖不立於側也。夫擊甕叩缶彈箏搏髀㉗，而歌呼嗚嗚快耳者，真秦之聲也；《鄭》、《衛》、《桑間》、《昭》、《虞》、《武》、《象》㉘者，異國之樂也。今棄擊甕叩缶㉙而就《鄭》、《衛》，退彈箏㉚而取《昭》《虞》，若是者何也？快意當前，適觀而已矣。今取人則不然。不問可否，不論曲直，非秦者去，為客者逐。然則是所重者在乎色樂珠玉，而所輕者在乎人民也。此非所以跨海內制諸侯之術也。

臣聞地廣者粟多，國大者人眾，兵強則士勇。是以泰山不

㉓傅璣：鑲著小珠子。傅，通「附」，附著。璣，不圓的珠子，泛指珠子。珥：耳環。
㉔阿縞：東阿出產的白絹。
㉕隨俗雅化：閒雅變化而能隨俗。
㉖趙女：趙地所出產的美女，亦泛指美貌的女人。
㉗搏髀：拍擊著大腿發出節奏。髀，大腿。
㉘《鄭》、《衛》：春秋時代鄭、衛兩國的俗樂。《桑間》：鄭、衛之音中專門表現愛情的樂曲。《昭》、《虞》：傳說中虞舜時的樂曲名。《武》、《象》：相傳周初的舞蹈樂曲。
㉙擊甕叩缶：甕和缶都是腹大口小的瓦器，這裡指敲擊瓦盆，以打節拍。缶，瓦製的盆器，可作爲樂器，是古代一種瓦製的敲擊樂器。
㉚箏：撥弦樂器，形似瑟，古爲五弦，後代又持續加弦。
㉛五帝：其說不一，其中一種說法是指伏羲、神農、黃帝、堯、舜五人。三王：指夏禹、商湯、周文王三人。
㉜黔首：庶民，平民。資：資助，給。
㉝業：成就。
㉞籍：借。齎：付與，給予。《荀子．大略》：「君子也者而好之，其人也；其人而不教，不祥。非君子而好之，非其人也；非其人而教之，齎盜糧，借賊兵也。」
㉟資：供給，幫助。

讓土壤，故能成其大；河海不擇細流，故能就其深；王者不卻眾庶，故能明其德。是以地無四方，民無異國，四時充美，鬼神降福，此五帝、三王㉛之所以無敵也。今乃棄黔首以資㉜敵國，卻賓客以業㉝諸侯，使天下之士退而不敢西向，裹足不入秦，此所謂「藉寇兵而齎盜糧㉞」者也。

夫物不產於秦，可寶者多；士不產於秦，而願忠者眾。今逐客以資㉟敵國，損民以益讎㊱，內自虛而外樹怨於諸侯，求國無危，不可得也。

秦王乃除逐客之令，復李斯官，卒㊲用其計謀。官至廷尉㊳。二十餘年，竟並天下，尊主為皇帝，以斯為丞相。夷㊴郡縣城，銷㊵其兵刃，示不復用。使秦無尺土㊶之封，不立子弟為王，功臣為諸侯者，使後無戰攻之患。

㊱讎：同「仇」。深切的怨恨。

㊲卒：最後。

㊳廷尉：官名，秦朝初置。在秦漢時期以廷尉為最高司法之官。漢時景帝劉啓時曾將廷尉改作大理，中間經歷無數次變動，最後北齊時改名為大理寺卿。

㊴夷：削平。

㊵銷：熔化銷毀。

㊶尺土：狹小的土地。《昭明文選》：「群凶覬覦，分裂諸夏，一人尺土，朕無獲焉。」亦作「尺地」。

白話解讀

就在此時韓國人鄭國以修築渠道為名，來到秦國做間諜，不久之後就被發覺。秦國的王族和大臣們都對秦王說：「從各諸侯國來奉事秦王的人，大都是為他們的國君遊說，以離間秦國而已，請求大王把客卿一概驅逐。」李斯也在計劃要驅逐的客卿之列。於是李斯就上書說：

聽說官員們議論要驅逐客卿，我認為這是錯誤的。從前秦穆公招攬賢才，從西戎找到由余，再從東邊楚國的宛地得到百里奚，從宋國迎來蹇叔，又從晉國召來丕豹、公孫枝。這五個人都不是生在秦國，但秦穆公卻重用他們，因此吞併二十多個國家，也得以在西戎稱霸。秦孝公採用商鞅的新法，移風易俗，人民因此殷實興盛，國家因此富足強大，百姓們都願意為國家效力，其它國家也誠心歸順，甚至擊敗楚國、魏國的軍隊，攻取千里土地，至今政治安定、國家強盛。秦惠王用張儀的計策，功取三川地區，向西又吞併巴、蜀，向北占領上郡，向南攻佔漢中，囊括九夷，控制鄢、郢，在東面占據險要的成皋，割取肥沃的土地，並進一步瓦解六國的合縱聯盟，使他們面向西方，奉事秦國，功業也一直延續到今天。秦昭王得范雎，廢黜穰侯，驅逐華陽君，使公室強大，杜絕私門權貴的勢力，就像蠶吃桑葉一般，逐漸吞併諸侯的土地，使秦國奠定統一天下大業的基礎。這四位君主，都是依靠了別國客卿的力量。由此看來，客卿有哪一點不利於秦國呢？假使這四位君主拒絕客卿而不接受他們，疏遠士人而不重用，這就使秦國既無富足之實，又無強大之名。

現在皇上您蒐集崑山的美玉，得到隨侯之珠、和氏之璧，掛著明月珠，佩著太阿劍，駕著纖離馬，豎著翠鳳旗，擺著靈鼉鼓。這些寶物沒有一樣是秦國出產的，但陛下您還是非常喜愛它們，這是為什麼呢？如果一定要使用秦國所出產的物品，那麼夜光之璧就不能用來裝飾朝廷，犀角象牙製品就不能為您所賞玩，鄭國、衛國的美女也不能列於您的後宮之中，駃騠良馬也不能住在您的馬棚。江南的金錫也不該使用，西蜀的丹青也不應用來當顏料。您用來裝飾後宮、充當姬妾、賞心樂意、怡目悅耳的東西，如果都一定要出自秦國才能使用的話，那麼，用宛地珍珠裝飾的簪子，璣珠鑲嵌的耳墜，東阿白絹縫製的衣服、刺繡華美的裝飾品，就都不能進獻在您的面前，那時髦而高雅、漂亮而文靜的趙國女子就不能侍立在您的身邊。那些敲打瓦罈瓦罐、彈著秦箏、拍著大腿、嗚嗚叫喊的，才是正宗的秦國音樂。

像《鄭》、《衛》、《桑間》、《昭》、《虞》、《武》、《象》這些樂曲，則是其他國家的音樂。現在您拋棄敲打瓦罈瓦罐這一套秦國音樂而聽《鄭》、《衛》之聲，不去聽彈箏而欣賞《昭》、《虞》之曲，這是什麼原因呢？說穿了，只不過是貪圖眼前快樂，以滿足耳目觀賞需求而已。但是現在您用人卻不是這樣。不問此人能不能有利於國家，也不問是非曲直，只要不是秦國人就一律辭退，只要是客卿就一律驅逐。這樣看來，陛下所看重的只有美女、音樂、珍珠、寶玉，反而輕視人才。但這並不是統一天下、制服諸侯的方法。

我聽說過只要土地廣闊，那所生產的糧食就會豐富，只要國家廣大，那人口就會眾多，只要軍隊強盛，士兵就會勇敢。所以泰山是因為不排斥任何細微的泥土，才能堆積得那樣高大；河海是因為不挑剔任何細小的溪流，才能變得如此深廣；而成就王業的人是因為不拋棄廣大的民眾，才能顯出他的盛德。所以土地無論東南西北，民眾不分本國他國，一年四季五穀豐收，鬼神皆賜予福澤，這就是五帝三王無敵於天下的原因所在。而現在陛下您拋棄百姓來幫助敵國，排斥賓客而使他們為其他諸侯國建立功業，使天下有才之士退卻而不敢西行，停住腳步而不敢進入秦國，這正是人們所說的「借武器給敵人，送糧食給盜賊」啊！

不是秦國出產的物品，也有很多值得珍視；不是秦國出生的士人，也有很多願意效忠秦國。現在您驅逐客卿，使他們去幫助敵國，損害百姓以幫助仇人，在內部削弱自己的力量，而在外面又和諸侯結下怨恨，這樣下去，要使國家沒有危險，是不可能的。

於是，秦王最終採用李斯的計謀，廢除逐客令，並恢復他的官職，他的官位也升到廷尉之職。二十多年後，秦終於統一天下，百姓尊稱國王為「皇帝」。皇帝又任命李斯為丞相。並拆除各國郡縣的城牆，銷毀各地的武器以表示不再使用。使秦國沒有一寸分封的土地，也不立皇帝的兒子、兄弟為王，更不把功臣封為諸侯，以使國家從此之後再也沒有戰爭的禍患。

核心要旨

戰國時有很多客卿來到秦國，因此影響秦國貴族的勢力。適逢韓國派鄭國來秦，勸秦王大規模興修水利，企圖消耗秦國的國力，以免對韓用兵。此事洩露，秦國貴族一味攻擊客卿皆間諜，勸秦王驅逐所有客卿。李斯也在被逐之列，故寫下這篇《諫逐客書》。本文引用充足的歷史故事，先正面立論，說明客卿有功於秦國，又設妙喻，以不拒他國的珍寶器物與逐客相比，歸結指出逐客的危害性。行文中，多用排比，反覆論證，很有說服力，使秦王不得不除逐客令。

成語精粹

1. 賞心悅目：形容情景美好，使心目都感到快樂舒暢。

原典：必秦國之所生然後可，則是夜光之璧不飾朝廷，犀象之器不為玩好，鄭、衛之女不充後宮，而駿良駃騠不實外廄，江南金錫不為用，西蜀丹青不為采。所以飾後宮充下陳娛心意說耳目者，必出於秦然後可，則是宛珠之簪，傅璣之珥，阿縞之衣，錦繡之飾不進於前，而隨俗雅化佳冶窈窕趙女不立於側也。

2. 土壤細流：比喻微不足道的事物。

原典：臣聞地廣者粟多，國大者人眾，兵強則士勇。是以泰山不讓土壤，故能成其大；河海不擇細流，故能就其深；王者不卻眾庶，故能明其德。是以地無四方，民無異國，四時充美，鬼神降福，此五帝、三王之所以無敵也。

3. 裹足不前：包纏腳部不往前行。形容有所顧忌，而停止腳步不敢向前。

原典：今乃棄黔首以資敵國，卻賓客以業諸侯，使天下之士退而不敢西向，裹足不入秦，此所謂「藉寇兵而齎盜糧」者也。

寫作實典

1. 排比：利用三句或三句以上結構和長度均類似，意義相關或相同的詞、短語或句子排列起來，達到一種加強語勢的效果。

例1：是以**泰山不讓土壤，故能成其大；河海不擇細流，故能就其深；王者不卻眾庶，故能明其德**。是以地無四方，民無異國，四時充美，鬼神降福，此五帝、三王之所以無敵也。

例2：予謂：**菊，花之隱逸者也；牡丹，花之富貴者也；蓮，花之君子者也**。噫！菊之愛，陶後鮮有聞；蓮之愛，同予者何人？牡丹之愛，宜乎眾矣！（周敦頤《愛蓮說》）

2. 譬喻：將一件事物或道理指成另一件事物或道理的修辭法，該兩件事物或道理中具有一些共同點。它能夠令讀者透過類推，通過另一件事物，更了解要描述的事物的特點。分為明喻、隱喻、略喻、借喻。

例1：惠王用張儀之計，拔三川之地，西並巴、蜀，北收上郡，南取漢中，包九夷，制鄢、郢，東據成皋之險，割膏腴之壤，遂散六國之從，使之西面事秦，功施到今。昭王得范睢，廢穰侯，逐華陽，強公室，杜私門，**蠶食諸侯**，使秦成帝業。

Tips：借喻。

例2：松柏後凋於歲寒，雞鳴不已於風雨。（顧炎武《廉恥》）

Tips：借喻。

高手過招（＊為多選題）

＊1.（　）類比是通過比較兩件事情，清楚揭示二者之間的相似點。下列文句「；」的前後，何者具有類似的表意方式：

A.居廟堂之高，則憂其民；處江湖之遠，則憂其君

B.物不產於秦，可寶者多；士不產於秦，而願忠者眾

C.欲流之遠者，必浚其泉源；思國之安者，必積其德義

D.貨惡其棄於地也，不必藏於己；力惡其不出於身也，不必為己

E.松柏後凋於歲寒，雞鳴不已於風雨；彼眾昏之日，固未嘗無獨醒之人也

2.（　）閱讀下文，回答問題。

若石隱於冥山之陰，有虎恆蹲以窺其藩。若石帥其人晝夜警，日出而殷鉦，日入而燎煇，宵則振鐸以望，植棘樹墉，坎山谷以守。卒歲，虎不能有獲。一日而虎死，若石大喜，自以為虎死無毒己者矣，於是弛其機，撤其備，垣壞而不修，藩決而不理。無何，有貙逐麋來，止其室之隈，聞其牛、羊、豕之聲而入食焉。若石不知其為貙也，叱之不走，投之以塊。貙人立而爪之，斃。君子謂：若石知一而不知二，宜其及也。（劉基《郁離子．虎貙》）

「貙人立而爪之」的「人立」，由「名詞＋動詞」組成，名詞「人」用來描述「立」這個動作的特徵，意謂「像人一樣的站立」。下列文句「　」內，屬於此種組成方式的選項是：

A. 強公室，杜私門，「蠶食」諸侯，使秦成帝業
B. 老成凋謝，莫可諮詢；「巷議」街譚，事多不實
C. 越明年，政通「人和」，百廢具興，乃重修岳陽樓
D. 「歌吹」為風，粉汗為雨，羅紈之盛，多於堤畔之草

*3.（　）《論語．公冶長》：「御人以口給，屢憎於人」，「屢憎於人」是「常常被人所憎」之意，屬於「被動句」。

下列含有「於」的句子，也屬於「被動句」的選項是：

A. 鋤耰棘矜，非銛於鉤戟長鎩也
B. 損民以益讎，內自虛而外樹怨於諸侯
C. 君子寡欲，則不役於物，可以直道而行
D. 晉侯、秦伯圍鄭，以其無禮於晉，且貳於楚也
E. 山川相繆，鬱乎蒼蒼，此非孟德之困於周郎者乎

4. 語譯

請將下列文言文譯為語體文，並注意新式標點的正確使用：

是以泰山不讓土壤，故能成其大；河海不擇細流，故能就其深；王者不卻眾庶，故能明其德。是以地無四方，民無異國，四時充美，鬼神降福，此五帝三王之所以無敵也。今乃棄黔首以資敵國，卻賓客以業諸侯，使天下之士，退而不敢西向，裹足不入秦，此所謂藉寇兵而齎盜糧者也。（李斯〈諫逐客書〉）

【解答】

1. BCE　2. A　3. CE

張耳陳餘列傳

古文鑑賞

傳說時代	出題率 ★
春秋戰國	
秦	
楚漢相爭	
漢	

章邯引兵至邯鄲，皆徙其民河內，夷❶其城郭。張耳與趙王歇走入鉅鹿城，王離圍之。陳餘北收常山兵，得數萬人，軍❷鉅鹿北。章邯軍鉅鹿南棘原，築甬道屬❸河，餉❹王離。王離兵食多，急攻鉅鹿。鉅鹿城中食盡兵少，張耳數使人召前陳餘，陳餘自度兵少，不敵秦，不敢前。

數月，張耳大怒，怨陳餘，使張黶、陳澤往讓❺陳餘曰：「始吾與公為刎頸交，今王與耳旦暮且死，而公擁兵數萬，不肯相救，安在其相為死！苟必信，胡不赴秦軍俱死？且有十一二相全。」陳餘曰：「吾度前終不能救趙，徒盡亡軍。且餘所以不俱死，欲為趙王、張君報秦。今必俱死，如以肉委餓虎，何益？」張黶、陳澤曰：「事已急，要❻以俱死立信，安知後慮！」陳餘曰：「吾死顧❼以為無益。必如公言。」乃使五千人令張黶、陳澤先嘗❽秦軍，至皆沒。當是時，燕、齊、

【注釋解析】

❶夷：蕩平，摧毀。
❷軍：駐紮，駐軍。
❸甬道：通道，戰壕。屬：連接。
❹餉：運輸軍糧。
❺讓：責備，責怪。
❻要：需要。
❼顧：顧惜，顧念。
❽嘗：嘗試，試探。
❾壁：營壘，這裡是駐紮、安營扎寨的意思。
❿解：潰退。
⓫存：保全。
⓬望：怨恨，責備。
⓭印綬：印信，權力憑證。綬，系印紐帶。
⓮麾下：將帥的大旗之下，即部下。麾，古代用以指揮作戰的旗幟。
⓯趨：疾走，快步而行。
⓰卻：縫隙，比喻感情上的裂痕。
⓱雅：一向，素來。
⓲齊王田榮：秦末齊國人，故齊王田氏宗族。秦二世二年（西元前二〇八年）十月，陳涉派周市在東方攻城略地，至狄地，田榮和從兄田儋、弟弟田橫擊殺當地縣令。田儋自立為齊王，占領整個齊地。六月，秦將章邯大破齊、楚軍，殺田儋。齊人乃立齊王建的弟弟田假為

楚聞趙急，皆來救。張敖亦北收代兵，得萬餘人，來，皆壁⑨餘旁，未敢擊秦。項羽兵數絕章邯甬道，王離軍乏食，項羽悉引兵渡河，遂破章邯。章邯引兵解⑩，諸侯軍乃敢擊圍鉅鹿秦軍，遂虜王離。涉閒自殺。卒存⑪鉅鹿者，楚力也。

於是趙王歇、張耳乃得出鉅鹿，謝諸侯。張耳與陳餘相見，責讓陳餘以不肯救趙，及問張黶、陳澤所在。陳餘怒曰：「張黶、陳澤以必死責臣，臣使將五千人先嘗秦軍，皆沒不出。」張耳不信，以為殺之，數問陳餘。陳餘怒曰：「不意君之望⑫臣深也！豈以臣為重去將哉？」乃脫解印綬⑬，推予張耳。張耳亦愕不受。陳餘起如廁。客有說張耳曰：「臣聞『天與不取，反受其咎』。今陳將軍與君印，君不受，反天不祥。急取之！」張耳乃佩其印，收其麾下⑭。而陳餘還，亦望張耳不讓，遂趨⑮出。張耳遂收其兵。陳餘獨與麾下所善數百人之河上澤中漁獵。由此陳餘、張耳遂有郤⑯。

趙王歇復居信都。張耳從項羽諸侯入關。漢元年二月，項羽立諸侯王，張耳雅⑰游，人多為之言，項羽亦素數聞張耳賢，乃分趙立張耳為常山王，治信都。信都更名襄國。

王，田榮起兵，將田假趕走，田榮立田儋的兒子田市爲齊王，要求楚國交出逃亡的田假，楚國不理，所以田榮沒有隨項羽入關。漢元年（西元前二〇六年）正月，項羽分封十八諸侯，但是沒有封田榮。田榮不服，起兵反抗項羽。七月，田榮擊殺田安，自立爲齊王。項羽大怒，率大軍伐齊，田榮兵敗，逃至平原縣，被平原人殺死。

⑲假：借。

⑳捍蔽：遮擋護衛的屏障。捍，護衛、遮擋。

㉑舊故：老交情。

㉒五星聚：也叫五星連珠。中國古代占星術語，是指「天人合一」思想體系中的五大行星（木、火、金、土、水）密集聚合在一起的一種罕見天象，也是一種具有重大政治意義的星象，一種表達「天意」（即民意）的星象，它將導致的最嚴重後果是「王更紀」，或「改朝換代」。五大行星若聚集在某一恆星群範圍內，就意味著天下五方諸侯會集到該恆星群對應的土地上，就代表著天下全體人民會聚集到該塊土地上並擁戴該土地的主人爲新帝王，而當朝帝王則因爲失去全體人民的擁戴而必須下野，這就是改朝換代。

陳餘客多說項羽曰：「陳餘、張耳一體有功於趙。」項羽以陳餘不從入關，聞其在南皮，即以南皮旁三縣以封之，而徙趙王歇王代。

張耳之國，陳餘愈益怒，曰：「張耳與餘功等也，今張耳王，餘獨侯，此項羽不平。」及齊王田榮⑱畔楚，陳餘乃使夏說說田榮曰：「項羽為天下宰不平，盡王諸將善地，徙故王王惡地，今趙王乃居代！願王假⑲臣兵，請以南皮為捍蔽⑳。」田榮欲樹黨於趙以反楚，乃遣兵從陳餘。陳餘因悉三縣兵襲常山王張耳。張耳敗走，念諸侯無可歸者，曰：「漢王與我有舊故㉑，而項羽又彊，立我，我欲之楚。」甘公曰：「漢王之入關，五星聚㉒東井㉓。東井者，秦分也。先至必霸。楚雖彊，後必屬漢。」故耳走漢。漢王亦還定三秦㉔，方圍章邯廢丘。張耳謁漢王，漢王厚遇之。

陳餘已敗張耳，皆復收趙地，迎趙王於代，復為趙王。趙王德㉕陳餘，立以為代王。陳餘為趙王弱，國初定，不之國，留傅㉖趙王，而使夏說㉗以相國守代。

㉓東井：又稱爲井宿天區，其中的主星官井共包含八顆星：井宿一至八，組成一個井字，是天上的水井，因此也被稱爲東井。是這片天區中形狀最像井字的。傳說：井宿是天上的水井，起源於古老的邢國，邢國的前身是商代井方氏，傳說其始祖是上古五帝之一顓頊的後代伯益，正是他在輔佐大禹治水時發明了造井術，其後代逐漸發展成井方國，是商朝中後期的重要方國，並最終演變成二十八宿之一。

㉔還定三秦：回師平定三秦。三秦，原秦地，後分爲雍王、塞王、翟王所治。

㉕德：感念恩德。

㉖傳：輔佐。

㉗夏說：秦漢時期人，陳餘謀士，漢高祖二年（西元前二○五年）後九月，在韓信攻趙時被擒殺。

章邯領兵到邯鄲，把城裡的百姓都遷到河流內部，然後摧毀城郭，蕩平所有的建築物。張耳和趙王歇逃入鉅鹿城，被秦將王離團團包圍。陳餘在北邊蒐集常山的殘餘部隊，共有幾萬人，駐紮在鉅鹿城以北。章邯的軍隊則駐紮在鉅鹿城以南的棘原，修築甬道與黃河接連，替王離運送軍糧。王離兵多糧足，急攻鉅鹿。鉅鹿城內糧食已盡，兵力很弱，張耳多次派人召陳餘前來救援，陳餘考慮到自己的兵力不足，敵不過秦軍，不敢前往。僵持幾個月後，不見救兵，張耳大怒，怨恨陳餘，派張黶、陳澤前去指責陳餘說：「當初我和您結為生死之交，如今趙王和我就快要死了，而您擁兵數萬卻不肯相救，那些同生共死的交情到底在哪裡呢？假如您要信守諾言，為什麼不和秦軍決一死戰？那樣還有十分之一二獲勝的希望。」陳餘說：「我估計即使向前進軍，最終不光救不成趙，還要平白地全軍覆沒。況且我不去同歸於盡，還可以為趙王、張先生向秦國報仇。如今，如果要去同歸於盡，就如同把肉送給飢餓的猛虎一樣，有什麼好處呢？」張黶、陳澤說：「事情已經迫在眉睫，需要以同歸於盡來確立誠信，哪裡還顧得上以後的事呢！」陳餘說：「我死了也沒什麼好可惜的，只是死而無益而已，但是我一定會按照二位的話去做。」於是就派了五千人馬讓張黶、陳澤帶領，前去試攻秦軍，剛到前線便全軍覆沒。

這時，燕、齊、楚聽說趙國危急，都來救援。張敖也向北收聚了代地的兵力共一萬多人趕來，大家都在陳餘旁邊安營紮寨，卻不敢攻擊秦軍。只有項羽的軍隊多次截斷章邯的甬道，最後導致王離的軍糧缺乏，於是項羽率領全部軍隊渡過黃河，打敗章邯。章邯帶兵潰退，各國諸侯的軍隊這時候才敢攻擊圍困鉅鹿的秦國軍隊，最後俘虜了王離，秦將涉閒自殺身亡。最終保全鉅鹿的，依然是楚國出的力啊！

這時趙王歇、張耳才得以出鉅鹿城，感謝各國諸侯。張耳和陳餘相見時，張耳責備陳餘不肯救趙以及追問張黶、陳澤的下落，陳餘惱怒地說：「因為張黶、陳澤責備我，於是我派他們帶領五千人馬嘗試著攻打秦軍，結果全軍覆沒，沒有一人倖免。」張耳不信，認為是陳餘把他們殺了，多次追問。陳餘大怒地說：「沒有料到您對我的怨恨是如此的深啊！難道您以為我捨不得放棄將軍的職位嗎？」於是就解下印信，推給張耳，張耳也感到驚愕而不肯接受。這時陳餘站起來去上廁所，有的賓客規勸張耳：「我聽說『天上的賜予不接受，反而會遭到禍殃』。如今，陳將軍把印信交給您，您不接受，就是違背天意，是不吉祥的。所以趕快接收它吧！」張耳就佩帶陳餘的大印，接收他的部下。陳餘回來之後，也怨恨張耳不辭讓就收繳大印，於是疾步走出。張耳便收編他的軍隊。陳餘則獨自和他部下、親信幾百人到黃河邊的湖澤中打魚、捕獵。從此，陳餘、張耳在感情上就產生裂痕。

趙王歇又回到信都居住，這時張耳跟隨著項羽和其他諸侯進入關中。漢元年（西元前二〇六年）二月，項羽封諸侯為王，張耳向來交遊很廣，因此很多人替他說好話，項羽平常也聽說張耳有才能，於是便分割趙國的土地封張耳做常山王，設立信都，並把信都改名為襄國。

陳餘舊有的賓客中，很多人都規勸項羽說：「陳餘、張耳同樣都對趙國有功。」但是項羽因為陳餘沒有隨從他一起入關，又聽說他在南皮，就把南皮周圍的三個縣封給他，把趙王歇遷都代縣，改封為代王。

張耳到他的封國去後，陳餘更加惱怒，說：「張耳和我功勞相等，張耳封王，但我卻只有封侯，項羽這是不公平的作法。」齊王田榮背叛楚國時，陳餘便派夏說去遊說田榮道：「項羽做為天下的主宰，卻不公平，把好地方都分封給將軍們去稱王，把原來稱王的都遷到不好的郡縣，如今，竟然把趙王遷居代縣。希望大王能借給我軍隊，以南皮作為您遮擋防衛的屏障。」田榮本來就打算在趙國樹立黨羽用以反對楚國，於是派遣軍隊聽從陳餘的指揮。陳餘調動所屬三個縣的全部軍隊襲擊常山王張耳，張耳敗逃。他想到各諸侯之中沒有可以投奔的人，便對左右說：「漢王雖然和我是老交情，可是項羽的勢力強大，又是他分封我的，所以我想投奔楚國。」甘公說：「漢王入關，五星會聚於井宿天區。井宿天區是秦國的分星。先到達這裡的，一定能功成霸業。因此即使現在楚國強大，今後天下一定歸屬於漢。」聽了之後，張耳決定奔漢。漢王也回師平定三秦，在廢丘圍攻章邯的軍隊。張耳晉見漢王，漢王也以優厚的禮遇接待他。

陳餘打敗張耳以後，收復了趙國全部的土地，並把趙王從代縣接回來，又讓他做趙國的國君，趙王對陳餘感恩戴德，分封陳餘為代王。因為趙王軟弱，國內局勢也才剛剛穩定，陳餘便不到封國，留下來輔佐趙王，而派夏說以國相的身份駐守代國。

核心要旨

這篇列傳中，主要記述張耳和陳餘從以敬慕為刎頸之交到反目成仇的史實，不虛美，不隱惡，採用先揚後抑的手法，使得善、惡俱張，功過分明。

此節選段落寫張耳困守鉅鹿，陳餘擁兵自保，不肯相救，導致二人友誼出現裂痕；解圍之後，張耳收繳陳餘印信，造成關係徹底破裂。項羽分封，張耳為王，陳餘為侯，使二人矛盾激化，大動干戈，誓不兩立。行文至此，什麼賢名、友誼都已蕩然無存。

成語精粹

1. **刎頸交**：生死之交，患難之交。

原典：鉅鹿城中食盡兵少，張耳數使人召前陳餘，陳餘自度兵少，不敵秦，不敢前。數月，張耳大怒，怨陳餘，使張黶、陳澤往讓陳餘曰：「始吾與公為刎頸交，今王與耳旦暮且死，而公擁兵數萬，不肯相救，安在其相為死！苟必信，胡不赴秦軍俱死？且有十一二相全。」

寫作實典

1. 借代：不直接說出常用的本名或詞語，而借用與其關係密切的名稱或詞語來代替。

例1：張耳乃佩其印，收其麾下。而陳餘還，亦望張耳不讓，遂趨出。張耳遂收其兵。陳餘獨與**麾下**所善數百人之河上澤中漁獵。由此陳餘、張耳遂有郤。

Tips：「麾下」借代「將帥的部下」。

例2：無**絲竹**之亂耳，無**案牘**之勞形。南陽諸葛廬，西蜀子雲亭。孔子云：「何陋之有？」（劉禹錫《陋室銘》）

Tips：「絲竹」借代「音樂」、「案牘」借代「公文」。

2. 譬喻：將一件事物或道理指成另一件事物或道理的修辭法，該兩件事物或道理中具有一些共同點。它能夠令讀者透過類推，通過另一件事物，更了解要描述的事物的特點。分為明喻、隱喻、略喻、借喻。

例1：陳餘曰：「吾度前終不能救趙，徒盡亡軍。且餘所以不俱死，欲為趙王、張君報秦。今必俱死，**如以肉委餓虎**，何益？」張黶、陳澤曰：「事已急，要以俱死立信，安知後慮！」陳餘曰：「吾死顧以為無益。必如公言。」乃使五千人令張黶、陳澤先嘗秦軍，至皆沒。

Tips：明喻。

例2：春花秋月何時了，往事知多少？小樓昨夜又東風，故國不堪回首月明中。雕欄玉砌應猶在，只是朱顏改。問君能有幾多愁？**恰似一江春水向東流**。（李煜《虞美人》）

Tips：明喻。

典故

《沉醉東風．漁夫❶》 作者：白樸 體裁：元曲

黃蘆岸白蘋❷渡口，綠楊堤紅蓼❸灘頭。
雖無刎頸交❹，卻有忘機友❺。
點秋江白鷺沙鷗❻。
傲殺人間萬戶侯❼，不識字煙波釣叟❽。

【注釋解析】

❶沉醉東風：曲牌的名字，相當於宋詞中的詞牌。漁夫：這首曲的題目。

❷蘆：蘆葦，常生於水邊。蘋：蕨類植物，也叫田字草。

❸蓼：草本植物，也叫水蓼。

❹刎頸交：為了友誼可以不惜生命的朋友。

❺忘機友：淡泊寧靜，毫無機巧之心的朋友。

❻鷺：鳥，嘴直而尖，頸長。其中以白鷺、蒼鷺較為常見。鷗：鳥，多生活在水邊，以魚為食，頭大、嘴扁平、羽毛多為白色。

❼傲殺：以非常高傲的態度鄙視。萬戶侯：漢代侯爵的最高一級，享有一萬戶農民的賦稅。泛指高官貴爵。

❽煙波：煙霧籠罩的水面。釣叟：釣魚的老翁。

【白話解讀】

黃蘆片片長岸邊，白蘋漫漫生渡口；綠色楊柳拂堤上，粉紅蓼花蓋灘頭。

雖然沒有捨命的至交，但卻不乏忘卻心機的朋友；且看秋來碧綠的江上，斑斑點點的白鷺與沙鷗。

煙波江上不識一字的釣魚老翁，傲氣十足地鄙視人間的萬戶侯！

淮陰侯列傳

古文鑑賞

傳說時代　春秋戰國　秦　楚漢相爭　漢

出題率 ★★★★

淮陰侯韓信者，淮陰人也。始為布衣❶時，貧無行❷，不得推擇❸為吏，又不能治生商賈，常從人寄食飲，人多厭之者，常數從其下鄉南昌亭長寄食，數月，亭長妻患之，乃晨炊蓐❹食。食時信往，不為具食。信亦知其意，怒，竟絕去。信釣於城下，諸母漂❺，有一母見信饑，飯信，竟❻漂數十日。信喜，謂漂母曰：「吾必有以重報母。」母怒曰：「大丈夫不能自食，吾哀王孫❼而進食，豈望報乎！」

淮陰屠❽中少年有侮信者，曰：「若雖長大，好帶刀劍，中情❾怯耳。」眾辱❿之曰：「信能死⓫，刺我；不能死，出我袴⓬下。」於是信孰視之，俛出袴下，蒲伏⓭。一市人皆笑信，以為怯。

及項梁渡淮，信杖劍從之，居戲下⓮，無所知名。項梁敗，又屬項羽，羽以為郎中。數以策干⓯項羽，羽不用。漢王

【注釋解析】

❶ 布衣：平民百姓，古代平民穿麻布衣服，因此以「布衣」借代平民。
❷ 無行：品行不好。
❸ 推擇：推舉選用。
❹ 蓐：草蓆。
❺ 母：對老年婦女的尊稱。漂：在水里沖洗絲棉。
❻ 竟：到底，完畢。
❼ 王孫：公子，少年。對年輕人的敬稱。
❽ 屠：以宰殺牲畜爲業的人。
❾ 中情：內心。
❿ 眾辱：當眾污辱。
⓫ 能死：不怕死。
⓬ 袴：通「胯」，兩腿之間。
⓭ 蒲伏：同「匍匐」，跪在地上爬行。
⓮ 戲下：帥旗之下，即部下。戲，同「麾」。軍中指揮作戰的旗子。
⓯ 干：求取。
⓰ 坐法：因犯法而獲罪。
⓱ 說：同「悅」，喜歡，高興。
⓲ 行：等，輩。
⓳ 度：揣測，估計。
⓴ 謁：晉見，拜見。
㉑ 國士：國內傑出的人物。

之入蜀，信亡楚歸漢，未得知名，為連敖。坐法⑯當斬，其輩十三人皆已斬，次至信，信乃仰視，適見滕公，曰：「上不欲就天下乎？何為斬壯士！」滕公奇其言，壯其貌，釋而不斬。與語，大說⑰之。言於上，上拜以為治粟都尉，上未之奇也。信數與蕭何語，何奇之。

至南鄭，諸將行⑱道亡者數十人，信度⑲何等已數言上，上不我用，即亡。何聞信亡，不及以聞，自追之。人有言上曰：「丞相何亡。」上大怒，如失左右手。居一二日，何來謁⑳上，上且怒且喜，罵何曰：「若亡，何也？」何曰：「臣不敢亡也，臣追亡者。」上曰：「若所追者誰何？」曰：「韓信也。」上復罵曰：「諸將亡者以十數，公無所追；追信，詐也。」何曰：「諸將易得耳。至如信者，國士㉑無雙。王必欲長王漢中，無所事信；必欲爭天下，非信無所與計事者。顧㉒王策安所決耳。」王曰：「吾亦欲東耳，安能鬱鬱久居此乎？」何曰：「王計必欲東，能用信，信即留；不能用，信終亡耳。」王曰：「吾為公以為將。」何曰：「雖為將，信必不留。」王曰：「以為大將。」何曰：「幸甚。」於是王欲召信拜之。何

㉒顧：但。
㉓素慢：一向傲慢。素，向來。
㉔齋戒：古人祭祀等大典前，先行沐浴、更衣、獨宿、素餐以清心潔身，表示敬重。
㉕壇場：指拜將場所。壇，土臺。
㉖謝：謙讓。
㉗鄉：同「向」，面向，面對著。
㉘賀：贊同，嘉許。
㉙喑噁：滿懷怒氣。叱吒：呼喊，咆哮。
㉚廢：伏，偃伏，不敢動。
㉛嘔嘔：溫和的樣子。
㉜刓敝：在手裡玩弄，磨損。
㉝霸：稱霸。臣：使……臣服。
㉞都：建都。
㉟沒有按照「先入關者王之」的約定做事。項梁在定陶之戰中敗死於章邯後，懷王（也就是後來的義帝）從盱臺遷都彭城，重用宋義及劉邦，以牽制項梁之侄兒項羽，又立下「懷王之約」，許諾封首先攻入秦國首都咸陽的將領爲「關中王」。有，又。
㊱項羽在西元前二〇六年正月尊懷王爲「義帝」，隨後在二月自行分封天下諸侯，劉邦被封爲漢王，項羽則自立爲「西楚霸王」，定都彭城。當時義帝已成爲項羽的傀儡，無力阻止項羽分封。不久，項羽把義帝流放至長沙郴縣，義帝被逼起行，在途中項羽暗中命令英布

曰：「王素慢㉓無禮，今拜大將如呼小兒耳，此乃信所以去也。王必欲拜之，擇良日，齋戒㉔，設壇場㉕，具禮，乃可耳。」王許之。諸將皆喜，人人各自以為得大將。至拜大將，乃韓信也，一軍皆驚。

信拜禮畢，上坐。王曰：「丞相數言將軍，將軍何以教寡人計策？」信謝㉖，因問王曰：「今東鄉㉗爭權天下，豈非項王邪？」漢王曰：「然。」曰：「大王自料勇悍仁強孰與項王？」漢王默然良久，曰：「不如也。」信再拜賀㉘曰：「惟信亦為大王不如也。然臣嘗事之，請言項王之為人也。項王喑噁叱咤㉙，千人皆廢㉚，然不能任屬賢將，此特匹夫之勇耳。項王見人恭敬慈愛，言語嘔嘔㉛，人有疾病，涕泣分食飲，至使人有功當封爵者，印刓敝㉜，忍不能予，此所謂婦人之仁也。項王雖霸天下而臣㉝諸侯，不居關中而都㉞彭城。有背義帝之約㉟，而以親愛王，諸侯不平。諸侯之見項王遷逐義帝㊱置江南，亦皆歸逐其主而自王善地。項王所過無不殘滅者，天下多怨，百姓不親附，特劫於威強㊲耳。名雖為霸，實失天下心。故曰其強易弱。今大王誠能反其道：任天下武勇，何所不

等人殺害義帝。漢王劉邦後來出兵進攻項羽時，曾以項羽暗殺義帝作爲開戰理由之一。

㊲特劫於威強：只是勉強屈服在淫威下。

㊳三秦王：指章邯、司馬欣、董翳三位被項羽封在關中地區爲王的秦朝降將。秦朝滅亡之後，項羽封劉邦爲漢王，統治秦嶺以南的漢中，而另封原秦朝三位降將爲王，統治關中地區，以遏制劉邦。其中封章邯爲雍王，管轄關中西部；封司馬欣爲塞王，管轄關中東部；封董翳爲翟王，管轄關中北部。《史記》、《漢書》等書將此三位秦將稱爲「三秦」。漢高祖元年（前二〇六年），楚漢相爭已達白熱化，劉邦聽從韓信之計，趁項羽北上攻齊之時，明修棧道，以吸引章邯的注意力，同時暗渡陳倉，一舉殲滅章邯軍，平定三秦。

㊴章邯等人投降項羽時，有秦軍二十萬，投降後被虐待，因此產生有怨言，項羽便把他們全部活埋在新安。《史記．項羽本紀》：到新安。諸侯吏卒異時故繇使屯戍過秦中，秦中吏卒遇之多無狀，及秦軍降諸侯，諸侯吏卒乘勝多奴虜使之，輕折辱秦吏卒。秦吏卒多竊言曰：「章將軍等詐吾屬降諸侯，今能入關破秦，大善；即不能，諸侯虜吾屬而東，秦必盡誅吾父母妻子。」諸侯微聞其計，以告項羽。項羽乃召黥布、蒲將軍計曰：「秦吏卒尚眾，其心不服，至關中不聽，事必危，不如擊殺之，而獨

誅！以天下城邑封功臣，何所不服！以義兵從思東歸之士，何所不散！且三秦㊳王為秦將，將秦子弟數歲矣，所殺亡不可勝計，又欺其眾降諸侯，至新安，項王詐阬秦降卒二十餘萬㊴，唯獨邯、欣、翳得脫，秦父兄怨此三人，痛入骨髓。今楚強以威王此三人，秦民莫愛也。大王之入武關，秋豪㊵無所害，除秦苛法，與秦民約，法三章㊶耳，秦民無不欲得大王王秦者。於諸侯之約，大王當王關中，關中民咸知之。大王失職㊷入漢中，秦民無不恨者。今大王舉而東，三秦可傳檄㊸而定也。」於是漢王大喜，自以為得信晚。遂聽信計，部署諸將所擊。

與章邯、長史欣、都尉翳入秦。」於是楚軍夜擊阬秦卒二十餘萬人新安城南。

㊵ 秋毫：秋天鳥獸新生細毛。喻微細。

㊶ 法三章：即約法爲「殺人者死，傷人及盜抵罪」。

㊷ 失職：指失去應得的封地和關中王的職權。

㊸ 傳檄：發布文書、文告。

白話解讀

淮陰侯韓信，是淮陰人。當初為平民百姓時，因為貧窮、沒有好品行，所以不能夠被推選去做官，又不會做買賣，因此難以維持生活，經常寄居在別人家吃閒飯，人們大多厭惡他。他曾經多次前往下鄉南昌亭亭長處吃閒飯，接連數月後，亭長的妻子嫌惡他，於是就提前做好早飯，端到內室床上去吃。開飯的時候，韓信去了，亭長的妻子卻不幫他準備飯食。韓信也明白他們的用意。一怒之下，就離開不再回去了。

韓信在城下釣魚時，有幾位大娘正在漂洗絲棉，其中一位大娘看見韓信餓了，便拿出一點飯給韓信吃。幾十天來都一直如此，直到漂洗完畢。韓信很高興地對那位大娘說：「我一定會重重地報答老人家您。」大娘生氣地說：「一個大丈夫都不能養活自己。我是可憐你這位公子才給你飯吃，難道是希望你能報答我嗎？」

淮陰屠戶中有個年輕人侮辱韓信說：「你雖然長的高大，且喜歡帶刀佩劍，但其實只是個膽小鬼罷了。」又當眾挑釁他說：「你要是不怕死，就拿劍刺我；如果怕死，就從我胯下爬過去。」韓信仔細地打量了他一番後，低下身去，趴在地上，從他的胯下爬過去。滿街的人都笑話韓信，認為他膽小。

等到項梁率軍渡過淮河時，韓信持劍前去追隨他，雖然在項梁的麾下但卻沒有任何名聲。項梁戰敗之後，韓信便隸屬項羽，項羽讓他擔任郎中。他屢次向項羽獻策，以求重用，但項羽都沒有採納。當漢王劉邦入蜀時，韓信便脫離楚軍歸順漢王。因為他沒有什麼名聲，所以只做了接待賓客的小官。後來因犯法被判處斬刑，同夥十三人都被殺了，輪到韓信時，他抬頭仰視，正好看見滕公，說：「漢王不是想成就統一天下的功業嗎？那為什麼要斬殺壯士呢？」滕公覺得他的話不同凡響，見他相貌堂堂，就放了他。滕公和韓信交談後，很欣賞他，便把這件事情報告給漢王，於是漢王任命韓信為治粟都尉。但是漢王也沒有察覺他有什麼特殊的才能。

韓信多次跟蕭何談話，蕭何認為他是位奇才。到達南鄭時，在半路上逃跑的各路將領有幾十人。韓信揣測蕭何等人已多次向漢王推薦自己，但是漢王並沒有任用自己，於是也逃走了。蕭何聽說韓信逃跑，來不及報告漢王，便親自追趕他。有人報告漢王說：「丞相蕭何逃跑了。」漢王大怒，如同失去左右手。一兩天後，蕭何來拜見漢王，漢王又是惱怒又是高興，罵蕭何道：「你為什麼要逃跑呢？」蕭何說：「我不敢逃跑，我是去追趕逃跑的人。」漢王說：「你追趕的人是誰呢？」蕭何回答說：「韓信。」漢王又罵道：「各路將領逃跑的共有幾十人，你沒去追任何一個，卻去追韓信，你在騙人。」蕭何說：「那些將領都是容易得到的人。至於像韓信這樣傑出的人物，普天之下找不出第二個人。大王如果只是要長期在漢中稱王，自然用不著韓信，但如果要爭奪天下，除了韓信就再沒有可以和您計議大事的人。就看大王怎麼決策了。」漢王說：「我要向東發展啊，怎麼可能內心苦悶地長期待在這裡呢？」蕭何說：「大王既然決定要向東發展，那如果能夠重用韓信，韓信就會留下來；不能重用他的話，韓信終究是要逃跑的。」漢王說：「我為了你的緣由，就讓他做個將軍。」蕭何說：「即使是做將軍，韓信也一定不會留下。」漢王說：「那就任命他做大將軍。」蕭何說：「太好了。」就在漢王要把韓信召來任命的時候，蕭何說：「大王向來對人輕慢，不講禮節，如今任命大將軍就像呼喊小孩一樣隨便，這就是韓信要離去的原因啊！大王決心要任命他，就要選擇良辰吉日，親自齋戒，設置高壇和廣場，禮儀要完備才可以呀！」漢王答應蕭何的要求。眾將聽到要任命大將軍時都很高興，人人都以為自己要做大將軍了。但等到任命大將時，被任命的竟然是韓信，全軍都感到驚訝。

任命韓信的儀式結束後，漢王就座。漢王說：「丞相多次對我稱讚將軍，那將軍有什麼計策可以指導我呢？」韓信謙讓了一番，趁勢問漢王說：「如今向東爭奪天下，難道敵人不是項王嗎？」漢王說：「是。」韓信說：「大王自己認為在勇敢、強悍、仁厚、兵力方面與項王相比，誰比較強呢？」漢王沉默了一段時間，說：「我不如項王。」韓信拜了兩拜，贊成地說：「我也認為大王比不上他呀！然而，我曾經侍奉過他，請讓我說說項王的為人吧。項王震怒咆哮時，嚇得千百人不敢有動靜。但卻不能放手任用有才能的將領，這只不過是匹夫之勇罷了。項王待人恭敬慈愛，言語溫和，有生病的人就會為他心疼的流淚，將自己的飲食分給他。但等到有人立下戰功，應該加封進爵時，卻把刻好的大印放在手裡磨到失去棱角，都還捨不得給他，這就是所謂的婦人之仁啊！項王稱霸天下，使諸侯臣服，但他卻放棄關中的地形，而建都彭城。又違背義帝的約定，將自己的親信分封為王，諸侯們都憤憤不平。諸侯們看到項王把義帝遷移到江南僻遠的地方，也都回去驅逐自己的國君，占據好的地方自立為王。項王軍隊所經過的地方，沒有不橫遭摧殘毀滅的，天下的人大都怨恨他，百姓也都不願歸附，現在只不過是迫於威勢，勉強服從罷了。雖然名義上是霸主，實際上卻早已失去了天下的民心。所以說他的優勢很容易轉化為劣勢。如今大王如果能夠與他反其道而行，任用天下英勇善戰的人才，那有什麼是不可以被誅滅的呢？用天下的城邑分封給有功之臣，那有什麼人是不心服口服的呢？以正義之師，順從將士東歸的心願，有什麼樣的敵人是不能被擊潰的呢？況且項羽分封的三個王，原來都是秦朝的將領，率領秦地的子弟打了好幾年仗，被殺死和逃跑的士兵多到沒法計算，項羽又欺騙他們的部下向諸侯投降。到新安之後，項王狡詐地活埋已經投降的秦軍，共有二十多萬人，卻唯獨只有章邯、司馬欣和董翳得以生存，秦地的父老兄弟已經把這三個人恨入骨髓了。而今項羽憑恃著威勢，強行封立這三個人為王，秦地的百姓沒有人愛戴他們。反觀大王進入武關，秋毫無犯，還廢除秦朝的苛酷法令，與秦地百姓約法三章，秦地百姓裡沒有人不想要大王在秦地做王的。根據諸侯的成約，大王應該在關中做王，關中的百姓都知道這件事，大王失去本來可以進入關中的爵位，秦地百姓沒有人不怨恨的。如今大王發動軍隊向東挺進，只要一道文書，三秦封地就可以平定了。」漢王聽了之後非常高興，認為自己太晚才得到韓信。就聽從韓信的謀劃，部署各路將領的攻擊目標。

核心要旨

本傳記載韓信一生的事蹟，突出他的軍事才能和累累戰功。功高於世，卻落得夷滅宗族的下場。注入作者無限的同情和感慨。細節之處也描寫的非常精彩。韓信受胯下之辱的細節，不僅畫活屠中少年的個性特徵，而且也活靈活現地描寫出韓信的心理特徵。大量的心理活動，都在他「孰視」、「蒲伏」之中表現出來。而他登壇拜將後與劉邦的一篇宏論，更使韓信嶄露頭角，顯示他的雄才大略，高瞻遠矚的胸襟。

成語精粹

1. 一飯千金：比喻報恩隆厚。

原典：信釣於城下，諸母漂，有一母見信饑，飯信，竟漂數十日。信喜，謂漂母曰：「吾必有以重報母。」母怒曰：「大丈夫不能自食，吾哀王孫而進食，豈望報乎！」

2. 胯下之辱：後比喻人未顯達時，被人鄙視、譏笑，遭受恥辱。

原典：淮陰屠中少年有侮信者，曰：「若雖長大，好帶刀劍，中情怯耳。」眾辱之曰：「信能死，刺我；不能死，出我袴下。」於是信孰視之，俛出袴下，蒲伏。一市人皆笑信，以為怯。

3. 國士無雙：國內獨一無二的優秀人才。

原典：居一二日，何來謁上，上且怒且喜，罵何曰：「若亡，何也？」何曰：「臣不敢亡也，臣追亡者。」上曰：「若所追者誰何？」曰：「韓信也。」上復罵曰：「諸將亡者以十數，公無所追；追信，詐也。」何曰：「諸將易得耳。至如信者，國士無雙。王必欲長王漢中，無所事信；必欲爭天下，非信無所與計事者。顧王策安所決耳。」

4. 匹夫之勇：指個人逞血氣之勇。形容人有勇無謀。

原典：惟信亦為大王不如也。然臣嘗事之，請言項王之為人也。項王喑噁叱吒，千人皆廢，然不能任屬賢將，此特匹夫之勇耳。

5. 婦人之仁：施小惠而不識大體。比喻姑息少決斷。

原典：項王見人恭敬慈愛，言語嘔嘔，人有疾病，涕泣分食飲，至使人有功當封爵者，印刓敝，忍不能予，此所謂婦人之仁也。

6.約法三章：泛指事先約好或規定的事。

原典：大王之入武關，秋豪無所害，除秦苛法，與秦民約，法三章耳，秦民無不欲得大王王秦者。於諸侯之約，大王當王關中，關中民咸知之。大王失職入漢中，秦民無不恨者。今大王舉而東，三秦可傳檄而定也。

寫作寶典

1.設問：不直述，而以提問帶出重點的筆法，旨在引起讀者注意，不一定需要答案。分為懸問（作者並沒有答案，而是讓讀者思考）、激問（又稱「詰問」、「反詰」、「反問」。有問無答，答案一定在問題的反面）、提問（又叫「問答法」。答案在問題之後，用問提示下文，以突出語意重點，吸引注意）。

例1：王曰：「吾亦欲東耳，**安能鬱鬱久居此乎？**」何曰：「王計必欲東，能用信，信即留；不能用，信終亡耳。」

Tips：激問。

例2：雄兔腳撲朔，雌兔眼迷離，兩兔傍地走，**安能辨我是雄雌？**（佚名《木蘭詩》）

Tips：激問。

例3：老殘眼見北斗七星的斗杓東指，因物換星移、歲月如流而感懷人生的蹉跎無常與自己的漂泊不

定，所以由感而嘆，道出內心的疑惑：「一年一年地這樣瞎混下去，**如何是個了局呢？**」（劉鶚《黃河結冰記》）

Tips：懸問。

例4：**客亦知夫水與月乎？逝者如斯，而未嘗往也；盈虛者如彼，而卒莫消長也。**（蘇軾《赤壁賦》）

Tips：提問。

高手過招

1.（　）**下列各文句，「　」內的語詞不作動詞用的選項是：**

A. 有一母見信饑，「飯」信　B. 不耕而食，不「蠶」而衣

C. 因「面」峰腋寺，作為草堂　D. 北飲大澤，未至，「道」渴而死

【解答】

1. D

樊酈滕灌列傳

古文鑑賞

傳說時代
春秋戰國
秦
楚漢相爭
漢

出題率 ★★★

（一）樊噲

噲以呂后女弟❶呂須為婦，生子伉，故其比諸將最親。

先黥布反時，高祖嘗病甚，惡見人，臥禁中❷，詔戶者❸無得入群臣。群臣絳、灌❹等莫敢入。十餘日，噲乃排闥❺直入，大臣隨之。上獨枕一宦者臥。噲等見上流涕曰：「始陛下與臣等起豐沛，定天下，何其壯也！今天下已定，又何憊也！且陛下病甚，大臣震恐，不見臣等計事，顧獨與一宦者絕❻乎？且陛下獨不見趙高之事乎？」高帝笑而起。

其後盧綰反，高帝使噲以相國擊燕。是時高帝病甚，人有惡噲黨❼於呂氏，即上一日宮車晏駕❽，則噲欲以兵盡誅滅戚氏❾、趙王如意之屬。高帝聞之大怒，乃使陳平載絳侯代將，而即軍中斬噲。陳平畏呂后，執噲詣❿長安。至則高祖已崩，呂后釋噲，使復爵邑。

【注釋解析】

❶女弟：妹妹。
❷禁中：宮中。
❸戶者：看守宮門的人。
❹絳：指絳侯周勃。灌：指灌嬰。
❺排闥：推闖開門。闥，門。
❻顧：難道。絕：臨終訣別。
❼惡：說人的壞話。黨：結黨。
❽此句是指，假如皇帝在某天去世。宮車晏駕，是對皇帝死亡的一種避諱說法。
❾戚氏：指劉邦的寵妃戚夫人。
❿詣：到……。
⓫諡：古時帝王、貴族、大臣、士大夫死後，依其生前的事蹟所給予的稱號。武：是給能征慣戰者的諡號。
⓬婘屬：通「眷屬」。
⓭庶子：古稱非正妻所生的兒子爲庶子。
⓮爲人：此指行人道，即生育下一代的能力。
⓯下吏：交給有關官吏審理。
⓰庶人：平民百姓。
⓱其秋：指高帝五年，即西元前二〇二年的秋天。
⓲太上皇：指劉邦的父親太公。
⓳前拒：前線陣地。
⓴陳：同「陣」。

孝惠六年，樊噲卒，謚為武侯⓫。子伉代侯。而伉母呂須亦為臨光侯，高后時用事專權，大臣盡畏之。伉代侯九歲，高后崩。大臣誅諸呂、呂須嬃屬⓬，因誅伉。舞陽侯中絕數月。孝文帝既立，乃復封噲他庶子⓭市人為舞陽侯，復故爵邑。市人立二十九歲卒，謚為荒侯。子他廣代侯。六歲，侯家舍人得罪他廣，怨之，乃上書曰：「荒侯市人病不能為人⓮，令其夫人與其弟亂而生他廣，他廣實非荒侯子，不當代後。」詔下吏⓯。孝景中六年，他廣奪侯為庶人⓰，國除。

（二）酈商

項羽既已死，漢王為帝。其秋⓱，燕王臧荼反，商以將軍從擊荼，戰龍脫，先登陷陣，破荼軍易下，卻敵，遷為右丞相，賜爵列侯，與諸侯剖符，世世勿絕，食邑涿五千戶，號曰涿侯。以右丞相別定上谷，因攻代，受趙相國印。以右丞相趙相國別與絳侯等定代、雁門，得代丞相程縱、守相郭同、將軍已下至六百石十九人。還，以將軍為太上皇⓲衛一歲七月。以右丞相擊陳豨，殘東垣。又以右丞相從高帝擊黥布，攻其前拒

㉑不治：不能料理事務。

㉒北軍：漢朝駐守京師的部隊，因駐紮在長安城北，故名。

㉓劫：強制，強迫。

㉔紿：欺騙。

㉕賣交：出賣朋友。

㉖王：指趙王劉遂，劉邦的孫子。

㉗取：同「娶」。平原君：景帝的皇后——王皇后的母親臧兒的封號。

㉘下寄吏：把酈寄交給法吏審理。

㉙坐法：因犯法而被判罪。

㉚魯元公主：名不詳，漢高祖劉邦和皇后呂雉唯一的女兒。頗受母親呂雉寵愛。嫁趙王張耳之子張敖爲妻，生魯王張偃。另有一女張氏，後來成爲漢惠帝劉盈——的皇后。漢五年（西元前二〇二年），張敖繼承父親的趙王之位，她則爲趙王后。根據《史記》記載，白登之圍（西元前二〇〇年）後，匈奴「數苦北邊」。劉敬建議劉邦以眞正的嫡女——魯元公主嫁與冒頓單于和親，期望長公主日後以下一代單于生母的身分，爲漢朝謀取最大的政治利益。雖然劉邦同意這個建議，終因母親呂后反對、日夜哭泣，公主才免於遠嫁。惠帝四年（西元前一九一年）十月，其弟漢惠帝立張敖女張氏爲皇后。《漢書》記載，魯元公主爲張皇后生母。

⑲，陷兩陳⑳，得以破布軍，更食曲周五千一百戶，除前所食，凡別破軍三，降定郡六，縣七十三，得丞相、守相、大將各一人，小將二人，二千石已下至六百石十九人。商事孝惠、高后時，商病，不治㉑。

其子寄，字況，與呂祿善。及高后崩，大臣欲誅諸呂，呂祿為將軍，軍於北軍㉒，太尉勃不得入北軍，於是乃使人劫㉓酈商，令其子況紿㉔呂祿，呂祿信之，故與出游，而太尉勃乃得入據北軍，遂誅諸呂。是歲商卒，謚為景侯。子寄代侯。天下稱酈況賣交㉕也。

孝景前三年，吳、楚、齊、趙反，上以寄為將軍，圍趙城，十月不能下。得俞侯欒布自平齊來，乃下趙城，滅趙，王㉖自殺，除國。孝景中二年，寄欲取平原君㉗為夫人，景帝怒，下寄吏㉘，有罪，奪侯。景帝乃以商他子堅封為繆侯，續酈氏後。繆靖侯卒，子康侯遂成立。遂成卒，子懷侯世宗立。世宗卒，子侯終根立，為太常，坐法㉙，國除。

㉛罷：通「疲」。

㉜虜：指項羽的軍隊。

㉝蹶：踏，用腳推。

㉞面：面對面。雍樹：當時方言，指抱小孩子。意思是小孩子抱著大人的脖子，像吊在樹上似的。雍，通「擁」。

㉟卒定楚：最後終於平定楚地。

㊱追北：追擊逃跑的敗軍。

㊲厚遺閼氏：送給閼氏（即匈奴王后）。閼氏，是匈奴人之妻或妾的稱號，意義近似漢文中的夫人。匈奴帝國時期，匈奴統治階級實行一夫多妻制。閼氏一詞，源於胭脂花，即紅花。匈奴人以女人美麗可愛如胭脂而得名。匈奴河西地區中的焉支山盛產植物紅花，其汁可做胭脂，用以美容。匈奴閼氏可能有用胭脂妝飾臉面的習慣，如中原貴族婦女。

㊳德：感恩戴德。

㊴縣北第：指京師宮庭北面的住宅。縣，古指京城及周圍千里之地。

㊵代王：指劉邦的兒子劉恆，即後來的漢文帝。

㊶東牟侯：指齊悼惠王劉肥的兒子劉興居。清宮：清理宮中。這裡指清除宮廷中的呂氏殘餘勢力。

㊷少帝：呂后把呂氏子假稱惠帝嬪妃所生，此人名劉弘，封爲常山王，後立爲帝，史稱少帝。

㊸法駕：天子的車駕。代邸：代王的住宅。

（三）夏侯嬰

還定三秦，從擊項籍。至彭城，項羽大破漢軍。漢王敗，不利，馳去。見孝惠、魯元㉚，載之。漢王急，馬罷㉛，虜㉜在後，常蹶㉝兩兒欲棄之，嬰常收，竟載之，徐行面雍樹㉞乃馳。漢王怒，行欲斬嬰者十餘，卒得脫，而致孝惠、魯元於豐。

漢王既至滎陽，收散兵，復振，賜嬰食祈陽。復常奉車從擊項籍，追至陳，卒定楚㉟，至魯，益食茲氏。

漢王立為帝。其秋，燕王臧荼反，嬰以太僕從擊荼。明年，從至陳，取楚王信。更食汝陰，剖符世世勿絕。以太僕從擊代，至武泉、雲中，益食千戶。因從擊韓信軍胡騎晉陽旁，大破之。追北㊱至平城，為胡所圍，七日不得通。高帝使使厚遺閼氏㊲，冒頓開圍一角。高帝出欲馳，嬰固徐行，弩皆持滿外向，卒得脫。益食嬰細陽千戶。復以太僕從擊胡騎句注北，大破之。以太僕擊胡騎平城南，三陷陳，功為多，賜所奪邑五百戶。以太僕擊陳豨、黥布軍，陷陳卻敵，益食千戶，定食汝陰六千九百戶，除前所食。

㊹尚：指臣子娶君主的女兒，有高攀之意。

㊺平陽公主：原本的封號爲「陽信公主」。後因嫁給曹參的曾孫平陽侯曹時（又稱曹壽），被稱爲「平陽公主」。其弟劉徹（即漢武帝）即位之初，數年無子，皇后陳氏也一直沒有生子。於是平陽公主便在家中安排良家子女十餘人。建元二年春（西元前一三九年）武帝路過平陽公主家時，家中的謳者衛子夫被武帝看中所幸。公主由此獲賜金千斤。元光四年（西元前一三一年），曹時逝世。此後，平陽公主再嫁汝陰侯夏侯頗。元鼎二年（西元前一一五年），夏侯頗因與父親的御婢通姦有罪而自殺。後來寡居的公主與左右商議，城中的列侯誰可以成爲自己的丈夫人選。左右皆言衛青可以，公主笑道：「此出吾家，常使令騎從我出入耳，奈何用爲夫乎？」左右又說：「今大將軍姊爲皇后，三子爲侯，富貴振動天下，主何以易之乎？」於是公主便同意這門婚事，向皇后衛子夫說明。告之武帝，下詔衛青與平陽公主成婚。

㊻元鼎二年：西元前一一五年。元鼎，漢武帝的第五個年號。在中國歷史上，年號是由漢武帝發明及首先使用，首個年號爲建元（西元前一四〇年—西元前一三五年）。此前的帝王只有年數，沒有年號。《漢書》上記載，西元前一二二年十月，漢武帝出去狩獵，捉到一隻獨角

嬰自上初起沛，常為太僕，竟高祖崩。以太僕事孝惠。孝惠帝及高后德㊳嬰之脫孝惠、魯元於下邑之間也，乃賜嬰縣北第㊴第一，曰「近我」，以尊異之。孝惠帝崩，以太僕事高后。高后崩，代王㊵之來，嬰以太僕與東牟侯入清宮㊶，廢少帝㊷，以天子法駕迎代王代邸㊸，與大臣共立為孝文皇帝，復為太僕。八歲卒，諡為文侯。子夷侯灶立，七年卒。子共侯賜立，三十一年卒。子侯頗尚㊹平陽公主㊺。立十九歲，元鼎二年㊻，坐與父御婢姦罪，自殺，國除。

獸白麟，群臣認爲這是吉祥的神物，値得紀念，建議用來記年，於是立年號爲「元狩」，稱那年爲元狩元年。可是，過了六年後，又在山西汾陽獲得一個三個腳的寶鼎，群臣又認爲這是吉祥的神物，建議用來紀年，於是改年號爲「元鼎」，稱那年爲元鼎元年。後來，人們把這樣記錄年代的開始之年稱爲「紀元」，改換年號叫做「改元」。此後，每次有新皇帝登基時，常常會改元，並同時改變年號。一般改元從下詔的第二年算起，也有一些從本年年中算起。

白話解讀

（一）樊噲

樊噲娶了呂后的妹妹呂須為妻，生下兒子樊伉，因此和其他將領相比，高祖對樊噲更為親近。

在黥布反叛的時候，高祖一度病得很嚴重，甚至不見任何人。他躺在宮禁之中，命令守門人不得讓群臣進去。大臣中，如絳侯周勃、灌嬰等人都不敢進宮。十多天後，樊噲推開宮門，直接闖了進去，後面的群臣緊緊跟隨著他。進入宮門後，看到高祖枕著一個宦官躺在床上。樊噲等人見到皇帝之後，痛哭流涕地說：「想當初陛下和我們一起從豐沛起兵，平定天下，那是多麼偉大的壯舉啊！如今天下已經安定，您又是如此的疲憊不堪啊！您病得不輕，大臣們都驚慌失措，您又不肯接見我們來討論國家大事，難道您最後只想和一個宦官訣別嗎？再說，您難道不知道宦官趙高作亂的那些往事嗎？」高祖聽了之後，就笑著從床上起來。

盧綰謀反時，高祖命令樊噲以相國的身份去攻打燕國。高祖又再度病得非常嚴重，有人趁機詆毀樊噲和呂氏結黨。謠言說，假如皇帝有一天去世的話，那麼樊噲就要帶兵把戚夫人和趙王如意等人全部殺死。高祖聽說之後，勃然大怒，立刻命令陳平用車載著絳侯周勃去前線代替樊噲，並在軍中立刻把樊噲斬首。陳平因懼怕呂后，並沒有執行高祖的命令，而是把樊噲解赴長安。到達長安時，高祖已經去世，呂后就釋放了樊噲，並恢復他的爵位和封邑。

漢惠帝六年（西元前一八九年）時，樊噲去世，謚號為武侯。他的兒子樊伉代其侯位，而樊伉的母親呂須也被封為臨光侯。在呂后在位時，呂須也掌管政事，十分專斷，大臣們都非常懼怕她。樊伉代侯九年之後，呂后去世。大臣們開始誅殺呂氏宗族和呂須的親屬，接著又殺死樊伉。因此造成舞陽侯這個爵位中斷好幾個月。等到漢文帝即位，才又封樊噲妾所生的兒子樊市人為舞陽侯，恢復其原來的爵位和食邑。樊市人在位二十九年死去，謚號為荒侯。他的兒子樊他廣繼承侯位六年後，舞陽侯家中的舍人怨恨樊他廣，於是就上書說：「荒侯市人因為有病而喪失生育能力，就讓他的夫人和他的弟弟淫亂而生下他廣。事實上他廣並不是荒侯的兒子，因此不應繼承侯位。」皇帝下令把此事交給官吏審理。在漢景帝中元六年（西元前一四四年）時，撤消樊他廣的侯位，並降他為平民百姓，封國食邑也一併撤除。

（二）酈商

項羽死後，漢王立為皇帝。這一年秋天，燕王臧荼謀反，酈商以將軍的身份隨從高帝攻打臧荼。在龍脫大戰時，酈商衝鋒陷陣，率先登城，並在易下擊敗臧荼的軍隊。因其殺敵有功，被升任右丞相，並賜他列侯的爵位，和其他諸侯一樣剖符為信，世世代代永不斷絕。以涿邑五千戶作為他的食邑，封號涿侯。後又以右丞相之職單獨帶兵平定上谷，接著攻打代。高祖授予他趙國的相國之印後，他以右丞相加趙國相國的身份帶兵和絳侯周勃等人，一起平定代和雁門，活捉代國丞相程縱、守相郭同、將軍以下到六百石的官員，共十九人。凱旋歸來後，他以將軍的身份，擔任太上皇的護衛一年零七個月。然後又以右丞相之職攻打陳豨，搗毀東垣城牆。再以右丞相之職跟隨高帝進攻反叛的黥布，酈商率先領兵向敵人前線陣地猛攻，奪取兩個陣地，因而使漢軍能夠打垮黥布的軍隊。戰事結束後，高帝把他的封邑改到曲周，並增加到五千一百戶，收回以前所封的食邑。最後總計酈商共擊垮三支敵軍，降服六個郡、七十三個縣，俘獲丞相、守相、大將各一人，小將二人，二千石以下到六百石的官員十九人。

酈商在侍奉孝惠帝和高后時，因身體不好，不能處理政事。他的兒子酈寄，字況，與呂祿很要好。高后去世時，大臣們想誅殺呂氏家族，但是呂祿身為將軍，統領北軍，就連太尉周勃都無法進入北軍的大營。於是就派人去威脅酈商，讓他的兒子酈況欺騙呂祿。呂祿因為相信酈況的話，於是就和他一起出去遊玩，使得太尉周勃能夠進入軍營，控制北軍，最後也成功滅掉呂氏家族。也就在這一年，酈商去世，諡號為景侯。他的兒子酈寄繼承侯位，但天下人都說他出賣朋友。

孝景帝前元三年（西元前一五四年），吳、楚、齊、趙等諸侯國聯合起兵造反，皇帝任命酈寄為將軍，圍攻趙城，但過了十個月後都還沒有攻克。直到俞侯欒布平定齊國後，前來助戰，這才拿下趙城，掃平趙國。趙王劉遂自殺，封國被廢除。景帝中元二年（西元前一四八年），酈寄打算娶景帝的皇后——王皇后的母親平原君為妻。景帝大怒，把酈寄交給司法官吏審理，最後判定他有罪，並剝奪他的侯爵爵位。景帝把酈商的另外一個兒子酈堅封為繆侯，以延續酈氏的後代。繆靖侯酈堅去世之後，他的兒子康侯酈遂成繼位。酈遂成死去之後，兒子懷侯酈世宗繼位。酈世宗去世之後，兒子酈終根繼承侯位，任太常，後來因為犯法，封國被撤消。

（三）夏侯嬰

後來漢王回軍平定三秦，夏侯嬰也隨從漢王攻擊項羽的軍隊。進軍彭城時，漢軍被項羽打得大敗。漢王因兵敗不利，所以乘馬車急速逃去。在半路上遇到孝惠帝和魯元公主，夏侯嬰就把他們拉上車一起逃走。但是馬已經疲憊不堪，敵人又緊追在後，因此漢王非常著急。用腳把兩個孩子踢下車好幾次，想扔掉他們。但每次都是夏侯嬰下車再把他們拉上來，堅持把他們載在車上。夏侯嬰趕著車子，先慢慢行走，等到兩個嚇壞的孩子抱緊自己的脖子後，才駕車奔馳。漢王為此非常生氣，有十多次動了想要殺死夏侯嬰的念頭，但最終還是順利逃出險境，把孝惠帝、魯元公主安然無恙地送到豐邑。

漢王到了滎陽之後，集結被擊潰的軍隊，又再度振作起軍威。漢王把祈陽賜給夏侯嬰作為食邑。在此之後，夏侯嬰又指揮兵車跟從漢王攻打項羽，一直追擊到陳縣，最後終於平定楚地。行至魯地時，漢王又替他增加茲氏一縣作為食邑。

漢王立為皇帝的這一年秋天，燕王臧荼起兵造反，夏侯嬰以太僕之職跟從高帝攻打臧荼。第二年，又跟從高帝到陳縣，逮捕楚王韓信。高帝把夏侯嬰的食邑改封在汝陰，剖符為信，使爵位世世代代傳下去。後以太僕之職跟從高帝攻打代地，一直打到武泉、雲中，高帝再度增加他的食邑一千戶。接著又跟隨漢王到晉陽附近，把隸屬於韓信的匈奴騎兵打得大敗。當追擊敗軍到平城時，遭到匈奴騎兵團團圍住，被圍困了整整七天無法逃脫。最後，因為高帝派人送了很多禮物給匈奴王的閼氏，匈奴王冒頓才把包圍打開一角。高帝脫圍剛出平城時，就想驅車快跑，但夏侯嬰堅決止住車馬慢慢行走，並命令弓箭手都拉滿弓向外，這才終於脫離險境。因為立下此功，高帝把細陽一千戶作為食邑加封給夏侯嬰。再以太僕之職跟隨高帝在句注山以北地區攻打匈奴騎兵，獲得大勝。以太僕之職在平城南邊攻擊匈奴騎兵，多次攻破敵陣，功勞最多，高帝就把奪來的城邑中共五百戶賜給他作為食邑。又以太僕之職攻打陳豨、黥布的反叛軍隊，衝鋒陷陣，擊退敵軍，因此加封食邑一千戶。最終，皇帝把夏侯嬰的食邑定在汝陰，共六千九百戶，撤消以前所封的其它食邑。

夏侯嬰自從跟隨高帝在沛縣起兵開始，便長期擔任太僕一職，一直到高帝去世。之後又作為太僕侍奉孝惠帝，孝惠帝和呂后非常感激夏侯嬰在下邑的路上救了孝惠帝和魯元公主，於是把緊靠在皇宮北面的一等宅第賜給他，名為「近我」，意思是說「可以離天子最近的地方」，以此表示對夏侯嬰的尊寵。孝惠帝死後，他繼續以太僕之職侍奉高后。高后去世，代王來到京城時，夏侯嬰又以太僕的身份和東牟侯劉興居一起入皇宮清理宮室、廢少帝，並用天子的法駕到代王府第裡迎接代王，和大臣們一起立代王為孝文皇帝，夏侯嬰此時仍然擔任太僕。他於八年之後去世，諡號文侯。兒子夷侯夏侯灶繼承侯位，七年後去世。兒子共侯夏侯賜繼承侯位，三十一年後去世。他的兒子夏侯頗娶平陽公主。在他繼承侯位十九年時，也就是元鼎二年（西元前一一五年），因為和他父親的御婢通姦，畏罪自殺，封國也被撤消。

核心要旨

本傳是樊噲、酈商、夏侯嬰、灌嬰四個人的合傳。這四個人都是劉邦手下能征慣戰的將領，所以司馬遷把他們放在一起描寫。節選段落中，特別節選樊噲、酈商、夏侯嬰的重點段落。在描寫時，作者既注意到同中之異，也注意到異中之同。例如，他們三人都為大將，這是相同點；但是他們所帶領的兵種不一樣，這是相異之處。又如，樊噲、酈商、夏侯嬰都出身下層，這是相同點；但是這三個人原來所從事的職業又不盡相同，這又是相異之處。作者不露聲色地寫出這些生活經歷對其以後事業的重大影響和在未來軍事活動中所起的作用。因為他們都出身卑微，所以才忠心耿耿地追隨劉邦南北轉戰，無論環境如何險惡，處境如何艱難，他們都毫不動搖。再如，樊噲等三人都對劉邦一片赤誠，這是相同點；但他們三人和劉邦的關係卻不大一樣，這又是相異之處。相對而言，樊噲和滕公夏侯嬰與劉邦的關係更為密切一些，因為他們是貧賤之交，故舊知己，所以在劉邦犯錯時，他們能夠予以補正。比如，在劉邦戰敗，為了使自己逃命，要扔掉自己兩個孩子時，夏侯嬰及時地把他們拉上車，使他們免於一死；在黥布造反，劉邦又因病委靡不振的時候，樊噲闖宮力諫，使劉邦重振精神，帶病出征，平定叛亂。這都是他們幫助劉邦成就大業的具體例證。

寫作實典

***1.* 設問：**不直述，而以提問帶出重點的筆法，旨在引起讀者注意，不一定需要答案。分為懸問（作者並沒有答案，而是讓讀者思考）、激問（又稱「詰問」、「反詰」、「反問」。有問無答，答案一定在問題的反面）、提問（又叫「問答法」。答案在問題之後，用問提示下文，以突出語意重點，吸引注意）。

例1：始陛下與臣等起豐沛，定天下，何其壯也！今天下已定，又何憊也！且陛下病甚，大臣震恐，不見臣等計事，顧獨與一宦者絕乎？**且陛下獨不見趙高之事乎？**

Tips：激問。

例2：試想在圓月朦朧之夜，海棠是這樣的嫵媚而嫣潤；**枝頭的好鳥為什麼卻雙棲而各夢呢？**在這夜深人靜的當兒，那高距著的一隻八哥兒，**又為何儘撐著眼皮兒不肯睡去呢？他到底等什麼來著？捨不得那淡淡的月兒麼？捨不得那疏疏的簾兒麼？**不，不，不，您得到簾下去找，您得向簾中去找——**您該找著那捲簾人了？**他的情韻風懷，原是這樣的喲！朦朧的豈獨月呢？豈獨鳥呢？但是，

咫尺天涯，**教我如何耐得？**我拼著千呼萬喚！**你能夠出來麼？**（朱自清《月朦朧，鳥朦朧，簾捲海棠紅》）

Tips：懸問、激問。

例3：靖康恥，猶未雪；臣子恨，**何時滅？**駕長車踏破賀蘭山缺。壯志饑餐胡虜肉，笑談渴飲匈奴血。待從頭，收拾舊山河，朝天闕。（岳飛《滿江紅》）

Tips：懸問。

高手過招（＊為多選題）

＊1.（　）下列文句「　」中的數字，表示「幾分之幾」意思的選項是：

A.三五明月滿，「四五」蟾兔缺

B.斬首十四級，捕虜「十一」人

C.古者稅什一而民足，今「百一」而民不足

D.天子、諸侯子「十九」而冠，冠而聽治，其教至也

E.會天寒，士卒墮指者「什二三」（「什」通「十」）

【解答】

1.CE

劉敬叔孫通列傳

古文鑑賞

出題率★

傳說時代
春秋戰國
秦
楚漢相爭
漢

叔孫通者，薛人也。秦時以文學❶徵，待詔❷博士。數歲，陳勝起山東，使者以聞❸，二世召博士諸儒生問曰：「楚戍卒攻蘄入陳，於公如何？」博士諸生三十餘人前曰：「人臣無將，將即反，罪死無赦。願陛下急發兵擊之。」二世怒，作色。叔孫通前曰：「諸生言皆非也。夫天下合為一家，毀郡縣城，鑠❹其兵，示天下不復用。且明主在其上，法令具於下，使人人奉職，四方輻輳❺，安敢有反者！此特❻群盜鼠竊狗盜耳，何足置之齒牙間。郡守尉今捕論❼，何足憂。」二世喜曰：「善。」盡問諸生，諸生或言反，或言盜。於是二世令御史案❽諸生言反者下吏，非所宜言。諸言盜者皆罷之。乃賜叔孫通帛二十匹，衣一襲❾，拜為博士。叔孫通已出宮，反❿舍，諸生曰：「先生何言之諛⓫也？」通曰：「公不知也，我幾不脫於虎口！」乃亡去，之⓬薛，薛已降楚矣。及項梁之

【注釋解析】

❶文學：文章博學，文獻知識。
❷待詔：候命。
❸聞：報告。
❹鑠：熔化。
❺輻輳：車輻集中於軸心。比喻人或事物歸集一處。
❻特：僅，只。
❼論：判罪。
❽案：審問。
❾一襲：一套。
❿反：同「返」。
⓫諛：奉承，討好。
⓬之：往，到。
⓭懷王：指戰國時期的楚懷王之孫熊心，項梁立其爲楚懷王。
⓮義帝：項羽因怨懷王熊心故假意尊其爲義帝，令其南遷。義，名義。
⓯項王：即項羽。
⓰從：使之從，帶領。
⓱制：裁制。
⓲進：推薦。
⓳大猾：特別奸狡的人。
⓴蒙：冒著。矢石：箭和石，古時作戰以射箭投石打擊敵人。

薛，叔孫通從之。敗於定陶，從懷王⑬。懷王為義帝⑭，徙長沙，叔孫通留事項王⑮。漢二年，漢王從⑯五諸侯入彭城，叔孫通降漢王。漢王敗而西，因竟從漢。

叔孫通儒服，漢王憎之；乃變其服，服短衣，楚制⑰，漢王喜。

叔孫通之降漢，從儒生弟子百餘人，然通無所言進⑱，專言諸故群盜壯士進之。弟子皆竊罵曰：「事先生數歲，幸得從降漢，今不能進臣等，專言大猾⑲，何也？」叔孫通聞之，乃謂曰：「漢王方蒙矢石⑳爭天下，諸生寧能鬥乎？故先言斬將搴㉑旗之士。諸生且待我，我不忘矣。」漢王拜叔孫通為博士，號稷嗣君。

漢五年，已並天下，諸侯共尊漢王為皇帝於定陶，叔孫通就其儀號㉒。高帝悉去秦苛儀法，為簡易。群臣飲酒爭功，醉或妄呼，拔劍擊柱，高帝患之。叔孫通知上益厭之也，說上曰：「夫儒者難與進取，可與守成。臣願徵魯諸生，與臣弟子共起朝儀㉓。」高帝曰：「得無難乎？」叔孫通曰：「五帝異樂，三王不同禮。禮者，因時世人情為之節文者也。故夏、

㉑搴：拔，取。
㉒儀號：儀式，禮節。
㉓朝儀：朝廷中的儀禮。
㉔因：沿襲。損：減。益：增。
㉕頗：略微。
㉖度：揣度，估計。
㉗且：將近。
㉘若：你，你們。
㉙綿蕞：叔孫通制定朝禮時的習儀。綿，指用繩索表示習儀的處所。蕞，指用結紮的茅草表示習儀的尊卑位次。
㉚習肄：練習，學習。
㉛會十月：正好是十月。漢初，因劉邦十月至霸上仍襲秦曆以十月爲歲首。歲首是諸侯朝見天子的月份。
㉜長樂宮：西漢主要宮殿之一。以秦興樂宮改建而成，宮垣周圍約十公里，是當時範圍最大的宮。漢初皇帝在這裡視朝。
㉝治：主持。
㉞陳：排列。
㉟旗志：陳直《史記新證》：「旗志即旗幟，志爲幟字之假借。」
㊱趨：小步快走向前施禮。
㊲俠：通「夾」。
㊳陛：臺階，階梯。古代宮殿的最高階，天子坐以聽政之處。

殷、周之禮所因損益㉔可知者，謂不相復也。臣願頗㉕采古禮與秦儀雜就之。」上曰：「可試為之，令易知，度㉖吾所能行為之。」

於是叔孫通使徵魯諸生三十餘人。魯有兩生不肯行，曰：「公所事者且㉗十主，皆面諛以得親貴。今天下初定，死者未葬，傷者未起，又欲起禮樂。禮樂所由起，積德百年而後可興也。吾不忍為公所為。公所為不合古，吾不行。公往矣，無汙我！」叔孫通笑曰：「若㉘真鄙儒也，不知時變。」

遂與所徵三十人西，及上左右為學者與其弟子百餘人為綿蕞㉙野外。習之月餘，叔孫通曰：「上可試觀。」上既觀，使行禮，曰：「吾能為此。」乃令群臣習肄㉚，會十月㉛。

漢七年，長樂宮㉜成，諸侯群臣皆朝十月。儀：先平明，謁者治㉝禮，引以次入殿門，廷中陳㉞車騎步卒衛宮，設兵張旗志㉟。傳言「趨㊱」。殿下郎中俠㊲陛㊳，陛數百人。功臣列侯諸將軍軍吏以次陳㊴西方，東鄉㊵；文官丞相以下陳東方，西鄉。大行設九賓㊶，臚傳㊷。於是皇帝輦㊸出房，百官執職傳警㊹，引諸侯王以下至吏六百石㊺以次奉賀。自諸侯王

㊴陳：依次序排列。
㊵鄉：通「向」。
㊶九賓：古代朝會大典設九賓。其說法不一，這裡指九個接待賓客的禮賓官員。
㊷臚傳：由上傳語告下。
㊸輦：乘輦，秦、漢後的皇帝車子稱「輦」。
㊹職：通「幟」。傳警：指帝輦出房，百官呼警。
㊺六百石：漢制百官俸祿從二千石到百石，分十二個等級。六百石，屬低級官員。
㊻振恐：因威嚴而畏懼。振，同「震」。
㊼法酒：朝廷舉行大禮時的禮節性宴飲。
㊽上壽：敬酒表示祝頌。
㊾觴：酒器。這裡引申爲進酒。九行：行酒九巡。
㊿太常：郭嵩燾《史記札記》：「按《漢書·百官表》：『奉常，秦官，景帝中六年始更名太常。』是時無太常名，《漢書》云：『拜通爲奉常』。」原名奉常。漢景帝中元六年（西元前一四四）改名爲太常。主要的職責，一是主管祭祀社稷、宗廟和朝會、喪葬等禮儀，於祭祀時充當主祭人皇帝的助手。二是主管皇帝的寢廟園陵及其所在的縣。由太常管理的諸陵縣，被合稱爲太常郡。太常每月要巡視諸帝陵墓一次。漢代因太常事重職尊，其位列於諸卿之首。西漢時多以列侯任該職。由於該官涉及

以下莫不振恐46肅敬。至禮畢，復置法酒47。諸侍坐殿上皆伏抑首，以尊卑次起上壽48。觴九行49，謁者言「罷酒」。御史執法舉不如儀者輒引去。竟朝置酒，無敢讙譁失禮者。於是高帝曰：「吾乃今日知為皇帝之貴也。」乃拜叔孫通為太常50，賜金五百斤。

叔孫通因進曰：「諸弟子儒生隨臣久矣，與臣共為儀，願陛下官之。」高帝悉以為郎。叔孫通出，皆以五百斤金賜諸生。諸生乃皆喜曰：「叔孫生誠聖人也，知當世之要務51。」

宗廟和典禮，在其位者動輒見咎。從漢武帝到西漢末年，太常因過錯而被削爵免官的達二十餘人。另外，兩漢時博士亦屬太常。對博士和博士弟子的考核薦舉，都由太常主持。所以太常又成為培養、拔擢通經學的官吏人才的一個重要機構。

51 要務：緊要事務。

白話解讀

叔孫通是薛縣人。秦朝時以長於文章、知識淵博而被徵召入宮，被任命為博士。幾年後，陳勝在山東起兵，使者把這個情況報告給朝廷，秦二世召來各位博士、儒生問道：「楚地戍邊的士卒，攻下蘄縣進入陳縣，各位對這件事情有甚麼看法？」博士以及儒生們三十多人走向前去，說：「作臣子的不能聚眾，聚眾就是造反。這是死罪不能寬赦，希望陛下趕快發兵攻打他們。」秦二世一聽就發火，頓時臉色大變。這時叔孫通走向前去說：「各位儒生們的話都不對。當今天下已合為一個大國，陛下毀掉郡縣城池，銷熔各種兵器，向天下人昭示不再使用。何況有賢明的君主君臨天下，替人民制定完備的法令，人人遵法守職，四方八面都歸附朝廷，哪有人敢造反的呢？這只是一些盜賊行竊罷了，何足掛齒。現在，郡官們正在搜捕他們治罪論處，這件事不值得陛下憂患。」秦二世高興地說：「很好。」又再向每個儒生問了一遍，儒生們有的說是造反，有的說是盜賊。秦二世命令監察官審查每個儒生說的話，凡說是造反的都交給官吏治罪，秦二世認為他們不該說這樣的話；那些說是盜賊的則都免掉職務。最後，卻賜給叔孫通二十匹帛，一套服裝，並授給他博士職位。叔孫通走出宮回到居舍，一些儒生問道：「先生說了些什麼討好皇帝的話呢？」叔孫通說：「各位不知道啊，我已經快要無法逃出虎口了！」便隨即逃離都城，抵達薛縣，當時的薛縣已經投降楚軍。項梁抵達薛縣時，叔孫通便投靠他。後來項梁在定陶戰死，叔孫通就跟隨楚懷王熊心。懷王被項羽封為義帝，遷往長沙去後，叔孫通便留下奉事項羽。漢高帝二年（西元前二〇五年），漢王劉邦帶領五個諸侯王攻進彭城，叔孫通在此時投降漢王。漢王戰敗西去後，叔孫通也跟著漢王。

叔孫通總是穿著一身儒生服裝，漢王非常討厭；於是他便換了服裝，穿上短襖，而且按楚地習俗裁制，漢王見了非常高興。

當初，叔孫通投降漢王時，跟隨他的儒生弟子有一百多人，可是叔孫通從來不說推薦他們的好話，卻只推薦那些曾經聚眾偷盜的勇士。儒生弟子們都暗地罵他，道：「奉事先生好多年了，如今跟他一起投降漢王，但他卻不推薦我們，專門稱讚那些特別奸狡的人，這是什麼道理？」叔孫通聽到罵他的話，就對儒生們說：「漢王正冒著利箭、堅石爭奪天下，各位儒生們難道能夠搏鬥嗎？所以我要先推薦那些能斬將奪旗、冒死廝殺的勇士。各位姑且等等我，我不會忘記你們的。」後來漢王任命叔孫通做博士，稱為稷嗣君。

漢高帝五年（西元前二〇二年），天下已經統一，諸侯們在定陶共同推舉漢王為皇帝，叔孫通負責擬定儀式禮節。當時漢高帝把秦朝嚴苛的儀禮法規全部取消，只擬定了一些簡單易行的規矩。但群臣在朝廷飲酒作樂、爭論功勞，醉了就狂呼亂叫，甚至拔出劍砍削庭中立柱，高帝為這件事情感到很頭疼。叔孫通知道皇帝愈來愈無法忍受這類的事情，就勸說道：「儒生雖然無法為您進攻奪取天下，可是卻能夠幫您固守現在的成果。我希望可以徵召魯地的一些儒生，跟我的子弟們一起制定朝廷上的儀禮。」高帝說：「制定出來的禮節是不是會像過去一樣繁瑣難行呢？」叔孫通說：「五帝有不同的樂禮，三王有不同禮節。禮，就是按照當時的世事人情制定出的法則。所以從夏、殷、周三代的禮節有所沿襲、刪減、增加的情況，就可以明白這一點。也就是說不同朝代的禮節是不相重複的。我希望能夠略用古代禮節再加上秦朝的禮儀，融和、制定出新的禮節。」高帝說：「你可以試著做一下，但要使它容易明瞭，並且是我能夠做得到的。」

於是，叔孫通便奉命徵召魯地儒生三十多人。當時，魯地有兩個儒生不願走，說：「您所奉事的將近十位君主，都是靠當面阿諛奉承取得親近、顯貴的。如今天下剛剛平定，死去的人都還來不及埋葬，傷殘的的人都還沒有復原，您現在又要制定新的禮樂法規。從禮樂興辦的根由看，只有積累功德百年以後，禮樂才能時興。我們沒辦法違心替您做這種事，您辦的事不合古法，所以我們沒辦法一起去。您還是走吧，不要玷辱我們了！」叔孫通笑著說：「你們真是鄙陋的儒生啊，一點也不懂時勢的變化。」

叔孫通就與徵召來的三十人一起向西來到都城，並集合在皇帝左右有學問的侍從及叔孫通的弟子一百多人，在郊外拉起繩子表示施禮的處所，立上茅草代表位次的尊卑進行演練。演習一個多月後，叔孫通說：「可以請皇帝來視察一下了。」皇帝視察後，讓他們向自己行禮，然後高興地說：「這些是我可以做到。」於是命令群臣都來學習。這時正巧是十月，便在歲首朝會上進行實際的排練。

漢高帝七年（西元前二〇〇年），長樂宮建成，各諸侯及朝廷群臣都來朝拜皇帝，並參加歲首大典。那天的禮儀是：在天剛亮時，謁者開始主持禮儀，引導諸侯群臣、文武百官依次進入殿門。廷中排列戰車、騎兵、步兵和宮廷侍衛軍士，擺設各種兵器，樹立各式旗幟。謁者傳呼：「小步快走」。所有官員各入其位，大殿下面，郎中官員站在臺階兩側，臺階上有幾百人之多。凡是功臣、列侯、各級將軍、軍官都按次序排列在西邊，面向東；凡文職官員，從丞相起依次排列在東邊，面向西。大行令安排的九個禮賓官，從上到下傳呼。這時，皇帝乘坐「龍輦」從宮房裡出來，百官舉起旗幟傳呼，然後引導著諸侯王以下至六百石以上的各級官員，依次畢恭畢敬地向皇帝施禮道賀。諸侯王以下的所有官員都因這威嚴儀式而驚懼肅敬。等到儀式完畢後，擺設酒宴大禮。諸侯百官等坐在大殿上，都斂聲屏氣地低著頭，按照尊卑次序地站起來向皇帝祝頌、敬酒。斟酒九巡過後，謁者宣布：「宴會結束」。最後監察官員會執行禮儀法規，找出那些不符合禮儀規定的人把他們帶走。從朝見開始到宴會結束的全部過程，沒有一個人敢大聲說話和行動失當。大典之後，高帝非常得意地說：「我今天才知道當皇帝的尊貴啊！」於是授予叔孫通太常的官職，並賞賜黃金五百斤。

叔孫通此時趁機進言說：「各位弟子、儒生都跟隨我很久的時間了，也跟我一起制定朝廷儀禮，希望陛下授予他們官職。」高帝聽了之後，讓他們都做了郎官。叔孫通出宮後，把五百斤黃金分贈給各個儒生。這些儒生都高興地說：「叔孫先生真是大聖人，通曉當代的重要事務。」

核心要旨

本傳敘事細膩生動，人物性格鮮明、突出。（一）傳神的人物語言。傳文中多處運用人物語言刻劃人物的思想性格，如「定朝儀」一節中，叔孫通的弟子暗罵叔孫通以及叔孫通的答話，把一群鄙儒投降劉邦後，迫不急待地想做官的齷齪活畫出來。（二）全方位的場面描寫。作者以時間為縱線將典禮的程序、各個方位上的人、物以及文武百官的尊卑位次全部寫出來，不僅寫人物還寫氣氛，讀來讓人身臨其境。

成語精粹

1. 不足掛齒：指人或事物輕微，不值得一提。表示輕視或謙虛。

原典：叔孫通前曰：「諸生言皆非也。夫天下合為一家，毀郡縣城，鑠其兵，示天下不復用。且明主在其上，法令具於下，使人人奉職，四方輻輳，安敢有反者！此特群盜鼠竊狗盜耳，何足置之齒牙間。郡守尉今捕論，何足憂。」

2. 鼠竊狗盜：像鼠、狗那樣的盜賊。比喻成不了氣候的反叛者。

原典：叔孫通前曰：「諸生言皆非也。夫天下合為一家，毀郡縣城，鑠其兵，示天下不復用。且明主在其上，法令具於下，使人人奉職，四方輻輳，安敢有反者！此特群盜鼠竊狗盜耳，何足置之齒牙間。郡守尉今捕論，何足憂。」

寫作寶典

1. 譬喻：將一件事物或道理指成另一件事物或道理的修辭法，該兩件事物或道理中具有一些共同點。它能夠令讀者透過類推，通過另一件事物，更了解要描述的事物的特點。分為明喻、隱喻、略喻、借喻。

例1：叔孫通前曰：「諸生言皆非也。夫天下合為一家，毀郡縣城，鑠其兵，示天下不復用。且明主在其上，法令具於下，使人人奉職，四方輻輳，安敢有反者！**此特群盜鼠竊狗盜耳**，何足置之齒牙間。郡守尉今捕論，何足憂。」

Tips：略喻。

例2：乃賜叔孫通帛二十四，衣一襲，拜為博士。叔孫通已出宮，反舍，諸生曰：「先生何言之諛也？」通曰：「公不知也，**我幾不脫於虎口！**」

Tips：借喻。

例3：一日使史公更敝衣草屨，背筐，手長鑱，為除不潔者，引入，微指左公處，則席地倚牆而坐，面額焦爛不可辨，左膝以下，筋骨盡脫矣。史前跪，抱公膝而嗚咽。公辨其聲，而目不可開，乃奮臂以指撥眥，**目光如炬**。（方苞《左忠毅公軼事》）

Tips：明喻。

典故　叔孫通冒死進諫

漢九年，高帝徙叔孫通為太子太傅。漢十二年，高祖欲以趙王如意易太子❶，叔孫通諫上曰：「昔者晉獻公以驪姬之故廢太子，立奚齊，晉國亂者數十年，為天下笑。秦以不蚤❷定扶蘇，令趙高得以詐立胡亥，自使滅祀❸，此陛下所親見。今太子仁孝，天下皆聞之；呂后與陛下攻苦食啖❹，其可背哉！陛下必欲廢適❺而立少，臣願先伏誅，以頸血汙地。」高帝曰：「公罷矣，吾直❻戲耳。」叔孫通曰：「太子天下本，本一搖天下振動，奈何以天下為戲！」高帝曰：「吾聽公言。」及上置酒，見留侯所招客從太子入見，上乃遂無易太子志矣。

【註釋解析】

❶趙王如意：即劉如意，劉邦三子，為戚姬所生。太子：即劉盈，劉邦嫡長子，為呂后所生。

❷蚤：通「早」。

❸滅祀：斷絕宗祀，指宗族覆滅。

❹攻苦食啖：做艱苦的事，吃粗淡的飯。

❺適：同「嫡」。指嫡長子。

❻直：只。

【白話解讀】

漢高帝九年（西元前一九八年），高帝調叔孫通任太子太傅。漢高帝十二年（西元前一九五年），高帝打算讓趙王劉如意代替太子，叔孫通向皇帝進諫規勸道：「從前，晉獻公因為寵幸驪姬的緣故廢掉太子，改立奚齊，使晉國大亂幾十年，被天下人恥笑。秦始皇因為不早早確定扶蘇當太子，讓趙高能夠用詐欺技倆立了胡亥，結果自取滅亡，這是陛下親眼見到的事實。現在太子仁義忠孝，是天下人都知道的。呂后與陛下也是共同經歷艱難困苦，同吃粗茶淡飯，是患難與共的夫妻，怎麼可以背棄她呢？陛下如果一定要廢掉嫡長子而扶立小兒子，我寧願先受一死，讓我的一腔鮮血染紅大地。」高帝說：「您算了吧，我只不過是隨便說說罷了。」叔孫通說：「太子是天下的根基，根一動搖，天下就會震蕩，怎麼可以拿天下的根基之事作為戲言來胡說呢？」高帝說：「我以後都會聽從您的意見。」皇帝設置酒宴款待賓客時，看到張良召來的四位客人都隨從太子進宮拜見，皇帝就再也沒有更換太子的想法了。

季布欒布列傳

古文鑑賞

季布者，楚人也。為氣任俠，有名於楚。項籍使將❶兵，數窘漢王。及項羽滅，高祖購求❷布千金，敢有舍匿❸，罪及三族。季布匿濮陽周氏。周氏曰：「漢購將軍急，跡且❹至臣家，將軍能聽臣，臣敢獻計；即不能，願先自剄。」季布許之。乃髡鉗❺季布，衣褐衣，置廣柳車❻中，並與其家僮❼數十人，之魯朱家所賣之。朱家❽心知是季布，乃買而置之田。誡其子曰：「田事聽此奴，必與同食。」朱家乃乘軺車❾之洛陽，見汝陰侯❿滕公。滕公留朱家飲數日。因謂滕公曰：「季布何大罪，而上求之急也？」滕公曰：「布數為項羽窘上，上怨之，故必欲得之。」朱家曰：「君視季布何如人也？」曰：「賢者也。」朱家曰：「臣各為其主用，季布為項籍用，職⓫耳。項氏臣可盡誅邪？今上始得天下，獨⓬以己之私怨求一人，何示天下之不廣⓭也！且以季布之賢而漢求之急如此，此

出題率 ★

傳說時代 — 春秋戰國 — 秦 — 楚漢相爭 — 漢

【注釋解析】

❶將：率領。
❷購求：懸賞徵求。
❸舍匿：窩藏。
❹跡：追捕。且：將要。
❺髡鉗：古代的一種刑罰。剃去頭髮，頸上束鐵箍。這裡指周氏讓季布扮作一個犯罪的囚徒。
❻廣柳車：運輸貨物用的大車。一說是運棺材的喪車。
❼僮：奴僕。
❽朱家：漢初著名遊俠。
❾軺車：小型輕便的馬車。
❿汝陰侯：即夏侯嬰，因爲曾任滕縣令，故稱滕公。楚人稱縣令爲公。
⓫職：指職分內的事。
⓬獨：只，僅。
⓭不廣：指氣度狹隘。
⓮意：猜測，預料。
⓯待閒：等待機會。
⓰指：通「旨」，意旨。
⓱多：稱讚。摧剛爲柔：指改變氣質，改變過去的剛強性格爲柔順。
⓲拜：授給官職。
⓳孝惠：即漢惠帝劉盈。
⓴單于：匈奴君主的稱號。嫚：侮辱。呂后：即

不北走胡即南走越耳。夫忌壯士以資敵國，此伍子胥所以鞭荊平王之墓也。君何不從容為上言邪？」汝陰侯滕公心知朱家大俠，意⑭季布匿其所，乃許曰：「諾。」待閒⑮，果言如朱家指⑯。上乃赦季布。當是時，諸公皆多季布能摧剛為柔⑰，朱家亦以此名聞當世。季布召見，謝，上拜⑱為郎中。

孝惠⑲時，為中郎將。單于嘗為書嫚呂后⑳，不遜㉑，呂后大怒，召諸將議之。上將軍樊噲曰：「臣願得十萬眾，橫行㉒匈奴中。」諸將皆阿㉓呂后意，曰「然」。季布曰：「樊噲可斬也！夫高帝將兵四十餘萬眾，困於平城，今噲奈何以十萬眾橫行匈奴中，面欺！且秦以事於胡，陳勝等起㉔。於今創痍未瘳㉕，噲又面諛㉖，欲搖動天下。」是時殿上皆恐，太后罷朝㉗，遂不復議擊匈奴事。

季布為河東守㉘，孝文㉙時，人有言其賢者，孝文召，欲以為御史大夫。復有言其勇，使酒㉚難近。至，留邸㉛一月，見罷。季布因進曰：「臣無功竊寵，待罪河東。陛下無故召臣，此人必有以臣欺陛下者；今臣至，無所受事，罷去，此人必有以毀臣者。夫陛下以一人之譽而召臣，一人之毀而去臣，

呂雉，漢高祖劉邦的皇后。

㉑ 不遜：指不敬重的話。

㉒ 橫行：往來衝殺，無所阻擋。

㉓ 阿：附合，迎合。

㉔ 陳勝等起：指陳勝、吳廣起義。

㉕ 痍：創傷。瘳：病癒。

㉖ 面諛：當面逢迎討好。

㉗ 罷朝：停止朝議。

㉘ 守：郡守。

㉙ 孝文：即漢文帝劉恆。

㉚ 使酒：發酒瘋。

㉛ 邸：客館。

㉜ 有識：指有識見的人。窺：窺測。

㉝ 股肱：比喻輔佐。股，大腿。肱，手臂。

㉞ 辭：指辭別文帝。之官：回到河東郡守的原任。

㉟ 生：猶言「先生」。

㊱ 辯士：擅長辭令的人。

㊲ 招權：借重權勢。顧：通「僱」。酬。

臣恐天下有識聞之有以窺㉜陛下也。」上默然慚，良久曰：「河東吾股肱㉝郡，故特召君耳。」布辭之官㉞。

楚人曹丘生㉟，辯士㊱，數招權顧㊲金錢。事貴人趙同等，與竇長君㊳善。季布聞之，寄書諫竇長君曰：「吾聞曹丘生非長者㊴，勿與通㊵。」及㊶曹丘生歸，欲得書請季布。竇長君曰：「季將軍不說㊷足下，足下無往。」固請㊸書，遂行。使人先發書㊹，季布果大怒，待曹丘。曹丘至，即揖㊺季布曰：「楚人諺曰『得黃金百，不如得季布一諾』，足下何以得此聲於梁楚間哉？且僕楚人，足下亦楚人也。僕游揚㊻足下之名於天下，顧不重㊼邪？何足下距僕之深㊽也！」季布乃大說，引入，留數月，為上客，厚送之。季布名所以益聞者，曹丘揚之也。

㊳竇長君：是西漢文帝劉恆的皇后竇漪房的哥哥。竇后兄弟二人，兄竇長君，弟竇廣國。其父母早逝，兄妹三人自幼失散，後在漢宮相聚。竇皇后重賞兩個兄弟，都把他們安置在京師居住。文帝崩後，封竇氏一族爲侯，兄竇長君早死，其子竇彭祖封爲南皮侯，其弟竇少君封爲章武侯。

㊴長者：老實厚道之人。

㊵通：交往。

㊶及：等到。

㊷說：同「悅」。喜歡。

㊸固請：堅決要求。

㊹先發書：先把介紹信送去。

㊺揖：拱手禮。舊時行拱手禮表示不亢不卑。

㊻遊揚：到處宣揚。

㊼顧：難道。重：有力量。

㊽距：通「拒」。深：甚。

白話解讀

季布是楚地人，為人好逞義氣，愛打抱不平，在楚地很有名氣。項羽派他率領軍隊時，他曾屢次迫使漢王劉邦陷入困境中。等到項羽被滅亡以後，漢高祖便出千金懸賞捉拿季布，並下令窩藏季布的人，論罪要滅三族。這段時間，季布躲藏在濮陽一個姓周的人家。周家人說：「漢王正在懸賞捉拿你，現在就要追蹤並搜查到我家來了。將軍您如果能夠聽從我的話，我才敢為您獻個計策；如果不能，我情願先自殺。」季布答應他。周家便把季布的頭髮剃掉，用鐵箍束住他的脖子，穿上粗布衣服，把他放在運貨的大車裡，將他和周家的幾十個奴僕一同賣給魯地的朱家。朱家心知肚明那是季布，便將他買下來讓他在田地裡耕作，並且告誡他的兒子說：「田間耕作的事，都要聽從這個傭人的吩咐，並且一定要和他吃同樣的飯。」朱家安頓好他後，便乘坐輕便馬車到洛陽拜見汝陰侯滕公。滕公留朱家喝了幾天酒後，朱家乘機對滕公說：「季布犯了什麼大罪，讓皇上這麼急迫地追捕他？」滕公說：「季布多次為項羽將皇上陷入困境中，因此皇上才會怨恨他，所以一定要抓到他才甘休。」朱家說：「那您看季布是個怎樣的人呢？」滕公說：「他是一個有才能的人。」朱家說：「做臣下的各受自己的主上差遣；季布受項羽差遣，這完全是分內的事。難道項羽的臣下就可以全都殺死嗎？現在皇上才剛剛奪得天下，就憑著個人的怨恨去追捕一個人，為什麼要向天下人顯示自己的狹小器量呢？再說憑著季布的賢能，漢王又追捕的如此急迫，如此一來，他不是向北逃到匈奴，就是向南逃到越地。這種忌恨勇士而間接幫助敵國的舉動，就是伍子胥之所以要鞭打楚平王屍體的原因了。您為什麼不尋找機會向皇上說明呢？」汝陰侯滕公知道朱家是位大俠客，因此覺得季布一定藏匿在他那裡，便答應說：「好。」滕公等待時機，最後果真按照朱家的意思向皇上奏明。皇上後來也赦免了季布。在這個時候，許多有名望的人物都稱讚季布能化剛強為柔順，朱家也因此相當出名。季布被皇上召見，表示服罪，皇上任命他做了郎中。

漢惠帝的時候，季布擔任中郎將。匈奴王單于曾經寫信侮辱呂后，而且出言不遜，使呂后大為惱火，於是召集眾位將領商議此事。上將軍樊噲說：「我願帶領十萬人馬，橫掃匈奴。」各位將領都迎合呂后的心意，齊聲說：「好。」季布說：「樊噲這個人真該斬首啊！當年，高帝率領四十萬大軍都還被圍困在平城，如今樊噲怎麼可能可以用十萬人馬就橫掃匈奴呢？這是說謊啊！再說秦王朝正是因為對匈奴用兵，才引起陳勝等人起義造反。直到現在創傷都還沒有治好，而樊噲又當面阿諛逢迎，想要使天下動盪不安。」他說完之後，殿上的將領都感到很驚恐，最後呂后退朝，終於不再議論攻打匈奴的事。

季布後來做了河東郡守。漢文帝在位時，有人說他很有才能，漢文帝便召見他，打算任命他做御史大夫。又有人說他很勇敢，但好發酒瘋，難以接近。季布受詔來到京城長安，卻在客館被居留了一個月，皇帝召見之後就讓他回到原郡。季布因此對皇上說：「我沒有什麼功勞卻受到您的恩寵，在河東郡任職。現在陛下無緣無故地召見我，這一定是因為有人妄譽我來欺騙陛下；現在我來到京城，卻沒有接受任何事情，就被遣回原郡，這一定是因為有人在您面前毀謗我。陛下因為一個人讚譽我就召見我，又因為一個人的毀謗而要我回去，我擔心天下有見識的人聽到這件事情，就會從中窺探出您為人處事的深淺。」皇上默不作聲，覺得很難為情，過了很久才說道：「河東對我來說是一個最重要的郡，好比是我的大腿和臂膀一樣，所以我才特地召見你啊！」於是季布就辭別皇上，回到河東郡。

楚地有個叫曹丘的先生，擅長辭令，能言善辯，多次借重權勢獲得錢財。他曾經侍奉過趙同等貴人，與竇長君也有交情。季布聽到這件事便寄了一封信勸竇長君說：「我聽說曹丘先生不是個德高望重的人，您不要再和他來往了。」當曹丘先生回鄉，拜託竇長君寫封信介紹他去見季布時，竇長君說：「季將軍不喜歡您，您不要去了。」曹丘堅決要求竇長君寫介紹信，最後還是得到介紹信起程前往。曹丘先派人把竇長君的介紹信送給季布，季布接了信果然大怒，生氣地等待曹丘的到來。曹丘抵達後，就對季布作了個揖，說道：「楚人有句諺語說：『得到黃金百斤，都比不上得到季布的一句諾言。』您是如何能在梁、楚一帶獲得這樣的聲譽呢？我是楚地人，您也是楚地人。這是因為我到處宣揚，您的名字才會讓天下人都知道啊！難道我對您的作用還不重要嗎？您為什麼要這樣堅決地拒絕我呢？」季布聽了之後，非常高興，請曹丘進來，並留他住了幾個月，把他當作最尊貴的客人，送他豐厚的禮物。季布的名聲之所以遠近聞名，這都是曹丘替他宣揚的結果啊！

核心要旨

季布曾是項羽的部下，在楚漢戰爭中曾替項羽攻打劉邦，這本是很自然的事情。但在劉邦戰勝項羽後，劉邦便出千金懸賞捉拿季布，並下令膽敢窩藏季布的要夷滅三族。文章中的敘述，揭示封建時代的一條規律：勝者王侯敗者囚。同時也揭露劉邦的氣度狹小、狡詐和殘忍。司馬遷對劉邦這樣一個開國皇帝的揭露，充分表現他的進步思想和大無畏精神，這是後代正統史家所無法相比的。

司馬遷寫這篇傳記是飽含感情的。他一面讚揚季布的優秀品德，稱讚他是英雄好漢、視死如歸、重義輕生、死得其所，一面又對劉邦的奸詐、猜忌、殘忍和氣量狹小等醜惡方面進行大膽的揭露，使其形成鮮明的對比，從而表現他強烈的愛憎感情。

成語精粹

1. **一諾千金**：原為「季布一諾」，指一句諾言值千斤黃金。後用以形容信守承諾，說話算數。

原典：曹丘至，即揖季布曰：「楚人諺曰『得黃金百，不如得季布一諾』，足下何以得此聲於梁楚間哉？且僕楚人，足下亦楚人也。僕游揚足下之名於天下，顧不重邪？何足下距僕之深也！」季布乃大說，引入，留數月，為上客，厚送之。

寫作實典

1. 尊稱：也叫敬稱，是對對方表示尊敬的稱呼。針對不同的對象，稱呼可有多種。

例1：楚人曹丘生，辯士，數招權顧金錢。事貴人趙同等，與竇長君善。季布聞之，寄書諫竇長君曰：「吾聞曹丘生非長者，勿與通。」及曹丘生歸，欲得書請季布。竇長君曰：「季將軍不說**足下**，**足下**無往。」

Tips：尊稱對方，下對上或同輩相稱。

例2：**閣下**其亦聞而見之矣，其將往而全之歟？抑將安而不救歟？有來言於**閣下**者曰：「有觀溺於水而爇於火者，有可救之道，而終莫之救也。」**閣下**且以為仁人乎哉？（韓愈《後十九日復上宰相書》）

Tips：尊稱對方，下對上或同輩相稱。

典故 季布一諾／一諾千金

【同義詞】

1. 一言既出，駟馬難追

原典：棘子成曰：「君子質而已矣，何以文為？」子貢曰：「惜乎！夫子之說，君子也。駟不及舌。文猶質也，質猶文也。虎豹之鞟，猶犬羊之鞟。」（《論語．顏淵》）

2. 言必信，行必果

原典：子貢問曰：「何如斯可謂之士矣？」子曰：「行己有恥，使於四方，不辱君命，可謂士矣。」曰：「敢問其次。」曰：「宗族稱孝焉，鄉黨稱弟焉。」曰：「敢問其次。」曰：「言必信，行必果，硜硜然小人哉！抑亦可以為次矣。」曰：「今之從政者何如？」子曰：「噫！斗筲之人，何足算也。」（《論語．子路》）

3. 言而有信

原典：子夏曰：「賢賢易色。事父母能竭其力，事君能致其身，與朋友交，言而有信雖曰未學，吾必謂之學也。」（《論語．學而》）

4. 一言為定

原典：程嬰，我一言已定，你再不必多疑了。（紀君祥《趙氏孤兒》）

【反義詞】

1. 出爾反爾

原典：孟子對曰：「凶年饑歲，君之民老弱轉乎溝壑，壯者散而之四方者，幾千人矣。而君之倉廩實，府庫充，有司莫以告，是上慢而殘下也。曾子曰：『戒之戒之！出乎爾者，反乎爾者也。』夫民今而後得反之也，君無尤焉。君行仁政，斯民親其上，死其長矣。」（《孟子．梁惠王下》）

2. 食言而肥

原典：公宴於五梧，武伯為祝，惡郭重，曰：「何肥也？」季孫曰：「請飲彘也。以魯國之密邇仇讎，臣是以不獲從君，克免於大行，又謂重也肥？」公曰：「是食言多矣，能無肥乎？」（《左傳．

哀公二十五年》)

3. 輕諾寡信

原典：天下難事必作於易；天下大事必作於細。是以聖人終不為大，故能成其大。夫輕諾必寡信，多易必多難，是以聖人猶難之，故終無難矣。(《老子》)

4. 朝三暮四

原典：何謂朝三？曰狙公賦芧，曰：「朝三而暮四。」眾狙皆怒。曰：「然則朝四而暮三。」眾狙皆悅。名實未虧，而喜怒為用，亦因是也。(《莊子．齊物論》)

5. 信口開河

原典：他將俺兒女夫妻，直認做了雲雨巫娥。俺自撇下家緣過活，再無心段疋綾羅。你休只管信口開合，絮絮聒聒。俺張孔目怎還肯緣木求魚，魯齋郎他可敢暴虎馮河。(關漢卿《魯齋郎》)

張釋之馮唐列傳

古文鑑賞

傳說時代
春秋戰國
秦
楚漢相爭
漢

出題率 ★★

頃之，太子與梁王共車入朝，不下司馬門，於是釋之追止太子、梁王無得入殿門。遂劾不下公門不敬，奏之。薄太后聞之，文帝免冠謝曰：「教兒子不謹。」薄太后乃使使承詔赦太子、梁王，然後得入。文帝由是奇釋之，拜為中大夫。

頃之，至中郎將。從行至霸陵，居北臨廁❶。是時慎夫人從，上指示慎夫人新豐道，曰：「此走邯鄲道也。」使慎夫人鼓瑟❷，上自倚瑟而歌，意慘悽悲懷，顧謂群臣曰：「嗟乎！以北山石為槨❸，用紵絮斮陳❹，蕠漆其閒❺，豈可動哉！」左右皆曰：「善。」釋之前進曰：「使其中有可欲者，雖錮南山猶有郄❻；使其中無可欲者，雖無石槨，又何戚❼焉！」文帝稱善。其後拜釋之為廷尉。

頃之，上行出中渭橋，有一人從橋下走❽出，乘輿❾馬驚。於是使騎捕，屬❿之廷尉。釋之治問⓫。曰：「縣人來，

【注釋解析】

❶廁：通「側」。
❷鼓瑟：彈奏瑟。瑟，古代的一種弦樂器。
❸槨：棺材外面套的大棺材。
❹紵：苧麻。絮：絲絮。斮：斬，切。
❺蕠：黏著。漆：塗漆。閒：通「間」。
❻郄：通「隙」，裂縫。
❼戚：悲傷，憂慮。
❽走：跑。
❾乘輿：皇帝、諸侯坐的車。
❿屬：交付。
⓫治問：審問。
⓬蹕：古代帝王出行時要先清道禁止他人通行。
⓭賴：幸虧。柔和：柔順溫和。
⓮當：判決，判處。
⓯更：變更，改變。
⓰措：置放。
⓱高廟：漢君臣供奉漢高祖劉邦的廟。坐：通「座」，神座。
⓲案：通「按」，按照，依照。
⓳棄市：死刑。
⓴致：給予。族：滅族，古代刑法規定一人有罪可誅殺他的家族。
㉑共承：恭敬承奉。共，通「恭」。
㉒罪等：罪名相同。

聞蹕⑫，匿橋下。久之，以為行已過，即出，見乘輿車騎，即走耳。」廷尉奏當，一人犯蹕，當罰金。文帝怒曰：「此人親驚吾馬，吾馬賴柔和⑬，令他馬，固不敗傷我乎？而廷尉乃當⑭之罰金！」釋之曰：「法者天子所與天下公共也。今法如此而更⑮重之，是法不信於民也。且方其時，上使立誅之則已。今既下廷尉，廷尉，天下之平也，一傾而天下用法皆為輕重，民安所措⑯其手足？唯陛下察之。」良久，上曰：「廷尉當是也。」

其後有人盜高廟坐⑰前玉環，捕得，文帝怒，下廷尉治。釋之案⑱律盜宗廟服御物者為奏，奏當棄市⑲。上大怒曰：「人之無道，乃盜先帝廟器，吾屬廷尉者，欲致之族⑳，而君以法奏之，非吾所以共承㉑宗廟意也。」釋之免冠頓首謝曰：「法如是足也。且罪等㉒，然以逆順為差。今盜宗廟器而族之，有如萬分之一，假令愚民取長陵一抔土㉓，陛下何以加其法乎？」久之，文帝與太后言之，乃許廷尉當。是時，中尉條侯周亞夫與梁相山都侯王恬開見釋之持議平㉔，乃結為親友。張廷尉由此天下稱㉕之。

㉓一抔土：一捧土。抔，用手捧東西。
㉔平：公平。
㉕稱：稱許，稱讚。
㉖崩：古代稱皇帝死去爲「崩」。
㉗景帝：漢景帝劉啓，漢朝第六位皇帝。爲漢文帝劉恆長子，母竇皇后。他在位期間，主要是削諸侯封地，平定七國之亂，鞏固中央集權，勤儉治國，發展生產，統治時期和他父親文帝統治時期合稱「文景之治」。
㉘稱病：假託有病。
㉙免去：辭職離去。
㉚見謝：當面謝罪。
㉛卒：終於。
㉜過：責斥，責備。
㉝黃老言：黃老學說。黃，黃帝。老，老子。黃帝、老子被推尊爲道家的始祖，「黃老」即代指道家。
㉞處士：有才德而隱居不仕的人。
㉟廷：古代君主受朝問政的場所。
㊱三公九卿：秦漢時期中央政府的重要官職。三公，指皇帝下設的三公，包含丞相、太尉、御史大夫三位官吏。九卿，指丞相下設中尉、九卿，奉常（漢景帝時改太常）、郎中令（漢武帝時改稱光祿勳，東漢時恢復）、衛尉、太僕、廷尉、典客（漢初改大行令、武帝時又改大鴻臚）、宗正、治粟内史（漢武帝時改大司

後文帝崩㉖，景帝㉗立，釋之恐，稱病㉘。欲免去㉙，懼大誅至；欲見謝㉚，則未知何如。用王生計，卒㉛見謝，景帝不過㉜也。

王生者，善為黃老言㉝，處士㉞也。嘗召居廷㉟中，三公九卿㊱盡會立，王生老人，曰：「吾韤解㊲」，顧謂張廷尉：「為我結韤！」釋之跪而結之。既已，人或謂王生曰：「獨奈何廷辱張廷尉，使跪結韤？」王生曰：「吾老且賤，自度㊳終無益於張廷尉。張廷尉方今天下名臣，吾故聊辱廷尉，使跪結韤，欲以重之㊴。」諸公聞之，賢王生而重㊵張廷尉。

農）、少府九位官吏。

㊲韤解：指係襪子的帶子鬆脫。解，通「懈」，鬆懈。

㊳度：揣度，料想。

㊴重之：加強他的名聲。重，加重，加強。

㊵賢王生：認為王生非常賢德。重：看重，敬重。

白話解讀

不久之後，太子與梁王共乘一輛車入朝，但到了皇宮外的司馬門時沒有下車，張釋之前去阻止太子、梁王，不讓他們進宮，並檢舉、揭發他們在皇宮門外沒有下車的「不敬」罪，報告給皇帝。薄太后知道這件事後，文帝摘下帽子陪罪說：「都怪我教導兒子不嚴。」薄太后也派使臣帶著她赦免太子、梁王罪過的詔書前來，太子、梁王才終於能夠進入宮中。文帝由此更加看出張釋之的與眾不同，並任命他做中大夫。

又過了些時候，張釋之升任中郎將，跟隨著皇帝來到霸陵。漢文帝站在霸陵的北面眺望，這時慎夫人也跟隨前行，皇帝用手指著通往新豐的道路給她看，並說：「這是通往邯鄲的道路啊！」接著，便讓慎夫人彈瑟，漢文帝自己合著瑟的曲調而唱，心裡很是淒慘悲傷，回過頭來對著群臣們說：「唉！如果用北山的石頭做槨，用切碎的苧麻絲絮填充石槨縫隙，再用漆黏塗在上面，哪還能夠打得開呢？」在身邊的近侍都說：「是的。」張釋之走上前去說道：「如果棺材裡面有會引發人們貪欲的東西，即使封鑄南山做棺槨，也還是會有縫隙；如果裡面沒有會引發人們貪欲的東西，即使沒有石槨，又哪裡用得著憂慮呢？」文帝稱讚他說得好，後來也任命他做廷尉。

此後不久，皇帝出巡經過長安城北的中渭橋，有一個人突然從橋下跑出來，皇帝車駕的馬因此受到驚嚇。皇帝便命令騎士捉住這個人，交給廷尉張釋之。張釋之審訊那個人，那人說：「我是長安縣的鄉下人，聽到清道，禁止人通行的命令，就躲在橋下。過了好久之後，我以為皇帝的隊伍已經過去了，就從橋下出來，卻突然看見皇帝的車隊，就馬上嚇得跑起來。」廷尉便向皇帝報告那個人應得的處罰，說他觸犯清道的禁令，應處以罰金。文帝發怒說：「這個人驚了我的馬，幸虧我的馬馴良溫和，假如是別的馬，說不定我就摔傷了。可是您竟然才判處他罰金而已！」張釋之說：「法律是天子和天下人都應該共同遵守的。現在的法律就是這樣規定，如今卻要再加重處罰，這樣的法律就不能取信於民。假如在那個時候，皇上您讓人立刻殺了他也就罷了。現在您把這個人交給廷尉，廷尉是天下公正執法的帶頭人，稍一偏失，那天下的執法者都會任意或輕或重，老百姓豈不是會手足無措？願陛下明察。」許久，皇帝才說：「廷尉的判處是正確的。」

後來，有人被抓到偷走高祖廟神座前的玉環，文帝發怒，交給廷尉治罪。張釋之按法律所規定，偷盜宗廟服飾器具之罪奏報皇帝，應判處死刑。皇帝勃然大怒地說：「這人胡作非為、無法無天，竟偷盜先帝廟中的器物，我交給廷尉審理的目的，是想要給他滅族的懲處，而你卻一昧按照法律條文把懲處意見報告給我，這不是我恭敬地侍奉宗廟的本意啊！」張釋之脫帽並叩頭謝罪說：「依照法律，這樣的處罰已經足夠了。況且在罪名相同時，也要區別犯罪程度的輕重不同。如果他偷盜祖廟的器物就要處以滅族之罪，萬一有愚蠢的人挖了長陵的一捧土，那陛下要用什麼刑罰懲處他呢？」過了一些時候，文帝和薄太后談論這件事，才同意廷尉的判決。當時，中尉條侯周亞夫與梁國國相山都侯王恬開看到張釋之執法的論事公正，就和他結為親密的朋友。張釋之也因此得到天下人的稱讚。

後來，文帝死去，景帝即位。張釋之內心恐懼，假稱生病。他想要辭職離去，卻又擔心隨之被誅殺。想要當面向景帝謝罪，又不知道怎麼辦才好。於是就用了王生的計策，最後終於見到景帝並向他道歉謝罪，景帝也沒有責怪他。

王生是喜好黃老學說的處士。他曾經在三公九卿全齊聚，站在那裡時，被召進朝廷中。王生是個老年人，說：「我的襪帶鬆脫了。」回過頭來對張廷尉說：「替我結好襪帶！」於是張釋之就跪下替王生結好襪帶。事後，有人問王生說：「為什麼要在朝廷上羞辱張廷尉，讓他跪著結襪帶呢？」王生說：「我年老又地位卑下。料想自己不能給張廷尉什麼好處，張廷尉是天下名臣，因此我故意羞辱張廷尉，讓他跪下結襪帶，是想用這種辦法增加他的名望。」大臣們聽說後，都稱讚王生的賢德而且敬重張廷尉。

核心要旨

張釋之是漢文帝時的傑出之士。不僅有真知灼見，而且敢於堅持正確意見，批評最高統治者，這些都是令人折節佩服的。司馬遷對他充滿景仰之情，由衷地稱許他的言論是「有味哉！有味哉！」而張釋之之所以能夠一展自己的長才，也是因為遇到「從諫如流」的漢文帝。此文在寫作上十分能體現司馬遷的風格，在樸實的敘寫中，蘊蓄著作者強烈的愛憎之情。一些細節之處也能栩栩如生的描寫，特別是人物的對話，更能使傳文有著強烈的文學性，顯示其獨有的性格特徵，對張釋之的犯顏直諫和漢文帝的勇於納諫，都作了生動形象的描繪。

成語精粹

1. **一抔黃土：**借指墳墓。

原典：上大怒曰：「人之無道，乃盜先帝廟器，吾屬廷尉者，欲致之族，而君以法奏之，非吾所以共承宗廟意也。」釋之免冠頓首謝曰：「法如是足也。且罪等，然以逆順為差。今盜宗廟器而族之，有如萬分之一，假令愚民取長陵一抔土，陛下何以加其法乎？」

寫作實典

1. **頂真：**上句的末字，和下句的首字相同；或前段的末句，和後段的首句相同，上遞下接，蟬聯而下的修辭。

例1：廷尉秦當，一人犯蹕，當罰金。文帝怒曰：「此人親驚**吾馬**，**吾馬**賴柔和，令他馬，固不敗傷我乎？而廷尉乃當之罰金！」

例2：名不正，**則言不順；言不順**，**則事不成；事不成**，**則禮樂不興；禮樂不興**，**則刑罰不中；刑罰不中**，則民無所措手足。（《論語．子路》）

例3：青青河畔草，**綿綿思遠道；遠道不可思**，**夙昔夢見之。夢見在我傍**，**忽覺在他鄉；他鄉各異縣**，展轉不相見。（佚名《飲馬長城窟行》）

例4：遂至承天寺，**尋張懷民。懷民亦未寢**，相與步於中庭。庭下如積水空明，水中藻荇交橫，蓋竹柏影也。（蘇軾《記承天夜遊》）

典故

法律之前人人平等的包青天——包拯

包拯，字希仁，廬州合肥（今安徽合肥）人，生活的年代是在北宋真宗和仁宗兩朝。他出生於西元九九九年，卒於西元一〇六二年，享年六十三歲。為人剛正不阿，極富正義感，有原則且不畏強權，能為百姓主持公道，並且還非常廉潔。

他不只有勇氣對付權貴子弟，並且完全就事論事，對付那些枉法的官吏和宦官也毫不手軟。有一個名叫張方平的官吏，當時任三司使，以不當手段廣置田產，百姓怨聲載道，包拯就針對張方平這種不好的行徑一再對他彈劾，最後張方平終於被免官罷職。此外，當時有好幾個宦官在開封府廣植「園榭」（建築於高臺上的房屋），侵占惠民河，導致惠民河經常淤塞不通，嚴重影響百姓的生活，包拯一心為民，儘管那些宦官是皇帝身邊的紅人，一般人根本不敢輕易得罪，但他硬是下令把那些在惠民河附近的園榭統統拆除。包拯做事的魄力，堅持公正執法的決心，確實令人佩服。

魏其武安侯列傳

古文鑑賞

傳說時代	春秋戰國	秦	楚漢相爭	漢

出題率 ★

灌夫家居雖富，然失勢❶，卿相侍中賓客益衰❷。及魏其侯失勢，亦欲倚灌夫引繩批根❸生平慕之後棄之者。灌夫亦倚魏其而通列侯宗室為名高❹。兩人相為引重，其游❺如父子然。相得❻驩甚，無厭❼，恨相知晚也。

灌夫有服❽，過丞相❾。丞相從容曰：「吾欲與仲孺❿過魏其侯，會仲孺有服。」灌夫曰：「將軍乃肯幸臨況⓫魏其侯，夫安敢以服為解⓬！請語⓭魏其侯帳具，將軍旦日蚤⓮臨。」武安許諾。灌夫具語魏其侯如所謂武安侯。魏其與其夫人益市牛酒，夜灑埽，早帳具至旦。平明⓯，令門下候伺。至日中，丞相不來。魏其謂灌夫曰：「丞相豈忘之哉？」灌夫不懌⓰，曰：「夫以服請，宜往⓱。」乃駕，自往迎丞相。丞相特前戲許⓲灌夫，殊⓳無意往。及夫至門，丞相尚臥。於是夫入見，曰：「將軍昨日幸許過魏其，魏其夫妻治具⓴，自旦至

【注釋解析】

❶失勢：失去權勢。
❷卿相侍中：指高級官吏。侍中，加官名，是從列侯以下至郎中的加銜。在原官職上加「侍中」就可以入宮廷，侍從皇帝左右。衰：少。
❸引繩：原指木匠用墨線檢驗木材的方正，這裡引申是糾正的意思。批根：原指劈削樹根，這裡引申是清算的意思。
❹爲名高：指抬高自己的名聲。
❺游：交往。
❻相得：彼此情投意合。
❼厭：嫌忌。
❽有服：正在服喪。其時灌夫遭姊喪。
❾過：拜訪。丞相：指田蚡。
❿仲孺：灌夫的字。
⓫臨況：光臨。況，通「貺」，賞光的意思。
⓬安敢：怎敢。解：推辭。
⓭語：告訴。
⓮旦日：明天早晨。蚤：通「早」。
⓯平明：天剛亮。
⓰懌：喜悅，高興。
⓱宜往：應該來。
⓲特：只不過。戲：開玩笑。許：答應。
⓳殊：很，實在。
⓴治具：備辦酒宴。

今，未敢嘗食。」武安鄂謝㉑曰：「吾昨日醉，忽忘㉒與仲孺言。」乃駕往，又徐行㉓，灌夫愈益怒。及飲酒酣，夫起舞㉔屬丞相，丞相不起，夫從坐上語侵之㉕。魏其乃扶灌夫去，謝丞相。丞相卒飲至夜，極驩而去。

丞相嘗使籍福請㉖魏其城南田。魏其大望㉗曰：「老僕㉘雖棄，將軍雖貴，寧可㉙以勢奪乎！」不許。灌夫聞，怒，罵籍福。籍福惡兩人有郄㉚，乃謾㉛自好謝丞相曰：「魏其老且死㉜，易忍，且待之。」已而㉝武安聞魏其、灌夫實怒不予田，亦怒曰：「魏其子嘗殺人，蚡活之㉞。蚡事㉟魏其無所不可，何愛㊱數頃田？且灌夫何與㊲也？吾不敢複求田㊳。」武安由此大怨灌夫、魏其。

元光㊴四年春，丞相言灌夫家在潁川，橫甚，民苦之。請案㊵。上曰：「此丞相事，何請。」灌夫亦持丞相陰事，為奸利㊶，受淮南王金與語言。賓客居間㊷，遂止，俱解㊸。

夏，丞相取㊹燕王女為夫人，有太后詔㊺，召列侯宗室皆往賀。魏其侯過灌夫，欲與俱。夫謝曰：「夫數以酒失得過㊻丞相，丞相今者又與夫有郤。」魏其曰：「事已解。」強與

㉑鄂謝：作驚訝的樣子道歉。鄂，通「愕」。
㉒忽忘：忘記。
㉓徐行：慢慢地走。
㉔起舞：這是當時宴會上的一種禮儀，以表示賓客對主人的感謝。
㉕坐：通「座」，座位。語侵之：用話諷刺田蚡。侵：觸犯。
㉖請：索求。
㉗大望：大爲怨恨。
㉘老僕：含有怨憤的自謙之稱。
㉙寧可：難道能夠。
㉚惡：不樂意。郄：同「隙」，嫌隙。
㉛謾：說謊。
㉜老且死：年老將死。且，將要。
㉝已而：不久。
㉞活之：使他活。意思是救了他。
㉟事：事奉。
㊱愛：吝嗇。
㊲與：參與。
㊳表面意思是說我不敢再提求田的事，實際是一句反話，偏要去求田的意思。
㊴元光：漢武帝的第二個年號（西元前一三四年—西元前一二九年）。
㊵請案：請求武帝查辦。
㊶爲奸利：做犯法的事謀求私利。
㊷居間：從中調解。

俱。飲酒酣，武安起為壽，坐皆避席伏㊼。已㊽魏其侯為壽，獨故人㊾避席耳，餘半膝席㊿。灌夫不悅。起行酒，至武安，武安膝席曰：「不能滿觴。」夫怒，因嘻笑(51)曰：「將軍貴人也，屬(52)之！」時武安不肯。行酒次至臨汝侯，臨汝侯方與程不識耳語，又不避席。夫無所發怒，乃罵臨汝侯曰：「生平毀程不識不直一錢，今日長者為壽，乃效女兒呫囁(53)耳語！」武安謂灌夫曰：「程李俱東西宮衛尉，今眾辱程將軍，仲孺獨不為李將軍地(54)乎？」灌夫曰：「今日斬頭陷匈，何知程李乎！」坐乃起更衣(55)，稍稍去。魏其侯去，麾(56)灌夫出。武安遂怒曰：「此吾驕灌夫罪。」乃令騎留灌夫。灌夫欲出不得。籍福起為謝，案(57)灌夫項令謝。夫愈怒，不肯謝。武安乃麾騎縛夫置傳舍(58)，召長史曰：「今日召宗室，有詔。」劾灌夫罵坐不敬，系居室(59)。遂按其前事，遣吏分曹(60)逐捕諸灌氏支屬，皆得棄市罪。魏其侯大媿(61)，為資使賓客請，莫能解。武安吏皆為耳目，諸灌氏皆亡匿，夫系，遂不得告言武安陰事。

㊸ 解：和解。

㊹ 取：同「娶」。

㊺ 詔：皇帝、太后頒發的命令文告。

㊻ 酒失：酒醉失禮。得過：得罪。

㊼ 避席伏：離開自己的席位，伏在地上，表示不敢當的意思。

㊽ 已：不久。

㊾ 故人：舊友。

㊿ 餘半：其餘半數人。膝席：雙膝跪在地上。古人都是席地而坐，正常的坐法是兩膝跪在地上，臀部靠近腳後跟。雙膝不離坐席，只是稍稍欠身，比起離席伏地來顯得簡慢些。

(51) 嘻笑：故意裝笑的樣子。

(52) 屬：託付。這裡是強行勸酒的意思。

(53) 呫囁：細語之聲。

(54) 地：這裡是留餘地的意思。

(55) 坐：通「座」。更衣：上廁所的委婉說法。

(56) 麾：通「揮」，揮手示意。

(57) 案：同「按」。

(58) 置：放。傳舍：客房。

(59) 系：囚禁。居室：囚禁犯罪官員的監獄。

(60) 分曹：分批，分班。

(61) 大媿：十分慚愧。

白話解讀

灌夫閒居在家，雖然富有，但卻因為失去權勢，導致會來拜訪他的達官貴人及一般賓客逐漸減少。等到魏其侯失去權勢時，也想依靠灌夫去報復那些平日仰慕自己，失勢後卻拋棄自己的人。灌夫也想依靠魏其侯去結交列侯和皇族以抬高自己的名聲。兩人互相援引借重，他們的感情就如同父子之間那樣密切。彼此情投意合，沒有嫌忌，只恨相知太晚。

灌夫在服喪期內去拜訪丞相，丞相武安侯隨便地說：「我很想和你一起去拜訪魏其侯，但是你現在剛好在服喪就不便前往了。」灌夫說：「您竟肯屈駕光臨於魏其侯，我灌夫怎敢因為服喪而推辭呢？請讓我告訴魏其侯，並為您設置帷帳，備辦酒席。希望您明天早點光臨。」武安侯答應了。灌夫回去之後，詳細地轉告魏其侯他對武安侯說的話。魏其侯和他的夫人特地多買了肉和酒，連夜打掃房子，佈置帷帳，準備酒宴，一直忙到天亮。天剛亮，就讓府中管事的人在宅前伺侯。但是直到中午，都還不見丞相到來。魏其侯對灌夫說：「丞相難道忘記這件事了？」灌夫很不高興地說：「我灌夫不嫌喪服在身都尚且應他之約，他應該要來的。」於是便駕車，親自去迎接丞相。丞相前一天只不過開玩笑似地答應灌夫，其實根本沒有打算來赴宴的意思。等到灌夫抵達門前時，丞相還在睡覺。灌夫於是進門去見他，說：「幸蒙將軍昨天答應拜訪魏其侯，魏其侯夫婦備辦了酒食，從早晨到現在，都沒敢吃一點東西。」武安侯裝作驚訝地道歉說：「我昨天喝醉了，完全忘記跟您所說的話。」於是還是駕車前往了，但卻走得很慢，灌夫更加生氣。宴會中，喝酒喝醉後，灌夫舞蹈了一番，舞畢邀請丞相，丞相竟不起身，灌夫便在酒宴上用話諷刺他。於是魏其侯急忙扶灌夫離去，向丞相表示歉意。丞相一直喝到天黑，才盡興離去。

丞相曾經派籍福去向魏其侯索取在城南的田地。魏其侯大為怨恨地說：「我現在雖已經遭到遺棄，將軍顯貴，但也不可以這樣仗勢搶奪我的田地啊！」魏其侯不答應。灌夫聽說後，也很生氣地大罵籍福。籍福不願兩人之間有隔閡，於是就自己編造謊言向丞相道歉說：「魏其侯年事已高，就快死了，難道丞相還不能忍耐嗎？就暫時等待著吧！」不久，武安侯聽說魏其侯和灌夫實際上是非常憤怒，而不肯讓出田地，也很生氣地說：「魏其侯的兒子曾經殺人，是我救了他的命。我服事魏其侯時都是聽從他的，為什麼他竟然會捨不得這幾頃田地？再說灌夫為什麼要干預這件事情呢？我不敢再要這塊田地了！」武安侯從此之後就非常怨恨灌夫和魏其侯。

元光四年（西元前一三一年）的春天，丞相向皇上說灌夫家住潁川，十分橫行，百姓都受其苦，請求皇上查辦。皇上說：「這是丞相的職責，何必向我請示。」灌夫也抓住丞相的秘事，指控他用非法手段謀取利益，接受淮南王的金錢並說了些不該說的話。賓客們從中調解。雙方才停止互相攻擊，彼此和解。

那年夏天，丞相娶燕王的女兒做夫人，太后下了詔令，叫列侯和皇族都去祝賀。魏其侯拜訪灌夫，打算與他一起去。灌夫推辭說：「我多次因為酒醉失禮而得罪丞相，丞相近來又和我有嫌隙，所以我不打算去了。」魏其侯說：「那些事情早就已經和解了。」便硬拉他一起去。當酒喝到差不多時，武安侯起身敬酒祝壽，在坐的賓客都離開席位，伏在地上表示不敢當。過了一會兒，魏其侯起身為大家敬酒祝壽，只有魏其侯的一些老朋友離開席位，其餘半數的人照常坐在那裡，只是稍微欠了欠上身。對此灌夫很不高興。他起身依次敬酒，敬到武安侯時，武安侯照常坐在那裡，只稍欠了一下上身說：「我沒辦法乾杯。」灌夫很生氣，便苦笑著說：「您是個貴人，這杯就拜託您了！」武安侯不肯答應。敬酒敬到臨汝侯時，臨汝侯正在跟程不識附耳說悄悄話，又不離開席位。灌夫的怒氣沒有地方發洩，便罵臨汝侯說：「你平時詆毀程不識，把他說得不值一錢，今天長輩給你敬酒祝壽，你卻學女孩子一樣在和程不識咬耳說話。」武安侯對灌夫說：「程將軍和李將軍都是東西兩宮的衛尉，現在你當眾侮辱程將軍，仲孺難道不給自己所尊敬的李將軍留有餘地嗎？」灌夫說：「今天殺我的頭，刺穿我的胸，我都不在乎，還顧什麼程將軍、李將軍！」座客們此時都起身上廁所，漸漸離去。魏其侯也離去，揮手示意讓灌夫也一起出去。武安侯生氣地道：「這都是我縱容灌夫的過錯。」便命令騎士扣留灌夫，讓灌夫想離開卻又出不去。此時，籍福起身替灌夫道歉，並按著灌夫的脖子強迫他道歉。但是灌夫非常生氣，不肯道歉。武安侯便指揮騎士們捆綁灌夫放在客房中，叫來長史說：「今天請宗室賓客來參加宴會，是有太后詔令的。」說完後，便彈劾灌夫，說他在宴席上辱罵賓客，侮辱詔令，犯了不敬罪。最後把他囚禁在特別監獄裡，還追查他從前的事情，派遣差吏分頭追捕所有灌氏的分支親屬，全都判決殺頭示眾的罪名。魏其侯感到非常慚愧，他讓賓客向田蚡求情，都沒辦法使灌夫獲釋。武安侯的屬吏都是他的耳目，所有灌氏都逃跑或躲藏起來，灌夫被拘禁，也無法告發武安侯的秘事。

核心要旨

本傳是魏其侯竇嬰、武安侯田蚡和灌夫三人的合傳。竇嬰和田蚡都是漢初權重一時的外戚，灌夫因軍功封為將軍，他們之間的傾軋鬥爭是統治階級內部矛盾的典型事例。通過對他們三人的生平和相互鬥爭的描述，展現漢初宮廷中的一系列矛盾和當時人情冷暖、世態炎涼的畸形關係，暴露統治階級奸詐殘暴的醜惡本質。最精彩的莫過於魏其設宴、灌夫罵座的情景，兩次宴會的情景寫盡官場的勢利。竇嬰和灌夫二人因失勢而結合在一起，成為生死之交。灌夫為拉攏感情，使竇嬰與田蚡接近，竟然不顧喪服在身而毅然陪侍。竇嬰夫婦為迎接炙手可熱的田蚡也全力以赴，通宵達旦地進行準備。但是田蚡根本就沒把此事放在心上，忘得乾乾淨淨，屆時高臥不起。當灌夫親去求請時，他仍然滿不在乎，席間又傲慢無禮，使灌夫惱羞成怒，幸而竇嬰忍氣吞聲，才沒有爆發衝突。第二次是在田蚡娶妻的婚宴上，同是皇帝國戚，竇嬰備受冷遇，田蚡卻得意忘形，灌夫忍無可忍，使酒罵座，招致田蚡的報復。通過上述戲劇性衝突的描寫，把他們三人的性格栩栩如生地展現出來。

成語精粹

1. 一錢不值：又作「一文不值」。一文錢也不值，比喻毫無價值。

原典：夫無所發怒，乃罵臨汝侯曰：「生平毀程不識不直一錢，今日長者為壽，乃效女兒呫囁耳語！」

2. 灌夫罵坐：又作「使酒罵座」、「罵坐灌夫」。後用來表示剛直不屈，不諛權勢。

原典：灌夫不悅。起行酒，至武安，武安膝席曰：「不能滿觴。」夫怒，因嘻笑曰：「將軍貴人也，屬之！」時武安不肯。行酒次至臨汝侯，臨汝侯方與程不識耳語，又不避席。夫無所發怒，乃罵臨汝侯曰：「生平毀程不識不直一錢，今日長者為壽，乃效女兒呫囁耳語！」武安謂灌夫曰：「程李俱東西宮衛尉，今眾辱程將軍，仲孺獨不為李將軍地乎？」灌夫曰：「今日斬頭陷匈，何知程李乎！」

寫作寶典

1. 自謙詞：為了表現自己的教養和對他人的敬重，會使用自謙詞稱呼自己或自己的相關物品。

例1：丞相嘗使籍福請魏其城南田。魏其大望曰：「**老僕**雖棄，將軍雖貴，寧可以勢奪乎！」

例2：唐曰：「主臣！陛下雖得廉頗、李牧，弗能用也。」上怒，起入禁中。良久，召唐讓曰：「公奈何眾辱我，獨無閒處乎？」唐謝曰：「**鄙人**不知忌諱。」（司馬遷《史記．張釋之馮唐列傳》）

例3：**臣**之辛苦，非獨蜀之人士，及二州牧伯，所見明知；皇天后土，實所共鑒。願陛下矜愍愚誠，聽**臣**微志；庶劉僥倖，保卒餘年。**臣**生當隕首，死當結草。（李密《陳情表》）

典故 竇嬰、田蚡、灌夫

（一）竇嬰

西漢清河觀津人，是漢文帝皇后竇氏堂兄之子，以軍功封魏其侯，後因與武安侯田蚡不和，被以「偽造詔書罪」斬首。

竇嬰雖為竇家最為賢能之人，但卻長期不受竇太后喜愛。孝景三年，梁王劉武入朝，景帝設宴款待，並於酒後表示逝世後要把皇位傳予梁王。梁王是竇太后的小兒子，故而太后聽到也非常高興。這時竇嬰挺身而出，敘說漢室天下都是父死子繼的祖制，打消景帝的念頭。竇太后因此非常討厭竇嬰，並革除竇嬰的門籍。

武帝初即位，便大力推崇儒家思想，任竇嬰為丞相、王太后同母異父弟田蚡為太尉，同時提拔一大批倡導儒家思想的官員，如御史大夫趙綰、郎中令王臧等。建元二年（西元前一三九年），趙綰、王臧建議不必再向太皇太后竇氏請示朝政。太皇太后大怒，將兩人下獄，竇嬰和田蚡也因此被免官。從此以後竇嬰在政治上便走上下坡路。

（二）田蚡

西漢內史長陵人，漢武帝的舅舅、大臣，封武安侯。後與魏其侯竇嬰不和，設計殺害灌夫及竇嬰，竇嬰死後，田蚡亦發瘋而亡。

田蚡相貌醜陋，巧於文辭。魏其侯竇嬰掌權時，田蚡還是個郎官，往來於竇嬰家，陪竇嬰飲酒，對竇嬰恭敬地好像是竇嬰家的晚輩一樣。

其同母異父的姐姐王氏成為景帝的第二任皇后後，外甥劉徹又被立為太子。建元六年（西元前一三五年），太皇太后竇氏去世，田蚡登上宰相之位。有一次，田蚡請客人宴飲，讓他的哥哥王信南向坐，自己卻東向坐，認為漢朝的丞相尊貴，不可以因為是兄長就私下委曲自己。武安侯修建住宅，其規模、豪華超過所有貴族的府第。田地莊園都極其肥沃，他派到各郡縣去購買器物的人，在大道上絡繹不絕。前堂擺設著鐘鼓，豎立著曲柄長幡，在後房的美女數以百計。

後來竇嬰以「偽造詔書罪」被滅族。竇嬰死後次年春天，武安侯田蚡病倒，病中喃喃口呼謝罪，家人請來能視陰陽鬼事之人，得知是魏其侯竇嬰和灌夫兩鬼守住田蚡，鞭笞索命，群醫束手無策，只能眼睜睜看著田蚡不治。

（三）灌夫

西漢潁川郡潁陰人，字仲孺。曾任淮陽太守、燕國宰相，因得罪武安侯田蚡，被斬首。本姓張，因父親張孟曾為潁陰侯灌嬰家臣，賜姓灌。吳楚七國之亂時，灌夫率領一千人跟隨父親灌孟從軍，立下軍功被封為中郎將。父親戰死，灌夫不肯返鄉葬父，繼續戰鬥，以勇猛聞名。後來，漢景帝任命灌夫為代國宰相。漢武帝即位，認為淮陽是天下軍事要地，故改命灌夫為淮陽太守。建元元年（西元前一四〇年），入京，擔任太僕。次年，灌夫與長樂宮衛尉竇甫飲酒，酒後毆打竇甫。竇甫是竇太后的堂兄弟，皇帝怕太后斬殺灌夫，於是改任他為燕國宰相。

幾年後，因犯法遭到免官，於是以百姓身份在長安居住。灌夫尚遊俠，家產數千萬，食客每日數十百人，橫暴潁川郡。他交好魏其侯竇嬰，後來在丞相田蚡的婚宴上，因不敬之罪被斬殺，更因族人橫暴被滅族。

李將軍列傳

古文鑑賞

匈奴大入上郡，天子使中貴人從廣勒❶習兵擊匈奴。中貴人將騎數十縱❷，見匈奴三人，與戰。三人還射，傷中貴人，殺其騎且盡。中貴人走廣。廣曰：「是必射雕者❸也。」廣乃遂從百騎往馳三人。三人亡❹馬步行，行數十里。廣令其騎張左右翼，而廣身自射彼三人者，殺其二人，生得一人，果匈奴射雕者也。已縛之上馬，望匈奴有數千騎，見廣，以為誘騎，皆驚，上山陳❺。廣之百騎皆大恐，欲馳還走。廣曰：「吾去大軍數十里，今如此以百騎走，匈奴追射我立盡。今我留，匈奴必以我為大軍誘，必不敢擊我。」廣令諸騎曰：「前！」前未到匈奴陳二里所❻，止，令曰：「皆下馬解鞍！」其騎曰：「虜多且近，即有急，奈何？」廣曰：「彼虜以我為走，今皆解鞍以示不走，用堅其意。」於是胡騎遂不敢擊。有白馬將出護❼其兵，李廣上馬與十餘騎奔射殺胡白馬將，而復還至其騎

傳說時代
春秋戰國
秦
楚漢相爭
漢

出題率 ★★

【注釋解析】

❶中貴人：宮中受寵的人，指宦官。勒：受約束。
❷將：率領。騎：騎兵。縱：放馬馳騁。
❸射雕者：射雕的能手。雕，猛禽，飛翔力極強而且迅猛，能射雕的人必有很高的射箭本領。
❹亡：通「無」。
❺陳：同「陣」。擺開陣勢。
❻所：表示大約的數目。
❼護：監護。
❽縱馬臥：把馬放開，隨意躺下。
❾平旦：清晨，天剛亮。
❿未央：即未央宮，西漢宮殿名，當時爲皇帝所居。
⓫長樂：即長樂宮，西漢宮殿名，當時爲太后所居。
⓬將軍屯：掌管軍隊的駐防。
⓭刀鬥：即刁斗。銅製的軍用鍋，白天用它做飯，夜裡敲它巡更。
⓮莫府：即「幕府」。莫，通「幕」。古代軍隊出征駐屯時，將帥的辦公機構設在大帳幕中，稱爲幕府。省約：簡化。籍：考勤或記載功過之類的簿冊。
⓯遠斥侯：遠遠地佈置偵察哨，或解，到遠離偵察瞭望所及的地方。斥侯，偵察瞭望的士兵。

中，解鞍，令士皆縱馬臥❽。是時會暮，胡兵終怪之，不敢擊。夜半時，胡兵亦以為漢有伏軍於旁欲夜取之，胡皆引兵而去。平旦❾，李廣乃歸其大軍。大軍不知廣所之，故弗從。

居久之，孝景崩，武帝立，左右以為廣名將也，於是廣以上郡太守為未央❿衛尉，而程不識亦為長樂⓫衛尉。程不識故與李廣俱以邊太守將軍屯⓬。及出擊胡，而廣行無部伍行陳，就善水草屯，舍止，人人自便，不擊刀鬥⓭以自衛，莫府省約文書籍事⓮，然亦遠斥候⓯，未嘗遇害。程不識正部曲行伍營陳⓰，擊刀鬥，士吏治軍簿至明⓱，軍不得休息，然亦未嘗遇害。不識曰：「李廣軍極簡易，然虜卒⓲犯之，無以禁也；而其士卒亦佚⓳樂，咸樂為之死。我軍雖煩擾，然虜亦不得犯我。」是時漢邊郡李廣、程不識皆為名將，然匈奴畏李廣之略，士卒亦多樂從李廣而苦程不識。程不識孝景時以數⓴直諫為太中大夫。為人廉，謹於文法㉑。

後漢以馬邑城誘單于，使大軍伏馬邑旁谷，而廣為驍騎將軍，領屬護軍將軍㉒是時單于覺之，去，漢軍皆無功。其後四歲，廣以衛尉為將軍，出雁門擊匈奴。匈奴兵多，破敗廣軍，

⓰ 部曲：古代軍隊編制，將軍率領的軍隊，下有部，部下有曲，曲下有屯。行伍：古代軍的基層編制，五人爲伍，二十五人爲行。營陳：即「營陣」，營地和軍隊的陣勢。

⓱ 治：辦理，處理。至明：直到天明，或解，非常明白、毫不含糊。

⓲ 卒：通「猝」，突然。

⓳ 佚：通「逸」，安逸、安閒。

⓴ 數：屢次。

㉑ 文法：朝廷制定的條文法令。

㉒ 護軍將軍：即韓安國。

㉓ 致：送。

㉔ 絡：用繩子編結的網兜。盛：放，裝。

㉕ 詳：通「佯」。假裝。

㉖ 睨：斜視。

㉗ 暫：驟然。

㉘ 下：交付。吏：指執法的官吏。

㉙ 當：判斷，判決。

㉚ 贖：古代罪犯交納財物可減免刑罰，稱爲贖罪或贖刑。庶人：平民。

㉛ 潁陰侯孫：指潁陰侯灌嬰之孫灌強。潁陰侯傳至其灌強時，因犯罪而被奪爵位。之後漢武帝又封灌嬰孫灌賢爲臨汝侯，以奉養其後人，但是又因犯罪被除去爵位。

㉜ 屏野：退隱田野。屏，隱居。

㉝ 呵：大聲喝斥。

生得廣。單于素聞廣賢，令曰：「得李廣必生致㉓。」胡騎得廣，廣時傷病，置廣兩馬間，絡而盛㉔臥廣。行十餘里，廣詳㉕死，睨㉖其旁有一胡兒騎善馬，廣暫㉗騰而上胡兒馬，因推墮兒，取其弓，鞭馬南馳數十里，復得其餘軍，因引而入塞。匈奴捕者騎數百追之，廣行取胡兒弓，射殺追騎，以故得脫。於是至漢，漢下廣吏㉘。吏當㉙廣所失亡多，為虜所生得，當斬，贖為庶人㉚。

頃之，家居數歲。廣家與故潁陰侯孫㉛屏野㉜居藍田南山中射獵。嘗夜從一騎出，從人田間飲。還至霸陵亭，霸陵尉醉，呵㉝止廣。廣騎曰：「故李將軍。」尉曰：「今將軍尚不得夜行，何乃故也！」止廣宿亭下。居無何㉞，匈奴入殺遼西太守，敗韓將軍㉟，後韓將軍徙右北平。於是天子乃召拜廣為右北平太守。廣即請霸陵尉與俱，至軍而斬之。

廣居右北平，匈奴聞之，號曰「漢之飛將軍」，避之數歲，不敢入右北平。

廣出獵，見草中石，以為虎而射之，中石沒鏃㊱，視之石也。因復更射之，終不能復入石矣。廣所居郡聞有虎，嘗自射

㉞ 居無何：過了不久。

㉟ 韓將軍（韓安國）兵敗之事，詳見《史記・韓長孺列傳》。

㊱ 鏃：箭頭。

㊲ 騰：奔跑，跳躍。

㊳ 輒：總是，就。

㊴ 麾下：隸屬於某將帥的部屬之下。麾，指古代用來指揮軍隊的旗幟，麾下本指「旗下」之意，後借指爲將帥的部屬。

㊵ 爲兩千石：做年俸二千石這一級的官。漢代的郡守、郎中令等都屬於這個等級。兩千石又分爲中二千石、眞二千石和比二千石。州刺史和郡太守爲眞兩千石，州牧爲中兩千石。漢武帝時州刺史僅爲六百石，當時的州只是設立的監察區，沒有實際的權力，後升爲眞二千石。東漢後期刺史升格爲州牧，州牧是一州最高行政長官，爲中二千石。古代的斗小，一斗算一斤，一石就是十斤，二千石就是兩萬斤。大約爲六十畝地的總產量，也就是享受這樣的待遇。

㊶ 屈臂：傳說有一種通臂猿，左右兩臂在肩部相通，可自由伸縮。這裡是形容李廣的兩臂像猿那樣長而且靈活。

之。及居右北平射虎，虎騰[37]傷廣，廣亦竟射殺之。

廣廉，得賞賜輒[38]分其麾下[39]，飲食與士共之。終廣之身，為二千石[40]四十餘年，家無餘財，終不言家產事。廣為人長，猨臂[41]，其善射亦天性也，雖其子孫他人學者，莫能及廣。廣訥口[42]少言，與人居則畫地為軍陳，射闊狹[43]以飲。專以射為戲，竟死。廣之將兵，乏絕[44]之處，見水，士卒不盡飲，廣不近水，士卒不盡食，廣不嘗食。寬緩不苛，士以此愛樂為用。其射，見敵急[45]，非在數十步之內，度[46]不中不發，發即應弦而倒。用此[47]，其將兵數困辱，其射猛獸亦為所傷云。

[42] 訥口：說話遲鈍，口拙。
[43] 闊狹：指上句所說在地上畫的軍陣圖中，有的行列寬，有的行列窄。這句的意思是，比賽射軍陣圖，射中窄的行列爲勝，射中寬的行列及不中都爲負，負者罰酒。
[44] 乏絕：指缺水斷糧。
[45] 急：逼近。
[46] 度：考慮，打算。
[47] 用此：因此。

白話解讀

正值匈奴大舉入侵上郡，天子派來一名宦官跟隨李廣學習軍事，抗擊匈奴。這位宦官帶領幾十名騎兵，縱馬馳騁時，遇到三個匈奴人，就與他們交戰。三個匈奴人回身放箭，射傷宦官，幾乎殺光他身邊的騎兵。宦官逃回李廣身邊，李廣說：「一定是匈奴的射雕能手。」於是李廣就帶上一百名騎兵前去追趕那三個匈奴人。那三個人沒有馬，正在徒步前行。走了幾十里後，李廣命令他的騎兵左右散開，兩路包抄。他親自去射殺那三個人，最後射死兩個，活捉一個，果然是李廣所說的匈奴射雕手。他們把那個匈奴人捆綁上馬之後，遠遠望見有幾千名匈奴騎兵。匈奴人看到李廣，以為這是誘敵的騎兵，都很吃驚，全部跑上山去擺好陣勢。李廣的百名騎兵也都大為驚恐，想馬上飛奔逃跑。李廣說：「我們離大軍還有幾十里，照現在這樣的情況，我們這一百名騎兵只要一跑，匈奴就會立刻追擊射殺，我們都會被殺光。如果我們停留不走，匈奴一定以為我們是大軍派來誘敵的，必定不敢攻擊我們。」於是，李廣向騎兵下令：「前進！」騎兵們向前進發，到了離匈奴陣地大約二里的地方停下來，李廣下令說：「全體下馬、解下馬鞍！」騎兵們說：「敵人那麼多，又離得這麼近，如果有了緊急情況怎麼辦？」李廣說：「那些敵人原以為我們會逃跑，現在我們都解下馬鞍表示不逃，這樣就能使他們更堅定地相信我們是誘敵之兵。」果然，匈奴騎兵真的不敢來攻擊。有一名騎白馬的匈奴將領出陣來監護他的士兵，李廣立即上馬和十幾名騎兵一起奔馳，射死那個騎白馬的匈奴將領。然後又回到自己的騎兵隊裡，解下馬鞍，讓士兵們都放開馬，隨便躺臥。這時正值日暮黃昏，匈奴軍隊一直覺得很奇怪，也不敢進攻。到了半夜，匈奴兵以為漢軍有伏兵在附近，想趁夜偷襲他們，匈奴就害怕地領兵撤離了。第二天早晨，李廣才回到他的大軍營中，大軍因為不知道李廣的去向，所以當時無法隨後接應。

過了好幾年，景帝去世，武帝即位。左右近臣都認為李廣是名將，於是皇帝便讓李廣由上郡太守調任未央宮的禁衛軍長官，程不識也任長樂宮的禁衛軍長官。程不識和李廣從前都曾任邊郡太守，並兼管軍隊駐防。出兵攻打匈奴的時候，李廣行軍沒有嚴格的隊列和陣勢，靠近水豐草茂的地方便駐紮軍隊，停宿的地方也使人人都感到便利，晚上也不打更自衛，將軍府也簡化各種文書簿冊。但他遠遠地佈置許多哨兵，所以也不曾遭遇過危險。程不識對隊伍的編制、行軍隊列、駐營陣勢等要求很嚴格，夜裡打更，文書軍吏都要處理考績等公文簿冊要到天明，軍隊得不到休息，但也不曾遇到危險。程不識說：「李廣治兵簡便易行，然而敵人如果突然進犯他，他就無法阻擋。但他的士卒倒也安逸快樂，都甘心為他拼死。我的軍隊雖然軍務紛雜忙亂，但是敵人也不敢侵犯我。」那時漢朝邊郡的李廣、程不識都是名將，但是匈奴人較害怕李廣的謀略，士兵又大多願意跟隨李廣而以跟隨程不識為苦。因此程不識在景帝時，就因屢次直言進諫被封為太中大夫，轉任文職。他為人清廉，謹守朝廷文書法令。

後來，漢朝用馬邑城引誘單于，派大軍在馬邑兩旁的山谷中埋伏，李廣任驍騎將軍，受護軍將軍韓安國統領。當時單于發覺漢軍的計謀，就逃跑了，漢軍都沒有戰功。四年以後，李廣由衛尉升任為將軍，出雁門關進攻匈奴。匈奴兵多，便打敗李廣的軍隊，並生擒李廣。單于平時就聽說李廣很有才能，便下令說：「如果俘獲了李廣，一定要活著送來。」匈奴騎兵俘虜李廣時，他受傷生病，於是就把李廣放在兩匹馬中間，在繩編的網兜裡躺著。走了十多里後，李廣假裝昏死，此時，斜眼看到他旁邊一個匈奴少年所騎的一匹好馬。李廣突然一縱身跳上匈奴少年的馬，趁勢把少年推下去，奪走他的弓，向南飛馳數十里，又重新遇到他的殘部，於是帶領他們進入關塞。匈奴出動幾百名追捕的騎兵來追趕他，李廣一邊逃一邊拿起匈奴少年的弓射殺追來的騎兵，最後終於順利逃脫。後來回到漢朝京城，朝廷把李廣交給執法官吏。執法官判決李廣帶兵損失傷亡太多，自己又被敵人活捉，應該斬首。最後李廣用錢財贖了死罪，削職為民。

轉眼間，李廣在家已閒居數年，李廣和已故潁陰侯灌嬰的孫子灌強一起隱居在藍田，常到南山中打獵。李廣曾在一天夜裡帶著一名騎馬的隨從外出，和別人一起在田野間飲酒。回來時走到霸陵亭，霸陵尉喝醉了，於是大聲喝斥並禁止李廣通行。李廣的隨從說：「這是前任李將軍。」亭尉說：「現任將軍尚且不許通行，何況是前任呢？」便扣留李廣，迫使他停宿在霸陵亭下。沒過多久，匈奴入侵殺死遼西太守，打敗韓安國將軍，韓將軍遷調右北平。此時天子就召見李廣，任他為右北平太守。李廣隨即請求派霸陵尉一起赴任，到達軍中後就把他殺了。

匈奴聽說李廣駐守右北平後，便稱他為「漢朝的飛將軍」，好幾年來，為了躲避他，都不敢入侵右北平。

李廣外出打獵時，看見草裡的一塊石頭，以為是老虎就向它射去，結果射中了石頭，力道之大使得箭頭都射進去了。走近一看，才發現原來是石頭。又重新再射時，卻再也不能再射進石頭了。李廣駐守過各郡，只要聽說有老虎，便親自去射殺。在駐守右北平時，有一次射虎，危急之際，老虎跳起來傷了李廣，但最終李廣還是射死了牠。

李廣為官清廉，得到賞賜就分給他的部下，飲食總與士兵在一起。李廣一生到死，擔任二千石俸祿的官共四十多年，家中沒有多餘的財物，也不談及家產方面的事。李廣身材高大，兩臂如猿，他的天賦是善於射箭，即便他的子孫或外人向他學習，也沒人能跟他匹敵。李廣言語遲鈍，話不多，與別人在一起時，就是在地上畫軍陣，然後比賽射箭，按射中較密集的行列或是較寬疏的行列，以決定罰誰喝酒。他一直到死都還是以射箭為消遣。李廣帶兵，遇到缺糧斷水的時刻，如果見到水源，只要士兵還沒有完全喝到水，李廣就不會靠近水；如果士兵還沒有完全吃到飯，李廣就一口飯也不吃。李廣對士兵寬厚和緩不苛刻，士兵也因此愛戴他，樂於為他所用。李廣射箭的方法是，一看見敵人逼近，如果他不在數十步之內，估計射不中時就不發射。只要一發射，敵人立即隨弓弦之聲倒地。因此他領兵時，有幾次被困受辱，射猛獸時也曾被猛獸所傷。

核心要旨

本篇記述漢代名將李廣的生平事蹟。李廣是英勇善戰、智勇雙全的英雄。他一生與匈奴戰鬥七十餘次，常常以少勝多、險中取勝，以致匈奴人聞名喪膽，稱之為「飛將軍」。李廣又是一位最能體恤士卒的將領。他治軍簡易，對士兵從不苛刻，尤其是他與士卒同甘共苦的作風，深得將士們的敬佩。正是由於李廣這種戰鬥中身先士卒，生活中先人後己的品格，使士兵都甘願在他麾下，「咸樂為之死」。然而，這位戰功卓著、備受士卒愛戴的名將，卻一生坎坷，終身未得封爵。皇帝嫌他命運不好、不敢重用，貴族也藉機對他排擠，終於導致李廣含憤自殺。太史公通過李廣的悲劇結局揭露並譴責統治者的任人唯親、刻薄寡恩以及對賢能的壓抑與扼殺。

成語精粹

1. 訥口少言：不善言談，說話不多。

原典：廣廉，得賞賜輒分其麾下，飲食與士共之。終廣之身，為二千石四十餘年，家無餘財，終不言家產事。廣為人長，猨臂，其善射亦天性也，雖其子孫他人學者，莫能及廣。廣訥口少言，與人居則畫地為軍陳，射闊狹以飲。專以射為戲，竟死。

2. 霸陵醉尉：形容失官之後受人侵辱。

原典：廣家與故潁陰侯孫屏野居藍田南山中射獵。嘗夜從一騎出，從人田間飲。還至霸陵亭，霸陵尉醉，呵止廣。廣騎曰：「故李將軍。」尉曰：「今將軍尚不得夜行，何乃故也！」止廣宿亭下。

寫作寶典

1. 譬喻：將一件事物或道理指成另一件事物或道理的修辭法，該兩件事物或道理中具有一些共同點。它能夠令讀者透過類推，通過另一件事物，更了解要描述的事物的特點。分為明喻、隱喻、略喻、借喻。

例1：廣為人長，**猨臂**，其善射亦天性也，雖其子孫他人學者，莫能及廣。廣訥口少言，與人居則畫地為軍陳，射闊狹以飲。專以射為戲，竟死。

Tips：借喻。

例2：別來春半，觸目柔腸斷。**砌下落梅如雪亂**，拂了一身還滿。雁來音信無憑，路遙歸夢難成。**離恨恰如春草**，更行更遠還生。（李煜《清平樂》）

Tips：明喻。

例3：跫音不響，三月的春帷不揭／**你底心是小小的窗扉緊掩**／我達達的馬蹄是美麗的錯誤／我不是歸人，是個過客（鄭愁予《錯誤》）

Tips：隱喻。

典故 後人評價李廣

（一）太史公曰：《傳》曰：「其身正，不令而行；其身不正，雖令不從。」其李將軍之謂也？余睹李將軍悛悛如鄙人，口不能道辭。及死之日，天下知與不知，皆為盡哀。彼其忠實心誠信於士大夫也？諺曰「桃李不言，下自成蹊」。此言雖小，可以諭大也。（《史記．李將軍列傳》）

（二）嗟乎，時運不濟，命運多桀，馮唐易老，李廣難封。（王勃《滕王閣序》）

（三）秦時明月漢時關，萬里長征人未還。但使龍城飛將在，不教胡馬度陰山。（王昌齡《出塞》）

（四）林暗草驚風，將軍夜引弓。平明尋白羽，沒在石稜中。（盧綸《塞下曲》）

（五）相看白刃血紛紛，死節從來豈顧勳。君不見沙場征戰苦，至今猶憶李將軍。（高適《燕歌行》）

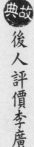

匈奴列傳

古文鑑賞

是時漢初定中國，徙韓王信於代，都馬邑。匈奴大攻圍馬邑，韓王信降匈奴。匈奴得信，因引兵南踰句注，攻太原，至晉陽下。高帝自將兵往擊之。會冬大寒雨雪❶，卒之墮指❷者十二三，於是冒頓詳❸敗走，誘漢兵。漢兵逐擊冒頓，冒頓匿其精兵，見其羸弱❹，於是漢悉兵❺，多步兵，三十二萬，北逐❻之。高帝先至平城，步兵未盡到，冒頓縱精兵四十萬騎圍高帝於白登，七日，漢兵中外不得相救餉。匈奴騎，其西方盡白馬，東方盡青駹馬❼，北方盡烏驪馬❽，南方盡騂馬❾。高帝乃使使閒厚遺❿閼氏，閼氏乃謂冒頓曰：「兩主不相困。今得漢地，而單于終非能居之也。且漢王亦有神，單于察之。」冒頓與韓王信之將王黃、趙利期⓫，而黃、利兵又不來，疑其與漢有謀，亦取閼氏之言，乃解圍之一角。於是高帝令士皆持滿傅矢外鄉⓬，從解角直出，竟與大軍合，而冒頓遂引兵而

傳說時代｜春秋戰國｜秦｜楚漢相爭｜漢

出題率 ★★

【注釋解析】

❶雨雪：下雪。
❷墮指：凍掉手指。
❸詳：通「佯」，假裝。
❹見：同「現」。羸弱：瘦弱，指老弱殘兵。
❺悉兵：大軍全部出動。
❻逐：追趕。
❼青駹馬：青色馬。
❽烏驪馬：黑馬。
❾騂馬：赤色馬。
❿閒：秘密進行。遺：贈送。
⓫期：約見會面。
⓬持滿：把弓拉滿。傅矢：箭上弦。外鄉：通「外向」，面朝外。
⓭罷：歸。
⓮數：屢次。倍：通「背」，背棄。
⓯奉：進獻。宗室：皇族。
⓰苦：困苦。
⓱爲書：寫信。遺：送給。高后：即呂后。
⓲妄言：胡說。按《漢書．匈奴傳》載冒頓之言，信中充滿對漢及高后的輕視侮辱之意。
⓳葆：通「堡」。
⓴殺略：通「殺掠」，殺人掠奪。
㉑詣：往，到……去。
㉒濟北王：即漢高祖長庶男劉肥之子劉興居。

去。漢亦引兵而罷⑬，使劉敬結和親之約。

是後韓王信為匈奴將，及趙利、王黃等數倍⑭約，侵盜代、雲中。居無幾何，陳豨反，又與韓信合謀擊代。漢使樊噲往擊之，復拔代、雁門、雲中郡縣，不出塞。是時匈奴以漢將眾往降，故冒頓常往來侵盜代地。於是漢患之，高帝乃使劉敬奉宗室⑮女公主為單于閼氏，歲奉匈奴絮繒酒米食物各有數，約為昆弟以和親，冒頓乃少止。後燕王盧綰反，率其黨數千人降匈奴，往來苦⑯上谷以東。

高祖崩，孝惠、呂太后時，漢初定，故匈奴以驕。冒頓乃為書遺高后⑰，妄言⑱。高后欲擊之，諸將曰：「以高帝賢武，然尚困於平城。」於是高后乃止，復與匈奴和親。

至孝文帝初立，復修和親之事。其三年五月，匈奴右賢王入居河南地，侵盜上郡葆⑲塞蠻夷，殺略⑳人民。於是孝文帝詔丞相灌嬰發車騎八萬五千，詣㉑高奴，擊右賢王。右賢王走出塞。文帝幸太原。是時濟北王㉒反，文帝歸，罷㉓丞相擊胡之兵。

其明年，單于遺漢書曰：「天所立匈奴大單于敬問皇帝無

㉓罷：解除。

㉔稱：相稱。書意：信中的旨意。

㉕合歡：雙方高興。

㉖讓書：責備的書信。再：第二次。

㉗敗：毀壞，破壞。

㉘求：尋找，尋求。

㉙月氏：爲西元前七世紀至西元一世紀的一個民族名稱。始見於先秦史籍，早期以遊牧爲生，從事玉器貿易，住在今中國的甘肅西部和新疆東部一帶，並經常與匈奴發生衝突，後來被匈奴攻擊，一分爲二：西遷至伊犁的，被稱爲大月氏；居留於中國甘肅及青海的祁連山一帶的，被稱爲小月氏。

㉚夷滅：平定，消滅。

㉛樓蘭：史稱鄯善國，是中國西部古代的一個小國，距今約一六〇〇年前樓蘭國消失，只留下幾處古城遺蹟。關於其原因，一般有水源改道和外敵入侵兩種說法。

㉜烏孫：西漢文帝時，被匈奴擊潰的月氏攻擊烏孫的牧地，烏孫族大敗，昆莫難兜靡被殺害。匈奴冒頓單于收留烏孫餘部，其孫軍臣單于指派獵驕靡率領烏孫遠征位於伊犁河、楚河流域的大月氏，烏孫軍大獲全勝，隨後獵驕靡在那裡建立了一個國家，以族名命名爲「烏孫國」。

㉝呼揭：又作「呼偈」，《魏略》稱爲「呼得」。

恙。前時皇帝言和親事，稱書意㉔，合歡㉕。漢邊吏侵侮右賢王，右賢王不請，聽後義盧侯難氏等計，與漢吏相距，絕二主之約，離兄弟之親。皇帝讓書再㉖至，發使以書報，不來，漢使不至，漢以其故不和，鄰國不附。今以小吏之敗㉗約故，罰右賢王，使之西求㉘月氏㉙擊之。以天之福，吏卒良，馬彊力，以夷滅㉚月氏，盡斬殺降下之。定樓蘭㉛、烏孫㉜、呼揭㉝及其旁二十六國，皆以為匈奴。諸引弓之民，並為一家。北州已定，願寢兵㉞休士卒養馬，除前事，復故約，以安邊民，以應始古㉟，使少者得成其長，老者安其處，世世平樂。未得皇帝之志㊱也，故使郎中系雩淺奉書請，獻橐他㊲一匹，騎馬二匹，駕二駟。皇帝即㊳不欲匈奴近塞，則且㊴詔吏民遠舍。使者至，即遣之。」以六月中來至薪望之地。書至，漢議擊與和親孰便。公卿皆曰：「單于新破月氏，乘勝，不可擊。且得匈奴地，澤鹵㊵，非可居也。和親甚便。」漢許之。

孝文皇帝前六年㊶，漢遺匈奴書曰：「皇帝敬問匈奴大單于無恙。使郎中系雩淺遺朕書曰：『右賢王㊷不請㊸，聽後義盧侯難氏等計，絕二主之約，離兄弟之親，漢以故不和，鄰

在漢文帝時，被匈奴擊敗，併入匈奴。呼揭部落的領袖，在匈奴中稱呼揭王，仍是一支強大部落，位居匈奴右翼，受右賢王統理。

㉞寢兵：休戰。

㉟始古：往古以來。

㊱志：心意。

㊲橐他：駱駝。

㊳即：若。

㊴且：將。

㊵澤鹵：低窪鹽鹼地。

㊶前六年：即前元六年（西元前一七四年）。「前元」是漢武帝建立年號制度之前的一種改元後，對之前年代的紀年法。在漢武帝之前，使用君王紀年，如魯莊公元年（西元前六九三年）、秦始皇二十六年（西元前二二一年）。有一些帝王雖然沒有年號，但是他們在重大事件後，會重新記錄自己的紀年，史書上稱之爲「後元」。

㊷右賢王：又稱「右屠耆王」，匈奴的封號，位置低於單于，與左賢王併列，控制帝國的西方地區，爲匈奴二十四長之一。其名稱來自於匈奴語的屠耆，在漢語中的意思爲賢，因此譯爲右賢王。右賢王控制上郡以西的地區，至月氏、氐、羌屬地爲止。右賢王也是出身攣鞮氏的世襲貴族，在匈奴帝國中的地位極爲尊貴。

㊸請：請示。

國不附。今以小吏敗約，故罰右賢王使西擊月氏，盡定之。願寢兵休士卒養馬，除前事，復故約，以安邊民，使少者得成其長，老者安其處，世世平樂。』朕甚嘉之，此古聖主之意也。漢與匈奴約為兄弟，所以遺㊹單于甚厚。倍㊺約離兄弟之親者，常在匈奴。然右賢王事已在赦前，單于勿深誅㊻。單于若稱書意，明告諸吏，使無負約，有信，敬如單于書。使者言單于自將㊼伐國㊽有功，甚苦兵事。服繡袷綺衣、繡袷長襦、錦袷袍㊾各一，比余㊿一，黃金飾具帶一，黃金胥紕(51)一，繡十匹，錦三十匹，赤綈、綠繒(52)各四十匹，使中大夫意、謁者令肩遺單于。」

㊹遺：給予，贈予。
㊺倍：同「背」，背棄，背叛。
㊻誅：責罰。
㊼將：率領。
㊽伐國：征伐其他的國家。
㊾服：天子所穿戴的衣物。繡袷綺衣：用繡花的絲織品做衣面，用織花絲綢做衣裡的夾上衣。繡袷長襦：用繡花絲品做衣面的長夾襖。錦袷袍：用彩色絲織品做衣面的夾袍。
㊿比余：金制的似梳的髮飾。
(51)胥紕：或作「犀毗」，金製衣帶鉤。
(52)赤綈：紅色的厚而光滑的絲織品。綠繒：綠色的絲織品。

白話解讀

這時，漢朝剛剛平定中國，把韓王信改派到代地，建都馬邑城。匈奴大規模進攻馬邑時，韓王信投降匈奴。匈奴得到韓王信後，便率兵向南越過句注山，攻打太原，直到晉陽城下。高帝親自領兵前去迎擊匈奴，恰巧遇上冬天嚴寒下雪的天氣，戰士中有十分之二三的人凍掉手指。冒頓此時假裝失敗逃跑，引誘漢軍。漢軍追趕冒頓，冒頓把他的精銳軍隊隱藏起來，只出現一些老弱殘兵。漢朝輕忽敵人，出動全部的軍隊，多半是步兵，共三十二萬人，向北追擊匈奴。高帝首先到達平城，在步兵還未全到時，冒頓便指揮他的四十萬精銳騎兵，在白登山把高帝包圍。七天裡，漢軍內外都不能相互補給軍糧。匈奴的騎兵，在西方的全是白馬，在東方的全是青馬，在北方的全是黑馬，在南方的全是赤色馬。高帝情急之下，就派使者秘密地送給閼氏很多禮物，閼氏就對冒頓勸說：「兩方的君王不能相互圍困。況且就算得到漢朝的土地，單于終究也沒辦法居住在那裡的。而且漢王也有神的幫助，希望單于認真考慮這件事。」再加上冒頓與韓王信的將軍王黃和趙利原先有約定會師的日期，但王黃與趙利的軍隊沒有按時到來，冒頓因此疑心他們同漢軍有預謀，於是就採納閼氏的建議，解除包圍的一角。高帝命令戰士拉滿弓，箭上弦，面朝外，從冒頓解圍的那個通道衝出來，最後和漢朝大軍相會合。冒頓領兵而去，高帝也率兵歸來，派劉敬到匈奴締結和親的盟約。

此後，韓王信當上匈奴的將軍，他與趙利和王黃屢次違背漢與匈奴所訂的盟約，侵擾掠奪代郡和雲中郡。不久之後，漢朝將軍陳豨謀反，又和韓信合謀進攻代地。漢朝派遣樊噲前去阻擊他們，重新攻占代郡、雁門和雲中等郡縣，但沒有越過邊塞。這時，匈奴因為漢朝的一些將軍前來投降，所以冒頓常常往來於代地，侵擾劫奪。漢朝對此感到憂慮，高帝就派劉敬遣送漢朝皇族的公主去給單于當閼氏，並且每年奉送給匈奴一定數量的棉絮、繒、酒、米和食物，相互結為兄弟，實行和親政策，冒頓這才稍稍停止侵擾。後來，燕王盧綰造反，率領他的黨徒數千人投降匈奴，常常往來於上谷以東，給當地人造成苦難。

高祖死後，孝惠帝、呂太后時期，漢王朝剛剛安定，所以匈奴顯得很驕傲。冒頓就寫信給呂太后，胡說一番。使得呂太后想攻打他，但諸位將軍勸說：「憑著高帝的賢明和武功，尚且都被圍困在平城了，更何況我們。」呂太后才因此放棄進攻的主張，又和匈奴和親。

孝文帝剛剛繼位時，又推行和親之事。孝文帝三年的五月，匈奴右賢王進入河南地居住，侵擾掠奪在邊塞小城的蠻夷，屠殺搶掠人民。於是孝文帝下令讓丞相灌嬰出動八萬五千戰車和騎兵，前往匈奴，攻打右賢王，右賢王因此逃跑到塞外。漢文帝親自到太原準備征伐，但這時濟北王劉興居造反，文帝只好回到京城，解散派去打匈奴的軍隊。

第二年，匈奴單于送給漢朝一封信說：「上天所立的匈奴大單于恭敬地問侯皇帝平安。前些時候，皇帝說過和親的事，和來信說的意思相合，雙方都很高興。漢朝邊境的官吏侵擾和侮辱右賢王，但右賢王沒有請示單于，反而聽信後義盧侯難氏等人的計謀，同漢朝官吏相抵抗，斷絕匈奴與漢朝皇帝締結的條約，離間漢與匈奴兄弟般的親密關係。皇帝責備匈奴的書信再次送來時，我們便派出使者送信報告情況，結果使者被漢朝扣留未歸，而漢朝的使者也不再到匈奴來了。漢朝因為這個原因不與我們和解，我們的鄰國也不能歸附。如今因為小官吏破壞和約的緣故，我已經懲罰了右賢王，派他到西邊去尋找月氏征討他們。依靠上天的福佑，官吏和士卒皆很精良，戰馬強壯有力，因此已平滅月氏，把反抗不服的全部殺死，並降服一般百姓。又平定樓蘭、烏孫、呼揭以及他們旁邊的二十六個國家，使他們都變成匈奴的臣民。那些善於彎弓射箭的人們，如今都已合併成一家。北方已經安定，我們願意停戰，修養兵士，餵養馬匹，消除從前令人不快的事情，恢復舊有的條約，以使邊疆百姓得到安寧，順應匈奴與漢人從古以來的友好關係，使少年人能夠成長，老年人能夠平安地生活，世世代代和平安樂。我們尚不知皇帝的心意，所以派郎中系雩淺呈送書信請示皇上，並獻上駱駝一匹，戰馬二匹，駕車之馬八匹。皇帝如果不希望匈奴靠近漢朝的邊塞，那麼我就詔告官吏百姓，居住到遠離漢朝邊塞的地方。使者到達後，請即刻讓他回來。」在六月中旬，匈奴使者來到薪望。書信送到後，漢朝就商議，攻打和和親兩種政策，哪種更有利。公卿們都說：「單于剛打敗月氏，正處在勝利的有利時機，因此不能攻打他。況且就算得到匈奴的土地，都是低窪鹽鹼地，也無法居住。還是和親比較有利。」於是漢朝答應了匈奴的請求。

孝文皇帝前元六年（西元前一七四年），漢朝送給匈奴的信中說：「皇帝敬問匈奴大單于平安，郎中系雩淺送給我的信中說：『右賢王沒有請示單于，聽信後義盧侯難氏等人的計謀，斷絕匈奴和漢朝國君的和約，離間兄弟般的親密關係，漢朝因此不肯與我們和解，鄰國也不能為附。如今因為小官吏破壞和約，所以罰右賢王讓他到西邊攻打月氏，並且成功平定他們。如今，匈奴願意停戰，修養士卒，餵養馬匹，消除從前令人不快的事情，恢復舊有的和約，以使邊民得到安寧，使少年人能夠成長，老年人能夠安定地生活，世世代代和平安樂。』我很讚賞這一想法，這是古代聖明君主的心意啊！漢朝和匈奴締結和約，結為兄弟，送給匈奴的東西都非常豐厚。違背和約、離間兄弟般的親密關係的卻常常是匈奴。但是右賢王的事是出現在大赦之前，所以單于不要深責此事。單于接下來的行動，如果能同來信中所表示的相同，明確告知各位官吏，讓他們不要違背和約，並且守信承諾。那我將謹慎地按照單于信中的請求對待此事。使者說，單于親自率軍討伐別的國家而有功勞，甚為戰爭而苦惱。現在有皇帝穿戴的繡袷綺衣、繡袷長襦、錦袷袍各一件，比余一個，黃金裝飾的衣帶一件，黃金帶鉤一件，繡花綢十匹，錦緞三十匹，赤綈和綠繒各四十匹，派中大夫意、謁者令肩贈送單于。」

核心要旨

本文是記述匈奴與中國關係的傳文，全文共四段。與匈奴戰爭是漢武帝一生政治生涯中的一件大事，從元光二年到元狩四年的四十四年當中，漢與匈奴始終處於時戰時休、戰多於休的敵對狀態。在作者的客觀敘述中，對於匈奴君主的不守信義，不遵禮法、侵擾邊境，破壞和平、好殺成性等，都做了含蓄的批評和指責；同時也對漢武帝不停征戰，耗費人力物力，特別是對他的不知擇賢、任人失當等，做了含蓄的譏諷，顯示作者對漢武帝這位雄才大略政治家的公允態度，和對歷史的深刻認識。

寫作寶典

1. **轉品：**字詞在文句中改變原來詞性的修辭。不同的詞類有不同的語言特性和用法，將某一種詞類轉化為另一種詞類，這種修辭技巧為「轉品」。

例1：後燕王盧綰反，率其黨數千人降匈奴，往來**苦**上谷以東。

Tips：形容詞當作動詞使用。

例2：高帝乃**使**使閒厚遺閼氏，閼氏乃謂冒頓曰：「兩主不相困。今得漢地，而單于終非能居之也。且漢王亦有神，單于察之。」

Tips：名詞當作動詞使用。

例3：參政魯公為諫官，真宗遣使急召之，得於酒家，既入，問其所來，以實對。上曰：「卿為清望官，奈何飲於酒肆？」對曰：「臣家貧，客至無器皿、肴、果，故就酒家**觴**之。」上以無隱，益重之。（司馬光《訓儉示康》）

Tips：名詞當作動詞使用。

例4：昔正考父饘粥以**餬**口；孟僖子知其後必有達人。季文子**相**三君，妾不**衣**帛，馬不食粟，君子以為忠。管仲鏤簋朱紘、山楶藻梲，孔子鄙其小器。公叔文子享衛靈公，史鰌知其及禍；及戍，果以富得罪出亡。何曾日食萬錢，至孫以驕溢傾家。石崇以奢靡誇人，卒以此死東市。近世寇萊公豪侈冠一時，然以功業大，人莫之非，子孫習其家風，今多窮困。（司馬光《訓儉示康》）

Tips：名詞當作動詞使用。

典故 昭君出塞——遠嫁匈奴的女子

王昭君，名嬙，字昭君，又稱明君或明妃，名列中國歷史四大美女之一。

在長江西陵峽秭歸縣有一個叫王忠的莊稼人，他因為沒有孩子便到附近的屈原廟進香許願，祈求得到一個像屈原那樣忠於國家、熱愛人民的後代。結果他的妻子竟然就夢見一輪明月投入懷中，不久後便生下一個比天仙還漂亮的女孩，就是王昭君。

後來漢元帝挑選天下美女做后妃，昭君被選中。在王昭君到京城長安後，和其他被選來的秀女一樣，要先到畫師毛延壽那裡畫像。有的美女為了得到皇帝的青睞，重金賄賂畫師，於是畫師就將她們畫得美貌非凡。因為王昭君沒有給畫師金銀財寶，於是毛延壽就故意在王昭君眼睛下面點了一點，因此王昭君沒能被漢元帝選中，寂寞於後宮。

幾年之後，匈奴汗國呼韓邪單于到長安向漢求親，漢元帝決定在不受寵的美女中挑選幾位，賞賜給他，並許諾誰願意前往，就給予公主的身份。王昭君挺身而出。臨行前，漢元帝召見昭君，一見面就愣住了，如此美麗的美人，自己怎麼沒有發現呢？一席談話後，更覺得昭君才智過人，整個後宮無人可及。元帝深深後悔，兩眼望著昭君，不忍心讓她離開。

送走昭君後，元帝立即翻看美人畫冊，終於在不起眼的地方找到了王昭君的畫像。細細一看，發現原來昭君眼下多了一個疵點。皇帝大怒，下令將那個弄虛作假的畫師毛延壽殺了。王昭君最後死在漠北，也就是現在內蒙古首府呼和浩特市南郊。據民間傳說，每到深秋時節，四野草木枯黃的時候，唯有昭君墓嫩黃黛綠，草青如茵，因此昭君墓也被稱作「青塚」。

酷吏列傳

古文鑑賞

出題率 ★★

傳說時代 — 春秋戰國 — 秦 — 楚漢相爭 — 漢

（一）郅都

郅都者，楊人也。以郎事孝文帝。孝景時，都為中郎將，敢直諫，面折大臣於朝。嘗從入上林❶，賈姬❷如廁，野彘卒❸入廁。上目❹都，都不行。上欲自持兵❺救賈姬，都伏上前曰：「亡一姬復一姬進，天下所少寧賈姬等❻乎？陛下縱自輕，奈宗廟太后何❼！」上還，彘亦去。太后聞之，賜都金百斤，由此重郅都。

濟南瞯氏宗人❽三百餘家，豪猾，二千石❾莫能制，於是景帝乃拜都為濟南太守。至則族瞯氏首惡，餘皆股栗❿。居歲餘，郡中不拾遺。旁十餘郡守畏都如大府⓫。

都為人勇，有氣力，公廉，不發私書⓬，問遺⓭無所受，請寄⓮無所聽。常自稱曰：「已倍親而仕⓯，身固當奉職死節官下，終不顧妻子矣。」

【注釋解析】

❶上林：即上林苑。
❷賈姬：漢景帝的一位姬妾。
❸野彘：野豬。卒：通「猝」，突然。
❹目：用眼示意。
❺持兵：拿著兵器。
❻寧：難道。賈姬等：同賈姬一樣的人。
❼奈……何：對……怎麼辦。宗廟：帝王的祖廟，這裡代指朝廷。
❽宗人：同宗之人。
❾二千石：俸祿爲二千石的官員，此指濟南太守。
❿股栗：大腿發抖。此極言恐懼之狀。栗，通「慄」。
⓫大府：高層官府。濟南府本與周圍郡府同級，但因懼怕郅都，故那些郡府的太守將濟南府視爲比自己高的上級官府。
⓬私書：私人求情的信。
⓭問遺：送禮。
⓮請寄：私人請託。
⓯倍：通「背」，背棄。仕：當官。
⓰遷：提升官職。
⓱條侯：指丞相周亞夫。至貴：最高貴。倨：傲慢。
⓲揖丞相：向丞相作揖。此言郅都不阿附權貴，

郅都遷⑯為中尉。丞相條侯至貴倨⑰也，而都揖丞相⑱。是時民樸，畏罪自重，而都獨先嚴酷，致行法不避貴戚，列侯宗室見都側目而視，號曰「蒼鷹」。

臨江王徵詣中尉府對簿⑲，臨江王欲得刀筆為書謝上⑳，而都禁吏不予。魏其侯使人以閒與臨江王㉑。臨江王既為書謝上，因自殺。竇太后聞之，怒，以危法中㉒都，都免歸家。孝景帝乃使使持節㉓拜都為雁門太守，而便道之官㉔，得以便宜從事㉕。匈奴素聞郅都節㉖，居邊，為引兵去，竟㉗郅都死不近雁門。匈奴至為偶人㉘象郅都，令騎馳射莫能中，見憚㉙如此。匈奴患之。竇太后乃竟中都以漢法。景帝曰：「都忠臣。」欲釋之。竇太后曰：「臨江王獨非忠臣邪？」於是遂斬郅都。

（二）寧成

寧成者，穰人也。以郎謁者事景帝。好氣㉚，為人小吏，必陵㉛其長吏；為人上，操下㉜如束溼薪。滑賊任威。稍㉝遷至濟南都尉，而郅都為守。始前數都尉皆步入府㉞，因吏謁㉟守如縣令，其畏郅都如此。及成往，直陵㊱都出其上。都素

見到尊貴的丞相，也只是依禮而行。揖，拱手之禮。

⑲臨江王：景帝太子劉榮，後因其母栗姬失寵，被廢除太子之位，封爲臨江王。西元前一四六年，他被控犯有侵占宗廟罪，召到中尉府受審，遂自殺。徵：召。詣：到……去。對簿：在公堂受審。

⑳刀筆：古代書寫工具。爲書：寫信。謝上：向皇上謝罪。

㉑魏其侯：竇嬰。以閒：在暗中，即秘密地。與：給。

㉒中：中傷。這裡有彈劾的意思。

㉓節：使者的信物。

㉔便道之官：乘便取道上任，不必至朝廷謝恩。之官，上任、赴任。

㉕便宜從事：根據現場實際情況進行處理，不必奏請。

㉖節：行事。

㉗竟：終。

㉘至：竟然。偶人：木偶人。

㉙憚：怕。

㉚好氣：好勝。

㉛陵：欺凌。

㉜操下：控制下屬。

㉝稍：漸漸。

㉞步入府：步行進入太守府。

聞其聲[37]，於是善遇，與結驩。久之，郅都死，後長安左右宗室多暴[38]犯法，於是上召寧成為中尉。其治效[39]郅都，其廉弗如，然宗室豪桀皆人人惴恐。

武帝即位，徙為內史。外戚多毀成之短[40]，抵罪髡鉗[41]。是時九卿罪[42]死即死，少被[43]刑，而成極刑[44]，自以為不復收[45]，於是解脫[46]，詐刻傳[47]出關歸家。稱曰：「仕不至二千石，賈不至千萬，安可比人乎！」乃貰貸買陂田[48]千餘頃，假[49]貧民，役使數千家。數年，會赦。致產[50]數千金，為任俠[51]，持吏長短[52]，出從數十騎。其使民威重於郡守。

（三）周陽由

周陽由者，其父趙兼以淮南王舅父侯周陽[53]，故因姓周陽氏。由以宗家[54]任為郎，事孝文及景帝。景帝時，由為郡守。武帝即位，吏治尚循[55]謹甚，然由居二千石中，最為暴酷驕恣。所愛者，撓法[56]活之；所憎者，曲法誅滅之。所居郡，必夷[57]其豪。為守，視都尉如令。為都尉，必陵太守，奪之治。

---

[35] 因：通過。謁：晉見。
[36] 直：徑直。陵：超越。
[37] 聲：名望。
[38] 暴：兇殘暴虐。
[39] 效：學習。
[40] 毀：指責。短：缺點。
[41] 抵罪：判罪。髡鉗：髡刑與鉗刑，剃光頭髮的刑罰稱髡，拿鐵環束脖稱鉗。
[42] 九卿：秦朝時中央政府各部長官的總稱。罪：犯罪。
[43] 被：加。
[44] 極刑：最重的刑法，這裡指髡鉗。
[45] 收：錄用。
[46] 解脫：解開刑具。
[47] 傳：出關的證明文件，用文字刻於木板之上。
[48] 貰：賒欠。陂田：有水可灌溉的田地。
[49] 假：出租。
[50] 致：得到。產：財產。
[51] 任俠：專做制強扶弱，打抱不平之事。
[52] 持：掌握，要脅。長短：指是非。
[53] 趙兼：漢高帝之妾趙美人的弟弟。以：憑。淮南王：指漢高帝小兒子劉長。侯周陽：受封周陽侯。
[54] 宗家：意謂帝王的外戚。
[55] 尚：崇尚。循：沿，此指按法行事。
[56] 撓法：枉法。

與汲黯俱為忮58，司馬安之文惡59，俱在二千石列60，同車未嘗敢均茵伏61。

由後為河東都尉，時與其守勝屠公爭權，相告言罪。勝屠公當62抵罪，義63不受刑，自殺，而由棄市。

自寧成、周陽由之後，事益多，民巧法64，大抵65吏之治類多成、由等矣。

（四）趙禹

趙禹者，斄人。以佐史補中都官，用66廉為令史，事太尉亞夫。亞夫為丞相，禹為丞相史，府中皆稱其廉平67。然亞夫弗任68，曰：「極知禹無害69，然文深70，不可以居大府71。」今上72時，禹以刀筆吏積勞73，稍遷為御史。上以為能，至太中大夫。與張湯論定74諸律令，作見知75，吏傳得相監司76。用法益刻，蓋自此始。

（五）張湯

張湯者，杜人也。

---

57 夷：平滅。
58 忮：強狠。
59 文惡：用法律條文害人。
60 列：同列。此指官位相等。
61 均：等。茵：車坐墊。伏：指車前橫木，即車軾。表示汲黯與司馬安皆懼怕周陽由，不敢與他爭高低。
62 當：判刑。
63 義：道義。
64 巧法：用巧詐的手段對待法律。
65 大抵：大多。
66 用：因爲。
67 廉平：廉潔公平。
68 弗任：不重用。
69 無害：無人能勝過，特出無比。
70 文深：行法嚴苛。
71 大府：上層官府。
72 今上：如今的皇上。此指漢武帝。
73 刀筆吏：指專從事文牘案頭工作的官吏。勞：功勞。
74 論定：編成。
75 作：製造。見知：即「見知法」。官吏明知他人犯罪，卻不揭露檢舉，則此官吏與罪人同罪。
76 傳：通「轉」。監司：通「監伺」，相互監視。漢法規定官吏要相互監視，相互揭發罪其父為長安丞，出，湯為兒守舍。還而鼠盜肉，其父怒，笞(77)湯。湯掘窟得盜鼠及餘肉，劾鼠掠治(78)，傳爰書(79)，訊鞫論報(80)，並取鼠與肉，具獄磔(81)堂下。其父見之，視其文辭如老獄吏，大驚，遂使書獄(82)。父死後，湯為長安吏，久之。周陽侯始為諸卿(83)時，嘗系(84)長安，湯傾身為之(85)。及出為侯，大與湯交，遍見(86)湯貴人。湯給事(87)內史，為寧成掾(88)，以湯為無害，言大府(89)，調為茂陵尉，治方中(90)。

武安侯(91)為丞相，徵(92)湯為史，時薦言之天子，補御史，使案事(93)。治陳皇后(94)蠱獄，深竟黨與(95)。於是上以為能，稍遷至太中大夫。與趙禹共定諸律令，務在深文，拘守職(96)之吏。已而趙禹遷為中尉，徙為少府，而張湯為廷尉，兩人交驩，而兄事禹。禹為人廉倨。為吏以來，舍毋(97)食客。公卿相造(98)請禹，禹終不報謝，務在絕知友賓客之請，孤立行一意而已。見文法輒(99)取，亦不覆案(100)，求官屬陰罪(101)。湯為人多詐，舞智(102)以御人。始為小吏，乾沒(103)，與長安富賈田甲、魚翁叔之屬交私(104)。及列九卿，收接天下名士大夫，己心內雖不合，然陽(105)浮慕之。

過。

(77) 笞：鞭打。

(78) 劾：審判。掠治：拷打審問。

(79) 傳：發出。爰書：記錄罪犯供詞的文書。

(80) 訊鞫：反復審問，窮究罪行。論報：把判決的罪罰報告上級。

(81) 具獄：把應具備的審訊材料全部備齊，最後定案。磔：古代分屍酷刑。

(82) 書獄：學習書寫獄詞。

(83) 周陽侯：指田勝，漢景帝王皇后的異父弟弟。諸卿：指九卿。

(84) 系：拘禁。

(85) 傾身：用盡全身力量。爲之：替他辯護。

(86) 見：引見。

(87) 給事：供職。

(88) 掾：屬官之稱。

(89) 言大府：向丞相府推薦。

(90) 治：負責管理。方中：漢代稱天子預修的墓穴爲方中。

(91) 武安侯：指田蚡。

(92) 徵：徵召。

(93) 案事：查驗辦理獄事。

(94) 陳皇后：漢武帝的原配妻子，深得武帝寵愛。後來失寵，便召女巫楚服用巫術詛咒武帝。事發後，武帝命吏窮追此事，大興巫蠱之獄。

(95) 竟：窮究。黨與：同黨。

是時上方鄉文學[106]，湯決大獄[107]，欲傅古義[108]，乃請博士弟子治[109]《尚書》、《春秋》補廷尉史，亭[110]疑法。奏讞[111]疑事，必豫先為上分別其原[112]，上所是[113]，受而著讞決法廷尉[114]絜令[115]，揚主之明。奏事即譴[116]，湯應謝[117]，鄉上意所便[118]，必引正、監、掾史賢者，曰：「固[119]為臣議，如上責臣，臣弗用，愚抵[120]於此。」罪常釋[121]。即奏事，上善之，曰：「臣非知為此奏，乃正、監、掾史某為之。」其欲薦吏，揚人之善蔽人之過如此。所治即上意所欲罪[122]，予監史深禍者[123]；即上意所欲釋，與監史輕平[124]者。所治即豪，必舞文巧詆[125]；即下戶贏弱[126]，時口言[127]，雖文致法[128]，上財[129]察。於是往往釋湯所言。湯至於大吏[130]，內行修[131]也。通賓客[132]飲食。於故人子弟為吏及貧昆弟[133]，調護[134]之尤厚。其造請諸公，不避寒暑。是以湯雖文深意忌不專平[135]，然得此聲譽。而刻深吏多為爪牙用者，依於文學之士。丞相弘[136]數稱其美。及治淮南[137]、衡山[138]、江都[139]反獄，皆窮根本。嚴助及伍被[140]，上欲釋[141]之。湯爭曰：「伍被本畫[142]反謀，而助親幸出入禁闥爪牙臣[143]，乃[144]交私諸侯如此，弗誅，後不可治。」於是上可論之[145]。其治獄所排[146]大臣

---

[96] 拘：約束。守職：在職位之上。
[97] 毋：通「無」。
[98] 造：往。
[99] 文法：法令條文。輒：就。
[100] 覆案：再審案。
[101] 陰罪：尚未暴露的罪行。
[102] 舞智：玩弄聰明。
[103] 乾沒：白白吞沒別人的財物。此處指利用職權與商人合謀取利。
[104] 交私：偷偷往來。
[105] 陽：通「佯」。
[106] 是時：此時。上：天子，指漢武帝。方：正。鄉：同「向」，傾向。文學：指儒家學說。漢武帝崇尚孔子和孟子，罷黜百家，獨尊儒術。
[107] 大獄：大案件。
[108] 傅：附會。古義：指儒家經書上的說法。
[109] 治：研究。
[110] 亭：平判。此言遇到有疑問的法律條文，則請他們根據《尚書》和《春秋》的思想原則加以平斷，使其合於儒家的思想。
[111] 奏：進奏。讞：審理定案。
[112] 豫：通「預」。原：原委。
[113] 是：正確。
[114] 受：接受。著：記錄下來。決法：判案的法規。廷尉：此指以廷尉之名加以公佈。
[115] 絜令：刻在木板上的法令。

自為功，多此類。於是湯益尊任，遷為御史大夫。

會渾邪(147)等降，漢大興兵伐匈奴，山東水旱，貧民流徙，皆仰給縣官(148)，縣官空虛。於是丞上指(149)，請造白金及五銖錢(150)，籠天下鹽鐵，排(151)富商大賈，出告緡令(152)，鉏豪彊並兼之家，舞文巧詆以輔法。湯每朝奏事，語國家用，日晏(153)，天子忘食。丞相取充位(154)，天下事皆決於湯。百姓不安其生，騷動，縣官所興，未獲其利，姦吏並侵漁(155)，於是痛繩(156)以罪。則自公卿以下，至於庶人，咸指(157)湯。湯嘗病，天子至自視病，其隆貴(158)如此。

匈奴來請和親，群臣議上前。博士狄山曰：「和親便(159)。」上問其便，山曰：「兵者凶器，未易數動。高帝欲伐匈奴，大困平城(160)，乃遂結和親。孝惠、高后(161)時，天下安樂。及孝文帝欲事(162)匈奴，北邊蕭然苦兵(163)矣。孝景時，吳楚七國反，景帝往來兩宮間，寒心者數月。吳楚已破，竟景帝不言兵，天下富實。今自陛下舉兵擊匈奴，中國以空虛，邊民大困貧。由此觀之，不如和親。」上問湯，湯曰：「此愚儒，無知。」狄山曰：「臣固愚忠，若御史大夫湯乃詐忠。若湯之治淮南、江

---

(116) 譴：責備。
(117) 應謝：認錯謝罪。
(118) 上意：皇上的心意。便：便宜行事。
(119) 固：本來。
(120) 抵：至於。
(121) 釋：寬恕，赦免。
(122) 欲罪：想治罪。
(123) 予：給予。深禍者：指執法嚴酷的監史。
(124) 與：給予。輕平：指執法公平。
(125) 舞文：揮舞筆墨，玩弄法令條文。巧詆：用巧言詆毀，將人置於死地。
(126) 下戶：指平民百姓。羸弱：瘦弱。
(127) 口言：口頭上奏。
(128) 文致法：按法令衡量是否犯法。
(129) 財：通「裁」，判定。
(130) 大吏：大官。
(131) 內行修：自身品德的修養。
(132) 通賓客：與賓客交。
(133) 故人子弟：老朋友的子弟。昆弟：兄弟。
(134) 調護：照顧。
(135) 意忌：忌嫉。不專平：不純正公平。
(136) 弘：公孫弘。
(137) 淮南：指淮南王劉安。他曾聯絡許多人謀反。漢武帝元朔元年（西元前一二三年），丞相公孫弘「乃疑淮南有畔逆計謀，深窮治其獄。」後劉安自殺。但是「所連引與淮南王謀反列

都，以深文痛詆諸侯，別疏骨肉164，使蕃臣165不自安。臣固知湯之為詐忠。」於是上作色166曰：「吾使生居一郡，能無使虜入盜乎？」曰：「不能。」曰：「居一縣？」對曰：「不能。」復曰：「居一障167間？」山自度辯窮且下吏168，曰：「能。」於是上遣山乘鄣169。至月餘，匈奴斬山頭而去。自是以後，群臣震慴。

湯之客田甲，雖賈人170，有賢操。始湯為小吏時，與錢通171，及湯為大吏，甲所以責湯行義過失，亦有烈士172風。

湯為御史大夫七歲，敗。

河東人李文嘗與湯有卻173，已而174為御史中丞，恚175，數從中文書事有可以傷176湯者，不能為地177。湯有所愛史魯謁居，知湯不平，使人上蜚變告文姦178事，事下湯，湯治論179殺文，而湯心知謁居為之。上問曰：「言變事縱跡安起180？」湯詳181驚曰：「此殆文故人182怨之。」

謁居病臥閭里183主人，湯自往視疾，為謁居摩184足。趙國以冶鑄為業，王數訟185鐵官事，湯常排趙王186。趙王求湯陰事187。謁居嘗案188趙王，趙王怨之，並上書告：「湯，大臣也，

侯、二千石、豪桀數千人，皆以罪輕重受誅」。

138 衡山：指衡山王劉賜，淮南王劉安的弟弟，曾與其子謀反，漢武帝元狩年間，謀反事暴露後，自殺。

139 江都：指漢景帝孫江都王劉建。他極端荒淫無倫，在淮南、衡山謀反時，也曾「陰作兵器」，圖謀不軌。後事發自殺。

140 嚴助：即莊助，因與淮南王劉安有聯繫，被殺。伍被：任淮南中郎，與劉安共謀反叛中央之事，事發被殺。

141 釋：釋放。

142 晝：策劃。

143 禁闥：禁中，即皇帝居住之處。爪牙臣：護衛之臣。

144 乃：竟然。

145 可：贊成。論之：判莊助和伍被有罪。

146 排：排斥，打擊。

147 會：正趕上。渾邪：即渾邪王，匈奴單于手下的諸王之一，於武帝元狩二年（西元前一二一年）率領四萬多人投降漢朝。

148 仰給：依靠別人的供給生活。縣官：漢代稱官府爲縣官。

149 丞：通「承」，秉承，順從。上：天子。指：通「旨」，心意。

150 白金：銀子。五銖錢：漢代的一種錢幣，其重

史謁居有病，湯至為摩足，疑與為大奸。」事下廷尉。謁居病死，事連其弟，弟系導官189。湯亦治他囚導官，見謁居弟，欲陰為之，而詳不省190。謁居弟弗知，怨湯，使人上書告湯與謁居謀，共變告李文。事下減宣。宣嘗與湯有卻，及得此事，窮竟其事，未奏也。會人有盜發孝文園瘞錢191，丞相青翟朝，與湯約俱謝192，至前，湯念獨丞相以四時行193園，當謝，湯無與也，不謝。丞相謝，上使御史案其事。湯欲致其文丞相見知，丞相患之。三長史194皆害195湯，欲陷之。

始長史朱買臣，會稽人也。讀《春秋》。莊助使人言買臣，買臣以《楚辭》與助俱幸196，侍中197，為太中大夫，用事198；而湯乃為小吏，跪伏使199買臣等前。已而湯為廷尉，治淮南獄，排擠莊助，買臣固心望200。及湯為御史大夫，買臣以會稽守為主爵都尉，列於九卿。數年，坐法廢201，守202長史，見湯，湯坐床203上，丞史遇買臣弗為禮204。買臣楚士，深怨，常欲死之205。

王朝，齊人也。以術206至右內史。邊通，學長短207，剛暴彊人也，官再至濟南相。故皆居湯右208，已而失官，守長

量爲五銖。

151 排：排斥打擊。

152 告緡令：動員民眾交納稅收和揭發逃漏稅的法令。

153 日晏：傍晚。晏，晚。

154 丞相：指李蔡和莊青翟。充位：備丞相的空位。此指丞相清閒無事。

155 侵漁：侵奪漁利。

156 痛繩：徹底依法懲辦。

157 指：斥責。

158 隆貴：高貴。

159 便：有利。

160 大困平城：漢高帝曾親自率兵抗擊匈奴的侵擾，被匈奴圍困在平城東部的白登山上，七天後方解除困境，蒙受很大的損失。

161 孝惠：即漢惠帝劉盈。高后：即漢高祖后呂雉。

162 事：從事。指討伐匈奴。

163 蕭然：騷動的樣子。苦兵：被戰爭侵擾得困苦不堪。

164 別疏：分隔疏遠。骨肉：指有血緣關係的親人，如父子、兄弟等。這裡指漢諸侯王同中央的關係。

165 蕃臣：通「藩臣」，指諸侯王。

166 作色：臉色改變。

167 障：邊塞禦敵的小城堡。

史，詘體209於湯。湯數行210丞相事，知此三長史素貴，常凌折211之。以故三長史合謀曰：「始湯約與君謝，已而賣君；今欲劾212君以宗廟事，此欲代君耳。吾知湯陰事。」使吏捕案湯左213田信等，曰湯且欲奏請，信輒先知之，居214物致富，與湯分之，及他奸事。事辭215頗聞。上問湯曰：「吾所為，賈人輒先知之，益居216其物，是類有以吾謀告之者。」湯不謝。湯又詳驚曰：「固宜有。」減宣亦奏謁居等事。天子果以湯懷詐面欺，使使八輩簿217責湯。湯具自道無此，不服。於是上使趙禹責湯。禹至，讓218湯曰：「君何不知分219也。君所治夷滅者幾何220人矣？今人言君皆有狀221，天子重致222君獄，欲令君自為計223，何多以對簿為？」湯乃為書謝曰：「湯無尺寸功，起刀筆吏，陛下幸致為三公，無以塞責。然謀陷湯罪者，三長史也。」遂自殺。

湯死，家產直224不過五百金，皆所得奉賜，無他業。昆弟諸子欲厚葬湯，湯母曰：「湯為天子大臣，被汙惡言而死，何厚葬乎！」載以牛車，有棺無槨225。天子聞之，曰：「非此母不能生此子。」乃盡案誅226三長史。丞相青翟自殺。出227田

---

168 度：思考。辯窮：辯論得無話可說，意謂辯論失敗。且：將。下吏：交給司法官吏判罪。

169 乘鄣：保衛禦敵的小城堡。鄣，通「障」。乘，登。

170 賈人：商人。

171 錢通：以錢財相交。

172 烈士：有志於功業又講求信義的人。

173 郤：通「隙」，間隙。此指怨恨，隔閡。

174 已而：後來。

175 恚：怨恨。

176 數：屢次。中：指禁宮之中。文書：指官府的公文檔案材料。傷：中傷。

177 不能爲地：不留餘地，加以利用。

178 蜚：同「飛」，飛語，流言。變告：因事緊急，不按常規，越級匿名上告。奸：壞事。

179 論：論罪判決。

180 安起：從何而起。

181 詳：通「佯」，假裝。

182 殆：恐怕，大概。故人：從前的熟人。

183 閭里：鄉里，同鄉。

184 摩：按摩。

185 數：屢次。訟：打官司。

186 趙王：即景帝之子、武帝之兄劉彭祖，被封爲趙王。他經常與中央所派來，主管趙國鐵器鑄造的官員發生爭執。

187 陰事：秘事。此指暗中犯法的事。

信。上惜湯。稍遷228其子安世。

趙禹中廢229，已而為廷尉。始條侯以為禹賊深，弗任。及禹為少府，比230九卿。禹酷急，至晚節231，事益多，吏務為嚴峻，而禹治加緩，而名為平232。王溫舒等後起，治酷於禹。禹以老，徙為燕相。數歲，亂悖有罪，免歸。後湯十餘年，以壽233卒於家。

（六）義縱

義縱者，河東人也。為少年時，嘗與張次公俱攻剽234為群盜。縱有姊姁，以醫幸王太后235。王太后問：「有子兄弟為官者乎？」姊曰：「有弟無行236，不可。」太后乃告上，拜義姁弟縱為中郎，補上黨郡中令。治敢行237，少蘊藉238，縣無逋239事，舉240為第一。遷為長陵及長安令，直法行治，不避貴戚。以捕案太后外孫修成君子仲241，上以為能，遷為河內都尉。至則族滅其豪穰氏之屬242，河內道不拾遺。而張次公亦為郎，以勇悍從軍，敢深入，有功，為岸頭侯。

寧成家居，上欲以為郡守。御史大夫弘曰：「臣居山東為

---

188 案：通「按」，檢舉。
189 系：拘禁。導官：漢代少府屬下的糧穀加工之處，是待審罪犯的暫時囚禁之所。
190 省：察看，檢查。
191 孝文園：即霸陵，漢文帝的陵墓。瘞錢：埋在陵墓四角的陪葬錢。瘞，埋。
192 約：商定。俱謝：同去謝罪。
193 四時：四季。行：巡視。
194 長史：掌管有關官署日常事務的官。當時三公皆有長史之官，故曰「三長史」。
195 害：忌恨。
196 幸：受寵，被重用。
197 待中：在宮中侍奉皇帝。
198 用事：管理此事。
199 使：聽候差遣。
200 固：本來。望：怨恨。
201 坐法：犯法。廢：免官。
202 守：暫時代理。
203 牀：日常所坐的凳子。
204 丞史：丞與史。此指張湯的佐官和屬官。遇：待。弗爲禮：不禮貌。
205 死之：把他（張湯）置於死地。
206 以：憑。術：指儒家經術。
207 短長：指戰國縱橫家的思想。
208 居：在。右：漢代以右爲尊貴之位，比較官位的高低也用左右分別，右者官位較高，左者官

小吏時，寧成為濟南都尉，其治如狼牧羊[243]。成不可使治民。」上乃拜成為關都尉。歲餘，關東吏隸[244]郡國出入關者，號曰「寧見乳虎[245]，無值寧成之怒」。義縱自河內遷為南陽太守，聞寧成家居南陽，及縱至關，寧成側行送迎[246]，然縱氣盛，弗為禮。至郡，遂案寧氏，盡破碎[247]其家。成坐有罪，及孔、暴之屬皆奔亡[248]，南陽吏民重足一跡[249]。而平氏朱彊、杜衍杜周為縱牙爪之吏，任用，遷為廷史。軍數出定襄，定襄吏民亂敗，於是徙縱為定襄太守。縱至，掩[250]定襄獄中重罪輕系二百餘人，及賓客昆弟私入相視[251]亦二百餘人。縱一[252]捕鞠，曰「為死罪解脫」。是日皆報殺四百餘人。其後郡中不寒而栗[253]，猾民佐吏為治。

是時趙禹、張湯以深刻為九卿矣，然其治尚寬，輔法而行，而縱以鷹擊毛摯為治。後會五銖錢白金起，民為奸，京師[254]尤甚，乃以縱為右內史，王溫舒為中尉。溫舒至惡，其所為不先言縱，縱必以氣凌之，敗壞其功。其治，所誅殺甚多，然取[255]為小治，奸益不勝，直指[256]始出矣。吏之治以斬殺縛束為務，閻奉以惡用矣。縱廉，其治放[257]郅都。上幸鼎湖，病久，

位較低。

209 詘體：指跪伏於地，拜見長官。詘，通「屈」。
210 行：兼任職務，代理官職。
211 凌折：欺凌而使其折服。
212 劾：彈劾。
213 案：審理。左：通「佐」，此指知情的證人。
214 居：囤積。
215 事辭：有關事情的供辭。
216 益居：囤積更多地貨物。
217 八輩：八批。簿：記錄本。
218 讓：責備。
219 分：情況。
220 幾何：多少。
221 狀：具體情況，即證據。
222 重致：難以處理。
223 自爲計：自殺。
224 直：通「值」。
225 槨：外棺。
226 案誅：審理，誅殺。
227 出：釋放。
228 稍：漸漸。遷：升官。
229 中廢：中途罷官。
230 比：並列。
231 晚節：晚年。
232 平：平和。
233 壽：壽終，老死。

已而卒258起幸甘泉，道多不治。上怒曰：「縱以我為不復行此道乎？」嗛259之。至冬，楊可方受260告緡，縱以為此亂民，部吏捕其為261可使者。天子聞，使杜式治，以為廢格沮事262，棄縱市。後一歲，張湯亦死。

（七）王溫舒

王溫舒者，陽陵人也。少時椎埋263為奸。已而試264補縣亭長，數廢。為吏，以治獄至廷史。事張湯，遷為御史。督盜賊，殺傷甚多，稍265遷至廣平都尉。擇郡中豪敢任吏十餘人，以為爪牙，皆把266其陰重罪，而縱使267督盜賊，快其意所欲得。此人雖有百罪，弗法；即有避268，因其事夷269之，亦滅宗。以其故齊趙之郊盜賊不敢近廣平，廣平聲270為道不拾遺。上聞，遷為河內太守。

素居廣平時，皆知河內豪奸之家，及往，九月而至。令郡具私馬271五十匹，為驛272自河內至長安，部吏如居廣平時方略273，捕郡中豪猾，郡中豪猾相連坐千餘家。上書請274，大者至族，小者乃死，家盡沒入償臧275。奏276行不過二三日，得可事

---

234 攻剽：搶奪。
235 王太后：指漢武帝的母親。
236 無行：沒有好品行。
237 敢行：嚴酷。
238 蘊藉：寬和有涵養。
239 逋：逃亡。
240 舉：推舉。
241 捕案：逮捕審訊。修成君子仲：武帝母與前夫金王孫所生女被封爲修成君，仲乃修成君之子，他仗恃外戚的地位「横於京城」。
242 穰氏之屬：穰氏一類的豪強之人，穰姓之族爲當地的豪強勢力。
243 如狼牧羊：比喻爲政凶狠險惡。
244 吏：指郡國官員。隸：察看。
245 乳虎：正在哺育幼虎的母虎。。
246 側行：在旁邊隨行。側行送迎，極言寧成的謙恭態度。
247 破碎：誅滅。
248 孔、暴：南陽的兩個大姓家族。奔亡：逃亡。
249 重足：疊腳而行。一跡：一個腳印，極言南陽人的謹慎恐懼。
250 掩：取。此指捕抓犯人。
251 相視：探監。
252 一：全部。
253 栗：通「慄」。
254 京師：京城，指長安。

[277]。論報，至流血十餘里。河內皆怪其奏，以為神速。盡十二月，郡中毋聲，毋敢夜行，野無犬吠之盜[278]。其頗[279]不得，失[280]之旁郡國，黎來[281]，會春[282]，溫舒頓足嘆曰：「嗟乎，令[283]冬月益展一月，足吾事矣！」其好殺伐行威不愛人如此。天子聞之，以為能，遷為中尉。其治復放[284]河內，徙諸名禍猾吏與從事[285]，河內則楊皆、麻戊，關中楊贛、成信等。義縱為內史，憚未敢恣治[286]。及縱死，張湯敗後，徙為廷尉，而尹齊為中尉。

尹齊者，東郡茌平人。以刀筆稍遷至御史。事張湯，張湯數稱[287]以為廉武，使督盜賊，所斬伐不避貴戚。遷為關內都尉，聲甚於寧成。上以為能，遷為中尉，吏民益凋敝。尹齊木彊少文[288]，豪惡吏伏匿[289]而善吏不能為治，以故事多廢，抵罪[290]。上復徙溫舒為中尉，而楊僕以嚴酷為主爵都尉。

楊僕者，宜陽人也。以千夫[291]為吏。河南守案舉以為能，遷為御史，使督盜賊關東。治放尹齊，以為敢摯[292]行。稍遷至主爵都尉，列九卿。天子以為能。南越反[293]，拜為樓船將軍，有功，封將梁侯。為荀彘所縛[294]。居久之，病死。

而溫舒復為中尉。為人少文，居廷惛惛[295]不辯，至於中尉

---

[255] 取：通「趣」，急促。
[256] 直指：官名，由天子派到地方辦理案件，具有捕殺二千石高官的大權。
[257] 放：通「仿」，效法。
[258] 已：止，此指病癒。卒：通「猝」，突然。
[259] 嗛：含恨。
[260] 方：正。受：受理。
[261] 部：部署。爲：替。
[262] 廢格：廢棄敬君之禮。格，通「恪」，敬。義縱捕楊可之吏，即是違抗天子的詔命，犯不敬之罪。沮事：破壞天子下令要做的事（告緡）。
[263] 椎埋：盜墓。
[264] 試：任用。
[265] 稍：逐漸。
[266] 把：把柄。
[267] 縱使：驅使。
[268] 即：若。避：躲避。
[269] 因：根據。其事：指過去所犯的罪。夷：殺。
[270] 聲：名聲。
[271] 私馬：私人的馬。
[272] 驛：驛站。傳送公文和官員往來換馬暫歇之處，驛站是由政府規定而設的。王溫舒因自行設驛，故用私馬。
[273] 部吏：部署官吏。如：同。方略：策略。
[274] 請：報告天子。

則心開。督盜賊，素習關中俗，知豪惡吏，豪惡吏盡復為用，為方略。吏苛察，盜賊惡少年投缿[296]購告言奸，置伯格長以牧司奸[297]盜賊。溫舒為人諂善事有埶者；即無埶者，視之如奴。有埶家，雖有奸如山，弗犯；無埶者，貴戚必侵辱。舞文巧詆下戶之猾，以焄[298]大豪。其治中尉如此。奸猾窮治，大抵盡靡爛[299]獄中，行論無出者。其爪牙吏虎而冠。於是中尉部中中猾以下皆伏，有勢者為游[300]聲譽，稱治。治數歲，其吏多以權富。

溫舒擊東越[301]還，議有不中意者，坐小法抵罪免。是時天子方欲作通天臺[302]而未有人，溫舒請覆中尉脫卒[303]，得數萬人作。上說[304]，拜為少府。徙為右內史，治如其故，奸邪少禁。坐法失官。復為右輔，行中尉事。如故操[305]。

歲餘，會宛軍[306]發，詔徵豪吏，溫舒匿其吏華成，及人有變告溫舒受員騎[307]錢，他奸利事，罪至族，自殺。其時兩弟及兩婚家[308]亦各自坐他罪而族。光祿徐自為曰：「悲夫，夫古有三族[309]，而王溫舒罪至同時而五族[310]乎！」

溫舒死，家直累千金[311]。後數歲，尹齊亦以淮陽都尉病死，家直不滿五十金。所誅滅淮陽甚多，及死，仇家欲燒其

---

275 償臧：償還過去所得的贓物。臧，通「贓」。
276 奏：報告天子的奏章。
277 可事：可以執行。即皇帝同意王溫舒的做法。
278 犬吠之盜：引得狗叫的盜竊事件。
279 頗：少數。
280 失：通「逸」，逃亡。
281 黎來：追捕抓來。
282 會春：正好春天到了。按漢法，春天不執行死刑，死刑犯必在十二月底前殺死。
283 令：使。
284 放：仿效。
285 從：調。名禍：著名的禍害，此指劊子手。從事：和他一起做事。
286 憚：怕。恣治：放縱地施用嚴酷之刑，加以治理。
287 數稱：經常稱讚。
288 木彊：指處事死板。文：指不講求禮儀。
289 伏匿：隱蔽躲藏。
290 抵罪：被判罪。
291 千夫：武官職銜號。
292 摯：通「鷙」。
293 南越反：武帝時，南越丞相呂嘉造反，元鼎六年（西元前一一一年）派兵滅南越，將其地設爲九郡。
294 楊僕同左將軍荀彘在武帝元封三年（西元前一〇八年）共同征伐朝鮮，因作戰不利和爭功，

尸，尸亡去歸葬。

自溫舒等以惡[312]為治，而郡守、都尉、諸侯二千石[313]欲為治者，其治大抵盡放溫舒，而吏民益輕犯法，盜賊滋起[314]。南陽有梅免、白政，楚有殷中、杜少，齊有徐勃，燕趙之間有堅盧、范生之屬。大群至數千人，擅自號，攻城邑，取庫兵，釋死罪，縛辱郡太守、都尉，殺二千石，為檄告縣趣具食[315]；小群以百數，掠鹵[316]鄉里者，不可勝數也。於是天子始使御史中丞、丞相長史督之。猶弗能禁也，乃使光祿大夫范昆、諸輔都尉及故[317]九卿張德等衣繡衣，持節[318]，虎符[319]發兵以興擊，斬首大部或至萬餘級，及以法誅通飲食，坐連諸郡，甚者數千人。數歲，乃頗得其渠率[320]。散卒失亡，復聚黨阻山川者，往往而群居，無可奈何。於是作「沈命法[321]」，曰群盜起不發覺，發覺而捕弗滿品[322]者，二千石以下至小吏主[323]者皆死。其後小吏畏誅，雖有盜不敢發[324]，恐不能得，坐課累府[325]，府亦使其不言。故盜賊寖[326]多，上下相為匿，以文辭[327]避法焉。

被荀彘所縛。荀彘因爭功而遭判處棄市，楊僕回國後，因罪免爲平民百姓。

295 居廷：在朝中做事。惛惛：昏聵糊塗的樣子。

296 缿：古代接受告密文書的器具。其形狀像長頸之瓶，小孔，物可入而不可出。

297 置：設置。伯格長：指在田野街道到處設置督察之人。伯格，通「陌落」，街道和村落。牧司：通「牧伺」，督察。

298 焄：同「熏」，以火煙熏炙。此指脅迫。

299 大抵：大都。靡爛：犯人受皮肉之刑，皮開肉綻，以致糜爛。靡，通「糜」。

300 遊：宣揚。

301 東越：漢武帝元鼎六年（西元前一一一年），東越王余善謀反，漢派大軍平滅東越。王溫舒以中尉身份率兵出梅嶺擊東越。

302 通天臺：臺名，其高五十丈，建於甘泉宮中。

303 覆：考核。脫卒：逃兵。

304 說：同「悅」。

305 故操：從前的做法。

306 宛軍：指討伐大宛的軍隊。漢武帝太初元年（西元前一〇四年），發兵攻大宛。

307 員騎：正額騎士，在籍騎兵。

308 婚家：有婚姻關係的家族。

309 三族：指父母、兄弟、妻子。

310 五族：指王溫舒事累及兩婚家。

311 直：通「值」。累：積累。金：漢代規定黃金

（八）減宣

減宣者，楊人也。以佐史無害給事[328]河東守府。衛將軍青使買馬河東，見宣無害，言上[329]，徵為大廄丞。官事辨[330]，稍遷至御史及中丞。使治主父偃[331]及治淮南反獄，所以微文深詆，殺者甚眾，稱為敢決疑。數廢數起，為御史及中丞者幾二十歲。王溫舒免中尉，而宣為左內史。其治米鹽[332]，事大小皆關[333]其手，自部署縣名曹實物[334]，官吏令丞不得擅搖，痛以重法繩[335]之。居官數年，一切郡中為小治辨，然獨宣以小致大，能因力行之，難以為經。中廢。為右扶風，坐[336]怨成信，信亡藏上林中，宣使郿令格殺信，吏卒格信時，射中上林苑門，宣下吏詆罪，以為大逆，當[337]族，自殺。而杜周任用。

（九）杜周

杜周者，南陽杜衍人。義縱為南陽守，以為爪牙，舉為廷尉史。事張湯，湯數言其無害，至御史。使案邊失亡，所論殺甚眾。奏事中上意，任用，與減宣相編，更為中丞十餘歲。

其治與宣相放，然重遲，外寬，內深次骨。宣為左內史，

一斤爲一金。

[312] 惡：指嚴法酷刑。

[313] 諸侯二千石：指諸侯王國中俸祿爲二千石的官員們。

[314] 滋起：出現得更多。

[315] 檄：文體名，主要用於聲討、曉諭一類的內容。趣：通「促」，催促。具食：準備糧食。

[316] 鹵：通「擄」，搶掠。

[317] 故：原來的。

[318] 節：使者所持的信物。

[319] 虎符：古代君王授予兵權或調遣軍隊的信物。一般多用銅製成虎形，中分爲二，一半留在朝廷，一半交給受命的將軍。調兵時則須兩半虎符相合，君命方能生效。

[320] 渠率：通「渠帥」，首領。

[321] 沈命法：隱藏亡命者而被論罪的法令。沈，同「沉」，藏匿。命，亡命。

[322] 滿品：達到規定的數量和程度。

[323] 主：主持其事的人。

[324] 發：報告。

[325] 坐課：犯法被判刑。累：連累。府：郡府。

[326] 寖：同「浸」，更加。

[327] 文辭：此指虛假不實的文字材料。

[328] 給事：供職。

[329] 言上：指向皇上推薦。

[330] 辨：通「平」，公。

周為廷尉，其治大放張湯而善候伺。上所欲擠者，因而陷之；上所欲釋者，久系待問而微見[338]其冤狀。客有讓周曰：「君為天子決平[339]，不循三尺法[340]，專以人主意指為獄。獄者固如是乎？」周曰：「三尺安出哉？前主所是著為律，後主所是疏[341]為令，當時為是，何古之法[342]乎！」

至周為廷尉，詔獄亦益多矣。二千石系者新故相因，不減百餘人。郡吏大府舉之廷尉，一歲至千餘章[343]。章大者連逮證案數百，小者數十人；遠者數千，近者數百里。會獄，吏因責如章告劾，不服，以笞掠定之。於是聞有逮皆亡匿。獄久者至更數赦十有餘歲而相告言，大抵盡詆以不道以上。廷尉及中都官詔獄逮至六七萬人，吏所增加十萬餘人。

周中廢，後為執金吾，逐盜，捕治桑弘羊、衛皇后昆弟子刻深，天子以為盡力無私，遷為御史大夫。家兩子，夾河為守。其治暴酷皆甚於王溫舒等矣。杜周初徵為廷史，有一馬，且不全[344]；及身久任事，至三公列，子孫尊官，家訾累數巨萬[345]矣。

---

331 在主父偃任齊國國相時，曾告發齊厲王和姐姐通姦。齊厲王因此畏罪自殺，國除。另一位諸侯王趙王出於自己的利益，在主父偃任齊相出關時，使人上告主父偃逼死齊厲王以及接受諸侯賄金。

332 治米鹽：管理米和鹽的小事。

333 關：經過。

334 部署：猶言「安排」。曹：具體的辦事部門。實物：財產器物。

335 痛：甚至。繩：制裁。

336 坐：因爲。

337 當：判罪。

338 微見：暗中顯露。見，同「現」。

339 決平：公平判案。

340 循：遵照。三尺法：法律寫在三尺長的竹簡上，故以三尺法代稱法律。

341 疏：分條記載。

342 法：效法。

343 章：奏章。

344 全：指配備不完好。

345 訾：通「貲」。錢財。

（一）郅都

郅都是楊縣人，以郎官的身份服事孝文帝。景帝時，郅都當了中郎將，他敢於向朝廷直言進諫，在朝廷上使人當面折服。他曾經跟隨天子到上林苑，有一次，賈姬到廁所去，野豬突然闖進廁所。皇上用眼神示意郅都行動，但郅都不肯。於是皇上想親自拿著武器去救賈姬，這時，郅都跪在皇上面前說：「失去一個姬妾，還會有另一個姬妾進宮，天下難道還會缺少像賈姬這樣的人嗎？陛下如此看輕自己，那祖廟和太后該怎麼辦呢？」於是皇上便掉頭離開，後來野豬也離開了。太后聽說這件事後，賞賜郅都黃金百斤，從此更加重視郅都。

濟南姓瞯的宗族共有三百多家，強橫狡猾，因為濟南太守拿他們沒辦法，於是漢景帝就任命郅都擔任濟南太守。郅都到濟南郡所時，就把瞯氏家族首惡分子的全家都殺了，其餘瞯姓的人都嚇得大腿發抖。一年多後，濟南郡路不拾遺。而周圍十多個郡的郡守畏懼郅都就像畏懼上級官府一樣。

郅都為人勇敢，力大無窮，公正廉潔，不翻閱私人求情的信，也不接受送禮，私人的請託他從不會聽從。他常常說：「自己已經背離父母來當官，就應當在官位上奉公盡職，保持節操而死，一生終究沒辦法顧念到妻子兒女。」

郅都調升中尉之官，丞相周亞夫官職最高又傲慢，而郅都見到他也只有作揖而已，從不跪拜。這時，百姓質樸，懼怕犯罪，都守法自重。而郅都施行嚴酷的刑法，執法不畏避權貴和皇親，連列侯和皇族之人見到他，都要側目而視，稱呼他為「蒼鷹」。

臨江王被召到中尉府受審問，他想要一套書寫工具，寫信給皇上以表示謝罪，郅都卻告訴官吏不許給他書寫工具。於是魏其侯派人暗中給臨江王送去書寫工具，臨江王寫完給皇上謝罪的信後，就自殺了。竇太后聽到這個消息，非常生氣，就中傷郅都，致使郅都被免官歸家。漢景帝隨即派使者拿著符節任命郅都為雁門太守，並讓他直接取道上路，前往雁門上任，並根據雁門實際的情況獨立處理政事。匈奴人一向聽說郅都有操節，得知由他守衛邊境，匈奴人便馬上領兵離開漢朝邊境，直到郅都死去時，都一直不敢靠近雁門。匈奴甚至做了像郅都模樣的木偶人，讓騎兵們奔跑射擊，但都沒有人能射中，甚至害怕郅都到如此的程度。匈奴人以郅都為禍患。竇太后最後竟以漢朝法律彈劾郅都，景帝說：「郅都是忠臣。」想要釋放他。但竇太后說：「臨江王難道就不是忠臣嗎？」終究殺了郅都。

（二）寧成

寧成是穰縣人，擔任侍衛隨從之官服事漢景帝。他為人好勝，做別人的小官時，一定要欺凌他的長官；做別人的長官時，控制下屬就像捆綁濕柴一樣隨便。他狡猾兇殘，任性使威，卻逐漸升官，當上濟南都尉。這時郅都是濟南太守，在此之前的幾個都尉都是步行走入太守府，通過下級官吏傳達，然後晉見太守，就像縣令晉見太守一樣，他們都十分畏懼郅都。等到寧成前來，卻直接越過郅都，走到他的上位。郅都聽說過他的名聲，於是對他很好，同他結成好友。很久之後，郅都死去了，長安附近很多皇族中的人，開始兇暴犯法，於是皇上召來寧成擔任中尉。他的治理辦法仿效郅都，雖然他的廉潔不如郅都，但是皇族豪強人人都恐懼不已。

漢武帝即位，寧成改任為內史。外戚們多誹謗寧成的缺點，最後他被依法叛處剃髮和以鐵縛脖子的刑罰。這時的九卿如果犯罪，該處死的就處死，很少遭受一般刑罰，而寧成卻遭受極重的刑罰。於是他認為朝廷不會再任用他當官，就解脫刑具，私刻假的有關文件，出了函谷關回到家中。他揚言說；「如果當官做不到二千石一級的高官，經商掙不到一千萬貫錢，還可以拿來和別人相提並論嗎？」於是他借錢買了一千多頃可灌溉的土地，出租給貧苦的百姓。當時，替他種地受奴役的有幾千家。幾年以後，遇上大赦。此時，他已有幾千斤黃金的家產，專好打抱不平，掌握官吏們的短處，出門時有幾十個騎馬的人跟隨其後，能夠驅使的百姓比郡守還多。

（三）周陽由

周陽由，他父親趙兼以淮南王劉長舅父的身份，被封為周陽侯，所以姓周陽。周陽由因為是外戚而被任命為郎官，服事孝文帝和孝景帝。景帝時，周陽由擔任郎官。漢武帝即位後，官員處理政事，崇尚遵循法度，謹慎行事，然而周陽由在二千石一級的官員中，是最暴虐殘酷、驕傲放縱的人。他所喜愛的人，就算犯了死罪，他也會想辦法曲解法律使那人活下來；他所憎惡的人，他便會歪曲法令把他殺死。他在哪個郡當官，就一定會消滅那個郡的豪門。他當郡太守時，把都尉視同縣令一般。他當都尉，必定欺凌太守，侵奪他的權力。他和汲黯都屬於強狠之人，並有善用法令條文害人的司馬安，都身居二千石官員的行列，但汲黯與司馬安若與周陽由同車，都不敢和周陽由均分坐墊與同伏車欄。

周陽由後來當了河東郡的都尉，經常同郡太守勝屠公爭權，互相告狀，結果勝公被判決有罪。但他堅持道義，不肯接受刑罰而自殺，周陽由因此被處以棄市之刑。

從寧成、周陽由之後，政事更加繁雜，百姓多用巧詐的手段對付法律，而大部份的官吏治理政事都像寧成和周陽由一樣殘酷暴虐。

（四）趙禹

趙禹是斄縣人，以佐史的身份補任京城官府的官員，因為廉潔升為令史，服事周亞夫。周亞夫當丞相時，趙禹當丞相史，丞相府中的人都稱讚他廉潔公平。但周亞夫卻不重用他，他說：「我知道趙禹有傑出無比的才幹，但他執法深重嚴酷，因此不能在大的官府當官。」武帝時期，趙禹因為從事文書工作而累積功勞，逐漸升為御史。皇上認為他能幹，又升他為太史大夫。他和張湯共同制定各種法令，製作「見知法」，讓官吏互相監視，相互檢舉。漢朝法律後來越來越嚴厲，大概就是從這時開始的。

（五）張湯

張湯是杜縣人。他父親擔任長安縣丞。有一次他父親出門，就讓當時還是個小孩的張湯在家看門，父親回家後，看到肉被老鼠偷了，就對張湯發怒，用鞭子打他。張湯掘開鼠洞，找到偷肉的老鼠和沒吃完的肉，就舉告老鼠的罪行，並加以拷打審問，記錄審問過程，反復審問，把判決的罪狀報告上級，並且把老鼠和剩肉取來，當堂最後定案，把老鼠分屍處死。他父親看到這情景，又看到那就像老練的法官所寫的判決辭，非常驚訝，於是就讓他學習斷案的文書。父親死後，張湯就擔任長安的官員，很長一段時間。

周陽侯田勝開始做九卿之官時，曾經被拘禁在長安，張湯盡其全力加以保護。待田勝出獄封侯後，與張湯密切交往，並把當朝權貴一一介紹給張湯，讓張湯與他們相識。張湯在內史任職時，做寧成的屬官。因為張湯才華洋溢，寧成就向上級官府推薦，將他調升為茂陵尉，主持陵墓興建工程。

武安侯田蚡當丞相後，徵召張湯做內史，經常向天子推薦他，張湯於是被任命為御史，處理案件。他主持處理陳皇后巫蠱案件時，因為深入追究同黨，讓漢武帝認為他有辦事能力，於是逐步提拔他當太中大夫。他與趙禹一起制定各種法律條文，務求苛刻嚴峻，約束在職的官吏。不久，趙禹升為中尉又改任少府，而張湯當上廷尉，兩人結交為好友，張湯以對待兄長的禮節對待趙禹。趙禹為人廉潔傲慢，當官以來，家中沒有食客。三公九卿前來拜訪時，趙禹也始終不回訪答謝，務求斷絕與知心朋友和賓客的來往，一心一意地處理自己的公務。他看到法令條文就取來，也不複查，以求追究從屬官員隱秘的罪過為目的。張湯為人多詐，善施智謀控制別人。他一開始當小官時，就喜歡以權自謀私利，曾與長安富商田甲、魚翁叔之流勾結。擔任九卿之官後，便結交天下名士大夫，雖然自己內心與他們不合，但表面卻裝出仰慕他們的樣子。

這時，漢武帝正心向儒家學說，張湯判決大案時，也想附會儒家觀點，因此就請博士弟子們研究《尚書》、《春秋》，他擔任廷尉史時，就請他們評判法律的可疑之處。每次上報判決的疑難案件，都預先幫皇上分析事情的原委，皇上認為對的，就接受並記錄下來，作為判案的法規，以廷尉的名義加以公佈，頌揚皇上的聖明。如果奏事遭到譴責，張湯就認錯謝罪，順著皇上的心意，並且一定會稱讚正、左右監和賢能的屬吏，說：「他們本來向我提議過，就像皇上責備我的那樣。但是我卻沒有採納，我竟然愚蠢到這種地步。」因此，他的罪常被皇上寬恕不究。他有時向皇上呈上奏章，皇上認為好，他就說：「我不知道這份奏章，這應該是正、左右監、掾史中某某人寫的。」他想推薦官吏，表揚人家的好處，掩蔽別人的過失時，常常這樣做。他所處理的案件中，如果有皇上想要加罪的，他就交給執法嚴酷的監史去辦理；有皇上想寬恕的，他就交給執法輕而公平的監史去辦理。他所處理的如果是豪強，則一定會運用法律條文，巧妙地進行誣陷。如果是平民百姓和瘦弱的人，則常常先口頭向皇上陳述，雖然按法律條文應當判刑，但請皇上明察裁定。於是，皇上往往會寬釋張湯所說的人。張湯雖然做了大官，但自身修養很好。常常與賓客交往，與他們喝酒吃飯，對於是老朋友當官的子弟以及貧窮的兄弟們，都寬厚地照顧，也不避寒暑地拜問三公。所以，張湯雖然執法嚴酷，內心嫉妒，處事不純正公平，卻得到好名聲。那些執法酷烈刻毒的官吏都被他用為屬吏，又都依從於儒學之士。丞相公孫弘屢次稱讚他的美德。他處理淮南王、衡山王、江都王謀反的案件時，都能窮追到底。皇上本想寬恕嚴助和伍被，張湯卻爭辯說：「伍被本就是策劃謀反的人。而嚴助是皇上親近寵幸的人，是出入宮廷禁門的護衛之臣，竟然私交諸侯，如果不殺了他，以後皇上就無法管理眾臣了。」於是，皇上就同意對他們的判決。他多半如此處理案子、打擊大臣，並且邀功。最後，張湯更加受到尊寵和信任，升為御史大夫。

當時正巧遇上匈奴渾邪王等人投降漢朝，漢朝出動大軍討伐匈奴，山東又遇到水災和乾旱的災害，貧苦百姓流離失所，都依靠政府供應衣食，政府因此倉庫空虛。於是張湯按皇上旨意，鑄造銀錢和五銖錢，壟斷天下的鹽鐵經營權，打擊富商大賈，發佈告緡令，剷除豪強兼併的勢力，操弄法律條文巧言誣陷，以輔助法律的推行。張湯每次上朝奏事，談論國家的財用情況，都一直談到傍晚，使天子也忘記吃飯的時間。丞相因而無事可做，只能空佔相位，天下的事情都取決於張湯。致使百姓不能安心生活，騷動不寧，政府興辦的事，得不到利益，而奸官污吏趁機侵奪盜竊，張湯於是更加以法懲辦。從三公九卿以下，直到平民百姓，都指責張湯。張湯有一次生病時，天子親自前去看望他，他的地位竟然高到如此地步。

匈奴來漢朝請求和親，群臣都到天子面前議論此事。博士狄山說：「和親有利。」皇上問他有利在哪裡？狄山說：「武器是凶險的東西，不可屢次動用。高帝想討伐匈奴，卻被圍在平城，於是就和匈奴結成和親之好。孝惠、高后時期，天下安定快樂。直到孝文帝時，想征討匈奴，卻造成北方騷亂不安、百姓苦於戰爭。孝景帝時，吳、楚七國叛亂，景帝往來於未央宮和長樂宮之間，憂心了好幾個月，吳、楚七國叛亂平定後，直到景帝去世，都沒有人敢再談論戰爭，天下卻富裕殷實。如今自從陛下發兵攻打匈奴以來，國內財用空虛，邊境百姓極為困苦。由此可見，用兵不如和親。」皇上又問張湯，張湯說：「這是愚蠢的儒生，無知。」狄山說：「我固然是愚忠，但像御史大夫張湯卻是詐忠。像張湯處理淮南王和江都王的案子，用嚴酷的刑法，放肆地詆毀諸侯，離間骨肉之親，使各封國之臣自感不安。我從前就知道張湯是詐忠。」皇上馬上變了臉色，問：「我派你駐守一個郡，你能不讓匈奴進京搶掠嗎？」狄山說：「不能。」皇上說：「那駐守一個縣呢？」狄山回答說：「不能。」皇上又說：「駐守一個邊境城堡呢？」狄山想到，如果最後辯論到無話回答，皇上就會把自己交給法官治罪，因此說：「能。」於是皇上就派遣狄山登上邊塞城堡。一個多月後，匈奴斬下狄山的頭就離開了。從此以後，群臣都處於震驚恐懼之中。

張湯的門客田甲雖是商人，卻有賢良的品行。張湯小官時，他與張湯以錢財交往，等到張湯當了大官，他就責備張湯品德道義方面的過錯，很有忠義之士的風度。

張湯當了七年的御史大夫後，還是失敗了。

河東人李文曾經與張湯有嫌隙，他當上御史中丞時，因為心中怨恨張湯，就屢次從宮中文書裡尋找可以用來中傷張湯的資料，從來不留餘地。張湯有個喜愛的下屬叫魯謁居，他知道張湯對此心中不平，就讓人以流言向皇上密告李文所做的壞事，而這事皇帝正好交給張湯處理，張湯就判決李文死罪，將他殺了，他心知肚明此事是魯謁居做的。皇上問道：「匿名上告李文的事是怎麼發生的呢？」張湯假裝驚訝地說：「這大概是李文的老朋友怨恨他吧！」後來魯謁居病倒在同鄉主人的家中，張湯親自去看望他的病情，並替魯謁居按摩腳。趙國人以冶煉鑄造為職業，趙王劉彭祖屢次從朝廷派來主管鑄鐵的官員打官司，張湯常常打擊趙王。趙王於是開始尋找張湯暗中所做的犯法之事。魯謁居曾經檢舉過趙王，趙王也很怨恨他，於是就上告他們二人，說：「張湯是大臣，其屬官魯謁居有病，張湯竟然替他按摩腳，我懷疑他們兩人必定一起做了壞事。」於是事情交給廷尉處理，魯謁居病死後，此事牽連到他的弟弟，他弟弟被拘禁在導官署。正好，張湯也到導官署審理別的囚犯，看到魯謁居的弟弟，因為想暗中幫助他，所以假裝不去看他。魯謁居的弟弟不知道張湯故意如此，因此怨恨張湯，就讓人上告張湯和魯謁居暗地策畫陰謀，共同匿名告發李文。事情後來交給減宣處理。減宣曾和張湯有嫌隙，他接受這個案子並把案情查得水落石出後，卻沒有上報。當時，正巧有人偷挖孝文帝陵園裡的殉葬錢，丞相莊青翟上朝，和張湯約定一同去謝罪，到了皇上面前，張湯心裡想，只有丞相必須按四季巡視陵園，丞相應當謝罪，與自己沒關係，因此不肯謝罪。丞相謝罪後，皇上派御史查辦此事。張湯想按法律條文判丞相明知故縱的罪過，丞相為此事非常擔憂。丞相手下的三個長史也因此都忌恨張湯，想陷害他。

一開始，長史朱買臣是會稽人，攻讀《春秋》。莊助讓人向皇帝推薦朱買臣，朱買臣因為熟悉《楚辭》的緣故，和莊助都得到皇上的寵幸，從侍中升為太中大夫，正值當權。這時張湯還只是一個小官，在朱買臣等面前要下跪聽候差遣。不久，張湯當了廷尉，辦理淮南王案件，排擠莊助，朱買臣心裡本來就怨恨張湯。待張湯當了御史大夫時，朱買臣從會稽太守調任主爵都尉，位列九卿之中。幾年後，因犯法罷官，代理長史一職。他前去拜見張湯，張湯卻坐在日常所坐的椅子上接見朱買臣，他的丞史一類的屬官也不以禮對待朱買臣。朱買臣是楚地士人，深深怨恨張湯，常常想把他殺死。王朝是齊地人，憑著儒家學說當了右內史。邊通，學習縱橫家的思想學說，是個性格剛強暴戾的強悍之人，曾經做過兩次濟南王的丞相。從前，他們的官都比張湯大，不久丟了官，代理長史一職時，卻要對張湯行屈體跪拜之禮。張湯屢次兼任丞相的職務，知道這三個長史原來地位很高，就常常欺負壓制他們。因此，三位長史合謀並對莊青翟說：「一開始，張湯和你約定一起向皇上謝罪，緊接著就出賣你；現在又用宗廟之事控告你，他是想代替你的職位。我們知道一些張湯暗中所做的不法之事。」於是就派屬吏逮捕並審理張湯的共犯田信等人，說張湯即將要向皇上奏請的政事，田信卻預先就知道了，他因此囤積物資，發財致富，和張湯分贓，還有其他許多不法情事。此事的供辭被皇上聽到，皇上向張湯說：「我所要做的事，商人卻預先知道，開始囤積那些貨物，就好像是有人把我的想法告訴他們一樣。」張湯不謝罪，卻假裝驚訝地說：「應該說一定有人這樣做了。」這時減宣也上奏書報告張湯和魯謁居的犯法之事。天子果真認為張湯心懷巧詐，當面欺騙君王，便派八批使者按記錄在案的罪證審問張湯。張湯說他沒有這些罪過，不服。於是皇上派趙禹審問張湯。趙禹來了以後，責備張湯說：「皇上怎麼可能不知道情況呢？你辦理案件時，遭夷滅家族的有多少人呢？如今人家告發你的罪狀都有證據，天子難以處理你的案子，想讓你自殺，你何必多對證答辯呢？」張湯寫信謝罪說：「張湯沒有尺寸之功，起初只是一個文書小吏，陛下寵幸我，讓我位列三公之位，無法推禦罪責，然而使用陰謀陷害張湯的罪人是三位長史。」於是張湯就自殺了。

張湯死時，家產總值不超過五百金，都是所得的俸祿和皇上的賞賜，沒有其他產業。張湯的兄弟和兒子們仍想厚葬張湯，他母親說：「張湯是天子的大臣，卻遭受惡言誣告而死，何必厚葬呢？」於是就用牛車拉著沒有外槨的棺材去埋葬了。天子聽到這情況後，說：「沒有這樣剛直的母親，也不會生出這樣的兒子。」於是便追究此案，把三個長史全都殺了，丞相莊青翟也自殺，田信被釋放。皇上憐惜張湯，於是提拔他的兒子張安世。

趙禹中途被罷官，不久當了廷尉。最初，條侯周亞夫認為趙禹殘酷陰謀，不肯重用。之後趙禹當了少府，與九卿並列。趙禹做事初時嚴酷急躁，到晚年時，國家事情越來越多，官吏致力於施行嚴刑峻法，而趙禹反而執法緩和，被稱為平和。王溫舒等人是後起之官，執法都比趙禹嚴酷。後來因為趙禹年老，改任燕國丞相。幾年後，犯有昏亂背逆之罪，被免官，在張湯死後十餘年，死於家中。

（六）義縱

義縱是河東人。少年時代，曾與張次公一起搶劫，結為強盜團伙。義縱有個姐姐叫姁，憑醫術受到太后的寵幸。王太后問姁：「你有兒子或兄弟在當官嗎？」義縱的姐姐說：「有個弟弟，因為品行不好不能當官。」太后就告訴皇上，並任命義姁的弟弟義縱為中郎，又改任上黨郡中某縣的縣令。義縱執法嚴酷，很少有寬和包容的情形，因此縣裡沒有逃亡之事，被推薦為第一。後來改任長陵和長安的縣令，依法辦理政事，不迴避貴族和皇親。因為逮捕並且審訊太后外孫修成君的兒子仲，讓皇上認為他有能力，任他為河內都尉。到任後，他就把當地豪強穰氏之流滅族，使河內出現道不拾遺的局面。張次公也當上郎官，當兵時憑著他的勇敢驃悍，作戰敢於深入敵軍，而獲得軍功，封為岸頭侯。

寧成在家閒居時，皇帝想讓他當太守。御史大夫公孫弘說：「我在山東當小官時，寧成正在做濟南都尉，他處理政事就像狼牧羊一樣兇。因此不可以用寧成來治理百姓。」皇上於是任命寧成當關都尉。一年以後，關東郡國的官吏來察看郡國中出入關口的人，他們都揚言說：「寧可看到正在替幼崽哺乳的母虎，也不要遇到寧成發怒。」義縱從河內調任南陽太守，聽說寧成在南陽家中閒居，等到義縱到達南陽關口時，寧成跟隨身後，往來迎送，但是義縱盛氣凌人，不以禮相待。到了郡府，義縱馬上開始審理寧氏家族的罪行，消滅有罪的寧氏家族。寧成也被株連有罪，至於孔姓和暴姓之流的豪門也都逃亡而去，南陽的官吏百姓都怕得謹慎行動，不敢犯錯。平氏縣的朱強、杜衍縣的杜周都是義縱的得力屬官，受到重用，升為廷史。這時漢朝軍隊屢次從定襄出兵攻打匈奴，定襄的官吏和百姓人心散亂、世風敗壞，朝廷於是改派義縱做定襄太守。義縱到任後，抓捕定襄獄中沒有戴刑具的重罪犯二百人，以及他們私自探監的賓客兄弟二百餘人。義縱把他們全部逮捕並加以審訊，罪名是「想從死罪開脫」。上報的殺人數目共四百餘人。之後，郡中人人不寒而慄，連刁猾之民也輔佐官吏治理政事。

這時，趙禹、張湯都因執法嚴酷而當上九卿之官，但是他們的治理辦法還算寬鬆，都是以法律輔助行事，而義縱卻以酷烈凶狠治理政事。當時正值五銖錢和白金起用，豪民乘機施展奸詐手段，京城尤其嚴重，朝廷就用義縱做右內史，王溫舒當中尉。王溫舒極其兇惡，他所做的事如果沒有預先告知義縱，義縱必定欺凌他、破壞他所要做的事。他治理政事時，殺的人很多，但是急促治理，非但成效不大，反而奸邪之事越來越多，因此直指他錯誤的官員開始出現。那時，官吏治理政事以斬殺和捆縛為主要任務，閻奉也以凶惡被任用。義縱廉潔，他治理政事仿效郅都。皇上駕幸鼎湖，病了好長一段時間，病好了的時候，卻突然駕幸甘泉宮，但所行之路多半沒有修整。皇上發怒說：「義縱以為我不再走這條路了吧？」於是心中懷恨義縱。到了冬天，楊可正受命主持處理「告緡」案件，義縱認為這將會擾亂百姓，於是部署官吏逮捕那些替楊可做事的人。天子聽說這件事，便派杜式去處理。他認為義縱的做法，是廢棄敬君之禮，破壞君王想做的事，因此將義縱行棄市之刑。一年後，張湯也死了。

（七）王溫舒

王溫舒是陽陵人，年輕時做盜墓等壞事。不久，當上縣里的亭長，屢次被免職。後來當了小官，因善於處理案件升為廷史。服事張湯，升為御史。他督捕盜賊，殺傷了很多人，逐漸升為廣平都尉。他選擇郡中豪放勇敢的十餘人當屬官，讓他們做自己的得力幫手，掌握他們每個人隱秘的重大罪行，然後再放手讓他們去督捕盜賊。如果誰捕獲盜賊使王溫舒滿意，此人就算有百種罪惡也不加懲治；若是有所迴避，就依據他過去所犯的罪行殺死他，甚至滅其家族。因為這個原因，齊地和趙地鄉間的盜賊都不敢接近廣平郡，廣平郡因此有道不拾遺的好名聲。皇上聽說後，升任王溫舒為河內太守。

王溫舒從前居住在廣平時，非常熟悉河內豪強奸猾的人家。等到他前往廣平，九月份上任時，他下令郡府準備私馬五十匹，從河內到長安，沿途設置驛站，就像在廣平時一般地部署手下的官吏，逮捕郡中豪強奸猾之人，郡中豪強奸猾互相連坐犯罪的有一千餘家。上書請示皇上，罪大者滅族，罪小者處死，家中財產完全沒收，並且還要償還從前所得到的贓物。奏書送去不過兩三日，就得到皇上答覆可以執行。案子判決上報後，竟然流血十餘里。河內人對於王溫舒的奏書可以如此神速地得到回覆，都感到奇怪。十二月結束時，郡裡沒有人敢說話，也無人敢夜晚行走，郊野也沒有因盜賊引起狗叫的現象。少數沒抓到的罪犯，都逃到附近的郡國，把他們追捕回來時，正趕上春天，王溫舒跺腳嘆道：「唉！如果冬季再延長一個月，我的事情就辦完了。」他喜歡殺伐、施展威武及不愛民。天子聽了，卻認為他有才能，升為中尉。他治理政事還是仿效在河內的辦法，調來那些著名禍害和奸猾官吏和他一起共事，河內有楊皆、麻戊，關中有楊贛、成信等。因為義縱當內史，王溫舒怕他，所以還未敢恣意地實行嚴酷之政。等到義縱死後，張湯失敗，王溫舒便改任廷尉，尹齊擔任中尉。

尹齊是東郡茌平人，從文書小吏升為御史。服事張湯，張湯屢次稱讚他廉潔勇敢，派他督捕盜賊，要斬殺的人也從不迴避權貴皇親。他升為關內都尉，名聲超越寧成。皇上認為他有才能，升他為中尉，而官吏和平民的生活更加困苦不堪。尹齊處事死板，不講求禮儀，致使強悍兇惡的官吏都隱藏起來，而善良的官員也不能獨自有效地處理政事，因此政務多半都廢弛，因此他就被判了罪。於是皇上改任王溫舒為中尉，而楊僕憑藉著嚴峻酷烈也當了主爵都尉。

楊僕是宜陽人，以千夫的身份當上小官。河南太守考核並推薦他有才能而升為御史，派到關東去督捕盜賊。他治理政事仿效尹齊，被認為做事兇猛而有膽量。後來逐漸升為主爵都尉，位列九卿之中。皇上認為他有才能，在南越反叛時，任命他為樓船將軍，因有軍功，被封為將梁侯。後被荀彘所捆縛。很久之後，得病而死。

王溫舒當上中尉，他為人缺少斯文，原先在朝廷做事，思想糊塗、不辨是非，等到他當上中尉以後，則心情開朗。他督捕盜賊時，因為原本就熟悉關中習俗，並且十分了解當地豪強和兇惡官吏，所以豪強和兇惡官吏都願意為他出力、為他出謀劃策。官吏嚴苛偵察時，盜賊和兇惡少年就用投書和檢舉箱的方式，收買並告發罪惡的情報，設置伯格長以督察奸邪之人和盜賊。王溫舒為人諂媚，善於巴結有權勢的人。若是沒有權勢的人，對待他們就像對待奴僕一樣。有權勢的人家，雖然奸邪之事堆積如山，他也不會去揭發；無權勢的，就算是高貴的皇親，他也一定會欺侮他們。他玩弄法令條文，巧言詆毀奸猾的平民，進而威迫較大的豪強。他當中尉時就這樣處理政事，對於奸猾之民，必定窮究其罪，犯人大多都被打得皮開肉綻，死在獄中，判決有罪的，沒有一個人可以走出監獄。他的得力部下都像戴著帽子的猛虎一樣。於是在他管轄範圍內中等以下的奸猾之人，都隱伏不敢現身，有權勢的都替他宣揚名聲，稱讚他的治績。治理幾年後，他的屬官多半因此而富有。

王溫舒攻打東越回來後，因為議事不合天子的旨意，犯了小法而被判罪免官。這時，天子正想修建通天臺，還沒有人主持這件事情，王溫舒請求考核中尉部下逃避兵役的人，查出共有幾萬人可以去參加勞動。皇上很高興，因此任命他為少府，又改任右內史，處理政事和從前一樣，奸邪之事稍稍被禁止。後來他又因犯法而丟掉官職，不久又被任命為右輔，代理中尉的職務，處理政事還是和原來的做法一樣。

一年多後，正值征討大宛的軍隊出發，朝廷下令徵召豪強官吏，王溫舒把他的屬官華成隱藏起來。直到有人告發王溫舒接受在額騎兵的贓款和其他的不法之事，罪行之重應當滅族時，他就自殺了。這時，他的兩個弟弟以及兩個姻親之家，各自都因犯下其他的罪行而被滅族。光祿徐自為說：「可悲啊！古代曾經有過滅三族的事情發生，而王溫舒的犯行竟然同時夷滅五族！」

王溫舒死後，他的家產價值累積有一千金。好多年後，尹齊也在淮陽都尉的任上病死，他的家產價值不足五十金。他所殺的淮陽人很多，等到他死後，怨仇他的人家想燒他的屍體，幸而是家屬又偷偷地把他的屍體運回來安葬。

自從王溫舒用嚴酷兇惡的手段處理政事之後，其他郡守、都尉、諸侯和二千石的官員想要治理政事時，治理的辦法大都效法王溫舒。然而犯法的官吏和百姓卻越來越多，盜賊也越來越猖狂。南陽有梅免、白政，楚地有殷中、杜少，齊地有徐勃，燕趙之間有堅盧、范生之流。大的盜賊團多達數千人，擅自稱王稱號，攻打城邑，奪取武器庫中的兵器，釋放判死罪的犯人，捆縛侮辱郡太守、都尉，殺死二千石的官員，發布檄文，催促各縣為他們準備糧食。小的則有幾百人，搶劫的鄉村數也數不清。於是天子開始派御史中丞、丞相長史督辦剿滅之事，但依舊不能禁止。於是就派光祿大夫范昆、諸位輔都尉及原九卿張德等人，穿著繡衣，拿著符節和虎符，發兵攻擊，對於大的團伙，判決殺頭的竟多至一萬多人，並且按法律殺死那些替作亂者送飲食的人。最後誅連數郡，被殺的多達數千人。幾年後，才終於捕捉到他們的大首領。但是走散的士卒逃跑後，又聚集成黨，占據險要的山川作亂，他們往往群居一處，朝廷對他們無可奈何。於是頒行「沈命法」，內容是，只要產生群盜而官吏沒有發覺，或發覺卻沒有捕捉到規定的數額，那相關的二千石以下至小的官員，凡主持此事的都要處死。這之後，小官員因為害怕被誅殺，就算有盜賊也不敢上報，因為害怕捕捉不到，犯法被判刑又會連累上級官府，導致上級官府也不讓他們上報。造成盜賊越來越多，上下互相隱瞞，玩弄文辭，逃避法律的制裁。

（八）減宣

減宣是楊縣人，因為當佐史時非常能幹，被調到河東太守府任職。將軍衛青派人到河東買馬，看到減宣能幹無比，因此就向皇上推薦他，減宣就被徵召到京城當大廄丞。他當官做事很公平，後來逐漸升任御史和中丞。皇上派他處理主父偃和淮南王造反的案件，他用細微的法律條文深究詆毀，因此被殺的人很多，也被稱讚敢於判決疑難案件。他屢次被免官又屢次被起用，擔任御史及中丞之官差不多有二十年。王溫舒被免去中尉之官後，減宣擔任左內史。他管理米和鹽的事務，無論大事或小事都要親自經手，自己安排縣中各具體部門的財產器物，官吏中縣令和縣丞也不得擅自改動，甚至用重法來管理他們。當官幾年後，其他各郡都辦好一些小事而已，唯獨減宣能夠從小事辦到大事，並且憑藉他的力量加以推行，但是他的辦法也難以當做常法。他中途被罷官，後來又當了右扶風。他因為怨恨自己的屬官成信，當成信逃走藏在上林苑中時，減宣派郿縣縣令去擊殺成信。官吏和士卒射殺成信時，恰巧射中上林苑的門，減宣因此被交付法官判罪。法官認為他犯下大逆不道的罪，判定為滅族，減宣就自殺了。於是杜周得到任用。

（九）杜周

杜周是南陽杜衍人。義縱擔任南陽太守時，把杜周當作得力助手，薦舉他當廷尉史。他服事張湯時，張湯屢次說他非常有才能，官職升到御史。派他審理邊境士卒逃亡的事時，很多人被判處死刑。因為他上奏的事情合乎皇上的心意，於是便被任用，接替減宣，改任中丞十多年。

杜周治理政事與減宣相同，但是處事慎重，決斷遲緩，外表寬和，內心卻深刻切骨。減宣當左內史，杜周當廷尉時，他治理政事仿效張湯，並且善於窺測皇上的意圖。皇上想要排擠的人，他就趁機加以陷害；皇上想要寬釋的人，他就長期囚禁待審，暗中顯露他的冤情。門客有人責備杜周說：「您為皇上公平斷案，不遵循三尺法律，反而專以皇上的意旨來斷案。法官本來就應當這樣嗎？」杜周說：「三尺法律是怎樣產生的呢？從前的國君認為對的就寫成法律，後來的國君認為對的也記載為法令。只要適合當時的情況就是正確的法令，何必要遵循古代的法律呢？」

杜周當上廷尉後，皇上命令他所辦的案子也越來越多。二千石一級的官員被拘捕時，不少於一百人。郡國官員和上級官府送交辦理的案件，一年多達一千多件。每個奏章所舉報的案子，牽連廣的要逮捕有關證人數百人，小的也要逮捕數十人；這些人，有些遠的在幾千里之外，近的則也有數百里。案犯被押到京師會審時，官吏就要求犯人像奏章上說的那樣招供，如果不服，就用刑具拷打定案。於是人們聽到逮捕的消息，都趕快逃跑或藏匿起來。有些拖得久的案件，甚至都已經經過幾次赦免，十多年後還是會被告發，大多數人都以大逆不道以上的罪名加以誣陷。廷尉及中都官奉詔辦案所逮捕的人多達六、七萬，屬官所捕的又要增加十多萬。

杜周中途被罷官後，當了執金吾，追捕盜賊，逮捕查辦桑弘羊和衛皇后兄弟的兒子，嚴苛酷烈，天子認為他盡職而無私，升任御史大夫。他的兩個兒子，分別當了河內和河南太守。他治理政事殘暴酷烈的程度，比王溫舒等更誇張。杜周一開始當廷史時，只有一匹馬，而且配備也不齊全；等到他當官多年後，位列三公，子孫都當上高官，家中錢財累積的數目就多達好多萬了。

核心要旨

此篇類傳記述以酷刑峻法為統治工具，以凶狠殘暴著稱的十幾個官吏。特別對漢武帝時代的十個酷吏，即寧成、周陽由、趙禹、張湯、義縱、王溫舒、尹齊、楊僕、減宣、杜周等作集中而概括的描寫。司馬遷之所以這樣寫，是因為漢武帝喜用酷吏，打擊豪強，抑制商賈，懲治貴戚奸吏。藉以加強中央集權，聚斂財富，應付其揮霍和對外戰爭的需要。漢武帝這樣做的結果，固然能強化皇權，保持國家的統一，但是酷吏的嚴刑峻法和殘酷殺戮，也使各階層的人們，特別是普通百姓遭受到各種災難，無辜被殺，冤獄橫生，社會不寧。作者反對酷吏，倡言不能以此為榜樣，其反對苛政虐民的思想，完全深寓於敘事之中。

成語精粹

1. 一意孤行：謝絕一切請託，按照己意獨立處理公事。後用以形容人固執己見，獨斷獨行。

原典：禹為人廉倨。為吏以來，舍毋食客。公卿相造請禹，禹終不報謝，務在絕知友賓客之請，孤立行一意而已。見文法輒取，亦不覆案，求官屬陰罪。

2. 無以塞責：無法彌補自己所應盡的責任。

原典：湯乃為書謝曰：「湯無尺寸功，起刀筆吏，陛下幸致為三公，無以塞責。然謀陷湯罪者，三長史也。」遂自殺。

3. 不寒而慄：雖不寒冷卻仍在發抖。形容內心恐懼至極。

原典：縱至，掩定襄獄中重罪輕系二百餘人，及賓客昆弟私入相視亦二百餘人。縱一捕鞠，曰「為死罪解脫」。是日皆報殺四百餘人。其後郡中不寒而栗，猾民佐吏為治。

4. **鷹擊毛摯：**比喻治民嚴猛。

原典：是時趙禹、張湯以深刻為九卿矣，然其治尚寬，輔法而行，而縱以鷹擊毛摯為治。

5. **犬吠之盜：**宵小盜賊。

原典：盡十二月，郡中毋聲，毋敢夜行，野無犬吠之盜。其頗不得，失之旁郡國，黎來，會春，溫舒頓足嘆曰：「嗟乎，令冬月益展一月，足吾事矣！」其好殺伐行威不愛人如此。

寫作寶典

1. **譬喻：**將一件事物或道理指成另一件事物或道理的修辭法，該兩件事物或道理中具有一些共同點。它能夠令讀者透過類推，通過另一件事物，更了解要描述的事物的特點。分為明喻、隱喻、略喻、借喻。

例1：寧成家居，上欲以為郡守。御史大夫弘曰：「臣居山東為小吏時，寧成為濟南都尉，**其治如狼牧羊**。成不可使治民。」上乃拜成為關都尉。

Tips：明喻。

例2：**大弦嘈嘈如急雨，小弦切切如私語**。嘈嘈切切錯雜彈，大珠小珠落玉盤。（白居易《琵琶行》）

Tips：明喻。

2. **借代：**指不直接說出常用的本名或詞語，而借用與其關係密切的名稱或詞語來代替。

例1：客有讓周曰：「君為天子決平，不循**三尺法**，專以人主意指為獄。獄者固如是乎？」周曰：「**三**

尺安出哉？前主所是著為律，後主所是疏為令，當時為是，何古之法乎！」

Tips：「三尺法」借代「法律」。

例2：僕自到九江，已涉三載，形骸且健，**方寸**甚安。下至家人，幸皆無恙。長兄去夏自徐州至，又有諸院孤小弟妹六、七人，提挈同來。昔所牽念者，今悉置在目前，得同寒暖飢飽：此一泰也。（白居易《與元微之書》）

Tips：「方寸」借代「人心」。

典故 請君入甕的酷吏——來俊臣

來俊臣，武則天自廢帝臨朝至稱帝以後的酷吏。他原是不事生產的遊民，聽說武則天舉天下才，遂投奔。官至左臺御史中丞。執法時手段惡辣，手下豢養幾百個小嘍囉，專事告密、陷害大臣。與當時同為酷吏的周興、索元禮、侯思止等人爭先恐後地剷除異己，無辜者皆被捏造成謀反罪而牽連誅九族。一時之間，內外臣民含冤死者眾，可謂掌握生殺大權，天下震動。後因想誣陷太平公主與武氏諸王謀反，欲圖一網打盡，反而踢到鐵板。被太平公主舉發，遭醢刑處死。

來俊臣掌權的時候，每次銓選，吏部受他囑託越級授官的都有數百人。來俊臣垮臺後，侍郎都向朝廷自首。武則天因此責備他們，但是他們說：「我們辜負陛下，該當死罪！但我們若是擾亂國家法度，只加罪於自身；如果違抗來俊臣的意旨，就會立即遭到滅族。」於是武則天便赦免他們。由此可見，來俊臣的勢力有多驚人。

來俊臣發明了各種酷刑，僅「枷」一項，就有「死豬愁」、「求即死」等十種，其他酷刑則難以計數。任何人只要由他逮捕審訊，很少能活著走出獄門。來俊臣還將自己的理論成果集結為《羅織經》。這是一部專講羅織罪名、陰謀鬥智的書。言簡意賅，全書字數簡短，分為十幾卷。每一卷專講一個問題，例如〈治敵卷〉、〈問罪卷〉等。它是有史以來第一部以製造冤獄為主題的經典，更是酷吏政治中，第一部由酷吏所寫出的赤裸裸施惡告白。據說宰相狄仁傑閱罷此書，全身顫抖，冷汗迭出；武則天面對《羅織經》，則仰天長嘆。

有一天，武則天把一封密告另一位酷吏——周興謀反的檢舉信交給來俊臣調查。但是周興是個狡猾奸詐之徒，僅憑一封告密信是無法讓他說實話的。於是他苦苦思索半天，終於想出一條妙計。來俊臣準備了一桌豐盛的酒席，把周興請到自己家中。酒過三巡後，來俊臣嘆口氣說：「我平日辦案，常遇到一些犯人死不認罪，不知道您有什麼辦法嗎？」周興得意地說：「這還不好辦！你找一個大甕，四周用炭火烤熱，再讓犯人進到甕裡，你想想，還有什麼樣的犯人會不招供呢？」來俊臣連連點頭，隨即命人抬來一口大甕，按周興說的在四周點上炭火，然後回頭對周興說：「宮裡有人密告你謀反，上面命我嚴查。現在就請您自己鑽進甕裡吧！」周興一聽，馬上嚇得伏首認罪。

「請君入甕」後來用以比喻以其人之法，還治其人之身。或是使人陷入已設計好的圈套中。

遊俠列傳

古文鑑賞

傳說時代 · 春秋戰國 · 秦 · 楚漢相爭 · 漢

出題率 ★★

郭解，軹人也，字翁伯，善相人❶者許負外孫也。解父以任俠，孝文時誅死。解為人短小精悍，不飲酒。少時陰賊，慨不快意，身所殺❷甚眾。以軀借交❸報仇，藏命作姦剽攻❹，休鑄錢掘冢❺，固不可勝數。適有天幸❻，窘急常得脫，若❼遇赦。及解年長，更折節為儉❽，以德報怨，厚施而薄望❾。然其自喜為俠益甚。既已振❿人之命，不矜其功，其陰賊著⓫於心，卒發於睚眥⓬如故云。而少年慕其行，亦輒為報仇，不使知也。解姊子負⓭解之勢，與人飲，使之嚼⓮。非其任⓯，強必灌之。人怒，拔刀刺殺解姊子，亡去。解姊怒曰：「以翁伯之義，人殺吾子，賊不得⓰。」棄其尸於道，弗葬，欲以辱解。解使人微知⓱賊處。賊窘自歸，具以實告解。解曰：「公殺之固當，吾兒不直⓲。」遂去⓳其賊，罪其姊子，乃收而葬之。諸公聞之，皆多⓴解之義，益附焉。

【注釋解析】

❶相人：幫人看面相。
❷身所殺：親自所殺。
❸借：助。交：指朋友。
❹命：指亡命。剽攻：搶劫。
❺掘冢：盜掘墳墓。
❻適：遇到。天幸：上天保佑。
❼若：或。
❽更：改。折節：改變操行。儉：通「檢」，檢點。
❾薄望：一點都不怨恨。
❿振：救。
⓫著：附著。
⓬卒：通「猝」，突然。睚眥：怒目而視。
⓭負：依仗。
⓮嚼：通「釂」，乾杯。
⓯非其任：不勝任。此指酒量不好。
⓰賊不得：抓不到殺人者。
⓱微知：暗中探知。
⓲不直：理曲。
⓳去：放走。
⓴多：稱讚。
㉑箕倨：岔開兩腿坐著，像簸箕之狀，是一種無禮不恭敬的表現。倨，通「踞」。
㉒邑屋：鄉里。見：被。

解出入，人皆避之。有一人獨箕倨㉑視之，解遣人問其名姓。客欲殺之。解曰：「居邑屋至不見㉒敬，是吾德不脩也，彼何罪！」乃陰屬㉓尉史曰：「是人，吾所急㉔也，至踐更時脫㉕之。」每至踐更，數過㉖，吏弗求。怪之，問其故，乃解使脫之。箕踞者乃肉袒㉗謝罪。少年聞之，愈益慕解之行。

雒陽人有相仇者，邑中賢豪居間㉘者以十數，終不聽。客㉙乃見郭解。解夜見仇家，仇家曲聽㉚解。解乃謂仇家曰：「吾聞雒陽諸公在此間，多不聽者。今子幸㉛而聽解，解奈何乃從他縣㉜奪人邑中賢大夫權乎！」乃夜去，不使人知，曰：「且無用㉝，待我去，令雒陽豪居其間，乃聽之。」

解執㉞恭敬，不敢乘車入其縣廷㉟。之㊱旁郡國，為人請求事，事可出，出㊲之；不可者，各厭㊳其意，然後乃敢嘗酒食。諸公以故嚴重㊴之，爭為用㊵。邑中少年及旁近縣賢豪，夜半過㊶門常十餘車，請得解客舍養㊷之。

及徙豪富茂陵㊸也，解家貧，不中訾㊹，吏恐，不敢不徙。衛將軍為言：「郭解家貧不中徙。」上曰：「布衣權至使將軍為言，此其家不貧。」解家遂徙。諸公送者出千餘萬。軹

㉓陰：暗中。屬：同「囑」。
㉔急：關心。
㉕踐更：按漢代法律，在籍男丁每年要在地方服役一個月，稱爲卒更。貧苦者可由應該要服役者出錢，每月二千錢，代替服役者服役，稱踐更。脫：免。
㉖數過：多次輪到。
㉗肉袒：脫去上衣，露出身體的一部分。
㉘居間：從中間調解。
㉙客：門客。
㉚曲聽：委屈自己去聽從，以示對勸說人的尊重。
㉛幸：謙詞，使我感到榮幸。
㉜他縣：別的縣城。郭解是軹人，對洛陽而言，是外縣之人。
㉝且：暫時。無用：不便聽我的話。
㉞執：謹守。
㉟縣廷：縣衙門。
㊱之：前往。
㊲出：得到解決。
㊳厭：通「饜」，滿足。
㊴嚴重：尊重。
㊵爲用：替他出力。
㊶過：拜訪。
㊷客：指郭解的門客。舍養：供養在自家。
㊸徙：遷移。茂陵：漢武帝的陵墓。建元二年

人楊季主子為縣掾，舉徙解。解兄子斷楊掾頭。由此楊氏與郭氏為仇。

解入關，關中賢豪知與不知，聞其聲，爭交驩㊺解。解為人短小，不飲酒，出未嘗有騎。已㊻又殺楊季主。楊季主家上書，人又殺之闕下㊼。上聞，乃下吏捕解。解亡㊽，置其母家室夏陽，身至臨晉。臨晉籍少公㊾素不知解，解冒㊿，因(51)求出關。籍少公已出解，解轉入太原，所過輒告主人家。吏逐之，跡(52)至籍少公。少公自殺，口絕(53)。久之，乃得解。窮治(54)所犯，為解所殺，皆在赦前。軹有儒生侍使者坐，客譽郭解，生曰：「郭解專以姦犯公法，何謂賢！」解客聞，殺此生，斷其舌。吏以此責解，解實不知殺者。殺者亦竟絕，莫知為誰。吏奏解無罪。御史大夫公孫弘議曰：「解布衣為任俠行權，以睚眥殺人，解雖弗知，此罪甚於解殺之。當(55)大逆無道。」遂族(56)郭解翁伯。

自是之後，為俠者極眾，敖而無足數者。然關中長安樊仲子，槐里趙王孫，長陵高公子，西河郭公仲，太原鹵公孺(57)，臨淮兒長卿(58)，東陽田君孺，雖為俠而逡逡(59)有退讓君子之

（西元前一三九年），為擴充新修的茂陵居民人數，「內實京師，外銷奸滑」，遷移全國家財在三百萬以上的人家到茂陵居住；至元朔二年（西元前一二七年），又遷郡國富豪人家到茂陵居住。郭解就是在此時遷居茂陵。

㊹訾：通「資」，錢財。

㊺交驩：結為好朋友。

㊻已：不久。

㊼闕下：宮闕之下。

㊽亡：逃跑。

㊾籍少公：人名，姓籍，名少公。

㊿冒：冒昧，指冒然相見。

(51)因：順便。

(52)跡：追蹤而來。

(53)口絕：滅口。

(54)窮治：深究其事，追問到底。

(55)當：判處。

(56)族：滅族。

(57)鹵公孺：《漢書》又作「魯公儒」。

(58)兒長卿：又作「倪長卿」。

(59)逡逡：謙虛退讓的樣子。

(60)盜跖：展跖，一作蹠，春秋時期人。傳說中的大盜，魯國大夫柳下惠之弟，率領盜匪數千人，人稱盜跖，與楚國大盜莊蹻齊名。《莊子．盜跖篇》載，跖為魯國大夫展禽（柳下惠）之弟，說他「從卒九千人，橫行天下，侵

風。至若北道姚氏，西道諸杜，南道仇景，東道趙他、羽公子，南陽趙調之徒，此盜跖60居民間者耳，曷足道哉！此乃鄉61者朱家62之羞也。

暴諸侯，穴室樞戶，驅人牛馬，取人婦女，貪得忘親，不顧父母兄弟，不祭先祖」。

61 鄉：通「向」，從前。

62 朱家：秦朝末年、西漢初期魯國人，著名的遊俠人物。

白話解讀

郭解是軹縣人，字翁伯。他是善於給人看面相的許負的外孫。郭解的父親，因為行俠，在漢文帝時被殺。郭解個子矮小，精明強悍，不喝酒。他小時候殘忍狠毒，心中憤慨不快時，親手殺了很多人。他不惜犧牲生命去替朋友報仇，藏匿亡命之徒去犯法搶劫，私鑄錢幣，盜挖墳墓，做過的不法活動數也數不清。但卻總能遇到上天保佑，在窘迫危急時脫身，或是遇到大赦。等到郭解長大後，便改變自己的行為，使自己行為檢點，用恩惠報答怨恨自己的人，常常施捨別人，也很少怨恨別人。他想要行俠的念頭越來越強烈。雖然救了別人的性命，卻不自誇功勞，但其內心仍然殘忍狠毒，為了小事突然行凶的事依然時常發生。那些仰慕他的少年，也常常為他報仇，卻不讓他知道。郭解姐姐的兒子依仗郭解的勢力。邀約和別人喝酒時，如果別人的酒量小，不能再喝，他就強行灌酒。有一次，那人發怒，於是拔刀刺死郭解姐姐的兒子，就逃跑了。郭解姐姐生氣地說：「以弟弟翁伯的義氣，人家殺了我的兒子，但是卻捉不到兇手。」於是她便將兒子的屍體丟棄在道路上，不埋葬，想以此羞辱郭解。於是郭解暗中派人探查兇手的去處。兇手非常害怕地回來，並把真實情況告訴郭解。郭解說：「你殺了他是應該的，是我的孩子對你無理了。」便放走那個兇手，把罪責歸於姐姐的兒子，並收屍埋葬他。人們聽到這消息，都稱讚郭解的道義行為，更加依附於他。

郭解每次外出或歸來，人們都躲避他，只有一個人傲慢地坐在他家門口的地上看著他，郭解好奇地派人去問他的姓名。門客中有人說要替郭解殺那個人，郭解說：「我居住在鄉里之中，竟然還不被人尊敬，這是我自己道德修養還不夠，他又有什麼罪過呢？」於是他就暗中囑託尉史說：「這個人是我所關心的，輪到他服役時，請免除他的差役。」之後，每到服役時，縣中官吏都沒找這位對郭解不禮貌的人服役。他感到奇怪，於是便問其原因。才知道原來是因為郭解使人免除他的差役，於是他就袒露身體，去找郭解謝罪。少年們聽到這個消息，都越來越仰慕郭解的行為。

洛陽有人相互結仇，已經有城中數以十計的賢人豪傑從中調解，但是兩方還是不聽勸解。門客們就來拜見郭解，說明情況。晚上的時候，郭解去會見結仇的人家，他們出於對郭解的尊重，勉為其難地聽從勸告，準備和好。郭解就對他們說：「我聽說洛陽諸公為你們調解，但你們都不肯接受。如今幸而你們聽從我的勸告，郭解又怎能從別的縣跑來，侵奪人家城中賢豪大夫們的調解權呢？」於是郭解深夜離去，不讓人知道，並對他們說：「你們暫時不要聽從我的調解，待我離開後，再讓洛陽豪傑從中調解，到時候你們就聽他們的。」

郭解始終保持著恭敬待人的態度，不敢乘車走進縣衙門。他到鄰近的郡國去替人辦事，事如果能辦成的，一定會把它辦成；如果辦不成的，也要使相關方面都滿意，才敢去吃人家請客的酒飯。因此大家都特別尊重他，爭著為他效力。城中少年及附近縣城的賢人豪傑，常常有十多輛車子半夜上門拜訪郭解，請求把郭解家的門客接回自家供養。

直到漢武帝元朔二年，朝廷要將各郡國的豪富人家遷往茂陵居住。郭解家貧，不符合資產三百萬的遷移標準，但遷移名單中卻有郭解的名字，官吏因此不敢不讓郭解遷移。當時，衛青將軍替郭解向皇上說：「郭解家貧，不符合遷移的標準。」但是，皇上說：「一個百姓的權勢竟能使將軍替他說話，可見他家並不貧窮。」於是郭解被遷徙到茂陵。人們為了替郭解送行，共同出資一千餘萬。當時，軹人楊季主的兒子正擔任縣掾，便是他提名遷徙郭解的。郭解哥哥的兒子於是砍掉楊縣掾的頭，從此楊家和郭家結下了仇。

郭解遷移到關中後，關中的賢人豪傑們，無論從前是否知道郭解，如今聽到他的名聲，都爭著與郭解結為好友。郭解個子矮，不喝酒，出門不乘馬。後來他殺死了楊季主，楊季主的家人上書告狀，又有人把告狀的人在宮門下殺害。皇上聽到這消息，就向官吏下令捕捉郭解。於是郭解開始逃亡，他把自己的母親安置在夏陽，自己逃到臨晉。臨晉籍少公和郭解素不相識，郭解冒昧地會見他，請求他幫助自己出關。籍少公把郭解送出關後，郭解轉移到太原，他常常在所到之處將自己的情況告訴留他食宿的人家。官吏追捕郭解，追蹤到籍少公家裡。籍少公只好無奈地自殺，於是口供便斷絕。很久之後，官府才追捕到郭解，並追根究柢他的犯法罪行，發現很多被郭解所殺害的人，都發生在赦令公佈之前。有一次，軹縣有個儒生陪同前來查辦郭解案件的使者閒坐，郭解的門客正在稱讚郭解，儒生卻說：「郭解專門在做奸邪犯法的事，怎麼能說他是賢人呢？」郭解的門客聽到這話，就殺了這個儒生、割下他的舌頭。官吏以此責問郭解，命令他交出兇手，而郭解確實不知道殺人的是誰。這個殺人的人終究沒查出來，沒有人知道他是誰。官吏向皇上報告，說郭解無罪。御史大夫公孫弘議論道：「郭解以平民的身份玩弄權詐之術，因為小事而殺人。雖然郭解自己不知道這些事情，但這個罪過卻比他自己殺人還嚴重。應該判處郭解大逆無道的罪。」於是皇帝下令誅殺郭解翁伯的家族。

從此以後，行俠的人特別多，但大都傲慢無禮沒有值得稱道的。只有關中長安的樊仲子、槐里的趙王孫，長陵的高公子，西河的郭公仲，太原的鹵公孺，臨淮的兒長卿，東陽的田君孺，他們行俠之中還是能保有謙虛退讓的君子風度。至於北道的姚氏，西道的一些姓杜的，南道的仇景，東道的趙他、羽公子，南陽的趙調之流，這些只不過是處在民間的盜跖罷了，哪裡值得一提呢？這些都是被從前朱家那樣的人引以為恥的。

核心要旨

《遊俠列傳》是《史記》的名篇之一，記述漢代著名俠士朱家、劇孟和郭解的史實。司馬遷實事求是地分析不同類型的俠客，充分地肯定「布衣之俠」、「鄉曲之俠」、「閭巷之俠」，讚揚他們「其言必信，其行必果，已諾必誠，不愛其軀，赴士之厄困……不矜其能，不伐其德」的高貴品德。當然，作者對那些被視為「朱家之羞」的「盜跖居民間者」式的豪俠也加以否定和鞭撻。同時作者藉寫公孫弘的誅俠之舉，委婉地表現作者對此類儒者的憤激之情。

成語精粹

1. 短小精悍：形容身體矮小而精明強悍的人，亦作「精悍短小」、「矮小精悍」。或比喻文章或發言短而有力。

原典：解為人短小精悍，不飲酒。少時陰賊，慨不快意，身所殺甚眾。以軀借交報仇，藏命作姦剽攻，休鑄錢掘冢，固不可勝數。適有天幸，窘急常得脫，若遇赦。

典故 文學中的遊俠

（一）曹植《白馬篇》

白馬飾金羈，連翩西北馳。借問誰家子，幽并遊俠兒。少小去鄉邑，揚聲沙漠垂。宿昔秉良弓，楛矢何參差。控弦破左的，右發摧月支。仰手接飛猱，俯身散馬蹄。

狡捷過猴猿，勇剽若豹螭。邊城多警急，虜騎數遷移。羽檄從北來，厲馬登高隄。長驅蹈匈奴，左顧凌鮮卑。棄身鋒刃端，性命安可懷？父母且不顧，何言子與妻？名編壯士籍，不得中顧私。捐軀赴國難，視死忽如歸。

（二）王維《少年行》

其一

新豐美酒斗十千，咸陽遊俠多少年。相逢意氣爲君飲，繫馬高樓垂柳邊。

其二

出身仕漢羽林郎，初隨驃騎戰漁陽。孰知不向邊庭苦，縱死猶聞俠骨香。

其三

一身能擘兩雕弧，虜騎千羣只似無。偏坐金鞍調白羽，紛紛射殺五單于。

其四

漢家君臣歡宴終，高議雲臺論戰功。天子臨軒賜侯印，將軍佩出明光宮。

（三）李白《俠客行》

趙客縵胡纓，吳鉤霜雪明。銀鞍照白馬，颯沓如流星。十步殺一人，千里不留行。事了拂衣去，深藏身與名。閒過信陵飲，脫劍膝前橫。將炙啖朱亥，持觴勸侯嬴。三杯吐然諾，五嶽倒為輕。眼花耳熱後，意氣素霓生。救趙揮金槌，邯鄲先震驚。

千秋二壯士，烜赫大梁城。縱死俠骨香，不慚世上英。誰能書閣下，白首《太玄經》。

（四）李白《少年行》

其一

擊筑飲美酒，劍歌易水湄。經過燕太子，結託并州兒。

少年負壯氣，奮烈自有時。因擊魯句踐，爭博勿相欺。

其二

五陵年少金市東，銀鞍白馬度春風。落花踏盡遊何處，笑入胡姬酒肆中。

（五）孟郊《遊俠行》

壯士性剛決，火中見石裂。殺人不回頭，輕生如暫別。

豈知眼有淚，肯白頭上髮。半生無恩酬，劍閒一百月。

（六）鮑照《結客少年場行》

驄馬金絡頭，錦帶佩吳鉤。失意杯酒間，白刃起相讎。追兵一旦至，負劍遠行遊。

去鄉三十載，復得還舊丘。升高臨四關，表里望皇州。九衢平若水，雙闕似雲浮。

扶宮羅將相，夾道列王侯。日中市朝滿，車馬若川流。擊鐘陳鼎食，方駕自相求。

今我獨何為，坎壈懷百憂？

滑稽列傳

古文鑑賞

出題率★★

傳說時代
春秋戰國
秦
楚漢相爭
漢

淳于髡者，齊之贅婿❶也。長不滿七尺，滑稽多辯，數❷使諸侯，未嘗屈辱。齊威王之時喜隱❸，好為淫樂長夜之飲，沈湎不治❹，委政卿大夫。百官荒亂，諸侯並侵❺，國且危亡，在於旦暮，左右莫敢諫。淳于髡說❻之以隱曰：「國中有大鳥，止王之庭，三年不蜚❼又不鳴，不知此鳥何也？」王曰：「此鳥不飛則已，一飛沖天；不鳴則已，一鳴驚人。」於是乃朝諸縣令長❽七十二人，賞一人，誅一人，奮兵❾而出。諸侯振❿驚，皆還齊侵地。威行三十六年。語在《田完世家》中。

威王八年，楚大發兵加齊⓫。齊王使淳于髡之趙請救兵，齎⓬金百斤，車馬十駟⓭。淳于髡仰天大笑，冠纓索絕⓮。王曰：「先生少之乎？」髡曰：「何敢！」王曰：「笑豈有說乎？」髡曰：「今者臣從東方來，見道傍有穰田者⓯，操一豚蹄⓰，

【注釋解析】

❶贅婿：入贅於女家的女婿。
❷數：屢次。
❸隱：隱語，即謎語。
❹沈湎：指陶醉於飲酒之中。不治：不問政事。
❺並侵：都來侵犯。
❻說，勸說，說服。
❼蜚：同「飛」。
❽縣令長：縣的行政長官。人口萬户以上的縣，稱令；人口不及萬户的縣，稱長。
❾奮兵：舉兵。
❿振：通「震」。
⓫加齊：侵犯齊境。加，凌壓、覆蓋。
⓬齎：攜帶。
⓭駟：古代同一輛車駕四匹馬稱「一駟」。
⓮纓：系帽用的帶子。索：盡。絕：斷。
⓯傍：通「旁」。穰田者：祈禱田神的人。穰，古代藉祭禱以消除災禍的活動。
⓰豚蹄：豬蹄。
⓱甌窶：猶杯窶，形容高地狹小之處。篝，竹籠。
⓲污邪：低窪田地。
⓳蕃熟：茂盛豐熟。
⓴穰穰：豐盛、眾多的樣子。
㉑狹：少。奢：多。

酒一盂，祝曰：『甌窶滿篝⑰，汙邪⑱滿車，五穀蕃熟⑲，穰穰⑳滿家。』臣見其所持者狹而所欲者奢㉑，故笑之。」於是齊威王乃益齎黃金千溢㉒，白璧㉓十雙，車馬百駟。髡辭而行，至趙。趙王㉔與之精兵十萬，革車千乘。楚聞之，夜引兵而去。

威王大說，置酒後宮，召髡賜之酒。問曰：「先生能飲幾何而醉？」對曰：「臣飲一斗亦醉，一石亦醉。」威王曰：「先生飲一斗而醉，惡㉕能飲一石哉！其說可得聞乎？」髡曰：「賜酒大王之前，執法在傍，御史在後，髡恐懼俯伏而飲，不過一斗徑㉖醉矣。若親有嚴客㉗，髡帣韝鞠跽㉘，待酒於前，時賜餘瀝㉙，奉觴㉚上壽，數起，飲不過二斗徑醉矣。若朋友交遊，久不相見，卒然㉛相睹，歡然道故㉜，私情相語，飲可五六斗徑醉矣。若乃州閭㉝之會，男女雜坐，行酒稽留㉞，六博投壺㉟，相引為曹㊱，握手無罰，目眙㊲不禁，前有墮珥㊳，后有遺簪㊴，髡竊㊵樂此，飲可八斗而醉二參㊶。日暮酒闌㊷，合尊促坐㊸，男女同席，履舄交錯㊹，杯盤狼藉，堂上燭滅，主人留髡而送客，羅襦㊺襟解，微聞薌澤㊻，當此之時，髡心

㉒溢：通「鎰」。古代的重量單位。二十兩爲一鎰，另一說，二十四兩爲一鎰。
㉓璧：平而圓、中心有孔的玉，禮器。
㉔趙王：指趙成侯趙仲。
㉕惡：如何，怎麼。
㉖徑：直，就。
㉗嚴客：尊客。嚴，尊嚴、敬重。
㉘帣韝：捲著袖子。帣，約束袖子。韝，臂套。鞠跽：彎腰跪著。跽，同「跽」、即長跪。挺直上身、雙膝著地。
㉙餘瀝：殘酒。
㉚奉：捧。觴：盛酒器。
㉛卒然：突然。卒，通「猝」。
㉜道故：話舊，追述往事。
㉝若乃：至於。州閭：鄉里。
㉞行酒：依次飲酒。稽留：延長，停留。
㉟六博：古代的一種遊戲。共十二個棋子，黑、白各六，兩人對博每人各六棋，故名。投壺：古代宴會的一種遊戲，賓主依次往一種特製的壺裡投矢，以投中多少決勝負。
㊱曹：儕輩。這裡指夥伴。
㊲眙：直視，瞪著眼。
㊳墮珥：他人掉在地上的耳環。
㊴遺簪：他人丟失的髮簪。
㊵竊：暗自，私下。
㊶參：猶「三」。

最歡，能飲一石。故曰酒極則亂，樂極則悲；萬事盡然，言不可極，極之而衰。」以諷諫(47)焉。齊王曰：「善。」乃罷長夜之飲，以髡為諸侯主客(48)。宗室置酒，髡嘗(49)在側。

其後百餘年，楚有優孟(50)。

優孟，故楚之樂人(51)也。長八尺，多辯，常以談笑諷諫。楚莊王之時，有所愛馬，衣以文繡(52)，置之華屋(53)之下，席以露床(54)，啗(55)以棗脯。馬病肥死，使群臣喪(56)之，欲以棺槨(57)大夫禮葬之。左右爭之，以為不可。王下令曰：「有敢以馬諫者，罪至死。」優孟聞之，入殿門。仰天大哭。王驚而問其故。優孟曰：「馬者王之所愛也，以楚國堂堂之大，何求不得，而以大夫禮葬之，薄，請以人君禮葬之。」王曰：「何如？」對曰：「臣請以彫玉為棺，文梓(58)為槨，楩楓豫章為題湊(59)，發甲卒為穿壙(60)，老弱負土(61)，齊趙陪位(62)於前，韓魏翼衛(63)其後，廟食太牢(64)，奉(65)以萬戶之邑。諸侯聞之，皆知大王賤人而貴馬也。」王曰：「寡人之過一至此乎(66)！為之奈何？」優孟曰：「請為大王六畜(67)葬之。以壟灶(68)為槨，銅歷(69)為棺，齎(70)以薑棗，薦以木蘭(71)，祭以糧稻，衣以火光，

(42) 闌：盡。
(43) 合尊：把殘餘的酒並爲一樽。尊，即「樽」，酒器。促坐：擠在一起坐。
(44) 履舄交錯：這裡指男女的鞋子錯雜地放在一起。履，鞋子。舄，木屐。
(45) 羅襦：薄羅的短衣或短襖，
(46) 薌澤：濃濃的香氣。薌，同「香」。
(47) 諷諫：用婉言隱語來勸誡別人。
(48) 諸侯主客：接待各諸侯國賓客的交際官。
(49) 嘗：通「常」。
(50) 優孟：演員孟。優，演戲的人。孟，是其字。
(51) 故：過去。樂人：指能歌善舞的藝人。
(52) 文繡：華美的刺繡品。
(53) 華屋：華麗的屋宇。
(54) 露床：沒有帳幔的床。
(55) 啖：餵。
(56) 喪：治喪，服喪。
(57) 槨：棺材外面套的大棺材。
(58) 文梓：紋理細緻的梓木。
(59) 楩、楓、豫、章：都是有名的貴重木材。章，通「樟」。題湊：下葬時將木材累積在棺外，用來護棺。木頭皆向內。題，頭。湊，聚。
(60) 穿壙：挖掘墓穴。
(61) 負土：背土築墳。
(62) 陪位：列在從祭之位。
(63) 翼衛：護衛。

葬之於人腹腸。」於是王乃使以馬屬[72]太官，無令天下久聞也。

楚相孫叔敖知其賢人也，善待之。病且死[73]，屬[74]其子曰：「我死，汝必貧困。若[75]往見優孟，言我孫叔敖之子也。」居[76]數年，其子窮困負薪[77]，逢優孟，與言曰：「我，孫叔敖子也。父且死時，屬我貧困往見優孟。」優孟曰：「若無遠有所之。」即為孫叔敖衣冠，抵掌[78]談語。歲餘，像孫叔敖，楚王及左右不能別也。莊王置酒，優孟前為壽[79]。莊王大驚，以為孫叔敖復生也，欲以為相。優孟曰：「請歸與婦計之，三日而為相。」莊王許之。三日後，優孟復來。王曰：「婦言謂何？」孟曰：「婦言慎無為[80]，楚相不足為也。如孫叔敖之為楚相，盡忠為廉以治楚，楚王得以霸。今死，其子無立錐之地[81]，貧困負薪以自飲食[82]。必如孫叔敖，不如自殺。」因歌曰：「山居耕田苦，難以得食。起而為吏，身貪鄙者餘財，不顧恥辱。身死家室富，又恐受賕[83]枉法，為姦觸大罪，身死而家滅。貪吏安可為也！念為廉吏，奉法守職，竟死[84]不敢為非。廉吏安可為也！楚相孫叔敖持廉[85]至死，方今妻子窮困負

---

[64] 廟食太牢：爲死馬建立祠廟，用太牢禮祭祀。太牢，牛、羊、豬各一頭，是最高的祭禮。
[65] 奉：供奉祭祀。
[66] 一至此乎：竟到這種地步嗎？一，乃、竟。
[67] 六畜：指馬、牛、羊、雞、犬、豬。
[68] 壟灶：用土堆成的灶。
[69] 銅歷：大銅鍋。歷，通「鬲」。鼎一類的東西。
[70] 齎：通「劑」，調配。
[71] 薦：託付，墊進。木蘭：香料。
[72] 屬：交付。
[73] 且死：將死，臨終。
[74] 屬：同「囑」。叮囑。
[75] 若：你。
[76] 居：常用於有頃、久之、頃之等前面，表示相隔一段時間。
[77] 負薪：背柴販賣。
[78] 抵掌：擊掌。抵，拍、擊。今作「抵掌」。此句是說優孟模仿孫叔敖的言談舉止。
[79] 爲壽：敬酒祝福。
[80] 愼無爲：千萬不要做。愼，表示告誡。今語「千萬」。
[81] 無立錐之地：沒有可以插一個鐵錐尖端那麼大的地方，比喻非常貧窮。
[82] 自飲食：自己負責自己的飲食。
[83] 賕：賄賂。

薪而食，不足為[86]也！」於是莊王謝[87]優孟，乃召孫叔敖子，封之寢丘四百戶，以奉其祀。後十世不絕。此知[88]可以言時矣。

其後二百餘年，秦有優旃[89]。

優旃者，秦倡[90]侏儒也。善為笑言，然合於大道，秦始皇時，置酒而天雨，陛楯者[91]皆沾寒。優旃見而哀[92]之，謂之曰：「汝欲休[93]乎？」陛楯者皆曰：「幸甚。」優旃曰：「我即[94]呼汝，汝疾[95]應曰諾。」居有頃，殿上上壽呼萬歲。優旃臨檻大呼曰：「陛楯郎！」郎曰：「諾。」優旃曰：「汝雖長，何益，幸雨立。我雖短也，幸休居。」於是始皇使陛楯者得半相代[96]。

始皇嘗議欲大苑囿[97]，東至函谷關，西至雍、陳倉。優旃曰：「善。多縱禽獸於其中，寇從東方來，令麋[98]鹿觸之足矣。」始皇以故輟[99]止。

二世[100]立，又欲漆其城。優旃曰：「善。主上雖無言，臣固[101]將請之。漆城雖於百姓愁費，然佳哉！漆城蕩蕩[102]，寇來不能上。即欲就之，易為漆耳，顧難為蔭室[103]。」於是二世笑之，以其故止。居無何，二世殺死，優旃歸漢，數年而卒。

---

[84] 竟死：到死。竟，從頭至尾。
[85] 持廉：堅持廉潔的操守。
[86] 不足爲：不值得去做。足，配、值得。
[87] 謝：認錯。
[88] 知，通「智」，智慧。
[89] 優旃：字旃的演員。
[90] 倡：表演歌舞的人。
[91] 陛楯者：在殿前階下持武器警衛的武士。陛，臺階。這裡指王宮的臺階。楯，通「盾」。
[92] 哀：憐憫，同情。
[93] 休：休息。
[94] 即：如果，假如。
[95] 疾：快速。
[96] 半相代：指一半人值勤，一半人休息，輪番接替。
[97] 大：擴大。苑囿：種植林木、豢養禽獸的地方。
[98] 麋，大鹿。
[99] 輟：停止。
[100] 二世：指秦二世嬴胡亥。
[101] 固，本來。
[102] 蕩蕩：漂亮，闊氣。
[103] 顧：但是。蔭室：此指遮蔽太陽，儲存待乾漆器的房間。

白話解讀

淳于髡是齊國的一個入贅女婿。身高不足七尺，為人滑稽，能言善辯，屢次出使諸侯之國，從未受過屈辱的對待。齊威王在位時，喜好說謎語，又好徹夜宴飲，逸樂無度，陶醉於飲酒之中，不管政事，把政事委託給卿大夫。文武百官荒淫放縱，各國都來侵犯，國家危亡就在旦夕之間。齊王身邊的近臣也都不敢進諫，於是淳于髡便用謎語來規勸諷諫齊威王，說：「都城中有隻大鳥，落在大王的庭院裡，三年不飛又不叫，大王知道這隻鳥是怎麼一回事嗎？」齊威王說：「這隻鳥不飛則已，一飛就直衝雲霄；不叫則已，一叫就使人驚異。」於是馬上詔令全國七十二個縣的長官全都入朝奏事，獎賞一人，誅殺一人；又發兵禦敵，諸侯十分驚恐，把過去侵占的土地都歸還齊國。齊國的聲威從此維持達三十六年。這些都另外記載在《田敬仲完世家》裡。

齊威王八年（西元前三七一年），楚國派遣大軍侵犯齊境。齊王派淳于髡出使趙國請求救兵，讓他攜帶禮物黃金百斤，駟馬車十輛。淳于髡仰天大笑，甚至將系帽子的帶子都笑斷了。威王說：「先生是嫌禮物太少嗎？」淳于髡說：「我怎麼敢嫌少！」威王說：「那你在笑什麼呢？」淳于髡說：「今天我從東邊來時，看到路旁有個正在對田神祈禱的人，拿著一個豬蹄、一杯酒，祈禱說：『希望高地上收穫的穀物盛滿篝籠，低田裡收穫的莊稼裝滿車輛；五穀繁茂豐熟，米糧堆積滿倉。』我看他拿的祭品很少，但所祈求的東西卻很多，所以就在笑他。」於是齊威王就把禮物增加到黃金千鎰、白璧十對、駟馬車百輛。淳于髡告辭起行，來到趙國。趙王馬上撥給他十萬精兵、一千輛裹有皮革的戰車。楚國聽到這個消息，便連夜退兵而去。

齊威王非常高興，在後宮設置酒宴，召見淳于髡，賜他酒喝。問他說：「先生要喝多少酒才會醉呢？」淳于髡回答說：「我喝一斗酒也會醉，喝一石酒也會醉。」威王說：「先生喝一斗就醉了，那怎麼能喝一石呢？能把這個道理說給我聽聽嗎？」淳于髡說：「大王當面賞酒給我，執法官站在我的旁邊，御史站在背後，我心驚膽戰，低頭伏地小心地喝，喝不了一斗就會醉。假如父母邀請尊貴的客人來家裡，我捲起袖子，躬著身子，奉酒敬客，客人不時賞我殘酒，屢次舉杯敬酒應酬，我喝不到兩斗就會醉。假如朋友間交遊，已經好久不曾見面而久別重逢，高興地講述往事，傾吐衷腸，那我大約喝五六斗就會醉。至於鄉里之間的聚會，男女雜坐，彼此敬酒，沒有時間的限制，又做六博、投壺一類的遊戲，呼朋喚友，相邀成對。此時，握手言歡不會被懲罰，眉目傳情也不會被禁止，面前有落下的耳環，背後有掉下的髮簪，在這種時候我最開心，甚至喝上八斗酒，也不過只有兩三分醉意。天黑了，酒席也快結束，把殘餘的酒並到一起，大家促膝而坐，男女同席，鞋子、木屐混雜在一起，杯盤雜亂不堪。堂屋裡的蠟燭熄滅後，主人單獨把我留下，並把別的客人送走，綾羅短襖的衣襟已經被解開了，甚至可以略略聞到陣陣香味，這時我心裡最為高興，能喝下一石酒。所以說，酒喝得過多就容易出亂子，歡樂到極點就會發生悲痛之事。所有的事情都是如此。」這番話是說，無論什麼事情都不可走向極端，一旦到了極端就會衰敗。淳于髡藉此婉轉地勸說齊威王。威王說：「好。」於是，威王就停止徹夜歡飲之事，並任用淳于髡為接待諸侯賓客的賓禮官。齊王宗室設置酒宴時，淳于髡也常常作陪。

在淳于髡之後的一百多年，楚國又出現一位優孟。

優孟原是楚國的歌舞藝人。他身高八尺，富有辯才，時常用說笑方式勸誡楚王。楚莊王有一匹非常喜愛的馬，他為牠穿上華美的繡花衣服，養在富麗堂皇的屋子裡，睡在沒有帳幔的床上，用蜜餞來餵牠。馬最後因為肥胖而死，莊王於是派群臣替馬辦喪事，他命令大臣要用棺槨盛殮，依照大夫的禮儀來埋葬馬匹。左右近臣爭論此事，認為不可以這樣做。莊王卻下令說：「有誰再敢進諫葬馬的事，就處以死刑。」優孟聽到此事便走進殿門，仰天大哭。莊王吃驚地問他哭的原因。優孟說：「這匹馬是大王所喜愛的，就憑楚國這樣強大的國家，有什麼事情是辦不到的呢？但大王卻只用大夫的禮儀來埋葬牠，太薄待這匹馬了，請用人君的禮儀來埋葬。」莊王問：「那該怎麼辦呢？」優孟回答說：「我請求用雕刻花紋的美玉做棺材，用細緻的梓木做套材，用楩、楓、豫、樟等名貴木材做護棺的木塊，派士兵給牠挖掘墓穴，讓老人兒童背土築墳，齊國、趙國的使臣在前面陪祭，韓國、魏國的使臣在後面護衛，建立祠廟，用牛、羊、豬祭祀，封給牠萬戶大邑來供奉。諸侯聽到這件事，就都知道大王輕視人而看重馬了。」莊王說：「我的過錯竟然到這種地步了嗎？那該怎麼辦呢？」優孟說：「請大王准許按照埋葬畜牲的辦法來處理：在地上堆個土灶當做套材，用大銅鍋當做棺材，用薑棗調味，用香料解腥，用稻米作祭品，用火作衣服，把牠安葬在人的肚腸中。」於是莊王便把馬交給了主管宮中膳食的太官，不讓天下人傳揚此事。

楚國宰相孫叔敖知道優孟是位賢人，因此待他很好。孫叔敖臨終前，叮囑他的兒子說：「我死後你一定會很貧困，到時你就去拜見優孟，說『我是孫叔敖的兒子。』」幾年後，孫叔敖的兒子果然十分貧困，僅靠賣柴為生。有一次在路上遇到優孟，就對優孟說：「我是孫叔敖的兒子。父親臨終前，囑咐我貧困時就來拜見優孟。」優孟說：「你先不要到別的地方去。」於是，他立即縫製了孫叔敖的衣服和帽子穿戴起來，開始模仿孫叔敖的言談舉止、音容樣貌。一年多之後，他便模仿孫叔敖模仿地維妙維肖，連楚莊王的左右近臣都分辨不出來。楚莊王設置酒宴，優孟上前為莊王敬酒祝福。莊王大吃一驚，以為孫叔敖又復活了，於是便想要讓他做楚相。優孟說：「請允許我回去和妻子商量此事，三日後再來就任楚相。」莊王答應了他。三日後，優孟又來見莊王。莊王問：「你的妻子怎麼說呢？」優孟說：「妻子告訴我千萬別做楚相，楚相不值得做。因為，像孫叔敖那樣做楚相：生前忠誠廉潔地治理楚國，楚王最終才得以稱霸。但如今死了，他的兒子竟無立錐之地，貧困到每天僅靠打柴謀生。如果要像孫叔敖那樣做楚相，還不如自殺。」接著唱道：「住在山野耕田辛苦，難以獲得食物。出外做官，自身貪贓卑鄙的，積有餘財，不顧廉恥。自己死後，家室雖然富足，但又恐懼自身已貪贓枉法，做非法之事犯下大罪，自己被殺，家室也遭誅滅。貪官哪能做呢？想要做個清官，遵紀守法，忠於職守，到死都不敢做非法之事。唉，清官又哪能做呢？像楚相孫叔敖，一生堅持廉潔的操守，現在妻兒老小卻貧困到要靠打柴為生。清官實在不值得做啊！」聽了之後，莊王向優孟表示歉意，並當即召見孫叔敖的兒子，把寢丘這個四百戶之邑封給他，以供祭祀孫叔敖之用。自此之後，十年沒有斷絕。優孟的聰明才智，可以說是正得其宜，抓住了發揮的時機。

在優孟以後二百多年，秦國又出現一位優旃。

優旃是秦國的歌舞藝人，個子非常矮小。他很擅長說笑話，且那些笑話都能合乎大道理。秦始皇時，宮中設置酒宴，正遇上下雨，殿階下執楯站崗的衛士都淋著雨，受著寒風。優旃看見了，就十分憐憫他們，對他們說：「你們想要休息嗎？」衛士們都說：「非常希望。」優旃說：「如果等一下我叫你們，你們要很快地回答我。」一會兒之後，秦始皇在宮殿上開始祝酒，群臣高呼萬歲。此時，優旃靠近欄杆旁大聲喊道：「衛士！」衛士答道：「有。」優旃說：「你們雖然長得高大，但又有什麼好處呢？只能站在外面淋雨。我雖然長得矮小，卻可以在這裡休息。」於是，秦始皇便准許衛士減半值班，輪流接替。

秦始皇曾經計議要擴大射獵的區域，東到函谷關，西到雍縣和陳倉。優旃說：「好。最好多養些禽獸在裡面，敵人如果從東面來侵犯，讓麋鹿用角去抵觸他們就足以應付了。」秦始皇聽到之後，便停止擴大獵場的計劃。

秦二世即位時，想用漆裝飾城牆。優旃說：「好。皇上即使不講，我本來也要請您這樣做的。漆城牆雖然會為百姓帶來愁苦和耗費，可是很美呀！把城牆漆得漂漂亮亮的，敵人來了也爬不上來。但要想成就這件事，塗漆倒是容易的，難辦的是要找一所大房子，把漆過的城牆放進去，使它陰乾。」秦二世聽完之後，便笑了起來，取消這個計劃。不久，秦二世被殺死，優旃歸順漢朝，幾年後也死了。

核心要旨

滑稽是言辭流利、思維敏捷、沒有阻難之意，後世又用作詼諧幽默。此篇的主旨是頌揚淳于髡、優孟、優旃一類的滑稽人物「不流世俗，不爭勢利」的可貴精神，及其非凡的諷諫才能。他們出身雖然微賤，但卻機智聰敏，能言多辯，善於緣理設喻，察情取譬，借事托諷，因而使其言其行起到與「六藝於治一也」的重要作用。

成語精粹

1.一飛沖天：比喻才華一經施展，即有非凡表現。

原典：淳于髡說之以隱曰：「國中有大鳥，止王之庭，三年不蜚又不鳴，不知此鳥何也？」王曰：「此鳥不飛則已，一飛沖天；不鳴則已，一鳴驚人。」

2.一鳴驚人：一出聲就令人吃驚。比喻平時默默無聞，而後卻突然有驚人的表現。

原典：淳于髡說之以隱曰：「國中有大鳥，止王之庭，三年不蜚又不鳴，不知此鳥何也？」王曰：「此鳥不飛則已，一飛沖天；不鳴則已，一鳴驚人。」

3.履舄交錯：鞋零亂的放在一起。比喻賓客眾多，或形容男女於席間雜處，不拘禮節的樣子。

原典：若乃州閭之會，男女雜坐，行酒稽留，六博投壺，相引為曹，握手無罰，目眙不禁，前有墮珥，后有遺簪，髡竊樂此，飲可八斗而醉二參。日暮酒闌，合尊促坐，男女同席，履舄交錯，杯盤狼藉，堂上燭滅，主人留髡而送客，羅襦襟解，微聞薌澤，當此之時，髡心最歡，能飲一石。

4. 樂極則悲：歡樂到了極點，往往會轉生悲哀。

原典：故曰酒極則亂，樂極則悲；萬事盡然，言不可極，極之而衰。」以諷諫焉。

寫作寶典

1. 寓言：含有道德教育或者警世智慧的短篇故事，為文學體裁的一種，通常以簡潔有趣的故事呈現，常隱含作者對人生的觀察和體驗。

例1：威王八年，楚大發兵加齊。齊王使淳于髡之趙請救兵，齎金百斤，車馬十駟。淳于髡仰天大笑，冠纓索絕。王曰：「先生少之乎？」髡曰：「何敢！」王曰：「笑豈有說乎？」髡曰：「今者臣從東方來，見道傍有禳田者，操一豚蹄，酒一盂，祝曰：『甌窶滿篝，汙邪滿車，五穀蕃熟，穰穰滿家。』臣見其所持者狹而所欲者奢，故笑之。」於是齊威王乃益齎黃金千溢，白璧十雙，車馬百駟。髡辭而行，至趙。趙王與之精兵十萬，革車千乘。楚聞之，夜引兵而去。

例2：戴晉人曰：「有所謂蝸者，君知之乎？」曰：「然。」「有國於蝸之左角者曰觸氏，有國於蝸之右角者曰蠻氏，時相與爭地而戰，伏尸數萬，逐北旬有五日而後反。」君曰：「噫！其虛言與？」曰：「臣請為君實之。君以意在四方上下有窮乎？」君曰：「無窮。」曰：「知遊心於無窮，而反在通達之國，若存若亡乎？」君曰：「然。」曰：「通達之中有魏，於魏中有梁，於梁中有王。王與蠻氏，有辯乎？」君曰：「無辯。」客出而君惝然若有亡也。（《莊子．則陽》）

例3：昔秦伯嫁其女於晉公子，令晉為之飾裝，從衣文之媵七十人，至晉，晉人愛其妾而賤公女，此可謂善嫁妾而未可謂善嫁女也。楚人有賣其珠於鄭者，為木蘭之櫃，薰以桂椒，綴以珠玉，飾以玫瑰，輯以翡翠，鄭人買其櫝而還其珠，此可謂善賣櫝矣，未可謂善鬻珠也。今世之談也，皆道辯說文辭之言，人主覽其文而忘有用。墨子之說，傳先王之道，論聖人之言以宣告人，若辯其辭，則恐人懷其文忘其直，以文害用也。此與楚人鬻珠，秦伯嫁女同類，故其言多不辯。（《韓非子．外儲說左上》）

典故　還有一位滑稽之人——西門豹

（一）褚少孫

《史記》自司馬遷逝世後有十篇散失，元帝、成帝之間，由褚少孫補缺。《史記》中有稱「褚先生曰」的地方，都是由他所補述，以有別於「太史公曰」。但一般認為所補的文章文學性和藝術性遠不如司馬遷原作，不過仍具有一定的史料價值，亦有部分內容相當生動，如《史記．滑稽列傳》中的西門豹。

（二）西門豹治鄴

魏文侯時，西門豹任鄴縣令。他問德高望重的長者，地方有沒有讓百姓痛苦的事情。長者說：「因為我們要給河伯娶新娘，所以本地民窮財盡。」又說：「鄴縣的三老、廷掾每年都要向百姓徵收賦稅、搜刮錢財，收取的幾百萬中只用其中的二、三十萬為河伯娶新娘，剩餘的就和祝巫一同瓜分。到了為河伯娶新娘的時候，祝巫看到小戶人家的漂亮女子，便說：『這女子適合作河伯的新娘』，便馬上下聘禮娶去。幫她洗澡洗頭、做新的絲綢花衣、獨自居住並沐浴齋戒。並為此在河邊替她做好供閒居齋戒用的房子，掛起赤黃色和大紅色的綢帳，女子就住在裡面，幫她備辦牛肉酒食。如此經過十幾天後，大家便一起裝飾一個像嫁女兒一樣的床鋪枕席，讓女子坐在上面，然後讓它浮到河中。起初枕席還會在水面上漂浮，漂了幾十里便沉沒了。那些有漂亮女兒的人家，都擔心祝巫替河伯把她們娶走，因此大多都帶著自己的女兒逃離這裡。也因為這樣，城裡越來越空蕩，導致更加貧困，這種情況已經很久了。百姓中都流傳一句俗語：假如不替河伯娶新娘，就會大水氾濫，把百姓都淹死。」西門豹說：「幫河伯娶媳婦的時候，希望三老、巫祝、父老都到河邊去送新娘，也請你們來告訴我，我也要去送送這個女子。」

到了為河伯娶新娘的日子，西門豹到河邊與長老相會。三老、官員、有錢有勢的人、地方上的父老也都聚集在此，看熱鬧的百姓也有二、三千人。女巫是個七十多歲的老婆婆，跟著她來的女弟子有十幾個人，都身穿絲綢的單衣，站在女巫後面。西門豹說：「把河伯的新娘叫過來，我要看看她長得漂不漂亮。」人們馬上扶著女子走出帷帳，走到西門豹面前。西門豹看了看，回頭對三老、巫祝、父老們說：「這個女子不漂亮，麻煩大巫祝為我到河裡稟報河伯，需要重新再找一個漂亮的女子，過幾天再送她過去。」差役們就一起抱起女巫，把她拋到河中。一陣子後，西門豹說：「她怎麼去這麼久？叫弟子去催催她！」便把她的一個弟子拋到河中。又過了一陣子，說：「她怎麼也這麼久？再派一個人去！」便又拋一個弟子到河中。西門豹說：「巫婆、弟子都是女人，沒辦法把事情說清楚。請三老替我去說明情況。」便把三老拋到河中。西門豹彎著腰，恭恭敬敬地面對河站著，等了很久。長老、廷掾都驚慌害怕地站在旁邊。西門豹說：「巫婆、三老都不回來，那怎麼辦呢？」這些人嚇得在地上叩頭，把頭都叩破，額頭上的血流了一地，臉色像死灰一樣。西門豹說：「我們暫且留下來再等他們一陣子。」過了一會兒後，西門豹說：「廷掾可以起來了，看樣子河伯留客很久，大家都回家去吧！」

鄴縣的官吏和百姓都非常驚恐，從此以後再不敢提起為河伯娶新娘的事了。

西門豹接著就徵召百姓開挖十二條渠道，把黃河的水引來灌溉農田，使田地都得到灌溉。當百姓因為開渠而感到有些厭煩勞累時，就不願意再做這件事情。西門豹說：「可以和百姓一起共同為成功而快樂，但不可以和他們一起考慮事情。現在，父老子弟雖然認為是因我而受害、受苦，但可以預期百年以後父老子孫會想起我今天說過的話。」一直到現在鄴縣都還受益於此，百姓也因此生活富裕。十二條河渠橫穿御道，到漢朝建立時，地方官吏認為這十二條河渠上的橋樑截斷御道，彼此相距又很近，因此想要合併渠水。但鄴地的百姓不肯聽從地方官吏的意見，認為那些渠道是經西門先生規劃開鑿的，而賢良長官的法度規範是不能更改的。地方長官最後終於聽取大家的意見，放棄並渠計劃。所以西門豹做鄴縣令時，名聞天下，恩德流傳後世，難道能說他不是賢大夫嗎？

貨殖列傳

古文鑑賞

出題率 ★★

傳說時代
春秋戰國
秦
楚漢相爭
漢

故曰：「倉廩❶實而知禮節，衣食足而知榮辱。」

禮生於有❷而廢於無❸。故君子富，好行其德；小人富，以適其力❹。淵深而魚生之，山深而獸往之，人富而仁義附❺焉。富者得埶益彰，失埶則客無所之❻，以而❼不樂。夷狄❽益甚。諺曰：「千金之子❾，不死於市❿。」此非空言也。故曰：「天下熙熙⓫，皆為利來；天下壤壤⓬，皆為利往。」夫千乘之王，萬家之侯，百室之君，尚猶患⓭貧，而況匹夫編戶之民乎！

昔者越王句踐困於會稽之上，乃用范蠡、計然。計然曰：「知鬥則修備⓮，時用⓯則知物，二者形⓰則萬貨之情可得而觀已。故歲在金，穰；水，毀；木，饑；火，旱⓱。旱則資舟⓲，水則資車，物之理也。六歲穰，六歲旱，十二歲一大饑。夫糶⓳，二十病⓴農，九十病末㉑。末病則財不出，農病則草

【注釋解析】

❶廩：糧倉。
❷有：富有。
❸無：匱乏，貧窮。
❹適其力：適當地使用自己的勞力。適，適宜。
❺附：附著，增益。
❻客：門客，食客。無所之：無處容身。
❼以而：因而。
❽夷狄：泛指少數民族。
❾千金之子：千金之家的子弟。指富家子弟。
❿不死於市：不會因犯法而在市上被處死。
⓫熙熙：形容擁擠、熱鬧的樣子。
⓬壤壤：通「攘攘」，紛亂的樣子，與「熙熙」同義。
⓭尚猶：尚且還。患：憂慮，擔心。
⓮鬥：打仗。修備：做好準備。
⓯時：時間，季節。用：用途，使用。
⓰形：對照。
⓱穰：豐收。毀：歉收。饑：饑荒。旱：乾旱。
⓲資舟：囤積船隻。
⓳糶：賣糧食。
⓴病，損害。
㉑末：指工商業，與本（農）相對。
㉒辟：開墾，開闢。
㉓減：低於，少於。

不辟㉒矣。上不過八十，下不減㉓三十，則農末俱利，平糶齊物㉔，關市不乏，治國之道也。積著㉕之理，務完物㉖，無息㉗幣。以物相貿易，腐敗而食㉘之貨勿留，無敢居貴。論㉙其有餘不足，則知貴賤。貴上極則反賤，賤下極則反貴。貴出如糞土，賤取如珠玉。財幣欲㉚其行如流水。」修㉛之十年，國富，厚賂㉜戰士，士赴矢石㉝，如渴得飲，遂報㉞強吳，觀兵中國㉟，稱號「五霸㊱」。

范蠡既㊲雪會稽之恥，乃喟然㊳而嘆曰：「計然之策七，越用其五而得意㊴。既已施於國，吾欲用之家。」乃乘扁舟浮㊵於江湖，變名易姓，適齊為鴟夷子皮㊶，之㊷陶為朱公。朱公以為陶天下之中㊸，諸侯四通，貨物所交易㊹也。乃治產積居。與時逐而不責㊺於人。故善治生㊻者，能擇人而任時㊼。十九年之中三致㊽千金，再分散與貧交疏昆弟㊾。此所謂富好行其德者也。後年衰老而聽㊿子孫，子孫修業而息(51)之，遂至巨萬。故言富者皆稱(52)陶朱公。

子贛(53)既學於仲尼，退而仕於衛，廢著鬻財(54)於曹、魯之間，七十子之徒，賜最為饒益。原憲不厭(55)糟糠，匿於窮巷。

㉔平糶：平價賣糧。齊物：同等貨物。
㉕積著：積儲。指囤積貨物。
㉖務：務須，務求。完物：完好牢固的貨物。
㉗息：滯留，停息。
㉘腐敗而食：腐敗而易蝕。食，即「蝕」。
㉙論：研究，論斷。
㉚欲：要想，想使。
㉛修：整治，治理。
㉜厚賂：重金收買，重賞。
㉝赴矢石：指赴戰場。赴，奔赴危險境地。
㉞報：報復，報仇。
㉟觀兵：炫耀兵力。觀，顯示。中國：指中原地區。
㊱五霸：春秋時先後稱霸的五個諸侯。指齊桓公、晉文公、楚莊公、吳王闔閭、越王句踐。
㊲既：已經。
㊳喟然：嘆息的樣子。
㊴得意：滿足意願，實現願望。
㊵扁舟：小船。浮：漂泊。
㊶適：到……去。鴟夷：亦作「鴟鴺」，皮製的口袋，也用來盛酒。
㊷之：到……去。
㊸中：中心。
㊹交：交流。易：容易，方便。
㊺責：責求，要求。
㊻治生：經營產業。

子貢結駟連騎，束帛之幣以聘享諸侯，所至，國君無不分庭與之抗禮。夫使孔子名布揚於天下者，子貢先後56之也。此所謂得埶而益彰者乎？

白圭，周人也。當魏文侯時，李克務盡地力57，而白圭樂觀時變，故人棄我取，人取我與。夫歲孰58取穀，予之絲漆；繭出取帛絮，予之食。太陰在卯，穰59；明歲衰惡。至午，旱；明歲美。至酉，穰；明歲衰惡。至子，大旱；明歲美，有水。至卯，積著率歲倍60。欲長錢，取下穀；長石斗，取上種61。能薄飲食62，忍嗜欲，節衣服，與用事僮僕同苦樂，趨時若猛獸摯鳥之發63。故曰：「吾治生產，猶伊尹、呂尚之謀，孫吳用兵，商鞅行法是也。是故其智不足與權變，勇不足以決斷，仁不能以取予，強不能有所守，雖欲學吾術，終不告之矣。」蓋天下言治生祖64白圭。白圭其有所試矣，能試有所長，非苟65而已也。

猗頓用盬鹽起66。而邯鄲郭縱以鐵冶成業67，與王者埒68富。

烏氏倮牧，及眾69，斥賣，求奇繒物，間獻遺70戎王。戎

---

47 擇人：擇用賢人。任時：把握時效。
48 致：取得，得到。
49 再：兩次。與：給予。貧交：貧窮的朋友。疏昆弟：遠房同姓的兄弟。
50 聽：聽任，任憑。
51 息：增長，增利。
52 稱：稱頌，讚譽。
53 子贛：即子貢。
54 廢著：賣貴買賤。廢，賣出。鬻財：經商。
55 厭：同「饜」，飽。
56 先後：輔助，相助。
57 務：致力於。盡地力：竭力開發土地資源。
58 歲孰：每年穀物成熟。指一年的農事收成。
59 太陰：指木星。卯：地支的第四位。穰：豐收年。
60 積著：積儲。率：大致，大概。歲倍：每年增長一倍。
61 上種：上等穀物。
62 薄飲食：不講究吃喝。薄，輕視。
63 趨時：爭取時機，捕捉時機。若：好像。摯：通「鷙」，兇猛。發：奮發，指動作迅捷。
64 祖：效法。
65 苟：不嚴肅。
66 用：以，由於。盬：古鹽池名。起：起家，發家。
67 成業：成就家業。

王什倍其償，與之畜，畜至用谷量馬牛71。秦始皇帝令倮比封君72，以時與列臣朝請。而巴寡婦清，其先得丹穴，而擅其利數世，家亦不訾。清，寡婦也，能守其業，用財自衛，不見侵犯。秦皇帝以為貞婦而客之，為築女懷清臺。夫倮鄙人牧長，清窮鄉寡婦，禮抗萬乘，名顯天下，豈非以富邪？

68 埒：相等，等同。
69 及眾：等到牲畜繁殖眾多時。
70 閒：秘密地，悄悄地。遺：贈送，給予。
71 至：以至，甚至。用谷量馬牛：意爲給的馬牛過多，無法用「匹」、「頭」計算。
72 比封君：與封君並列，地位差不多。比，比照、並列、挨著。

白話解讀

所以說：「糧倉充實，百姓才會懂得禮節；衣食豐足，百姓才會知曉榮辱。」禮產生於富有，而廢棄於貧窮。因此，君子富有，就喜好去做仁德之事；小人富有，則會隨心所欲地做他能做的事。江河深，魚就會在那裡生存；山林深，野獸就會在那裡藏身；人一旦富有，仁義就會依附他。富有者得了勢，就會越來越顯赫；失了勢，依附於他的賓客也會因無處容身，而心情不快。在夷狄那裡，這種情況更為明顯。諺語說：「家有千金的人，不會因犯法受刑而死於鬧市。」這並不是空話。所以說：「天下之人，熙熙攘攘，都是為利而來，為利而往。」那些擁有千輛兵車的天子，享有萬戶封地的諸侯，佔有百室封邑的大夫，都擔心貧窮，更何況是編入戶口冊內的普通百姓呢？

從前，越王句踐被圍困在會稽山上時，任用范蠡、計然。計然說：「既然知道要打仗，就要為備戰做準備；了解貨物何時為人需求，才算懂得商品貨物。善於將時間與需求二者相對照，各種貨物的供需行情就能看得很清楚。所以，歲在金時，就豐收；歲在水時，就歉收；歲在木時，就饑饉；歲在火時，就乾旱。旱時，就要備船以待澇；澇時，就要備車以待旱，這樣做才符合事物發展的規律。一般說來，六年一豐收，六年一乾旱，十二年有一次大饑荒。出售糧食時，每斗價格二十錢，農民就會受到損害；每斗價格九十錢，則商人就會損失。商人受損失，錢財就不能流通到社會；農民受損害，田地就會荒蕪。因此，糧價每斗價格最高不能超過八十錢，最低不少於三十錢，那麼農民和商人都能得利。糧食平價出售，也能抑制調整其他物價，關卡稅收和市場供應都不會缺乏，這才是治國之道。至於積儲貨物，應當務求完好牢靠，沒有滯留的貨品資金。買賣貨物，凡屬容易腐敗和腐蝕的物品不要久藏，切忌冒險囤居以求高價。研究商品過剩或短缺的情況，就會懂得物價漲跌的道理。物價貴到極點時，就會返歸於低賤；物價低到極點，就會返歸於高貴。當貨物價格貴到極點時，要及時賣出，視同糞土；當貨物價格低到極點時，要即時購進，視同珠寶。貨物錢幣的流通周轉要如同流水。」句踐照著計然的策略治國十年，於是越國越來越富有，便能用重金去收買兵士，使兵士們衝鋒陷陣，不顧箭射石擊，就像口渴時求得飲水一般。最後終於可以報仇雪恥，滅掉吳國，繼而耀武揚威於中原，號稱「五霸」之一。

范蠡既已協助越王洗雪會稽被困之恥，便長嘆道：「計然的策略有七條，越國只用了其中五條，就實現雪恥的願望。既然施用於治國很有效，那我要把它用於治家。」於是，他便乘坐小船漂泊江湖，改名換姓，到齊國改名叫鴟夷子皮，到陶邑改名叫朱公。朱公認為陶邑居於天下中心，與各地諸侯國四通八達，交流貨物十分便利。於是就在此治理產業，囤積居奇，隨機應變，與時逐利，而不責求他人。善於經營致富的人，也要能擇用賢人並把握時機。在十九年間，他共賺得千金之財三次，其中兩次分散給貧窮的朋友和遠房同姓的兄弟。這就是所謂，君子富有便喜好去做仁德之事。范蠡後來年老力衰而聽憑子孫時，子孫繼承他的事業也有所發展，終致巨萬家財。所以，後世談論富翁時，都稱頌陶朱公。

子貢曾在孔子門下學習，離開後到衛國做官，又利用賣貴買賤的方法在曹國和魯國之間經商，孔門七十多個高徒之中，端木賜（即子貢）是最為富有的。孔子的另一位高徒原憲卻窮的連糟糠都吃不飽，隱居在簡陋的小巷子裡。而子貢乘坐四馬並轡齊頭牽引的車子，攜帶束帛厚禮去訪問、饋贈諸侯。他所到之處，國君與他只行賓主之禮，不行君臣之禮。使孔子得以名揚天下的其中一個原因，是因為有子貢在人前人後輔助他。這就是所謂，得到形勢之助而使名聲更加顯著吧！

白圭是西周人。當魏文侯在位時，李克正致力於開發土地資源，而白圭卻喜歡觀察市場行情和年景豐歉的變化。所以當貨物過剩低價拋售時，他就收購；當貨物不足高價索求時，他就出售。穀物成熟時，他買進糧食，出售絲、漆；蠶繭結成時，他買進絹帛綿絮，出售糧食。他了解太歲在卯位時，五穀豐收，轉年年景會不好。太歲在午宮時，會發生旱災，轉年年景會很好。太歲在酉位時，五穀豐收，轉年年景會變壞。太歲在子位時，天下會大旱，轉年年景會很好，並有雨水。太歲復至卯位時，他囤積的貨物大致比常年要增加一倍。要增加錢財收入時，他便收購質地較次的穀物；要增加穀子石斗的容量時，他便去買質地上等的穀物。他能不講究吃喝，控制嗜好，節省穿戴，與僱用的奴僕同甘共苦，掌握賺錢的時機就像猛獸猛禽捕捉食物那樣迅捷。因此他說：「我做經商致富之事，就像伊尹、呂尚籌劃謀略，孫子、吳起用兵打仗，商鞅推行變法那樣。所以，如果一個人的智慧不夠隨機應變，勇氣不夠果敢決斷，仁德不能夠正確取捨，強健不能夠有所堅守，就算他想學習我的經商致富之術，我也不會教給他的。」因而，天下人談論經商致富之道都效法白圭。白圭大概也是嘗試過許多次後，才能有所成就，這不是隨便馬虎行事就能成功的。

猗頓是靠經營池鹽起家。而邯鄲郭縱以冶鐵成就家業，其財富可與王侯相比。

烏氏倮經營畜牧業，等到牲畜繁殖眾多時，便全部賣掉，再購求各種奇異之物和絲織品，暗中獻給戎王。戎王以多於十倍所獻的物品償還給他，送他的牲畜多到要以山谷為單位來計算數量。秦始皇詔令烏氏倮位與封君同列，按規定時間同諸大臣進宮朝拜。而巴郡寡婦清的先祖自得到硃砂礦後，獨攬其利達好幾代人，家產也多得不計其數。清是個寡婦，還能守住先人的家業，用錢財來保護自己，不被別人侵犯。秦始皇因此認為她是個貞婦而以客禮對待她，並為她修築女懷清臺。烏氏倮不過是個邊鄙之人、畜牧主，巴郡寡婦清也只是個窮鄉僻壤的寡婦，他們卻能與皇帝分庭抗禮，名揚天下，難道不是因為他們富有嗎？

核心要旨

此篇是專門記敘從事「貨殖」活動的傑出人物類傳，也是反映司馬遷經濟思想和物質觀的重要篇章。「貨殖」是指謀求「滋生資貨財利」以致富的活動，即利用貨物的生產與交換，進行商業活動，以從中生財求利。司馬遷所指的貨殖，還包括各種手工業，以及農、牧、漁、礦山、冶煉等行業的經營在內。

通過介紹大貨殖家的言論、事蹟、社會經濟地位，他們所處的時代、重要經濟地區的特產商品、有名的商業城市和商業活動、各地的生產情況和社會經濟發展的特點，敘述他們的致富之道，表述自己的經濟思想，以便「後世得以觀擇」。

成語精粹

1. 人棄我取：原指商人廉價收買滯銷物品，待漲價賣出以獲取厚利。後用來表示不與別人競爭，仍然有好處。

原典：白圭，周人也。當魏文侯時，李克務盡地力，而白圭樂觀時變，故人棄我取，人取我與。夫歲孰取穀，予之絲漆；繭出取帛絮，予之食。太陰在卯，穰；明歲衰惡。至午，旱；明歲美。至酉，穰；明歲衰惡。至子，大旱；明歲美，有水。至卯，積著率歲倍。

2. 熙熙壤壤／攘往熙來：形容人來人往，喧鬧紛雜。

原典：諺曰：「千金之子，不死於市。」此非空言也。故曰：「天下熙熙，皆為利來；天下壤壤，皆為利往。」夫千乘之王，萬家之侯，百室之君，尚猶患貧，而況匹夫編戶之民乎！

寫作寶典

1. 虛數：多用來誇飾或形容很多次數、物品。像是百、千此類的字多是虛數。

例1：烏氏倮牧，及眾，斥賣，求奇繒物，閒獻遺戎王。戎王**什倍**其償，與之畜，畜至用谷量馬牛。秦始皇帝令倮比封君，以時與列臣朝請。

例2：夫倮鄙人牧長，清窮鄉寡婦，禮抗**萬乘**，名顯天下，豈非以富邪？

例3：三思而後行。**三**折肱而成良醫。

2. 實數：可以明確指出數字包含哪些次數、物品。

例1：三姑六婆：三姑——尼姑、道姑、卦姑；六婆——牙婆、媒婆、師婆、虔婆、藥婆、穩婆。

例2：六神無主：六神——道家認為人的心、肺、肝、腎、脾、膽各有神靈主宰，稱為六神，泛指心神。

例3：七情六慾：七情——喜、怒、哀、懼、愛、惡、欲；六慾——色欲、形貌欲、姿態欲、言語聲音欲、細滑欲、人想欲。

典故 干支

干支是天干與地支的合稱，由兩者經一定的組合方式搭配成六十對，為一個周期，循環往復，稱為六十甲子或六十花甲子。中國古代用以記錄年、月、日。日本、朝鮮、越南、琉球等漢字文化圈地區也曾跟隨中國，使用干支來記錄時間。用干支紀年法紀年時，一個周期為六十年，稱為一甲子。因此甲子也用於形容六十歲的老年人。

天干：甲、乙、丙、丁、戊、己、庚、辛、壬、癸。

地支：子（23時至1時）、丑（1時至3時）、寅（3時至5時）、卯（5時至7時）、辰（7時至9時）、巳（9時至11時）、午（11時至13時）、未（13時至15時）、申（15時至17時）、酉（17時至19時）、戌（19時至21時）、亥（21時至23時）。

太史公自序

古文鑑賞

夫陰陽四時、八位、十二度、二十四節各有教令❶，順之者昌，逆之者不死則亡，未必然也，故曰「使人拘而多畏」。夫春生夏長，秋收冬藏，此天道之大經❷也，弗順則無以為天下綱紀，故曰「四時之大順，不可失也」。夫儒者以《六藝》❸為法。六藝經傳❹以千萬數，累世不能通其學，當年❺不能究其禮，故曰「博而寡要，勞而少功」。若夫列君臣父子之禮，序夫婦長幼之別，雖百家弗能易也。墨者亦尚堯舜道，言其德行曰：「堂高三尺，土階三等❻，茅茨不翦❼，采椽不刮。食土簋❽，啜土刑❾，糲粱之食，藜藿❿之羹。夏日葛衣，冬日鹿裘。」其送死，桐棺三寸，舉音不盡其哀。教喪禮，必以此為萬民之率⓫。使⓬天下法若此，則尊卑無別也。夫世異時移，事業不必同，故曰「儉而難遵」。要曰彊本節用，則人給⓭家足之道也。此墨子之所長，雖百長弗能廢也。法家不別親

出題率★

傳說時代
春秋戰國
秦
楚漢相爭
漢

【注釋解析】

❶八位：指八卦的方位。十二度：指十二星次。為我國古代量度星辰所在的位置，把黃道帶分成十二個部分，稱「十二次」。教令：指各種宜、忌的規定。
❷經：常道，常規。
❸《六藝》：即《六經》。包括《詩》、《書》、《易》、《禮》、《樂》、《春秋》等六種儒家經典。
❹經：指六經本文。傳：註釋或講解經義的文字。
❺當年：有生之年。
❻等：臺階的層級。
❼翦，同「剪」。
❽簋：古時盛食物的圓形器具。
❾刑：通「鉶」，盛羹的器皿。
❿藜：一種野草，初生時可食。藿：豆葉。
⓫率：標準，規格。
⓬使：假使。
⓭給：足，豐足。
⓮殊：不同。
⓯分職：即名分和職分。
⓰苛察：苛刻繁瑣。繳繞：纏繞，糾纏不清。
⓱控：規制。名：概念。責：求。實：實際。
⓲參伍：錯綜比較，以為驗證。參，三。伍，

疏⑭，不殊貴賤，一斷於法，則親親尊尊之恩絕矣。可以行一時之計，而不可長用也，故曰「嚴而少恩」。若尊主卑臣，明分職⑮不得相踰越，雖百家弗能改也。名家苛察繳繞⑯，使人不得反其意，專決於名而失人情，故曰「使人儉而善失真」。若夫控名責實⑰，參伍⑱不失，此不可不察也。道家無為，又曰無不為，其實易行，其辭難知。其術以虛無為本，以因循⑲為用。無成埶，無常形，故能究萬物之情。不為物先，不為物後，故能為萬物主⑳。有法無法，因時為業；有度無度，因物與合。故曰「聖人不朽，時變是守。虛者道之常㉑也，因㉒者君之綱」也。群臣並至，使各自明也。其實中其聲者謂之端㉓，實不中其聲者謂之窾㉔。窾言不聽，姦乃不生，賢不肖自分，白黑乃形。在所欲用耳，何事不成。乃合大道，混混冥冥。光燿㉕天下，復反㉖無名。凡人所生者神也，所託者形也。神大用則竭，形大勞則敝，形神離則死。死者不可復生，離者不可復反，故聖人重之。由是觀之，神者生之本也，形者生之具也。不先定其神，而曰「我有以治天下」，何由哉？

太史公既掌天官，不治民。有子曰遷。

五。

⑲因循：順應自然。

⑳主：主宰。

㉑常：規律，準則。

㉒因：因循。

㉓中：符合。端：正。

㉔窾：空。

㉕燿：同「耀」。

㉖反：同「返」。

㉗古文：用先秦古文字書寫的古書。

㉘浮：行船，航行。

㉙講業：研討學問。講，研究、商討。

㉚鄉射：古代的射禮。

㉛略：巡行，奪取。

㉜報命：覆命。

㉝封：古代帝王在泰山上築壇祭天的活動。

㉞與：參加。

㉟且：將要。

㊱無：通「毋」，不要。

㊲則之：以之爲準則。

㊳獲麟：《春秋‧哀公十四年》：「春，西狩獲麟。」《春秋》絕筆於獲麟。自魯哀公十四年（西元前四八一年）至漢元封元年（西元前一一〇年）凡三百七十一年。有：用在整數和零數之間，相當於「又」。

㊴放絕：棄置中斷。放，散失。絕，中斷。

遷生龍門，耕牧河山之陽。年十歲則誦古文㉗。二十而南游江、淮，上會稽，探禹穴，闚九疑，浮㉘於沅、湘；北涉汶、泗，講業㉙齊、魯之都，觀孔子之遺風，鄉射㉚鄒、嶧；戹困鄱、薛、彭城，過梁、楚以歸。於是遷仕為郎中，奉使西征巴、蜀以南，南略㉛邛、筰、昆明，還報命㉜。

是歲天子始建漢家之封㉝，而太史公留滯周南，不得與㉞從事，故發憤且㉟卒。而子遷適使反，見父於河洛之間。太史公執遷手而泣曰：「余先周室之太史也。自上世嘗顯功名於虞夏，典天官事。後世中衰，絕於予乎？汝復為太史，則續吾祖矣。今天子接千歲之統，封泰山，而余不得從行，是命也夫，命也夫！余死，汝必為太史；為太史，無㊱忘吾所欲論著矣。且夫孝始於事親，中於事君，終於立身。揚名於後世，以顯父母，此孝之大者。夫天下稱誦周公，言其能論歌文武之德，宣周邵之風，達太王王季之思慮，爰及公劉，以尊后稷也。幽厲之後，王道缺，禮樂衰，孔子修舊起廢，論《詩》《書》，作《春秋》，則學者至今則之㊲。自獲麟以來四百有㊳餘歲，而諸侯相兼，史記放絕㊴。今漢興，海內一統，明主賢君忠臣死義㊵

㊵死義：爲義而死。
㊶次：按次序編列，排列。
㊷闕：遺漏。
㊸紬：綴集。石室金匱：國家收藏圖書之處。
㊹在此之前，漢沿襲秦制，以夏曆的十月爲歲首。太初元年改用太初曆，以正月爲歲首。
㊺明堂：古代帝王宣明政教的地方。
㊻先人：指司馬談。
㊼本：以……爲本，以……爲根據。
㊽讓：辭讓，推辭。
㊾董生：董仲舒。
㊿壅：阻撓。
(51)是非：褒貶。以是爲是，以非爲非。
(52)三王：指夏禹、商湯、周文王。
(53)紀：法度，準則。
(54)經紀：安排，料理。
(55)風：風土人情。
(56)豪：通「毫」。
(57)賊：殺人者。
(58)權：權變，變通。
(59)垂：流傳。
(60)咸：都，全。序：依次序排列。
(61)至：極。
(62)符瑞：祥瑞的徵兆，吉兆。
(63)改正朔：修訂曆法。正，一年的開始。朔，一月的開始。正朔，即一年的第一天。

之士，余為太史而弗論載，廢天下之史文，余甚懼焉，汝其念哉！」遷俯首流涕曰：「小子不敏，請悉論先人所次㊶舊聞，弗敢闕㊷。」

卒三歲而遷為太史令，紬史記石室金匱㊸之書。五年而當太初元年，十一月甲子朔旦冬至，天歷始改㊹，建於明堂㊺，諸神受紀。

太史公曰：「先人㊻有言：『自周公卒五百歲而有孔子。孔子卒後至於今五百歲，有能紹明世，正《易傳》，繼《春秋》，本㊼《詩》《書》《禮》《樂》之際？』意在斯乎！意在斯乎！小子何敢讓㊽焉。」

上大夫壺遂曰：「昔孔子何為而作《春秋》哉？」太史公曰：「余聞董生㊾曰：『周道衰廢，孔子為魯司寇，諸侯害之，大夫壅㊿之。孔子知言之不用，道之不行也，是非51二百四十二年之中，以為天下儀表，貶天子，退諸侯，討大夫，以達王事而已矣。』子曰：『我欲載之空言，不如見之於行事之深切著明也。』夫《春秋》，上明三王52之道，下辨人事之紀53，別嫌疑，明是非，定猶豫，善善惡惡，賢賢賤

64 穆清：指天。
65 罔極：無邊，無極。
66 重譯：多次翻譯，重譯。款塞：叩塞門，意即外族前來通好。
67 墮：毀壞。
68 論次：按次序論述。
69 漢武帝天漢二年（西元前九九年）。騎都尉李陵擊匈奴，至浚稽山被圍，苦戰力竭而降。太史令司馬遷因言陵事，得罪下獄，受處宮刑。
70 縲紲：系犯人的繩索，此指牢獄。
71 惟：思，考慮。
72 《詩》《書》：《詩經》和《尚書》。《尚書》，儒家經書之一，是一部先秦文獻彙編，內容以上古及夏、商、西周君臣講話記錄爲主。從漢武帝設立五經博士開始，其經書地位從未動搖。《尚書》的成書、整理、流傳過程極爲複雜，歷史上出現過多個書寫字體、篇卷構成、具體內容不同的版本；部份曾經由帝王朝廷組織學者整理、校勘，頒布「定本」。今本的主體部份至遲出現於東晉；其部份篇目內容的來源可靠性從南宋開始遭受懷疑。在四庫全書中爲經部，但是爲最早史書及散文之祖。
73 遂：通，達。
74 西伯拘羑里：西伯爲周文王，姬昌，商朝末期周氏族的首領，兒子周武王追諡他爲周文王，後世視之爲道統的傳人之一。任用太顛、散宜

不肖，存亡國，繼絕世，補敝起廢，王道之大者也。《易》著天地陰陽四時五行，故長於變；《禮》經紀54人倫，故長於行；《書》記先王之事，故長於政；《詩》記山川谿谷禽獸草木牝牡雌雄，故長於風55；《樂》樂所以立，故長於和；《春秋》辯是非，故長於治人。是故《禮》以節人，《樂》以發和，《書》以道事，《詩》以達意，《易》以道化，《春秋》以道義。撥亂世反之正，莫近於《春秋》。《春秋》文成數萬，其指數千。萬物之散聚皆在《春秋》。《春秋》之中，弒君三十六，亡國五十二，諸侯奔走不得保其社稷者不可勝數。察其所以，皆失其本已。故《易》曰『失之豪56釐，差以千里』。故曰『臣弒君，子弒父，非一旦一夕之故也，其漸久矣』。故有國者不可以不知《春秋》，前有讒而弗見，後有賊57而不知。為人臣者不可以不知《春秋》，守經事而不知其宜，遭變事而不知其權58。為人君父而不通於《春秋》之義者，必蒙首惡之名。為人臣子而不通於《春秋》之義者，必陷篡弒之誅，死罪之名。其實皆以為善，為之不知其義，被之空言而不敢辭。夫不通禮義之旨，至於君不君，臣不臣，父不父，子不子。夫君不君則

生等能人，國力日盛，卻爲紂所忌，因之於羑里，期間寫下《周易》一書。

75 《周易》：又稱《易經》。中國最古老的文獻之一，並被儒家尊爲「五經」之始。一般說的上古三大奇書包括《黃帝內經》、《易經》、《山海經》。《易經》以一套符號系統來描述狀態的簡易、變易、不易，表現中國古典文化的哲學和宇宙觀。它的中心思想，是以陰陽的交替變化描述世間萬物。《易經》最初用於占卜和預報天氣，但它的影響遍及中國的其他各個不同領域，是一部無所不包的巨著。

76 戹：窮困，災難。

77 《春秋》：本指先秦時代各國的編年體史書，但後世不傳，現在指唯一留存至今的魯國《春秋》。魯《春秋》可能是孔子的作品或該國史官的集體創作，流傳至漢朝被尊爲五經之一，在四庫全書中屬於經部，十三經之一。此書記載從魯隱公元年（西元前七二二年）到魯哀公十四年（西元前四八一年）間魯國與眾諸侯國的大事，也是中國現存最早的編年體史書。《春秋》一書的體例就像各年月的新聞標題彙編，意不在史而在「義」。

78 《離騷》：是戰國時期楚國詩人屈原收錄於《楚辭》中的著名作品，其準確寫作年份迄無定論。是中國最長的抒情詩。全詩訴說屈原的政治理想，批評小人的誹謗打擊與楚王的妄信

犯，臣不臣則誅，父不父則無道，子不子則不孝。此四行者，天下之大過也。以天下之大過予之，則受而弗敢辭。故《春秋》者，禮義之大宗也。夫禮禁未然之前，法施已然之後；法之所為用者易見，而禮之所為禁者難知。」

壺遂曰：「孔子之時，上無明君，下不得任用，故作《春秋》，垂[59]空文以斷禮義，當一王之法。今夫子上遇明天子，下得守職，萬事既具，咸各序[60]其宜，夫子所論，欲以何明？」

太史公曰：「唯唯，否否，不然。余聞之先人曰：『伏羲至[61]純厚，作《易》八卦。堯舜之盛，《尚書》載之，《禮》《樂》作焉。湯武之隆，詩人歌之。《春秋》采善貶惡，推三代之德，褒周室，非獨刺譏而已也。』漢興以來，至明天子，獲符瑞[62]，封禪，改正朔[63]，易服色，受命於穆清[64]，澤流罔極[65]，海外殊俗，重譯款塞[66]，請來獻見者，不可勝道。臣下百官力誦聖德，猶不能宣盡其意。且士賢能而不用，有國者之恥；主上明聖而德不布聞，有司之過也。且余嘗掌其官，廢明聖盛德不載，滅功臣世家賢大夫之業不述，墮[67]先人所言，罪

讒言，理想雖遭破壞，但自己決不妥協。又設想上天下地，上叩帝閽，但天門不開，屈原陳志無路，於是有去國遠逝之想，又望見自己的故鄉，最後決定以身殉國。對於《離騷》名稱的本意，各家有不同的解讀，司馬遷在《史記．屈原列傳》中解釋爲「離憂」；班固指「離」爲「罹」，解成「遭憂作辭」；王逸在《楚辭章句》中解釋爲「別愁」；亦有人解釋爲「楚國曲名『勞商』的異寫」。

79 左丘失明：相傳爲春秋末期魯國史學家，爲《左傳》和《國語》的作者。《左傳》重記事，《國語》重記言。《左傳》爲解釋另一歷史著作《春秋》的作品。戰國時期，《左傳》成爲儒家學派的經典之一。據說左丘明是盲人史官，與孔子同時代或在其前。司馬遷在《史記》中稱其爲「魯君子」，又說他失明或無目。

80 厥：乃，才。

81 《國語》：中國國別史之祖，在四庫全書之中爲史部雜史類。記錄周朝王室和魯國、齊國、晉國、鄭國、楚國、吳國、越國等諸侯國之歷史。上起周穆王西征犬戎（約西元前九四七年），下至智伯被滅（西元前四五三年）。

82 臏：膝蓋骨，特指古代一種剔除膝蓋骨的酷刑。腳：小腿。

83 《兵法》：作者爲春秋末期的齊國人孫武，因

莫大焉。余所謂述故事，整齊其世傳，非所謂作也，而君比之於《春秋》，謬矣。」

於是論次68其文。七年而太史公遭李陵之禍69，幽於縲紲70。乃喟然而嘆曰：「是余之罪也夫！是余之罪也夫！身毀不用矣。」退而深惟71曰：「夫《詩》《書》72隱約者，欲遂73其志之思也。昔西伯拘羑里74，演《周易》75；孔子戹76陳蔡，作《春秋》77；屈原放逐，著《離騷》78；左丘失明79，厥80有《國語》81；孫子臏腳82，而論《兵法》83；不韋遷蜀，世傳《呂覽》84；韓非囚秦，《說難》、《孤憤》85；《詩》三百篇，大抵賢聖發憤之所為作也。此人皆意有所郁結，不得通其道也，故述往事，思來者。」於是卒述陶唐以來，至於麟止86，自黃帝始。

此又稱之爲「孫子兵法」。一般認爲，其成書於專諸刺吳王僚之後至闔閭三年孫武見吳王之間。全書爲十三篇，是孫武初次見面贈送給吳王的見面禮。事見司馬遷《史記．孫子吳起列傳》：「孫子武者，齊人也，以兵法見吳王闔閭。闔閭曰：『子之十三篇吾盡觀之矣』」。《孫子兵法》是世界上最早的兵書之一。在中國被奉爲兵家經典，後世的兵書大多受到它的影響，對中國的軍事學發展影響非常深遠。

84 《呂覽》：即《呂氏春秋》。呂不韋主持編著此書遠在遷蜀以前。

85 《說難》、《孤憤》：作者爲韓非，戰國末期韓國的思想家，爲著名法家思想的代表人物，是法家的集大成者。約西元前二四七年至西元前二三四年間，韓非多次上書韓王，皆不爲所用。《孤憤》、《五蠹》等篇著於此時期。之後《韓非子》一書傳到秦國，書中內容讓秦王政佩服地說：「唉，寡人如果能夠見到這個作者，與他往來，就死而無憾了。」李斯說：「這是韓非寫的書啊！」便以戰爭爲要脅，逼韓非出使秦國。

86 至於麟止：《史記》述事止於武帝獲麟之年，猶《春秋》止於獲麟。武帝獲麟在元狩元年（西元前一二二年）。

白話解讀

陰陽家認為四時、八位、十二度和二十四節氣各有一套宜、忌規定，順應它就會昌盛，違背它則會死亡。這未必是對的，所以說陰陽家的學說「使人受束縛而多所畏懼」。春生、夏長、秋收、冬藏，這是自然界的重要規律，不順應它就無法制定天下的綱紀，所以說「四時的運行是不能捨棄的」。

儒家以《六藝》為主體，而《六藝》的本文和譯本數以千萬計，幾代相繼都還不能弄通其學問，有生之年都還沒辦法窮究其禮儀，所以說儒家的學說「學說廣博但卻無法抓住要領，花費很多力氣卻功效甚微」。至於序列君臣父子之禮，夫婦長幼之別，這是即使有百家之說也無法改變的。

墨家也崇尚堯舜之道，談論他們的品德行為時說：「他們的堂口只有三尺高，堂下土階只有三層，用茅草搭蓋屋頂而不加修剪，用櫟木做椽子而不經刮削。用陶簋吃飯，用陶鉶喝湯，吃的是糙米粗飯和藜藿做的野菜羹。夏天穿葛布衣，冬天穿鹿皮裘」。墨家為死者送葬只做一副僅厚三寸的桐木棺材，送葬者慟哭卻不能盡訴其哀痛。教導民眾喪葬禮節時，必須以此為萬民的統一標準。假如天下都照此法去做，那貴賤尊卑就沒有區別了。世代不同，時勢變化，人們所做的事業不一定相同，所以說墨家的學說「儉嗇而難以遵從。」墨家的要旨是強本節用，施行則人人豐足，家家富裕之道。這是墨子學說的長處，即使有百家學說也不能廢棄它。

法家不區別親疏遠近，不區分貴賤尊卑，一律依據法令來決斷，那麼親親屬、尊長上的關係就因此斷絕。這些可作為一時之計來施行，卻不可長用，所以說法家的學說「嚴酷而刻薄寡恩」。至於說到法家使君主尊貴，使臣下卑下，使上下名分、職分明確，不得相互踰越的主張，這些即使是百家之說也不能更改。

名家刻細繁瑣，糾纏不清，使人不能反求其意，一切取決於概念名稱卻失去一般常理，所以說它「使人受約束而容易喪失真實性」。至於循名責實，要求名稱與實際進行比較驗證，這是要予以認真考察的。

道家講「無為」，又說「無不為」。其實際主張容易施行，但其文辭則幽深微妙，難以明白通曉。其學說以虛無為理論基礎，以順應自然為實用原則。道家認為事物沒有既成不變之勢，也沒有常存不變之形，所以能夠探求萬物的情理，但是不能做超越物情的事，也不能做落後物情的事，這樣才能夠成為萬物的主宰。有法而不任法以為法，要順應時勢以成其業；有度而不恃度以為度，要根據萬物之形各成其度而與之相合。所以說「聖人的思想和功績之所以偉大得不可磨滅，就在於他們能夠順應時勢的變化，了解虛無是道的永恆規律。順天應人是國君治國理民的綱要」。群臣一齊來到君王面前，君主應讓他們各自明確自己的職分。實際情況符合其言論名聲者，叫做「端」；實際情況不符合其言論名聲者，叫做「窾」。不聽信空話，那奸邪就不會產生，賢與不肖自然分清，黑白也就分明。問題在於想不想運用，只要肯運用，什麼事情是辦不成的呢？這樣才合乎大道一派，混混冥冥的境界。光輝照耀天下，又返歸於無名。人活著是因為有精神，而精神又寄託於形體。精神使用過度就會衰竭，形體勞累過度就會疲憊，形、神分離就會死亡。死去的人不能復生，神、形分離便不能重新結合在一起，所以聖人非常重視這個問題。由此看來，精神是一個人生命的根本，形體是生命的依託。不先安定自己的精神和身體，卻侈談「我有辦法治理天下」，又是憑著什麼呢？

太史公職掌天文，不管民事。後太史公有子名遷。

司馬遷生於龍門，在黃河之北、龍門山之南過著耕種畜牧的生活。年僅十歲便已習誦古文。二十歲開始南游江、淮地區，登會稽山，探察禹穴，觀覽九疑山，泛舟於沅水、湘水之上，北渡汶水、泗水，在齊、魯兩地的城市研討學問，考察孔子的遺風，在鄒縣、嶧山行鄉射之禮，困厄於鄱、薛、彭城，經過梁、楚之地回到家鄉。後來，司馬遷出仕為郎中時，奉命出使西征巴、蜀以南，往南經略邛、笮、昆明後，歸來向朝廷覆命。

這一年，天子開始舉行漢朝的封禪典禮，而太史公被滯留在周南，不能參與其事，所以心中憤懣，致病將死。其子司馬遷適逢出使歸來，在黃河、洛水之間拜見父親。太史公握著司馬遷的手哭著說：「我們的先祖是周朝的太史。遠在上古虞夏之時便顯揚功名，職掌天文之事。後世衰落，難道今天會斷絕在我手裡嗎？如果你繼續擔任太史，就能接續我們祖先的事業了。現在天子繼承漢朝千年一統的大業，在泰山舉行封禪典禮，而我卻不能隨行，這是命啊，是命啊！我死之後，你必定要做太史；做太史之後，不要忘記我想要撰寫的著述。再說孝道始於奉養雙親，進而侍奉君主，最終在於立身揚名，揚名後世來顯耀父母。這是最大的孝道。天下稱道歌誦周公，說他能夠論述歌頌文王、武王的功德，宣揚周、邵的風尚，通曉太王、王季的思慮，乃至於公劉的功業，並尊崇始祖后稷。但周幽王、厲王以後，王道衰敗，禮樂衰頹。幸而有孔子研究整理舊有的典籍，修復振興被廢棄破壞的禮樂，論述《詩經》、《書經》，寫作《春秋》，學者至今還是以此為準則。然而自獲麟以來四百餘年，諸侯相互兼併，史書丟棄殆盡。如今漢朝興起，海內統一，有明主賢君和忠臣死義之士，我作為太史卻都未能予以論評載錄，斷絕了天下的修史傳統，對此我甚感惶恐，你可要記在心上啊！」司馬遷低下頭流著眼淚說：「兒子雖然駑笨，但我會詳述先人所整理的歷史舊聞，不敢稍有缺漏。」

司馬談去世三年後，司馬遷任太史令，他開始蒐集歷史書籍及國家收藏的檔案文獻。司馬遷任太史令五年時，正當漢太初元年，十一月甲子朔旦冬至，漢朝的曆法開始改用夏正，即以農曆一月為正月。天子在明堂舉行實施新曆法的儀式，告之於諸神。

太史公說：「先人說過：『自周公死後五百年而有孔子。孔子死後到現在五百年，有能繼承清明之世，正定《易傳》，接續《春秋》，以《詩》、《書》、《禮》、《樂》為本的人嗎？』作史書的用意就在於此，在於此吧！我又怎麼敢推辭呢？」

上大夫壺遂問：「從前孔子為什麼要作《春秋》呢？」太史公說：「我聽董仲舒說：『周朝王道衰敗廢弛，孔子擔任魯國司寇，諸侯嫉害他，卿大夫阻撓他。孔子知道自己的意見不被採納，政治主張無法實行，便褒貶評定二百四十二年間的是非，作為天下評判是非的標準。貶抑無道的天子，斥責為非作亂的諸侯，聲討亂政的大夫，只是為使國家政事通達而已』。孔子說：『我與其載述空洞的說教，不如舉出在位者所做所為以見其是非美惡，這樣就更加深切顯明了。』《春秋》這部書，上闡明三王的治道，下辨別人事的紀綱。辨別嫌疑，判斷是非，論定猶豫不決之事，褒善怨惡，尊重賢能，賤視不肖。使滅亡的國家得以延續下去，斷絕的世系繼續下去，補救衰敝之事，振興廢弛之業，這是最大的王道。《易》載述天地、陰陽、四時、五行，所以在說明變化方面見長；《禮》規範人倫，所以在行事方面見長；《書》記述先王事蹟，所以在政治方面見長；《詩》記山川溪谷、禽獸草木，牝牡雌雄，所以在風土人情方面見長；《樂》是論述音樂立人的經典，所以在和諧方面見長；《春秋》論辨是非，所以在治人方面見長。由此可見《禮》是來節制約束人的，《樂》是來誘發人心平和的，《書》是來述說政事的，《詩》是來表達情意的，《易》是來講變化的，《春秋》是來論述道義的。平定亂世，使之復歸正道，沒有什麼著作比《春秋》更貼近有效。《春秋》不過數萬字，但其要點就有數千條。萬物的離散聚合都在《春秋》之中。在《春秋》一書中，記載弒君事件三十六起，被滅亡的國家五十二個，諸侯出奔逃亡不能保其國家的數不勝數。後人考察其變亂敗亡的原因，都是因為丟失作為立國立身根本的春秋大義。所以《易》中說『失之毫釐，差以千里。』『臣弒君，子弒父，並非一朝一夕的緣故，其中原因是已經發展漸進很久了』。因此，做國君者不可以不知《春秋》，否則就算讒佞之徒站在眼前也看不見，奸賊之臣緊跟在身後也不會發覺。做人臣者不可以不知《春秋》，否則就只會守常規之事卻不懂得因事制宜，遇到突發事件就不知道如何靈活對待。做人君、人父者若不通曉《春秋》的要義，必定會蒙受首惡之名。做人臣、人子者如不通曉《春秋》要義，必定會陷於篡位殺上而被誅伐的境地，並蒙死罪之名。其實他們都認為自己做的是好事，只是因為不懂得《春秋》大義，而蒙受史家口誅筆伐的不實之言，卻不敢推卸罪名。如果不明瞭禮義的要旨，就會弄到君不像君，臣不像臣，父不像父，子不像子的地步。君不像君就會被以下犯上，臣不像臣就會被誅殺，父不像父就會昏聵無道，子不像子就會忤逆不孝。這四種惡行，是天下最大的罪過。把天下最大的罪過加諸在某人身上，他也只得接受而不敢推卸。所以《春秋》這部經典是禮義根本之所在。禮是禁絕在發生壞事之前，法規施行於發生壞事之後；法施行的作用顯而易見，而禮禁絕的作用卻隱而難知。」

壺遂說：「孔子的時候，上沒有聖明君主，他處在臣子之位又得不到任用，所以撰寫《春秋》，留下一部史文來裁斷禮義，當作一代帝王的法典。現在先生上遇聖明天子，下能當官供職，萬事已經具備，而且各得其所，井然相宜，先生所要撰述和想要闡明的是什麼呢？」

太史公說：「是的！是啊！不，但又不完全是這麼回事。我聽先人說過：『伏羲最為淳厚，作《易》八卦。堯舜的強盛，《尚書》做了記載，《禮》《樂》在那時興起。商湯、周武王時代的隆盛，詩人予以歌頌。《春秋》揚善貶惡，推崇夏、商、周三代盛德，褒揚周王室，並非僅僅是諷刺譏斥呀！』漢朝興建以來，至當今英明天子，獲見符瑞，舉行封禪大典，改訂曆法，變換服色，受命於上天，恩澤流佈無邊。海外不同習俗的國家，輾轉經過多次的翻譯才來到中國邊關來，請求進獻朝見的不可勝數。臣下百官竭力頌揚天子的功德，仍不能完全表達出他們的心意。再說有士人賢能而不被任用，是做國君的恥辱；君主明聖而功德不能被廣泛傳揚使大家都知道，是相關官員的罪過。況且我曾擔任太史令的職務，若棄置天子聖明盛德而不予記載，埋沒功臣、世家、賢大夫的功業而不予載述，如此違背先父的臨終遺言，罪過就實在太大了。我所說的綴述舊事，整理有關人物的家世傳記，並非所謂著作呀！而您卻拿它與《春秋》相比，那就錯了。」

於是司馬遷便開始論述編次所得的文獻和材料。到了第七年，太史公遭逢李陵之禍，被囚禁獄中。於是喟然而嘆道：「這是我的罪過啊！這是我的罪過啊！我的身體已經殘毀，沒有用了。」退而深思道：「《詩》、《書》含義隱微而言辭簡約，是作者想要表達他們的心志和情緒。從前周文王被拘禁羑里，推演了《周易》；孔子遭遇陳蔡的困厄，作有《春秋》；屈原被放逐，著有《離騷》；左丘明雙目失明，才編撰《國語》，孫子的腿受到臏刑，卻論述《孫子兵法》；呂不韋被貶徙蜀郡，世上才流傳《呂覽》；韓非被囚禁在秦國，才寫有《說難》、《孤憤》；《詩》三百篇，大都是聖人賢士抒發憤懣而作的。這些人都是心中尚有鬱悶憂愁，理想主張不得實現，才得以追述往事，考慮未來。」於是，最後司馬遷終於下定決心記述陶唐以來直到武帝獲麟那一年的歷史，而始自黃帝。

核心要旨

本篇是《史記》的最後一篇，是《史記》的自序，也是司馬遷的自傳，人們常稱之為司馬遷自作之列傳。不僅一部《史記》總括於此，而且司馬遷一生本末也備見於此。文章氣勢浩瀚，宏偉深厚，是研究司馬遷及其《史記》的重要資料。耕牧壯遊，磊落奇邁的倜儻少年形象躍然紙上。父子執手流涕，以史相託付，場面又何其凝重。草創未就，横被腐刑，憤懣不平之辭，又使讀者不禁掩卷嘆息。特別是作者使用相當篇幅序寫六家的要旨，論道六經的要義，充分而深刻地反映司馬父子的學術思想。寫來入木三分，指陳得失，有若案斷，雖歷百世而無可比擬。

成語精粹

1. 順之者昌，逆之者亡：形容剝削階級的獨裁統治。

原典：夫陰陽四時、八位、十二度、二十四節各有教令，順之者昌，逆之者不死則亡，未必然也，故曰

「使人拘而多畏」。

2. 春生夏長，秋收冬藏：指農業生產的一般過程。亦比喻事物的發生、發展過程。

原典：夫春生夏長，秋收冬藏，此天道之大經也，弗順則無以為天下綱紀，故曰「四時之大順，不可失也」。

3. 唯唯否否：形容膽小怕事，一味順從。

原典：唯唯，否否，不然。余聞之先人曰：「伏羲至純厚，作《易》八卦。堯舜之盛，《尚書》載之，《禮》《樂》作焉。湯武之隆，詩人歌之。《春秋》采善貶惡，推三代之德，褒周室，非獨刺譏而已也。」

寫作寶典

1. 感嘆：抒發強烈感情為目的，通常後面會接驚嘆號。當一個人碰到喜怒哀樂之事物時，常常會藉助某種感嘆方式，來強調內心的情感，也藉此引起讀者的共鳴，增強語言的影響力。

例1：余先周室之太史也。自上世嘗顯功名於虞夏，典天官事。後世中衰，絕於予乎？汝復為太史，則續吾祖矣。今天子接千歲之統，封泰山，而余不得從行，**是命也夫，命也夫！**余死，汝必為太史；為太史，無忘吾所欲論著矣。

例2：於是論次其文。七年而太史公遭李陵之禍，幽於縲紲。乃喟然而嘆曰：「**是余之罪也夫！是余之罪也夫！**身毀不用矣。」

例3：嗚乎！念哉！凡我多士，及我友朋，惟仁惟孝，義勇奉公，以發揚種性；此則不佞之幟也。婆娑之洋，美麗之島，我先王先民之景命，實式憑之。（連橫《臺灣通史序》）

典故

《春秋》裡的西狩獲麟

《春秋》本指先秦時代各國的編年體史書，但後世不傳。現在則指唯一留存至今的魯國《春秋》。其可能是孔子的作品或該國史官的集體創作，後流傳至漢朝被尊為五經之一，在四庫全書中屬於經部，十三經之一。

上古時期，春季和秋季是諸侯朝聘王室的時節，朝廷大事亦多在此兩季舉行，因此「春秋」過去是古代記事史書的通稱。墨子所謂的「百國春秋」，俱已不傳。唯一流傳至今的只有《魯春秋》，因此《春秋》遂成其專名。傳統上，認為《春秋》是孔子的作品，最早於《孟子．滕文公下》載：「世衰道微，邪說暴行有作，臣弒其君者有之，子弒其父者有之。孔子懼，作《春秋》。」持此說法者雖眾，但存疑者亦眾。亦有人認為此書是魯國史官的集體作品，唐代史家劉知幾首先對孔子修《春秋》存疑。雖然《春秋》作者未有定論，但孔子與《春秋》的緊密聯繫，卻無可爭辯。

《春秋》一書文字精練、記事簡略。少則一字，如僖公三年六月「雨」；或二、三字，如僖公三年夏四月「不雨」、八年夏「狄伐晉」；多則如「定公四年春三月」中的敘述，但也不超過四十五個字。最初原文僅一萬八千多字。後來，陸續又有許多人為此書撰寫著作，對書中的記載進行解釋和說明，稱之為《傳》。

《春秋》的內容多涉及亂臣賊子，其敘事重結果，不鋪敘過程，故稱之「春秋筆法」。《春秋》也記載許多自然現象，如日食、月食、隕石、水災、旱災、蝗災、地震等。其中記載日食共三十六次，如莊公七年所記「星隕如雨」，是關於天琴座的流星雨；文公十四年記「有星孛入於北斗」是哈雷彗星的最早記錄。

《春秋》最終絕筆於哀公十四年的西狩獲麟。其典故緣由眾說紛紜，以下為其中一說：

魯哀公十四年春（西元前四八一年），管理山林的人（虞人）在魯國都城曲阜西邊的鉅野縣一帶打獵。魯國權臣叔孫氏管車的僕從鉏商捕獲一隻奇怪的獸歸來。叔孫氏見此怪獸，認為不吉祥，自己不要，便賜予「虞人」。孔子看後說：「這是麟啊！為什麼你要來啊！為什麼你要來啊！」並掩面大哭，涕淚沾襟。叔孫氏聽說後，就將這怪獸留下。據說孔子這時正在寫《春秋》，看到西狩獲麟，認為麟是祥瑞仁獸，太平盛世才會出現，但是現在並不是太平盛世，出非其時而被捕獲，甚為感傷，寫了「西狩獲麟」這句話後，就停筆不再寫了。因此孔子寫《春秋》「絕筆於獲麟」。

司馬遷生平大事記

幼年	
西元前一四五年（漢景帝中元五年）	司馬遷出生於龍門。
西元前一四零年（漢武帝建元元年）	六歲。在故鄉讀書，父親司馬談任太史令。《太史公自序》：「談為太史公……仕於建元、元封之間……太史公既掌天官，不治民。」
西元前一三六年（漢武帝建元五年）	十歲。在故鄉過著半耕半讀的生活。《太史公自序》：「耕牧河山之陽，年十歲則誦古文。」
西元前一三四年（漢武帝元光元年）	十二歲。董仲舒上「天人三策」。漢武帝罷黜百家，獨尊儒術。司馬遷時在夏陽耕讀，時在長安求學。
青年	
西元前一二七年（漢武帝元朔二年）	十九歲。漢武帝從主父偃建議遷民於茂陵。司馬遷隨家從夏陽遷居長安。從侍中孔安國學《尚書》，從董仲舒學《春秋》。
西元前一二六年（漢武帝元朔三年）	二十歲。漫遊江淮，到會稽，渡沅江、湘江，向北過汶水、泗水，於魯地觀禮，向南過薛、彭城，尋訪楚漢相爭的遺跡、傳聞，經過大梁，而歸長安，歷時數年，為協助父親著作史記而預做準備。
西元前一二四年（漢武帝元朔五年）	二十二歲。公孫弘為丞相，為每個博士設置弟子員五十人。司馬遷得補為博士弟子員。
西元前一二三年（漢武帝元朔六年）	二十三歲。以考試成績優異選為郎中，即皇帝的侍衛官。

西元前一二二年（漢武帝元狩元年）	二十四歲。侍從武帝巡視至雍，祭祀五帝，獲白麟。司馬談開始編修《太史公書》。《史記》原本計劃記事止於此年。《太史公自序》：「述陶唐以來，至於麟止。」後來司馬遷修改記事至太初末年。
西元前一一九年（漢武帝元狩五年）	二十八歲。漢武帝游鼎湖，至甘泉，司馬遷以郎中身份侍從。
中年	
西元前一一二年（漢武帝元鼎五年）	三十四歲。冬十月，以侍中身分侍從漢武帝巡行至西北的扶風、平涼、崆峒。太史公司馬談、祠官寬舒等向武帝建議立泰壇。
西元前一一一年（漢武帝元鼎六年）	三十五歲。受命為郎中，以皇帝特使身份出使西征巴蜀以南，到達邛、筰、昆明，安撫西南少數民族，設置五郡。
西元前一一零年（漢武帝元封元年）	三十六歲。漢武帝入泰山封禪，太史公司馬談隨行，至周南病危。司馬遷自西南歸，見父於周南。司馬談臨終囑司馬遷繼孔子續《春秋》。司馬遷以郎中身分侍從漢武帝至泰山，又自碣石至遼西。又經九原，五月回到甘泉。
西元前一零九年（漢武帝元封二年）	三十七歲。春，隨漢武帝到緱氏，又到東萊。四月，從武帝至濮陽瓠子的黃河決口處，與群臣負薪堵塞決口。
西元前一零八年（漢武帝元封三年）	三十八歲。繼父職為太史令。《太史公自序》：「（司馬談）卒三歲而遷為太史令，紬史記石室金匱之書。」與朋友摯峻書信往還，勉勵其拋棄隱居生活，立志於功業，從而立德、立言、立功。
西元前一零七年（漢武帝元封四年）	三十九歲。冬十月，隨漢武帝至雍，祭祀五帝。經回中道，出蕭關，經涿鹿，從代地而還，經河東回長安。

西元前一零六年（漢武帝元封五年）	四十歲。隨武帝至南郡盛唐，遙望而祭虞舜於九嶷山，自尋陽過長江，登廬山，北至琅琊，增封泰山，沿海而行。
西元前一零五年（漢武帝元封六年）	四十一歲。冬，隨漢武帝行至回中。三月，經夏陽至河東。
西元前一零四年（漢武帝太初元年）	四十二歲。與上大夫壺遂等制定《太初曆》，漢武帝宣佈廢《顓頊曆》，改用此曆法。《太初曆》對後代有極大影響。司馬遷開始著述《史記》。
西元前一零三年（漢武帝太初二年）	四十三歲。專心著述。
西元前一零零年（漢武帝天漢元年）	四十六歲。蘇武出使匈奴被扣，武帝發兵討伐匈奴。李陵為將，請「自當一隊」。
西元前九九年（漢武帝天漢二年）	四十七歲。十一月，李陵戰敗被匈奴俘虜，司馬遷因替李陵陳情，而被捕入獄，後被釋放。
西元前九八年（漢武帝天漢三年）	四十八歲。李陵遭滅族。司馬遷為著作《史記》而忍辱苟活，自請宮刑。
西元前九七年（漢武帝天漢四年）	四十九歲。被赦出獄，任中書令。《漢書·司馬遷傳》：「遷既刑之後，為中書令，尊寵任職。」發憤著述《史記》。
西元前九一年（漢武帝征和二年）	五十五歲。完成《史記》。《報任少卿書》說：「僕竊不遜，近自託於無能之辭，網羅天下放失舊聞，考之行事，綜其終始，稽其成敗興壞之理……凡百三十篇。」、「僕誠已著此書，藏諸名山，傳之其人通邑大都。」
西元前九零年（漢武帝征和三年）	五十六歲。司馬遷約於此年前後去世。死因不明。司馬遷的死因有一說為《漢書·舊儀注》：「司馬遷作《景帝本紀》極言其短，及武帝過，武帝怒而削去之，後坐舉李陵，陵降匈奴，故下遷蠶室（宮刑），有怨言，下獄死。」

國家圖書館出版品預行編目資料

史記好好讀 / 古木 編著 . --初版.　--新北市 :
典藏閣，采舍國際有限公司發行, 2017.07 面 ;
公分 · -- (經典今點 ; 04)

ISBN 978-986-271-777-6 （平裝）

1.史記 2.注釋

610.11　　106009386

典藏閣

史記好好讀

出版者 ◤ 典藏閣
編著 ◤ 古木
品質總監 ◤ 王擎天
總編輯 ◤ 歐綾纖
出版總監 ◤ 王寶玲
文字編輯 ◤ 范心瑜、孫琬鈞
美術設計 ◤ 蔡瑪麗

郵撥帳號 ◤ 50017206 采舍國際有限公司（郵撥購買，請另付一成郵資）
台灣出版中心 ◤ 新北市中和區中山路2段366巷10號10樓
電話 ◤（02）2248-7896
傳真 ◤（02）2248-7758
ISBN ◤ 978-986-271-777-6
出版年度 ◤ 2017年7月

全球華文市場總代理/采舍國際
地址 ◤ 新北市中和區中山路2段366巷10號3樓
電話 ◤（02）8245-8786
傳真 ◤（02）8245-8718

全系列書系特約展示
新絲路網路書店
地址 ◤ 新北市中和區中山路2段366巷10號10樓
電話 ◤（02）8245-9896
網址 ◤ www.silkbook.com

線上pbook&ebook總代理：全球華文聯合出版平台
地址：新北市中和區中山路2段366巷10號10樓
主題討論區：www.silkbook.com/bookclub/ ● 新絲路讀書會
紙本書平台：www. book4u.com.tw ● 華文網網路書店
電子書下載：www.book4u.com.tw ● 電子書中心（Acrobat Reader）

本書採減碳印製流程並使用優質中性紙（Acid & Alkali Free）通過綠色印刷認證，最符環保要求。

典藏風華，品悅智識

智慧，

不是死的默念，而是生的沉思。

——巴魯赫·斯賓諾莎（Baruch de Spinoza）

典藏風華，品悅智識

典藏閣

智慧，

不是死的默念，而是生的沉思。

——巴魯赫・斯賓諾莎（Baruch de Spinoza）